Rolf Hanusch / Godwin Lämmermann (Hg.)
Jugend in der Kirche zur Sprache bringen

Rolf Hanusch / Godwin Lämmermann (Hg.)

Jugend in der Kirche zur Sprache bringen

Anstöße zur Theorie und Praxis kirchlicher Jugendarbeit

Chr. Kaiser Verlag

CIP-Kurztitelaufnahme der Deutschen Bibliothek
Jugend in der Kirche zur Sprache bringen:
Anstösse zur Theorie u. Praxis kirchl. Jugendarbeit / hrsg. von Rolf Hanusch u. Godwin Lämmermann.
München: Kaiser, 1987
ISBN 3-459-01685-X
NE: Hanusch, Rolf [Hrsg.]

Umschlaggestaltung: Ingeborg Geith, München.
Satz: Typo Schröder, Dernbach. Druck und Bindung: Sommer, Feuchtwangen

Festgabe
für Christof Bäumler
zum 60. Geburtstag

Inhalt

Bruchstücke zu einer Theorie der Jugendarbeit

Einleitung

Ist es überhaupt nötig, Jugend in der Kirche zur Sprache zu bringen? Jugendliche machen dies doch selbst, wenn sie es für nötig halten, z.B. auf Kirchentagen, in Gottesdiensten oder in Sitzungen von Kirchenvorständen. Dies ist richtig; aber bringt sich die Jugend in der Kirche bei solchen Gelegenheiten wirklich zur Sprache?
„Zur Sprache bringen" heißt ja für Jugendliche nicht nur das Herausschreien von Protest, das Stammeln von Unbehagen oder das Äußern von Zustimmung. Jugendliche, die sich selbst zur Sprache bringen, sind vielmehr auf einem Weg, auf der Suche nach einer eigenen Sprache, in der ihr Lebensgefühl und ihre eigenen Erfahrungen in Auseinandersetzung mit den Traditionen und Visionen der Erwachsenen Gestalt gewinnen können. Erst in diesem „Sprachgeschehen" wird entfaltete Subjektivität lebbar in den Gestaltungen von Liebe und Freiheit mit anderen zusammen. „Zur Sprache bringen" verbindet somit immer das Sich-selbst-zur-Sprache-bringen von Jugend mit dem Zur-Sprache-gebracht-werden von Jugend durch andere.

In diesem Buch bringen vornehmlich „andere", Erwachsene, Jugend zur Sprache. Sie versuchen dies allerdings in der Kirche als einer Kommunikationsgemeinschaft, in der alle, junge und alte Menschen, ohne Herrschaftsansprüche am gemeinsamen Sprechen und den Gestaltungen von Liebe und Freiheit teilhaben sollen. Es geht um Anstöße zu Praxis und Theorie *kirchlicher* Jugendarbeit. Eine Bezeichnung, die gerade nicht den kirchenamtlichen Anspruch „von oben" auf die Praxis kirchlicher Jugendarbeit unterstützt, sondern „in theologischer Perspektive die empirisch erfaßbare Institution Kirche als Hinweis auf das Reich Gottes" interpretiert (Christof Bäumler). Diese Perspektive eröffnet den Blick über die getauften Jugendlichen hinaus auf die Wirklichkeit aller Jugendlichen. Ihr Sprechen soll in den Beiträgen hörbar werden und in Widerspruch und Zustimmung in der Kirche weitergesagt werden.

Schon in den *Praxisberichten* wird eine eingrenzende Exklusivität von kirchlicher Jugendarbeit praktisch überschritten. Empirische Einblicke in die Wirklichkeit aller Jugendlichen, gerade auch in ihr religiöses Suchen, werden zu Anfragen an eine kirchliche Jugendarbeit, die ihre gerade erhaltenen institutionellen Rahmenbedingungen nicht verlassen will. Die Bruchstücke zu einer *Theorie* kirchlicher Jugendarbeit zeigen, daß aufgrund der Praxiserfahrungen nur im Dialog zwischen Sozialwissenschaften und Theologie nach weiterführenden Wegen für Jugendarbeit in der Kirche gesucht werden kann. „In der Kirche Jugend zur Sprache bringen" heißt für Theologen, „daß nur dann eigentlich von Gott geredet werden kann, wenn dabei der Mensch als Person in den Blick kommt" (Gerhard Ebeling). Genau diesen Blick ermöglichen in der Theorie Sozial- und Humanwissenschaften, deren Vertreter wiederum im Dialog mit den Theologen Anstöße erhalten können, ihre Wirklichkeitssicht zu hinterfragen. Die professionellen Praktiker der Jugendarbeit verbinden inzwischen fast alle in ihrer Aus- und Fortbildung beide Wissenschaftstraditionen. Die Voraussetzungen für ein Zur-Sprache-bringen von Jugend in der Kirche sind nicht schlecht. Gegenseitiges Verstehen ist damit allerdings keineswegs garantiert. Die Sprachvielfalt in den Beiträgen dieses Bandes soll Wege und Pfade der Verständigung von unterschiedlichen Ausgangspunkten her eröffnen. Durch einführende Texte versuchen wir, die Beiträge so vorzustellen, daß der Leser einen eigenen Weg durch den Band gehen kann. Wir waren bemüht, nur unmittelbare Zitate aufzunehmen. Verweise auf Zusammenhänge, Verwandtschaften und Gegensätze ergeben sich vielfältig zwischen den Beiträgen selbst.

Anlaß für dieses Buch sind das 25jährige Bestehen des Studienzentrums für evangelische Jugendarbeit in Josefstal, das am 26. September 1961 eröffnet wurde, und der 60. Geburtstag von Christof Bäumler am 13. März 1987, der der erste Leiter von „Josefstal" war und als Professor für praktische Theologie an der Universität München den Bemühungen für eine Praxistheorie kirchlicher Jugendarbeit verbunden blieb.

„Jugend in der Kirche zur Sprache bringen" beschreibt einerseits das Ziel der Arbeit des Studienzentrums als „Studierstube", „Werkstatt" und „Herberge" kirchlicher Jugendarbeit und andererseits Werk und Person von Christof Bäumler. Bis heute geht es ihm um die Einheit von theoretischer Anstrengung und praktischer Parteinahme für Jugend und Kirche.

Den Autorinnen und Autoren, die aus diesem Anlaß Beiträge für diesen Band schrieben, danken wir herzlich. Der Dank verbindet sich mit der Trauer um Hellmut Lessing, der am 4. August 1986 starb. Er war für viele Jahre mit der Arbeit in Josefstal als Freund verbunden.

Der Band wurde in dankenswerter Weise vom Landeskirchenamt der Evang. Luth. Kirche in Bayern und dem Jugendreferat der EKD unterstützt.

Vor allem gilt unser Dank Christof Bäumler, dem wir diesen Band widmen.

Josefstal, im Spätsommer 1986

Rolf Hanusch
Godwin Lämmermann

Dank und Wunsch an Josefstal und Christof Bäumler

Wenn das Studienzentrum für evangelische Jugendarbeit in Josefstal auf ein 25jähriges Bestehen zurückblickt und zugleich Christof Bäumler, der erste Studienleiter und jetzige Kuratoriumsvorsitzende, seinen sechzigsten Geburtstag feiert, dann besteht Anlaß genug, für das Jugendreferat der EKD der Person wie der Institution Dank, Respekt und einen umfassenden Zukunftswunsch zu bekunden. Denn Christof Bäumler und das Studienzentrum haben sich um die Jugendarbeit in der Evangelischen Kirche in Deutschland verdient gemacht. Durch ihr Wirken hat die evangelische Jugendarbeit in den letzten zweieinhalb Jahrzehnten sowohl im Felde der Mitarbeiterfortbildung als auch im Felde der Praxis-Theorie-Reflexion grundlegende Anleitung und Anregung, vielfältige Bereicherung und immer wieder notwendige Berichtigung erfahren. Deshalb kann sie sich und wird man ihr nur wünschen, daß solche profilierte und profilierende Begleitung in den kommenden Jahren unbeirrt und mit engagierten Verbündeten fortgesetzt wird. – Diesen Wunsch bekräftigt die persönliche Freundschaft mit Christof Bäumler und die Verbundenheit mit „Josefstal" durch zwei Jahrzehnte. Kann man es besser ausdrücken als mit der Feststellung: Wer einmal in Josefstal war und mitbekommen, mitbedacht und miterarbeitet hat, worum es dem Studienzentrum für evangelische Jugendarbeit geht, der wird in einem Winkel seines Herzens immer wissen: auch ich bin ein „Josefstaler" – oder sollte es sein können!

Überblickt man die zurückliegende Zeitspanne, so zeichnen sich zwei entscheidende kontinuierliche Brennpunkte der Sacharbeit ab, die sich nicht von ungefähr auch in zahlreichen Beiträgen der vorliegenden Sammlung reflektieren.

Einmal geht es um die *Wahrnehmung der gesellschaftlichen Wirklichkeit*, in der junge Menschen ihren Weg suchen und alle Jugendarbeit sich vollzieht.

Schon in seiner Auswertung der von der Arbeitsgemeinschaft der Evangelischen Jugend Deutschlands verantworteten sozial-empirischen Untersuchung über „Jugend und Religion" von 1958 (Religion ohne Entscheidung. Volkskirche am Beispiel der jungen Generation, 1959) spricht Hans-Otto Wölber von der hiermit gegebenen und zugleich aufgegebenen „Wirklichkeitsbegegnung der Kirche". Die untersuchte Beziehung zwischen Jugend und Religion stellt das Gegenstandsbeispiel und den keineswegs peripheren Ausschnitt einer praktischen Theologie dar, die auf notwendige Weise „für den Realismus der Theologie sorgt".

Dieser Aufgabe nehmen sich immer wieder von Christof Bäumler und dem Josefstaler Team konzipierte und durchgeführte Studienkreise, Fortbildungsseminare und Projekte an. Davon geben die sorgfältig ausgearbeiteten Jahresberichte des Studienzentrums einen anregenden Eindruck. Exemplarischen Charakter hatte der Studienkurs „Sozialpädagogik und Verkündigung" (1965), der mit der Reflexion des Schlüsselbegriffes „Mündigkeit" im Gespräch zwischen Sozialpädagogik und Theologie fruchtbares Neuland betrat. Noch weiter ausgreifend war der über mehrere Jahre sich erstreckende Arbeitsschwerpunkt der Konferenz der Studienzentren für Evangelische Jungendarbeit angelegt: „Theologie und Sozialwissenschaften – zur Frage ihrer Kooperation in der Fortbildungspraxis evangelischer Jugendarbeit" (1968/69).

Von besonderer Bedeutung für die praktische und pädagogische Realitätswahrnehmung war zweifellos die in Josefstal geplante und sachkundig begleitete empirische Untersuchung von Klaus Mollenhauer u.a.: „Evangelische Jugendarbeit in Deutschland" (1969); ihre methodischen Zugangswege und grundlegenden Fragestellungen haben, wie mir scheint, noch nichts von ihrer realitätskritischen und reflexionsanleitenden Kraft eingebüßt. Auch die von Christof Bäumler mitverantwortete Studie der Jugendkammer der EKD von 1972 „Konflikte im Erziehungsfeld", die sich um eine Analyse der damaligen Jugendproteste bemühte, gehört in diese Linie von bewußter Konfrontation mit der Realität, welche die Jugendarbeit an einigen Stellen gleichsam stellvertretend für die Kirche ingesamt hat vollziehen können oder müssen. In dieser Studie tritt als Orientierungsprinzip die Aufgabe der Kommunikationsgemeinschaft in den Blick, die fähig und bereit ist, auch mit Andersdenkenden, Andershandelnden und Anders-leben-wollenden ohne Berührungsängste und gegen Sachzwänge oder soziale Zwänge zu kommunizieren und damit als Gemeinde grenzüberschreitend im Dienst des Amtes zu stehen, das die Versöhnung predigt.

So hat die Jugendarbeit Anteil an dem Auftrag der Kirche, die „Botschaft von der freien Gnade Gottes auszurichten an alles Volk" (Barmen VI), und sie weiß zugleich, daß die Überzeugungskraft dieses Auftrags auch vom lebendigen Kontakt zur Wirklichkeitserfahrung der Menschen in ihrer Zeit und an ihrem jeweiligen Ort abhängt.

Der andere beständig herausfordernde Brennpunkt gemeinsamer Arbeit läßt sich mit dem Thema bezeichnen: *Jugend und Jugendarbeit in der kommunikativen Gemeinde*. Die entscheidende Frage hat Dietrich Bonhoeffer in seinen acht Thesen zur Jugendarbeit der Kirche formuliert. Nicht: Was ist die Jugend und was ist ihr Recht?, sondern: Was ist die Gemeinde und welcher Ort kommt der Jugend in ihr zu? Recht verstanden ist Jugend damit beteiligt an der Frage, was, wo und wodurch Gemeinde ist und wird, nämlich als kommunizierende Gemeinschaft, in der Hören, Lehren und Verkündigen des Wortes Gottes geschehen. Das Studiendokument „Kirche und Jugend" für die VELKD-Synode von 1963, an dem Peter Krusche, Initiator und erster Vorsitzender des Studienzentrums in Josefstal, prägenden Anteil hatte, beschreibt die Kernfrage unter dem Abschnitt „Grundlinien kirchlicher Jugendarbeit", klar und als Aufgabenstellung bis heute nicht überholt:

– In der gegenwärtigen Situation ist Jugendarbeit eine unentbehrliche Arbeitsform der christlichen Gemeinde. Die Gemeinde Jesu Christi lebt unter dem befreienden Zuspruch und unter dem verbindlichen Anspruch ihres Herrn. Sie ist zum Zeugnis und zum Dienst in ihrer jeweiligen gesellschaftlichen Situation berufen. Dieser Auftrag wird u.a. dadurch verwirklicht, daß die im Glauben Erwachsenen mit ihrem Zeugnis und ihrem Dienst der nachwachsenden Generation zur Verfügung stehen. Von daher ist die kirchliche Jugendarbeit als eine befreiende und verbindliche Begleitung der jungen Generation durch die im Glauben Erwachsenen zu verstehen, nicht aus Sorge um möglichst zahlreichen Nachwuchs für die Organisationen der Kirche, sondern als Anleitung und Ermunterung zu selbständigem Zeugnis und Dienst der jungen Menschen in der Nachfolge Jesu Christi.

– Grundformen dieser Begleitung werden deshalb das Gespräch und das Beispiel sein. Dem Gespräch fällt dabei die Aufgabe zu, die eigentlich bedrängenden und auch kritischen Fragen der jungen Generation zu Gehör zu bringen und das verantwortliche Zeugnis der Erwachsenen als Antwort herauszufordern. Auf diese Weise könnte den jungen Menschen deutlich werden, daß sie selbst an der missionarischen Situation der Gemeinde beteiligt sind und nicht einfach nur christliche Belehrungen zu akzeptieren haben. Die Wahrnehmung des Zeugnisauftrages in der jeweiligen Ausbildungs- oder Berufssituation stellt den jungen Menschen vor ganz neue Einsichten und erweckt die Bereitschaft zur Mitarbeit und zum eigenen Engagement.

„Treffpunkt Gemeinde", die von Christof Bäumler als Buch vorgelegte Auswertung eines Studienkurses der AGEJD (München 1965), führt dies Aufgabenverständnis von „Jugendarbeit im Gemeindeaufbau" weiter: „Die erwachsenen Glieder in der Gemeinde haben die heranwachsenden Gemeindeglieder in Freiheit zu begleiten und sie so in den sachgemäßen Gottesdienst im Alltag einzuüben, daß sie ihren Glauben an Jesus Christus in Zeugnis und Dienst in ihrer alltäglichen Wirklichkeit als mündige Christen bewähren können." Wenn heute, z.B. in der EKD-Studie „Christsein gestalten" (1986), neu nach dem missionarischen Gemeindeaufbau gesucht wird, so läßt sich feststellen, daß „Treffpunkt Gemeinde" in der Weise der Werkstatt Aufschlüsse, Einsichten und Ausblicke enthält, die herausfordernd bleiben. Die Kritik an der Formel „Jugendarbeit im Gemeindeaufbau", sie sei zu „introvertiert", macht gewiß auf Gefahren aufmerksam, doch sie hebt die von Walter Dirks für jeden kirchlichen Dienst gültig formulierte Erkenntnis nicht auf: wer weit nach außen geht, muß zugleich tief nach innen gehen. Von dieser doppelten Bewegung, der Kommunikation nach außen und nach innen, gibt die schöne Aufsatzsammlung von C. Bäumler „Unterwegs zu einer Praxistheorie" (München 1977) ein instruktives, auf entdeckungsreiche Wege mitnehmendes Zeugnis. Beständig geht es, in Bäumlers Beiträgen wie in der Arbeit des Studienzentrums, um theologische Vergewisserung der Praxis und des Auftrags. Oder, um es mit Worten von der Düsseldorfer Gedenkfeier zum hundertsten Geburtstag Karl Barths zu sagen: um Theologie, wie Barth sie grundsätzlich als immer „praktische" Theologie verstand. „Also Theologie im Gespräch, im Austausch, in der Bereitschaft, überrascht zu werden und in der Offenheit, alles noch einmal ganz anders zu sagen und anzufangen."

Im Blick auf die Kirchenkonferenz von Treysa im August 1945 schrieb Karl Barth der entstehenden Evangelischen Kirche in Deutschland ins Stammbuch, nun komme es erst recht auf den Aufbau der Gemeinden an, und er legte der neugebildeten Leitung der Kirche ans Herz: „das ist das Eine Notwendige, daß Gemeinde werde und neu werde", darum müsse sie sich bewußt sein, „die Gemeinden gar nicht genug zur Freiheit, zur eigenen Initiative und Verantwortlichkeit anleiten" zu können. Das Studienzentrum für evangelische Jugendarbeit in Josefstal und der praktische Theologe Christof Bäumler sind an ihrem Teil dieser Spur gefolgt und haben sich bemüht, vor allem in der evangelischen Jugendarbeit etwas von dieser nicht nur vor 40 Jahren verpflichtenden und verheißungsvollen Aufgabe zu verwirklichen. Dafür gebührt ihnen unser Dank und der Wunsch, daß dieser Weg in kommunikativer Praxis und ermutigender Weggenossenschaft fortgesetzt werden kann.

Hannover-Herrenhausen
28. November 1986

Hans-Ulrich Kirchhoff
Referent für Jugendfragen
im Kirchenamt der EKD

JUGEND, KIRCHE, RELIGIONEN – SPUREN IN DER WIRKLICHKEIT

Die Wirklichkeit von Jugend und evangelischer Jugendarbeit heute ist ein weites Feld. Wer da seine Hand an den Pflug legt und Spuren in diese Wirklichkeit hineingräbt, der tut gut daran, zurückzuschauen. Jeder Praxisbericht ist solch ein Innehalten im Pflügen: Die Praxis wird reflektiert, indem man nach dem genauen Blick in die eigene Spur den Kopf hebt, das Umfeld betrachtet und Überlegungen anstellt, wie es weitergehen kann. Die ganze Wirklichkeit dieses beschriebenen Feldes zu erfassen, ist uns nicht möglich. Die Spuren aber überschneiden sich oft und geben so Blicke frei auf das ganze Feld.

Die hier schreiben, haben alle praktische Erfahrungen. Über die Hälfte ist sozialwissenschaftlich ausgebildet und spiegeln zusammen mit den theologisch Ausgebildeten die Wirklichkeit professioneller Mitarbeiter in der evangelischen Jugendarbeit heute.

Erinnerung der Geschichte evangelischer Jugendarbeit, insbesondere ihrer Begründungsfragen in der Zeit des Nationalsozialismus und in den letzten drei Jahrzehnten, schärft den Blick für Fragestellungen heutiger Praxis. Ohne Vergegenwärtigung von Geschichte ist Orientierung in diesem weiten Feld nicht mehr möglich.

Orientierung geben auch empirische Untersuchungen, die über den Gesichtspunkt von reflektierten Praxiserfahrungen hinausgehen. So groß die Gefahr ist, in der Flut festgestellter Phänomene zu versinken, so wichtig ist dieser Blick über das Gewohnte evangelischer Jugendarbeit hinaus, gerade auch auf Religion außerhalb der Kirche. Evangelische Jugendarbeit, die sich nicht ständig empirischen Untersuchungen der Situation der Jugend insgesamt stellt, würde exklusiv, ausschließend, und gäbe den Anspruch von Volkskirche auf.

So gehören die unterschiedlichen Spuren in der Wirklichkeit zusammen. Gerade wenn sich einige Spuren auf eine begrenzte Situation konzentrieren und in die Tiefe vordringen, so bedürfen sie anderer Spuren, die weit in die Fläche gehen und den Horizont offenhalten.

Praxisberichte

Wer eigene Praxis reflektiert, muß sich über Nähe und Distanz im klaren sein. Erfahrungsberichte, die vom unmittelbaren Erleben geprägt sind, z.B. über evangelische Jugendarbeit im Zusammenhang mit Nicaragua, und Erfahrungsberichte, die mit deutlicher Distanz einen Überblick über ein Praxisfeld geben, z.B. über die Friedensarbeit in evangelischen Gemeinden, ergänzen sich in der vorliegenden Sammlung produktiv.

Die Beziehung zwischen Jugendarbeit und Ortsgemeinde wirkt in alle Praxisberichte hinein, ist für viele von entscheidender Bedeutung. *Marianne Lück–Filsinger* zeigt in ihrem Bericht über das Jugendzentrum „Die Wille" in Kreuzberg, daß sich hier das Konzept „Jugendarbeit als Gemeindeaufbau" in überraschender Weise realisiert. In einer Situation weit vorangeschrittenen Zerfalls von volkskirchlichen Strukturen könnte Jugendarbeit die Basis zur Entwicklung einer neuen Gemeindeform werden, die zahlreiche Kennzeichen einer Basisgemeinde hat. Das Überraschende dabei ist, daß vergleichsweise „normale" Jugendsozialarbeit in einem Jugendzentrum zu dieser Perspektive führt, die gerade auch von den langjährigen Mitarbeitern eine Neuorientierung ihrer professionellen Rolle erforderlich macht. Leider nicht überraschend ist, daß diese Entwicklung auf große Widerstände in den herkömmlichen Strukturen von Ortsgemeinde und Kirchenkreis stößt. Weniger dramatisch ist der Bericht von *Marianne Pflüger* und *Joe Handke* über die offene Jugendarbeit im Münchner Norden. In vergleichsweise intakten volkskirchlichen Verhältnissen ist offene Jugendarbeit in der Gefahr, aus der Sicht der Ortsgemeinde eine Episode zu bleiben. Aus der Sicht der beteiligten Jugendlichen ergeben sich dagegen wiederum Impulse hin zur Gemeinde. Die professionellen Mitarbeiter halten verläßlich die Türen dafür offen. Die Ausgrenzung von Arbeiterjugendlichen aus der evangelischen Jugendarbeit muß nicht sein. Offene Jugendarbeit erweist sich als die am meisten volkskirchliche Gestaltung von evangelischer Jugendarbeit.

Eröffnung von Wirklichkeit durch Erinnerung geschieht in den Projekten der Spurensicherung in Ortsgemeinden, die *Hans-Heiner Rudolph* und *Karin Siegmann* vorstellen. Hauptschüler und Gymnasiasten erforschen gemeinsam die Geschichte ihrer Ortsgemeinden. Das Gespräch mit den Erwachsenen gehört notwendig zu dieser Methode. Zugleich wird kirchliche Gemeinde im Zusammenhang des Gemeindewesens, in das sie eingebunden ist, erfahren. Erinnerung vergegenwärtigt aber auch dunkle Seiten, die lange verdrängt waren. Jugendarbeit kann auch bei Spurensuchen mit der Ortsgemeinde in Konflikt geraten. Die Möglichkeiten der Bearbeitung solcher Konflikte sind in diesem Zusammenhang allerdings groß.

Vergegenwärtigung von oft verdrängten Zusammenhängen zwischen der Lebensgestaltung in der Bundesrepublik und dem Überlebenskampf von Menschen in der dritten Welt geschieht, wenn sich evangelische Jugend für diese Zwei-Drittel-Welt engagiert. *Bernd Empen* und *Immanuel Zerger* berichten, wie das hoffnungsvolle Projekt der Trägerschaft einer Arbeitsbrigade von Mitgliedern der evangelischen Jugend in Nicaragua durch eine Münchner Ortsgemeinde zuerst gelingt und dann scheitert. Jugendarbeit, die im wörtlichen wie im übertragenen Sinne so weit geht, muß offensichtlich an die Grenzen von ortsgemeindlichem Engagement stoßen. Die professionellen Mitarbeiter, die eventuell Scharniere in dieser Beziehung sein könnten, waren bei diesem Beispiel nicht vorhanden. Es stimmt nachdenklich, wenn unmittelbares Engagement von Ehrenamtlichen bis hin zur Mitgliedschaft im Kirchenvorstand offensichtlich das Scheitern dieses Projektes beschleunigt. Die Tatsache, daß das Projekt dann in überortsgemeindlicher kirchlicher Struktur eine Absicherung erfährt, zeigt, daß diese Handlungsebenen für evangelische Jugendarbeit unerläßlich sind. Die offene Behindertenarbeit, die *Paul Kurzmann* beschreibt, zeigt den Ausgangspunkt eines Engagements aus sehr persönlicher Betroffenheit von wenigen Familien, das sehr bald die Grenzen einer Ortsgemeinde überschreitet. Sehr einleuchtend ist die Entwicklung dieser Arbeit auf der Ebene eines Dekanates, die dann allerdings wieder in die Wirklichkeit von vielen Ortsgemeinden hineinwirkt. Jugendsozialarbeit wird hier bewußt als Jugendarbeit verstanden und praktisch durchgeführt, doch unterscheidet sie sich von äußerlich ähnlichen Engagements aus dem Bereich der Diakonie. Auf dem Hintergrund der möglichen evangelischen Jugendarbeit mit Arbeiterjugendlichen stellt sich die Frage nach dem Verhältnis von Jugendarbeit und Jugendsozialarbeit noch umfassender. *Werner Schanz* sieht in der Jugendarbeit mit arbeitslosen Jugendlichen eine Grenzsituation. Freizeitpädagogik kann hier allein sicher nicht helfen. Weitergehende Projekte können aber auf Inhalte und Methoden von Jugendarbeit nicht verzichten. *Johannes Riedel* schildert eindrucksvoll die Situation von Arbeiterjugendlichen und fordert evangelische Jugendarbeit auf, diese Wirklichkeit offen aufzunehmen. Als Möglichkeit hierfür beschreibt *Ludwig Gunkel* ein Modellprojekt „Soziale Begleitung von Auszubildenden" und deckt dabei zugleich die Schwierigkeiten eines solchen Experimentes auf. Weit über die Grenzen von Jugendarbeit hinaus führt der Bericht von *Alfred Walter* über Friedensarbeit in der Gemeinde. Der Rückblick auf die intensive Phase der Friedensbewegung seit der Nachrüstungsdebatte zeigt vielfältige Tendenzen auf, die sich fast immer in generationen– und schichtenübergreifenden Gruppen realisieren. Die dabei markierten Aufmerksamkeitslinien weisen wiederum auf Gemeindeaufbau hin.

Auffällig für alle Praxisberichte ist, daß die darin beschriebenen Methoden sehr vielfältig und oft schillernd sind. In der Darstellung der Fortbildungsarbeit des Studienzentrums Josefstal, die *Wolfgang Schindler* und *Ursula Runschke* geben, wird deutlich, daß auch in diesem sehr spezifischen Arbeitsfeld die ehemals klare methodische Strukturierung offener wird. Damit liegt zugleich eine Beschreibung der Ausbildungs– und Berufssituation von professionellen Mitarbeitern in der Jugendarbeit vor. Der in der Fortbildung mögliche Spannungsbogen zwischen Selbsterfahrung, inhaltlicher Vermittlung und Reflexion scheint einem Bedürfnis vieler Mitarbeiter zu entsprechen. Er ermöglicht die Bearbeitung von Konflikten zwischen Ortsgemeinde und Jugendarbeit.

Marianne Lück–Filsinger

Diakonie als Weg zur Gemeinde

Die Entwicklung eines Jugendzentrums in Berlin–Kreuzberg

Die Situation in Kreuzberg

Das direkte Umfeld des Jugendzentrums „Die Wille", die „Südliche Friedrichsstadt", das ehemalige Regierungsviertel, ist ein Teil des Berliner Stadtbezirks Kreuzberg, der im Zweiten Weltkrieg und durch die darauf folgende kommunale Kahlschlagssanierung stark zerstört wurde. Im Rahmen einer Sanierung in den sechziger Jahren entstanden hier große Wohneinheiten. Ihre Bewohner sind überwiegend Menschen, die aus Altbauwohnungen mit günstigen Mietpreisen in diese für sie fast immer zu teuren Neubauwohnungen umgesetzt worden sind.

Die soziale Lage dieser Bewohner ist gekennzeichnet durch niedrigen Wohnungsstandard oder zu teure Neubauwohnungen, unzureichende Bildungs- und Ausbildungschancen, hohe Arbeitslosigkeit sowie qualitativ und quantitativ unzureichende Freizeitangebote. Auf diesem Hintergrund wird es für diese Menschen immer schwieriger, Perspektiven für die Zukunft, für ein eigenständiges und für sie sinnerfülltes Leben, unabhängig von Fremdhilfe (z.B. Sozialhilfe) zu entwickeln. Die psychosozialen Probleme in diesem Stadtteil sind gravierend(z.B. Alkoholismus, Konflikte in den Familien). Eine große Zahl von Kindern und Jugendlichen ist aufgrund der sozialen Lage und der schwierigen Lebenssituation in ihrer persönlichen und schulischen Entwicklung stark beeinträchtigt beziehungsweise gestört; sie sind bereits (amts-)auffällig und nicht selten in Sondereinrichtungen abgeschoben worden. Das familiäre Unterstützungspotential ist sehr begrenzt, so daß eine auch professionelle soziale Unterstützung unabdingbar ist.

Auch die Kirchengemeinden im Einzugsbereich des Jugendzentrums sind von der politischen Teilung Berlins betroffen. Es gibt nur noch kleine Rest- beziehungsweise Teilgemeinden. Die Kirche ist im Wohnviertel für die Menschen nicht präsent. Ihre Funktion beschränkt sich weitgehend auf das Feiern von Gottesdiensten im kleinen Kreis und die Kasualien. Insofern die Gemeinden Sozialaktivitäten entfalten, erfolgen diese jedoch unabhängig von und ohne Bezug zur Gottesdienstgemeinde.

Die überwiegende Mehrheit der Bewohner steht Kirche und Gemeinde distanziert gegenüber; sie erwarten hier keine Hilfe und Unterstützung zur Verbesserung ihrer Lebenssituation. Christliche Traditionen sind brüchig geworden bzw. nicht mehr vorhanden. Eine Ausnahme bildet die „kleine Herde" von meist älteren Menschen.

Die Entstehung des Jugendzentrums „Die Wille"[1]

Seinen Ursprung hat das Jugendzentrum in der „Kellerarbeit" zweier Kreuzberger Kirchengemeinden in der Altstadt Kreuzbergs. Hier wurde offene Jugendarbeit auch mit solchen Jugendlichen betrieben, die nicht zum „Kern" der Gemeinden gehörten. Die Arbeit stieß jedoch sehr schnell an finanzielle und räumliche Grenzen, aber auch auf Kritik bei den Gemeindemitgliedern, die für offene Jugendarbeit wenig Verständnis zeigten. Die Gemeinden machten deutlich, daß sie diese Arbeit in ihren eigenen Räumen nicht länger akzeptieren könnten. Die offene Jugendarbeit sollte von der „eigentlichen" Gemeindearbeit getrennt werden.

Im Kirchenkreis war jedoch die Erkenntnis gewachsen, daß die traditionelle, bibelorientierte Jugendarbeit in eine Krise geraten ist und daß eine offene Jugendarbeit Chancen eröffne, um Jugendliche ansprechen zu können. Der Kirchenkreis übernahm daher die Verantwortung für diese Arbeit. Durch Kreissynode und Kreiskirchenrat wurde das Jugendzentrum als „Projekt des Kirchenkreises" ins Leben gerufen. In Absprache mit einer Gemeinde in der „Südlichen Friedrichstadt" konnte das Jugendzentrum im Oktober 1975 in ein fast leerstehendes Gemeindehaus einziehen, wobei der Gemeindekirchenrat den Einzug des Jugendzentrums eher unfreiwillig akzeptieren mußte.

In der Anfangszeit ergaben sich erhebliche Schwierigkeiten. Die Umgebung des Jugendzentrums bestand hauptsächlich aus Trümmergrundstücken und Baugelände. Es gab noch kaum Kinder und Jugendliche, die angesprochen werden konnten, und das Einzugsgebiet der früheren „Kellerarbeit" war zu weit entfernt, als daß die bisherigen Besucher das neue Jugendzentrum hätten nutzen können. Erst nach Abschluß der Bau– und Umsetzungsmaßnahmen gab es genügend Familien bzw. Kinder und Jugendliche, die das Haus in Besitz nehmen konnten.

Das Jugendzentrum als Gemeindearbeit?

Bereits zu Beginn der Jugendzentrumsarbeit in der neuen Gemeinde zeigte sich ein Spannungsfeld, das die Arbeit bis heute begleitet: Welchen Stellenwert hat die offene Jugendarbeit im Leben der Gemeinde? Gehören die Kinder und Jugendlichen zur Gemeinde oder sind sie nur Objekte kirchlicher Maßnahmen und Angebote?

In der neuen Gemeinde, die in ihrem „Kern" vor allem aus alten Menschen besteht, war das Jugendzentrum von Anfang an nur als ein Projekt geduldet, das *neben* der Gemeinde existiert, aber nicht in ihr. Konflikte konnten nicht ausbleiben.

Zwar wurde die Arbeit mit randständigen Jugendlichen als wichtiger diakonischer Dienst der Kirche akzeptiert; sie sollte aber die traditionelle und „eigentliche" Arbeit der Gemeinde nicht berühren. Obwohl Diakonie eine der Grundfunktionen von Gemeinde ist, sollte diese außerhalb der gemeindlichen Arbeit und deren Strukturen stattfinden. Hier zeigte sich ein Diakonieverständnis, das Menschen zwar als Objekte kirchlich–diakonischen Handelns (Fürsorge) ansieht,aber nicht als Mitglieder und Subjekte der Gemeinde. Genaugenommen handelt es sich dabei um die Ausgrenzung von Menschen, die auch von der Gesellschaft wenig zu erwarten haben, denen die Subjektrechte auf ein menschenwürdiges Dasein systematisch beschnitten werden. Dieses Verständnis ist um so problematischer, als es nur noch einen ganz kleinen „Gemeinde-Kern" und praktisch kein gemeindliches Leben mehr gibt.

Jugendzentrumsarbeit als Diakonie

Die Mitarbeiter des Jugendzentrums „Die Wille" haben in den letzten zehn Jahren eine Konzeption von Jugendarbeit entwickelt, die auf die Lebenssituation von sozial benachteiligten Kindern und Jugendlichen und deren Familien bezogen ist und die sich zum Ziel gesetzt hat, gemeinsam mit den Jugendlichen eine Lebensperspektive in ihrem Stadtteil zu entwickeln. Im Mittelpunkt der Arbeit stehen die Fragen und Probleme der Kinder und Jugendlichen. Dieser Ansatz geht weit über „Freizeitarbeit" hinaus. In der Arbeit mit den Kindern und Jugendlichen ist deren gesamte Lebenssituation im Blick; es geht – theologisch gesprochen – um die Sorge um den „ganzen" Menschen.

So sind in den letzten Jahren Projekte entstanden, die die gravierendsten sozialen Probleme in Angriff genommen haben:

- ☐ *Sozialtherapeutische Kinder- und Schülergruppen*, in denen Kinder und Jugendliche im Alter zwischen 7 und 16 Jahren eine intensive schulische und persönliche Förderung und Unterstützung erhalten.
- ☐ In den Werkstätten des Jugendzentrums erhalten Schulabgänger und arbeitslose Jugendliche die Möglichkeit zu einer *Berufsorientierung und Berufsvorbereitung*.
- ☐ Um Jugendlichen, die auf dem Arbeitsmarkt keinerlei Chancen haben, eine Lehr- bzw. Arbeitsstelle zu finden, zu helfen, wurde eine *Schlosserwerkstatt* eingerichtet, in der zehn Jugendliche einen Arbeitsplatz erhalten haben, der auch mittelfristig Möglichkeiten für eine Berufsausbildung eröffnet (Restaurierung von schmiedeeisernen Gittern auf den historischen Friedhöfen).
- ☐ Mit jungen Erwachsenen im Alter zwischen 16 und 22 Jahren, die eine Familie gegründet haben oder als Alleinerziehende leben, wurde eine *„Gruppe junger Familien"* gebildet, die die Möglichkeit eröffnen soll, Alltagsprobleme durch gegenseitige Unterstützung und in zunehmender Selbsthilfe zu lösen.

Diese Arbeitsbereiche und Projekte sind eingebettet in die alltägliche Jugendzentrumsarbeit in „Die Wille", die für die Kinder und Jugendlichen zu einem sehr wichtigen Lebensort geworden ist. Hier ist ein Lernfeld entstanden: Für Leben und Arbeiten, für Feste und Fahrten und für Konflikt- und Problemlösungen.

Die Jugendzentrumsarbeit kann als Diakonie bezeichnet werden – als soziales Handeln der Kirche, das auf die Verringerung bzw. Beseitigung von materieller und seelischer Not gerichtet ist.[2] Die Arbeit des Jugendzentrums geht aber über die diakonische Dimension hinaus.

Diakonie als Weg zur Gemeinde

Die Entwicklung der letzten Jahre können wir – wenn auch vorsichtig – als einen Prozeß der Gemeindebildung beziehungsweise des Gemeindeaufbaus begreifen, da die Arbeit im Jugendzentrum von Prinzipien bestimmt ist, die auch Kennzeichen einer Gemeinde sind, selbst wenn kirchliche Gemeinde damit nicht hinreichend bestimmt werden kann.

Die Arbeit ist zunächst geprägt durch soziale und politische Diakonie. Dabei geht es immer um individuelle und kollektive Hilfen, die den Kindern und Jugendlichen hier und jetzt weiterhelfen. Zugleich geht es aber auch immer um den Kampf gegen die Ursachen von Armut, Arbeitslosigkeit und sozialer Benachteiligung. Beide Elemente gehören zusammen.

„Die Wille" ist ein Ort für die Kinder und Jugendlichen des Stadtteils, wo jeder hinkommen kann und so angenommen wird, wie er/sie ist. Hier finden sie Mitarbeiter/innen, die den einzelnen mit seinem Scheitern ernst nehmen und die immer wieder gemeinsam mit den Betroffenen nach Lösungswegen suchen.

Die Mitarbeiter/innen sind sicherlich allein damit überfordert. Sie können aber einen wichtigen Beitrag dazu leisten, daß Kinder und Jugendliche eine Lebensperspektive entwickeln können und nicht an ihrer Situation verzweifeln und resignieren.

Die Erfahrungen aus zehnjähriger Arbeit zeigen, daß das Jugendzentrum zu einem Ort der Hoffnung geworden ist, eine Hoffnung, die auch weitergetragen wird: zu den jüngeren Geschwistern, zu den Familien, die dadurch erfahren, daß es dort Menschen gibt, die für sie da sind. Hierzu gehört, daß sie an der Entwicklung des Jugendzentrums aktiv beteiligt und gemeinsam für die Entwicklung verantwortlich sind.

Durch das gemeinsame Leben und Arbeiten haben die Jugendlichen eine kollektive Identität entwickelt. Sie finden sich unter bestimmten Symbolen (z.B. Wille-Emblem) zusammen und haben eine gemeinsame Tradition entwickelt, die in Festen und in der Art und Weise, wie Probleme und Konflikte bewältigt werden, ihren Ausdruck findet. „Die Wille" ist für viele Jugendliche zur Familie, oder man könnte auch sagen zur Gemeinde geworden, in der sie sich zu Hause fühlen können, auch wenn es Rückschläge gibt und wenn sie an ihrer Situation scheitern. Junge Familien (Jugendliche aus dem Jugendzentrum) haben ihre Kinder im Jugendzentrum taufen lassen. Mitarbeiter sind die Taufpaten ihrer ersten „Wille-Enkel".

Die Diakonie wird in dieser Arbeit zur „Tatverkündigung". Jugendliche erfahren im Leben des Jugendzentrums, daß Kirche und Gemeinde für sie da sind, daß es einen Ort gibt, an dem sie zumindest ansatzweise Perspektiven für ein sinnerfülltes und selbstverantwortliches Leben entwickeln können.

Diese Entwicklung steht im Zusammenhang mit der Situation der Menschen im Stadtteil. Sie orientiert sich an den Bedürfnissen der Betroffenen. Die Lebenslage der Menschen ist Programm. Damit ist eine eher freizeitorientierte Jugendarbeit aus der Anfangszeit zu einer stadtteilorientierten Jugendarbeit geworden.

Zwei von sicher vielen offenen Fragen sollen noch kurz erwähnt werden: In der weiteren Entwicklung wird über Fragen der Spiritualität, der Wortverkündigung und der Aktualisierung der christlichen Tradition nachzudenken sein. Gerade hier besteht jedoch eine große Hilflosigkeit, aber auch Abwehr.

Weiterhin ist die Frage der Integration der nichtchristlichen (muslemischen) Jugendlichen noch nicht hinreichend bedacht worden. Im Jugendzentrum gehören zu den regelmäßigen Besuchern ca. 40 % ausländische Jugendliche. Für sie besteht in dieser Entwicklung die Gefahr der Ausgrenzung, einmal weil sie an wichtigen Ereignissen im Leben des Jugendzentrums aufgrund ihrer eigenen religiösen Orientierung nicht teilhaben wollen, zum andern entsteht aber sehr leicht der Eindruck heimlicher Missionierung bzw. Christianisierung der nichtchristlichen Jugendlichen.

Probleme in der Zukunft

Der Weg, den „Die Wille" eingeschlagen hat, ist umstritten. In der kirchlichen Diskussion wird eine Tendenz deutlich, diese Einrichtung wieder stärker auf ihren diakonischen Auftrag zu begrenzen. Der Anspruch, einen Beitrag zum Gemeindeaufbau zu leisten, wird als überhöht und unrealistisch bezeichnet. Gleichzeitig ist jedoch auch ein Abbau der diakonisch-sozialpädagogischen Stellen in den Gemeinden zu beobachten, der vor allem die benachteiligten Bevölkerungsgruppen treffen wird.

Insgesamt zeichnet sich eine Tendenz zur weiteren Zementierung der Spaltung ab: hier Diakonie für andere und da die eigentliche Gemeinde. Das Diakonische Werk wird im Zuge seiner konzeptionellen Weiterentwicklung den diakonischen Auftrag der Gemeinde wahrnehmen. Die Gemeinden können sich dann auf ihren „eigentlichen" Auftrag konzentrieren. Damit würden sie aber eine ihrer zentralen Grundfunktionen, die Diakonie, aufgeben bzw. abschieben. Das würde nichts anderes bedeuten, als daß die Bevölkerungsgruppen, die Kirche und Gemeinde distanziert gegenüberstehen, zwar weiterhin Adressaten diakonischer Maßnahmen wären, aus der Gemeinde aber ausgegrenzt bleiben. Kirche und Gemeinde würden für die überwiegende Mehrzahl der Bevölkerung bedeutungslos bleiben. Eine Entwicklung, die so nicht wünschenswert sein kann!

[1] Der Name des Jugendzentrums „Die Wille" ist von seinem Standort in der Wilhelmstraße abzuleiten.

[2] Vgl. H. Steinkamp, Diakonie, Kennzeichen der Gemeinde, Freiburg 1985. Diesem Buch verdanke ich wichtige Hinweise zur Analyse und Bewertung der Entwicklung des Jugendzentrums.

Joe Handke / Marianne Pflüger

Jugendarbeit im Gemeindeaufbau: Fünf Jahre „offene Jugendarbeit" – was ist geblieben?

Von 1977 – 1982 existierte unser Club 77. Wöchentlich trafen sich 90 bis 100 Jugendliche in unserem Gemeindesaal. Es waren ereignisreiche, unruhige Zusammenkünfte, die denen, die sie leiteten, viel pädagogisches Geschick abverlangten. Nachzulesen in dem „Bericht über 5 Jahre offene Jugendarbeit in der Nikodemuskirche und Samariterkirche im Münchner Norden" (zu beziehen über das Pfarramt Nikodemuskirche, Rheinlandstraße 4, 8000 München 40). Im Juni 1982 beendeten wir aus personellen und räumlichen Gründen diese Arbeit. Heute, vier Jahre später, fragen wir: Was ist geblieben?

Nachwirkungen

Bei einem meiner Geburtstagsbesuche begrüßt mich der 23jährige Sohn der Familie. „Kennen Sie mich noch? Ich war damals auch im Club 77." Sofort gerät er ins Schwärmen, wie schön das alles war, vor allem eine preiswerte Disco, kein Nepp! Die Eltern pflichten dem bei. Man bedauert, daß wir aufgehört haben.

Bei den nächsten Nachbarn unserer Kirche ist sicher kein Bedauern zu verspüren. – Im Gegenteil, sie sind froh, den wöchentlich einmal stattfindenden Lärm durch Motorräder, überlaute Discomusik etc. los zu sein.

Das geplante Jugendcafé

Mit vielen Erwartungen eröffneten wir mit tatkräftiger Hilfe einiger ehemaliger aktiver Clubmitglieder im Herbst 1983 ein Jugendcafé. Der Gemeindesaal war renoviert. Die Jugendlichen hatten die DISCO umgebaut – die Bar war neu eingerichtet – und erwarteten die Gäste. Jeden Sonntagnachmittag wollte man sich bei selbstgebackenen Kuchen und Kaffee, bei Musik, Unterhaltung und Gesellschaftsspielen treffen. Leider blieben die engagierten Jugendlichen unter sich. Eine Werbung bei den Konfirmanden schlug fehl. Die sozialen Unterschiede, die unterschiedlichen Erwartungen bildeten eine unüberbrückbare Kluft. Hier wurden die schichtenspezifischen Merkmale der „offenen Jugendarbeit“ ganz deutlich, war sie doch ein Anziehungspunkt überwiegend für Lehrlinge und junge Berufstätige gewesen; es gelang jetzt nicht, Schüler zu integrieren. Das Jugendcafé kam nicht zustande, aber die Mitarbeitergruppe blieb.

Treffpunkt der „Ehemaligen“

Obwohl sie über die Stadt verstreut wohnen, treffen sie sich doch fast täglich in unserem kleinen Jugendraum. Sie haben ihn sich häuslich eingerichtet bis hin zum Fernseher und zur Videoanlage; und hin und wieder feiern sie kleine Feste im Gemeindesaal: Silvester, Geburtstage, Fasching. Es sind zehn Leute, die dazu ihre Freunde und Freundinnen mitbringen. Sie verstehen sich nicht als kirchliche Gruppe. Die Kirche bietet ihnen nur preiswert Obdach; sie zahlen einen Heizkostenzuschlag und sorgen für die Sauberkeit der von ihnen genutzten Räume. Sie verwalten sich völlig selbständig.

Eines ist geblieben: Die Gruppe hilft selbstverständlich wie eh und je beim Straßenfest der Gemeinde mit.

Die Kontakte zu uns „Hauptamtlichen“ sind gut. Die „Einzelfallhilfe“ geht weiter: Beratung in Lebensfragen, Hilfe beider Wohnungs- und Garagensuche und Arbeitsplatzwechsel. Immer wieder kommt die Bitte von „Ehemaligen“, kirchlich getraut zu werden oder ihre Kinder zu taufen.

Auswirkungen auf den Gemeindeaufbau

Die „offene Jugendarbeit“ hat die Besucherzahlen bei den sonntäglichen Gottesdiensten nicht erhöht, aber sie hat in die Predigten hineingewirkt: In ihnen kamen die Nöte, Sorgen, Freuden und Bedrängnisse der jungen Leute zur Sprache. Könnte dies für die sonntägliche Kerngemeinde eine Horizonterweiterung gewesen sein?

Wir konnten und wollten die jungen Menschen nicht in die Gemeindearbeit integrieren, aber hoffentlich haben sie eine gute Erfahrung mit „Kirche“ gemacht, die vielleicht irgendwann einmal zum Tragen kommt.

Der Kirchenvorstand war gezwungen, sich intensiv mit Jugendfragen und evangeliumsgemäßer Jugendarbeit zu befassen. In vieler Hinsicht ist dabei bewußt geworden, was es heißen kann, das Evangelium in die heutige Zeit hinein weiterzuschreiben und zu leben. Es ist ein hoffnungsvolles Zeichen, daß er bereit war, den Verantwortlichen für ihre schwierige Aufgabe den Rücken zu stärken. Sein Selbstwert- und Zusammengehörigkeitsgefühl wuchs durch die gemeinsamen Beratungen.

Die nächtlichen Ruhestörungen durch den „Club“ veranlaßten uns, auch den Seniorenclub über die Arbeit zu informieren und um Verständnis für die Jugendlichen zu werben. Dabei zeigte sich, – weil es in der Natur des Alters liegt? – daß hier die Aufklärungsarbeit viel schwerer war und nur wenige eine Bewußtseinsveränderung vollzogen.

Wir versuchten am Beispiel der „offenen Jugendarbeit“, unsere Gemeinde für ihre Aufgabe im Stadtteil zu öffnen. Eine Bewußtseinsveränderung ist dabei nur in beschränktem Ausmaß zustande gekommen, wahrscheinlich nur bei den engsten kirchlichen Mitarbeitern. Im Blick auf das Gesamtklima in der Gemeinde ist dies allerdings nicht unwichtig. So war diese Arbeit ein wichtiger Teil der Gesamtarbeit unserer Nikodemuskirche. Der Bericht macht aber auch deutlich, wie schwer es ist, diese Form von Jugendarbeit der Gemeinde verständlich zu machen, und wirft die Frage auf, welchen Stellenwert die Jugend in der Gemeinde hat. Die heute noch vereinzelt zu hörende „Trauer“ über die Schließung dieses Treffs unterstreicht die Notwendigkeit dieser Arbeit.

In der Samariterkirche, wo diese Arbeit dreieinhalb Jahre lang im gleichen Stil lief, gab sich dieser Treff den Namen „Last hope“. Vielleicht war die „Herberge“, die die Jugendlichen zweimal in der Woche in dieser Kirche, und die mancherlei Hilfe, die sie bei den ehren- und hauptamtlichen Mitarbeitern fanden, für manche Besucher die letzte Hoffnung? Muß das nicht ein Auftrag der Kirche bleiben?

Hans-Heiner Rudolph / Karin Siegmann

Spurensicherung in der kirchlichen Jugendarbeit

Seit Ende der 70er Jahre sind in mittlerweile über 60 Orten, Gemeinden, Kirchengemeinden und Stadtteilen „Spurensicherungen" durchgeführt worden, bei denen sich Jugendliche mit dem Leben und der Geschichte ihres Ortes beschäftigten und die Resultate ihrer Untersuchungen in von ihnen geschriebenen und gestalteten Broschüren veröffentlichten.

Dieser Ansatz politischer und kirchlicher Bildungsarbeit ist mittlerweile viel beschrieben, kommentiert und auch erweitert worden. Über „Spurensicherungen" in Kirchengemeinden wollen wir hier berichten.

Ablauf und Methode

In Darmstadt (141 000 Einwohner) wurde 1982 nach langer Vorbereitungszeit erstmals ein Projekt gestartet, bei dem gleichzeitig in fünf Kirchengemeinden unter Koordination des Stadtjugendpfarramtes und unter Leitung der Hauptamtlichen in der jeweiligen Kirchengemeinde „Spurensicherungen" durchgeführt wurden. Seitdem wurde und wird in Darmstadt der politische Bildungsansatz von Spurensicherung immer wieder neu aufgegriffen und in unterschiedlichen Formen durchgeführt.

Ein besonderes Kennzeichen dieses Vorhabens war, daß die Jugendlichen schon länger in festen Gruppen zusammen waren und einen festen Bezug zum hauptamtlichen Mitarbeiter hatten. Seitdem ist das Konzept der Spurensicherung in unterschiedlichsten Formen in die Gemeinde-, Bildungs- und Freizeitarbeit eingeflossen und hat sich zu einer festen Tradition verdichtet. Das bedeutet, daß hier – im Gegensatz zu vielen anderen Spurensicherungen – keine „ambulante" Pädagogik in dem Sinne betrieben wurde, daß fremde Pädagogen in ein Dorf kamen und nach Kontaktaufnahme mit den Jugendlichen diese beim Spurensichern unterstützten. In den Darmstädter Kirchengemeinden arbeiten die Pädagogen schon seit längerer Zeit. Die Verhältnisse vor Ort waren weitgehend bekannt; man kannte viele Leute durch das Gemeindeleben, wußte besser einzuschätzen, was möglich war und an wen man sich gezielt wenden konnte. Außerdem trafen sich die Hauptamtlichen zum gegenseitigen Austausch und zur Reflexion, so daß die von ihnen gemachten Erfahrungen stückweise ausgewertet und aufgearbeitet wurden.

Der folgende zeitliche Ablauf und der Arbeitsaufwand mögen zunächst erschreckend wirken, aber dadurch wird deutlich, daß es sich bei diesem Projekt nicht um das Ausprobieren einer Methode, sondern um ein intensives Sich-Einlassen auf die Gemeinde und ihren Stadtteil sowie um eine feste Verankerung in der Jugendarbeit handelt.

Der Ablauf enthält in seinem Verlaufsmuster typische Elemente dieses Ansatzes politischer Bildung.

1. *Vorbereitungsseminar* für Hauptamtliche und Teamer im Januar.
Themen: Hintergrundinformation zu Inhalt und Absichten des Konzepts „Spurensicherung"; Vorstellung der vielfältigen methodischen Möglichkeiten; Material zur Durchführung der „Spurensicherung" vor Ort.

2. *Vorbereitung der Aktion in den jeweiligen Kirchengemeinden.*
Mit der Jugendgruppe aus der Gemeinde wurden erste Gespräche geführt. In Gemeindeblättern, in Gottesdiensten und auf Gemeindeveranstaltungen wurde darauf hingewiesen, daß demnächst neugierige Jugendliche an der Haustür stehen werden.

3. *„Stadtspiel"* (in den Osterferien)
Anhand sorgfältig vorbereiteter und phantasievoll formulierter Erkundungsaufträge wurden die Teilnehmer angeregt, sich mit unterschiedlichen Aspekten und Ereignissen zu beschäftigen. Ein altes Foto, ein Straßenname, die Befragung eines Handwerksmeisters können wichtige „Spuren" zu weiteren Fragestellungen sein. – Im Gemeindehaus war ein „Redaktionsraum" geschaffen worden. Die Ergebnisse der Forschungsgänge wurden gleich in die Maschine geschrieben, wobei die Pädagogen als „Sekretäre" der Jugendlichen fungierten.

Bei dem Stadtspiel ging es auch um eigene Erinnerungen an heimliche und öffentliche Spielorte und Treffpunkte, an die Verstecke, an den ersten Weg, den man alleine gegangen ist. Geschichte wurde so im kleinen bereits an der eigenen Biographie erlebbar.

4. *Erstes Auswertungsseminar* mit den 70 jugendlichen Spurensicherern: Austausch untereinander; Sichtung der Materialien.

5. *Forschen und Sammeln:* Weiterarbeit in der Gemeinde.
Aus den bisherigen Ergebnissen wurden vertiefende oder auch neue Fragen entwickelt, auf die die Jugendlichen je nach Interesse in kleinen Gruppen eingingen, z.B. Faschismus, „Drittes Reich", Schule, Freizeit früher und heute, Handwerk, Armut. Dies ist auch der Zeitpunkt, an dem immer wieder Querverbindungen zwischen lokalen Ereignissen und größeren gesellschaftlichen Verhältnissen hergestellt werden.

6. *Zweites Auswertungsseminar (Ende Mai):* Aufschreiben, Zeichnen, Beginn mit dem Layout. Die Notizen und Skizzen wurden zu kleinen, durchaus persönlich gefärbten Berichten und Reportagen verarbeitet, wobei die Jugendlichen zum Teil, falls erwünscht, Hilfestellungen bekamen. Die Artikel wurden nach nochmaligem Abschreiben mit Fotos, Graphiken und Überschriften versehen. Hierbei kamen die verschiedenartigen Fähigkeiten der Jugendlichen voll zur Geltung.

7. *Layout der Broschüre,* die danach in den Druck ging.

8. *Verteilung der Broschüre in allen Gemeinden.* Sie wurde bei allen Gelegenheiten ausgelegt und von den jugendlichen Verfassern verkauft, z.B. im Gemeindehaus, vor der Kirche und auch von Haus zu Haus.

Nach diesem Plan liefen in jeder Gemeinde die Spurensicherungen parallel ab; jede der fünf Gemeinden ist sehr unterschiedlich strukturiert und hat ihre besonderen Eigenheiten. Das kam schon während der Durchführung zum Ausdruck. Des Platzes und der Übersichtlichkeit wegen soll hier nur ein Beispiel herausgegriffen und dokumentiert werden.

Spurensicherung am Beispiel Eberstadt

Eberstadt war eine ehemals selbständige Kleinstadt und wurde 1937 nach Darmstadt eingemeindet. Der Ort selbst hat eine 1200jährige Geschichte. Diese galt es zu erforschen.

Seit einigen Jahren arbeite ich als Gemeindepädagogin in der Evangelischen Dreifaltigkeitsgemeinde in Eberstadt. Der Konfirmandenclub, der aus einer seit Jahren bestehenden Jungschargruppe entstanden war, nahm geschlossen an der Spurensicherung teil. Die Jugendlichen interessierten sich sehr für diese Art von „Geschichtsforschung". „Wir dachten erstmal an Sherlock Holmes, aber das sollte etwas ganz anderes werden, nämlich: Eberstadts Geschichte selbst zu erforschen anstatt immer nur aus Büchern zu lesen." (Zitat aus „Spurensicherung in Eberstadt").

Drei ehrenamtliche Mitarbeiter und ich (zwei Eberstädter, mit denen ich gemeinsam den Konfirmandenclub leitete, sowie eine Praktikantin der Evangelischen Fachhochschule) hatten die Spurensicherung vorbereitet. Wir haben eifrig gelesen, zahlreiche Recherchen angestellt, fotografiert und bei Spaziergängen durch den Ort vielfältige Entdeckungen gemacht. Die Vorarbeit war erforderlich, um die Fragen für das Stadtspiel zu formulieren, diese mit den Fotos zu arrangieren und natürlich als Hintergrundwissen für das „Erforschte".

Wir staunten sehr darüber, wie engagiert die Jugendlichen bei der Sache waren. Vor allem ging das, was sie interessierte, weit über unsere Vorstellungskraft hinaus. Zwei Tage intensives Stadtspiel weckten soviel Neugier bei ihnen und auch bei uns, daß sie sich sehr darüber wunderten, wieviele „Geheimnisse" ihr Lebensort in sich barg und was sie bisher alles über-„sehen" hatten. Dadurch entstanden lebhafte Diskussionen, die fruchtbare Ergebnisse hervorbrachten und ein ganz neues Geschichtsverständnis weckten.

Schon während des Stadtspiels kristallisierten sich Interessengruppen heraus, die z.B. an den Themen „Drittes Reich", Handwerk, Jugend früher und heute etc. vertiefend mitarbeiten wollten.

Zum Beispiel erhielt eine Gruppe ein Foto des Gedenksteins für die Synagoge. Sie sollten herausfinden, wo dieser Stein steht, und versuchen, mehr über das ehemalige Gebäude zu erfahren. Nach langem Suchen waren sie schließlich schockiert, daß der Stein direkt neben der Haltestelle steht, an der sie schon oft in die Straßenbahn eingestiegen waren, ohne ihn jemals bemerkt zu haben. Eine vierzehnjährige Jugendliche formulierte nach diesem tiefgreifen Erlebnis: „Ich hätte nie geglaubt, daß das „Dritte Reich" vor meiner Haustür passiert ist und mit mir zu tun hat."

Diese Gruppe war so neugierig geworden, daß sie wissen wollte, „ob das Dritte Reich und der Zweite Weltkrieg doch nicht spurlos an Eberstadt vorübergegangen waren".

Dieses Nachfragen ist nicht zufällig, sondern ein besonderes Merkmal des Bildungsansatzes. Die Fähigkeit, „staunen" zu können und durch fremde Blicke die Neugier zu wecken, erzeugt bei den sonst eher desinteressierten Jugendlichen die Bereitschaft, sich auch mit komplizierten Geschichtszusammenhängen auseinanderzusetzen. Die Konfrontation mit der Vergangenheit, mit Erzähltem und Erlebtem der Leute in ihrem Ort, schafft authentische Erfahrungen und die Motivation, das Geschehene auch auf größere Handlungszusammenhänge zu übertragen.

Ein Beispiel dafür sind die Worte einer alten Frau: „1949 gab es dann für die Bundesrepublik eine eigene Regierung, aber eigentlich war es die Zivilverwaltung der Amerikaner. Also wurde Deutschland von Deutschen im Dienst der Amerikaner regiert." Dieser Satz regte zu heftigem Nachdenken und hitzigen Diskussionen an. Er warf die Frage auf: Wie war das mit der Abhängigkeit von den Amerikanern bis heute? Dabei wurde den Jugendlichen bewußt, daß die Deutschen den Krieg begonnen und verloren haben und aus diesem Grunde eine gewisse Abhängigkeit noch immer besteht.

In unserem Beispiel gingen die Jugendlichen freiwillig in das Stadtarchiv, studierten dort alte Bücher, Skizzen, Fotos und und Zeitungen und führten mehrere Gespräche mit dem Stadtarchivar. Sie suchten eifrig die Wahlergebnisse von 1933 in Eberstadt heraus, die sie dann kritisch unter die Lupe nahmen. Diese Erkenntnisse bildeten Grundlagen für viele Gespräche und Interviews mit jüngeren und älteren Eberstädtern. Die neuen Informationen wurden sogleich aufgeschrieben, damit sie nicht verlorengingen.

Durch die Gespräche mit alten Leuten gewannen die Jugendlichen ein völlig verändertes Verhältnis zu ihnen. Ebenso revidierten die Alten ihre Meinung über die Jugend. Annäherung, Staunen und „Aha–Erlebnisse" auf beiden Seiten. Eine vorher recht problematische Kommunikation erhielt plötzlich einen gegenteiligen Charakter. Ich denke an Äußerungen der Jugendlichen, wie: „Laßt uns ins Altersheim gehen; das ist die reinste Fundgrube, da sind sie alle beisammen." Der Todesfall einer älteren Frau, die ihnen viel erzählt hatte, löste tiefe Betroffenheit aus und regte zum Nachdenken an. Aussagen wie: „Wenn die Alten sterben, geht uns ihr ganzes Wissen verloren," werde ich nie vergessen. Liebevolle Äußerungen über alte Leute, die vorher „nutzlose Opas und Omas" waren. Staunen der Alten über die Wißbegier der Jugendlichen und ihr Gefühl, wieder gebraucht zu werden, wichtig zu sein, erlebten wir zunächst als willkommenes Nebenprodukt der Spurensicherung. Jedoch bemerkten wir schnell, daß diese konkreten Erfahrungen positive Spuren im Leben der Kirchengemeinde hinterließen.

Auch bei den Mitarbeitern und mir setzten Denkprozesse ein, die viel in Bewegung brachten und bringen. Wir lernten gemeinsam mit den Jugendlichen, unterstützt durch deren Eifer und das intensive Erarbeiten bei der Formulierung der Texte und des Layouts für die Broschüre. Immer wieder gab es neue Anregungen, und alte Diskussionen flammten erneut auf. Denn beim Aufschreiben sollten die Originalaussagen erhalten bleiben. Wir begriffen, wie man Geschichte verändern kann, wenn sie aufgeschrieben wird, bzw. warum die Geschichtsbücher so langweilig sind. So sagte ein Jugendlicher: „Da liest man nie was über Lebensgeschichten einzelner, da sind nur Zahlen und Massen wichtig; höchstens Könige hebt man hervor." So bestanden die Jugendlichen darauf, ihre Berichte so wenig wie möglich zu kommentieren und ihre Erfahrungen nicht in die Texte einfließen zu lassen.

Die Broschüre ist zwar ein wichtiger Bestandteil des Bildungsansatzes, aber nie umfassender Ausdruck der in Gang gekommenen Lernprozesse und der intensiven Erfahrungen. Das leisten zu wollen, wäre ein überhöhter Anspruch und in unserem Fall eine Überforderung der Ausdrucksmöglichkeiten Vierzehnjähriger.

Der Zeitraum der eigentlichen Spurensicherung dauerte von April bis Oktober. Danach verkauften die Jugendlichen die Broschüre mit großem Engagement. Sie gingen von Haus zu Haus, boten sie nach dem Gottesdienst vor der Kirche an oder legten sie in Geschäften aus. Bereits nach zwei Wochen waren zwei Drittel der Auflage (700 Exemplare) vergriffen. Die Gruppe blieb weiterhin als Konfirmandenclub zusammen. Durch das intensive Erleben während der Spurensicherung, aber auch durch die gemeinsam erarbeiteten Texte verbesserten sich die Struktur und die Kommunikation in der Gruppe. Selbst in der Gemeinde fühlte sich die Gruppe anerkannt und integriert. Es fand ein Gespräch mit dem Kirchenvorstand statt, der sich sonst nicht besonders für die Jugendarbeit interessiert. Darüber hinaus gab es weitere Anknüpfungspunkte und kleinere Ereignisse, die den Jugendlichen die Gemeinde näherbrachten und umgekehrt: ein Gemeindefest, ein Weihnachtsspiel, Hilfe im Altenheim und anderes mehr.

Ein Jahr später stellte die Gruppe die Spurensicherung mit einem eigenen Stand auf dem Kirchentag vor. Ich beobachtete bei den nun 15jährigen ein gewachsenes Selbstbewußtsein, eigenständige Handlungskompetenzen und die Aneignung von Orientierungshilfen durch gezieltes Nachfragen. Sie erklärten den Erwachsenen das Konzept der Spurensicherung, berichteten anschaulich von den Erlebnissen und Erfahrungen und beantworteten neugierige Fragen. Als Anschauungsmaterial wurden die Broschüren aller fünf Gemeinden verkauft.

Nach einem Jahr gab es allerdings einen Bruch. Die Gruppe löste sich auf eigenen Wunsch auf, nachdem sie über sechs Jahre zusammen gewesen waren. Für mich war es zunächst eine herbe Enttäuschung; doch Schulwechsel, beginnende Lehren und Änderungen im Freundeskreis schienen diese Entwicklung zu begünstigen. Trotzdem riß der Kontakt zu einzelnen nie ganz ab.

Im letzten Herbst kamen zwei Jugendliche, inzwischen 17 und 18 Jahre alt, zu mir mit der Bitte, mit den Spurensicherern in der alten Besetzung für ein Wochenende wegzufahren. Zunächst sehr skeptisch, sagte ich, sie sollten das selbst in die Hand nehmen. Zwei Wochen später hatten sie alle ehemaligen Mitglieder der Gruppe aufgesucht, ebenso das alte Leitungsteam. Bald darauf gab es ein Treffen, und Ende Januar 1986 verbrachten wir ein Wochenende mit sechzehn von ehemals zwanzig Jugendlichen. Thema der Freizeit war unter anderem natürlich die Spurensicherung – und eine Reflexion über die hinterlassenen Spuren. Seitdem trifft sich die Gruppe wieder regelmäßig im Gemeindehaus. Die einst begonnene Arbeit wird fortgesetzt.

Rück- und Ausblick

Rückblickend läßt sich anhand der Spurensicherungsgruppe aufzeigen, daß die Auswirkungen bis heute gegenwärtig sind. Mit Sicherheit ist es gelungen, einer Spurenverwischung entgegenzuarbeiten, aus Bruchstücken Bilder zu formen. Aus diesen wurden Indizien herausgelesen, so daß sich ein Ansatz entwickelt hat, der Übertragungen in größere Dimensionen als nur örtliche zuläßt. Selbst wenn das nur lückenhaft geschieht und es zu keiner Einmischung in das politische Geschehen des Ortes kommt, ist doch eine politische Dimension erreicht.

In Städten oder Stadtvierteln ist es weitaus schwieriger, den Lebensort in seiner vielfältigen Gesamtheit zu erfassen, als dies bei kleineren Orten oder Dörfern der Fall ist. In Eberstadt kam es zu keiner Einmischung in das politische Ortsgeschehen, wobei man sich fragen muß, was „Einmischen" überhaupt heißt und ob damit nicht Umfassenderes gemeint ist als die „Einmischung" im Sinne des Spurensicherungskonzeptes. Einige Jugendliche sind ehrenamtliche Mitarbeiter in der Jugendarbeit geworden. Dadurch bestimmen sie auch die Politik in der Kirchengemeinde mit, denn sie setzen sich kritisch mit dem kirchlichen Leben auseinander.

Die Aktion „Spurensicherung" ist zwar abgeschlossen, aber die Gemeindepädagogin und die Mitarbeiter haben das Konzept weiterentwickelt und verändert. In der Dreifaltigkeitsgemeinde ist das Stadt- und Ortsspiel ein Bestandteil der Jugendarbeit geworden bzw. hat sich zu einer festen Tradition entwickelt. Es geht dabei um mehr als nur um eine „Methode" unter anderen. Hier ist das Ortsspiel pädagogisch-politisches Prinzip der Gemeindearbeit.

Bei jeder Freizeit und allen Seminaren wird am dritten Ort ein solches Spiel durchgeführt, selbst wenn man nur ein Wochenende zusammen ist. Dies hat zur Folge, daß sich die Jugendlichen mit ihrer „momentanen" Umgebung auseinandersetzen, mit den Bewohnern sprechen und daß dadurch selbst ein eher langweiliges Dorf durch die „geschärften Blicke" der Städter interessant wird. Oft entstehen dabei persönliche Kontakte zur Dorfjugend, entwickeln sich gute Gespräche, und Offenheit wird sichtbar. Der Besuch des Gottesdienstes im fremden Ort bekommt einen anderen Charakter und erhält im Bewußtsein der Jugendlichen einen neuen Stellenwert. Bisher gibt es ausschließlich positive Erfahrungen, und das neuentwickelte Prinzip hat sich bewährt.

Spurensicherungen in Kirchengemeinden können zur Herausforderung, gleichsam zum Ärgernis werden, damit sich die Gemeinde für Jugendliche öffnet und sich grenzüberschreitend mit den Problemen und Fragen in ihrem Stadtteil intensiv beschäftigt. Nur so wird sich zeigen, ob Kirchengemeinden in Zukunft ein Lernort für Jugendliche sein können.

Viele Jugendliche empfinden die Gemeinde nämlich keineswegs als ein „Zuhause". Zu starr, zu stickig wirkt die normale Gemeinde oft auf sie. Spurensicherung ist ein phantasievoller Versuch zu zeigen, daß es nicht nur „große Politik" gibt. In Stadtteilen und Kirchengemeinden hat sich früher viel ereignet, geschieht heute einiges, wird sich morgen – hoffentlich – manches verändern. Das Indizien- und Spurenlesen kann dabei auch zur Beantwortung der Frage: „Was können wir tun?" beitragen.

Bernd Empen / Immanuel Zerger

Dritte-Welt-Arbeit und Kirchengemeinde – ein unaufhebbarer Gegensatz?

Wenn hier von Dritter-Welt-Arbeit gesprochen wird, dann sind nicht die jährlichen Kollektensammlungen für Entwicklungshilfeprojekte gemeint und nicht die Wohltätigkeitsbasare, auf denen Handwerksartikel aus der Dritten Welt zum guten Zweck verkauft werden. Es soll die Rede sein vom Engagement jener zwanzig Jugendlichen aus Bayern, die im Sommer 1984 nach mehreren Tagen der Reise nun auf der letzten Etappe zu ihrem Ziel am Rio San Juan angelangt waren. Sie saßen auf dem Bretterboden des alten Mississipidampfers, der über den großen Nicaragua-See fuhr, zwischen Schweinen, Coca-Cola-Kisten, Körben voller Tomaten, Reis- und Zuckersäcken, Hühnern und Ölkanistern. Sie hatten ihre Schul- und Semesterferien, ihren Jahresurlaub oder die Zeit zwischen Zivildienst und Studienbeginn hergegeben, um als erste evangelische Arbeitsbrigade ein Lehrerseminar im Süden Nicaraguas zu bauen.

Diese Jugendlichen hatten ihre Reisekosten zum größten Teil selbst bezahlt, hatten darüber hinaus bei Altennachmittagen in ihren Gemeinden, an Informationsständen in der Münchner Fußgängerzone, beim Ostermarsch im bayerischen Oberland und auf dem Katholikentag mit Sammelbüchsen und Informationsbroschüren für die Revolution in Nicaragua geworben und Geld für Werkzeuge und Baumaterialien zusammengetragen. Sie hatten ihre Verwandten und Freunde mit der Bitte um Unterstützung ihres Arbeitseinsatzes traktiert. Sie hatten Nicaragua-Tage und Jugendgottesdienste zu diesem Thema abgehalten, hatten mit Diakonissen in Neuendettelsau bis spät in die Nacht über Befreiungstheologie, Revolutionen in Nicaragua, Schulbau und Gewaltfreiheit diskutiert und hatten sich daneben noch wöchentlich im Zentrum für Entwicklung und Frieden in München zum Spanischunterricht getroffen. Diese Jugendlichen waren wirklich „auf der Suche nach dem ganzen Leben", waren auf dem Wege, sich mit denen zu solidarisieren, die nach Gerechtigkeit hungern und die sich nach Befreiung sehnen. Sie waren dabei, ihre Hoffnung umzusetzen, die sie bei Aufenthalten in Taizé, bei Europatreffen in Paris, Rom und Barcelona, auf Kirchentagen oder in ihrer Gemeindegruppe zu Hause entwickelt und schon oft diskutiert hatten. Sie wollten mitgestalten an einem Experiment, das der Weltkirchenrat „eine junge Pflanze, die aus der Erde herausstrebt, die wachsen will, um zum Segen für die Welt zu werden" genannt hatte.

Es war das Ergebnis einer langen Tradition der evangelischen Jugend mit dem Weg des Volkes von Nicaragua. Bereits 1979 war die Bundesregierung auf dem Kirchentag in Nürnberg aufgefordert worden, „die Finanzspritzen an Somoza einzustellen". Von der evangelischen Schülerarbeit wurden die Ideen von Ernesto Cardenal bereits lange verbreitet, bevor er Kultusminister in der Regierung wurde. Und er ist ein Leitbild in der evangelischen Jugend geblieben, auch nachdem er den gewaltsamen Aufstand der Sandinisten unterstützt hatte. Durch die Verbreitung der Botschaft von Solentiname, durch die Auseinandersetzung mit der Theologie der Befreiung und durch direkte Kontakte hat sich in der evangelischen Jugend eine feste Unterstützung für die sandinistische Revolution herausgebildet. In dem Maße, in dem der Befreiungsprozeß in Nicaragua als Realisierung der eigenen Hoffnung erschien, wurde die Solidaritätsarbeit für den Aufbau des freien Nicaragua zum Bestandteil der Aktivitäten vieler evangelischer Jugendgruppen. Seit Vietnam hatte es nicht so viel Anteil an dem Schicksal eines Volkes der dritten Welt in der Bundesrepublik gegeben. Aber anders als Vietnam, wo nur der Protest gegen die Zerstörung eines Landes möglich war, besteht bei Nicaragua die Möglichkeit, am Aufbau eines Landes teilzunehmen.

Die jugendlichen Teilnehmer der Arbeitseinsätze haben sich im Verlauf dieses Engagements verändert, haben die Idee von „Kampf und Kontemplation" als Realität erlebt. Während der monatelangen Vorbereitungen, beim Arbeitseinsatz selbst, bei der Begegnung in Basisgemeinden, im Zusammenleben mit nicaraguanischen Familien unter tropfenden Wellblechdächern in Bretterbuden hat sich für sie eine neue Spiritualität entwickelt, für die die Aussage zutreffend ist, die Erzbischof Oscar Arnulfo Romero kurz vor seiner Ermordung während einer Messe in San Salvador gemacht hat: „Es ist die Pflicht der wahrhaften Kirche, mit den Armen zu sein. Mit ihnen muß sie sich solidarisieren in Gefahr und Verfolgung und bereit sein, das höchste Zeugnis der Liebe zu geben, um jene zu schützen und zu unterstützen, die Jesus mit Hingabe liebte." Während aber die Jugendlichen neue, tiefgreifende persönliche Erfahrungen gemacht hatten, gelang es ihnen meist nicht, diese Erfahrungen und Erlebnisse der normalen Kirchengemeinde zu vermitteln. Als Beispiel für diese Schwierigkeiten soll die Schilderung eines betroffenen Jugendlichen dienen, die sich mit der Gemeinde befaßt, die als Träger der ersten Arbeitsbrigade fungiert hatte:

„Als im Frühjahr 1984 in München unter Jugendlichen der evangelischen Jugend München die Idee zum ersten Arbeitsbrigaden-Projekt entstand, übernahm ein Jugendlicher aus dem Kirchenvorstand einer Gemeinde des Münchner Ostens die Aufgabe, bei einer nächsten Sitzung des Kirchenvorstandes die Trägerschaft des Projektes vorzuschlagen. Neben dem Thema Nicaragua standen die Visitation des Prodekans, der Kapellenneubau, die Gebetsnacht zu Ostern, die Pfingstfreizeit für die Neukonfirmierten und die Vorbereitung auf den Katholikentag auf der Tagesordnung. Skepsis und latente Ablehnung kennzeichneten das Sitzungsklima beim Tagesordnungspunkt „Trägerschaft für ein Workcamp in Nicaragua". Die meisten Mitglieder des Kirchenvorstandes schienen hin- und hergerissen zwischen ihrer Angst, womöglich eine politische Aussage für eine linke Regierung machen zu können, und dem schlechten Gewissen, das enthusiastische Engagement der Jugendlichen abermals abzublocken. Hatte es doch schon im Zusammenhang mit dem Kapellenneubau zu erheblichen Differenzen mit den Jugendlichen geführt, als von den Jugendlichen ein Antrag kam, die Spendensammlung des Kirchenbauvereins für das 1,6-Mio-Projekt der Kapelle mit einer Sammlung für die Partnergemeinde in Tansania zu verbinden. Immerhin erklärte sich der Kirchenvorstand bereit, die Trägerschaft für das Nicaragua-Workcamp zu übernehmen, wenn die einladende Organisation in Nicaragua eine christliche Organisation wäre, wenn die Gemeinde keine finanziellen Nachteile von dem Vorhaben hätte und wenn die Teilnehmer bereit wären, die notwendigen Versicherungen abzuschließen. Außerdem wollte man genauere Informationen über die Teilnehmer der Arbeitsbrigade, die nicht aus der Gemeinde selbst stammten. Immerhin endete der Beschluß mit folgenden Sätzen: „Die Gemeinde freut sich darüber, daß aus ihrer Reihe eine so konkrete Aktion geplant ist. Die Erfahrungen, die von jungen Leuten in Nicaragua gesammelt werden, können sicher eine Bereicherung für das Gemeindeleben darstellen."

Die Freude über diese Aktion, wie sie vom Kirchenvorstand ausgedrückt wurde, fand in der Gemeinde wenig Widerhall, denn der Gemeindeabend, auf dem sich die Aufbauhelfer vorstellten, war nur schwach besucht. Auf einen Artikel in der „Süddeutschen Zeitung" mit der Überschrift „Junge Christen helfen Nicaragua" gab es einen Entrüstungssturm in der Gemeinde. Nein, Nicaragua und seine „kommunistische" Politik wollte man von seiten des Kirchenvorstandes nun doch nicht unterstützen. Der Pfarrer brachte immer stärkere Kritik an der Entwicklung in Nicaragua und am „einseitigen" Engagement der Aufbauhelfer vor.

Schließlich trat der Jugendvertreter aus dem Kirchenvorstand der Gemeinde aus. Er war selber einer der Brigadisten und wollte sich nicht mehr länger als Feigenblatt für die Unbeweglichkeit und Stumpfheit der Etablierten und ihrer Kirche benutzen lassen. Der Konflikt fand seine

Zuspitzung bei der Einweihung der für 1,6 Mio DM neu erbauten Kapelle. Unbekannte hatten in der Nacht in dicken Lettern auf die weiße Wand des neuen Kirchleins gesprüht: „Selig ist der fromme Christ, wenn er gut bei Kasse ist" (Wilhelm Busch) und „Friede den Hütten, Krieg den Palästen" (Georg Büchner). Dies war vor dem Festgottesdienst in Anwesenheit der Vertreter des Landeskirchenrates nicht mehr zu beseitigen. In der Gemeinde war eine verhaltene bis offene Empörung zu bemerken. Im Gottesdienst wurde mit verbissenen Gesichtern für die armen, verwirrten Sprüher gebetet. Ein Gebet für Frieden und Gerechtigkeit in Zentralamerika oder eine Kollektensammlung für die Arbeitsbrigaden fand nicht statt und wird wohl auch nicht mehr stattfinden in dieser Gemeinde."

Die Jugendlichen ließen sich dadurch in ihrem Einsatz nicht beeinträchtigen. Für sie ging es und geht es um mehr als um einen politischen Streit. Sie wollten sich nicht mehr von dem Prozeß der Menschen in Nicaragua trennen lassen. Die ersten zwanzig Brigadisten zahlten jeweils DM 100,– aus der eigenen Tasche für das Flugticket des regionalen Erziehungsbeauftragten des Rio San Juan, damit dieser die Bundesrepublik besuchen konnte. Sie hatten ihn in Nicaragua beim Bau des Lehrerseminars kennengelernt, in einer Gegend, wo unter der Diktatur Somozas von einhundert Bauern nur vier Lesen und Schreiben gelernt hatten. Er sollte ihre persönlichen Berichte ergänzen und ein Botschafter der wirklichen Verhältnisse in Nicaragua sein, vom Aufbau des Erziehungswesens unter den armen Bauern und dem Leben unter der Bedrohung des Terrors aus Costa Rica erzählen. Daß im Sommer 1985 nicht nur wieder eine Gruppe der evangelischen Jugend, sondern auch eine der katholischen und der Gewerkschaftsjugend in einer Gemeinschaftsbrigade „Berthold Brecht" zum Bau einer Schule und eines Kindergartens in das Gebiet des Rio San Juan fuhr, war auch ein Ergebnis dieses Besuches. Aber 1985 wurde das Arbeitsbrigadenprojekt nicht mehr von einer Kirchengemeinde getragen, sondern von der evangelischen Jugend auf Dekanatsebene.

Die Idee der Arbeitsbrigaden zieht immer mehr evangelische Jugendliche an und öffnet ihnen ganz neue Perspektiven für die evangelische Jugendarbeit. In der Kooperation mit der katholischen Jugend und der Gewerkschaftsjugend erleben sie neue Wege des konkreten, gemeinsamen Handelns, eine Solidarität mit den Armen als Treffpunkt von Menschen verschiedener Herkunft und Überzeugung. Arbeiterjugendliche und Gymnasiasten arbeiten plötzlich wie selbstverständlich zusammen. In den Brigaden entstand ein neues ökumenisches Verständnis, das dem einzelnen seine Identität beläßt, aber gleichzeitig Lernfeld zur persönlichen und politischen Emanzipation darstellt.

In Nicaragua haben viele der Jugendlichen neuen Mut zur Verteidigung des Lebens gesammelt. Sie haben eine Brüder- und Schwesternschaft geschlossen, die auch nach der Rückkehr in die Bundesrepublik weiterträgt. Wie selbstverständlich sind die Brigadisten gemeinsam zur Bauplatzbesetzung nach Wackersdorf gefahren, und gelassener als andere Gruppen haben sie die Verhaftung und das Verhör durch die Polizei über sich ergehen lassen. Sie haben in Nicaragua den längeren Atem kennengelernt, der Rückschläge überdauert, und sie haben die tödliche Gefahr an der Grenze kennengelernt, die die Angst vor der körperlichen Gewalt relativieren läßt.

Die Jugendlichen der evangelischen Arbeitsbrigaden haben sich im Laufe ihres Einsatzes verändert und weiterentwickelt. Der Bezug zu ihrer Gemeinde ist allerdings dabei verloren gegangen: Die Jugendlichen, die in der Gemeinde aufgewachsen sind, sind weggezogen und haben den Kontakt zur Gemeinde abgebrochen. Sie sind enttäuscht von ihrer Gemeinde, die nicht bereit war, mehr zu übernehmen als die formelle Trägerschaft des Projektes, und die ihre Position der kritischen Distanz nicht verließ.

Die Kirchengemeinde, so scheint es, ist von dem Experiment mit der Arbeitsbrigade wenig berührt worden. Einige politische Positionen sind im Laufe der Zeit verhärtet worden, aber im Gemeindeblatt wird fast mit leichtem Stolz vermerkt, daß die Arbeit der ersten Brigade ausgeweitet wird und kirchliches Lob erhält. Ansonsten sind in der Gemeinde keine Auswirkungen zu spüren. Nachwachsende Jugendliche haben keinen Bezug zum Engagement ihrer Vorgänger. Unverändert und erfolgreich wird die Kleidersammlung für die Partnergemeinde in Tansania fortgeführt. Die Aufschriften auf der Wand der neuen Kapelle wurden auf Veranlassung des Landeskirchenamtes innerhalb eines Tages entfernt. Eine Auseinandersetzung mit den anonymen, aber wohl zu erahnenden Jugendlichen hat nicht stattgefunden. Mit einem Wort: Eine gutbürgerliche Kirchengemeinde hat ihre Ruhe wiederhergestellt.

Das Beispiel dieser nicht geglückten Kooperation wirft die Frage auf, ob dies immer so ausgehen muß oder ob hier nur unglückliche Umstände im Spiel waren. Das „radikale und einseitige" Engagement der Jugendlichen für eine bestimmte Form von Entwicklungspolitik, die gesellschaftliche Strukturveränderungen einbezieht, stellt sicher eine Bedrohung für eine lokal orientierte Kirchengemeinde dar, die alle Schichten der Bevölkerung und – fast – alle politischen Meinungen integrieren möchte. Und diese Bedrohung wird um so größer, je mehr die Jugendlichen von der Gemeinde nicht nur Toleranz (Übernahme der Trägerschaft ohne Konsequenzen), sondern Stellungnahme und Solidarität fordern. Hier gerät jede Kirchengemeinde in ein unlösbares Dilemma mit ihren eigenen Strukturen. Gesellschaftspolitische Eindeutigkeit und Verbindlichkeit kann von einer traditionellen Gemeinde nicht gefordert werden, ohne sie in ihrem Selbstverständnis zu zerstören.

Diese Einsicht in die Grenzen der Gemeinde kann nicht von Jugendlichen erwartet werden. Die Vermittlung der unterschiedlichen Bedingungen und der Grenzen wäre eine Aufgabe für kirchliche Mitarbeiter, die außerhalb der Gemeinde tätig sind und das Engagement der Jugendlichen unterstützen. An solchen Vermittlern hat es im vorliegenden Fall offensichtlich gefehlt.

Paul Kurzmann

Offene Behindertenarbeit der evangelischen Jugend München – eine besondere Form kirchlicher Jugendarbeit

15 Jahre Freizeitclubarbeit – eine Zwischenbilanz

Erste Anfänge im Münchner Norden

Vor 15 Jahren spielte „Freizeit" für geistig behinderte Menschen kaum eine nennenswerte Rolle. Der Stellenwert sinnvoll gestalteter Freizeit wurde für diese Zielgruppe sehr spät erkannt. Geistig Behinderte waren damals nach dem Besuch der Werkstatt oder Schule auf das Elternhaus allein angewiesen, wenn es um Freizeitgestaltung ging.

Als ich 1970 im Münchner Norden als Regionaljugenddiakon bei der Evangelischen Jugend München meinen Dienst aufnahm, stellte dieser Tatbestand trotz eines eigenen geistig behinderten Sohnes für mich kein Problem dar. Dies änderte sich jedoch nach Zuzug meiner Familie schlagartig. Wir waren plötzlich eine „isolierte Familie" inmitten einer fremden Stadt.

Das Kennenlernen anderer Familien mit geistig Behinderten machte mir schnell klar, daß hier ein generelles Problem vorlag. Im Zusammenwirken mit den anderen betroffenen Familien beschlossen wir, Abhilfe zu schaffen. Dieser Entschluß der Eltern ist – rückblickend bewertet – das eine Standbein, auf dem die im Laufe der Jahre so umfangreich gewordene „Freizeitclubarbeit" gründet.

Zur gleichen Zeit etwa bestand bereits in der Nikodemusgemeinde in der Studentenstadt, hervorgegangen aus Konfirmationen mit geistig Behinderten, ein „Spielnachmittag". Zusätzlich führte man einmal im Jahr einen Familienausflug durch.

Der Initiator dieser Arbeit war gleichzeitig der Beauftragte für die Arbeit mit geistig Behinderten im Dekanat München. In dieser Eigenschaft sprach er mich an und bat, daß die Evangelische Jugend Münchens sich des Problems der ungelösten Freizeit für geistig Behinderte annehmen sollte.

Zuerst versuchten wir, einen Arbeitskreis zu gründen. Das ist gründlich danebengegangen. Niemand fand sich auf unsere Einladung hin ein. Nach dem Scheitern des Arbeitskreises suchte ich mir einige Jungschar- und Jugendgruppenleiter aus meiner Region und bat sie um Mitwirkung bei der Gründung eines Spielnachmittages für Kinder. Meine Frau und ich wollten uns um die Eltern der Behinderten kümmern. Wir bereiteten das Unternehmen gut vor und führten es dann auch durch.

Im Frühjahr 1972 beschloß der Regionaljugendkonvent des Prodekanats München–Nord auf Antrag von zwei Gemeinden und den Mitarbeitern des neuen Spielnachmittags, daß die Arbeit mit behinderten Kindern, Jugendlichen und jungen Erwachsenen zum Auftrag der Jugendarbeit des Münchner Nordens gehört. Durch die Sonderschule für geistig Behinderte des Heilpädagogischen Zentrums Augustinum am Hasenbergl waren wir besonders herausgefordert.

Der Beschluß des Regionaljugendkonvents dokumentierte, daß geistig Behinderte zunächst einmal auch Kinder, Jugendliche und junge Erwachsene sind. Für diese Zielgruppe sollte eine ähnliche Freizeitsituation geschaffen werden, wie sie die anderen altersgleichen Mitglieder der gemeindlichen Jugendarbeit antreffen. Dieser Beschluß stellte gleichzeitig das zweite Standbein für die zukünftige Arbeit dar. Er ermöglichte mir als Hauptberuflichem, mehr Zeit in diese Arbeit zu investieren, als dies auf ehrenamtlicher Basis für mich möglich gewesen wäre.

Als wir mit unseren Freizeitbemühungen für geistig Behinderte anfingen, gab es außer dem bereits erwähnten Beispiel für uns keinerlei Vorbilder, von denen wir hätten lernen können. Wir orientierten uns daher an der „außerschulischen Jugendarbeit". Damals vermuteten wir, daß die Freizeitbedürfnisse geistig Behinderter denen Nichtbehinderter weitgehend entsprechen. Wir waren uns zugleich darüber einig, daß die Aktivitäten, wenn wir sie beginnen, Bestand haben müssen. Ein Scheitern würde für geistig Behinderte einem Unglück gleichkommen. Sehr bald engten wir unsere Angebote auf geistig behinderte Kinder, Jugendliche und junge Erwachsene ein; dies entsprach einem starken Wunsch der Eltern.

Soziale Integration oder Rehabilitation waren zur Zeit der Anfänge der Freizeitclubarbeit das Stichwort. An Teilzielen formulierten wir: Erholung – Entspannung – Geselligkeit – Geborgenheit – Vermittlung von Freizeittechniken – Stärkung des Selbstbewußtseins – Weiterentwicklung der Persönlichkeit – Förderung der Selbständigkeit und soziale Kontakte – Zusammenleben in Gruppen.

Die Freizeitclubarbeit

Derzeit führen wir zwei Spielnachmittage als monatliche Veranstaltungen für Kinder durch. Mitarbeiter der Freizeitclubarbeit spielen, basteln und singen mit den behinderten und nichtbehinderten Kindern oder gehen je nach Jahreszeit ins Freie zum Ballspielen, Spazieren, Schlittenfahren etc. Anstehende Feste wie im Fasching, beim Sommerabschluß, Ausflug oder den Nikolausfeiern führen die Familien wieder zusammen.

Der Spielnachmittag II hat Kinder von 7 – 12 Jahren, der Spielnachmittag I schließt altersmäßig an.

Im einem Alter von etwa 16 Jahren wechseln die Teilnehmer nach Möglichkeit in einen der bestehenden Freizeitclubs über. Anfang 1986 hatten wir 16 wöchentlich stattfindende Clubs und Sportgruppen. Sie sind über das gesamte Gebiet der Landeshauptstadt verteilt. Möglichst ein Angebot im Wohnbereich der Behinderten ist eines unserer Ziele.

Von Kirchengemeinden werden davon bereits sieben Clubs angeboten. Dies geschieht in Zusammenarbeit mit der jeweiligen Gemeindejugendarbeit. Vor Clubgründung gingen jeweils Beratungen im Jugendausschuß und dem Kirchenvorstand voraus. Damit ist dokumentiert, daß auch der Freizeitclub ein Angebot der jeweiligen Gemeinde ist.

In den Clubs bestimmen und gestalten Behinderte und Nichtbehinderte gemeinsam die Programme. Die Unternehmungen sind äußerst vielfältig und unterscheiden sich kaum von ähnlichen Unternehmungen Nichtbehinderter. Neben den organisierten Programmen ist das „Miteinander-Reden“ das Wichtigste. Bei sogenannten „Außenunternehmungen“ werden z.B. die Feuerwehr oder Polizei besucht, ein Schwabingbummel mit Eisessen veranstaltet. Kegeln, Schwimmen, Kinobesuch, Theater, Dämmerschoppen mit Ratsch, Einladungen in Wohngruppen sind weitere Programmpunkte.

Ähnlich wie in der außerschulischen Jugendarbeit führen wir neben den festen Freizeitclubtreffen eine große Anzahl von Wochenendmaßnahmen und Sommer-/Winterfreizeiten durch. 1986 werden es neun Sommermaßnahmen sein, darunter zwei internationale Begegnungen mit Ungarn und Griechen. Ausflüge, Feste, eine Monatsparty, Turniere, Sportfeste, Theateraufführungen, Andachten und Familiengottesdienste ergänzen das Angebot. Regelmäßige Elterntreffen finden parallel zu den Monatsveranstaltungen statt.

Gemeinsam leben lernen

1980 gründete die Evangelische Jugend München für diese Freizeitarbeit mit geistig Behinderten einen eigenen Arbeitsbereich. Mit Hilfe öffentlicher Gelder konnte ein Hauptberuflicher angestellt werden. Inzwischen sind wir zwei hauptberufliche Mitarbeiter und drei Zivildienstleistende, die bei der offenen Behindertenarbeit tätig sind. Der Fortbestand der Arbeit darf als gesichert angesehen werden.

Die offene Behindertenarbeit hat für sich als Ziel *„Gemeinsam leben lernen"* formuliert. In der Gemeinschaft von Behinderten und Nichtbehinderten soll auf dieses Ziel hingelebt werden. Die Ehrenamtlichen im Arbeitsbereich haben 15 Jahre lang diese Freizeitarbeit geprägt und kontinuierlich ausgebaut. Gegenwärtig sind es 152 Mitarbeiter. Viele von ihnen haben eine Weichenstellung und Sinngebung für das eigene Leben erhalten. Nicht selten werden kirchliche oder soziale Berufe ergriffen.

Den behinderten Mitgliedern bedeutet ihr Freizeitclub alles. Sie stehen nicht mehr hinter den nichtbehinderten Geschwistern zurück. Auch sie haben Freunde und Freizeitangebote. Über 450 beteiligen sich gegenwärtig an den Freizeitaktivitäten. Sie füllen sie mit einer Lebensqualität, die ich in der sogenannten normalen Jugendarbeit nie erleben konnte.

Die Integration in die Kirchengemeinden wird durch unsere Elternschaft weiter intensiv zu betreiben sein. Unser Elternverein *„Gemeinsam leben lernen"* macht dies zu seiner Zielsetzung. Die Eltern werden diese Arbeit auch weiter begleiten, weiter voranbringen müssen durch ihre Wünsche und durch ihre konstruktive Kritik, sind doch schon bisher wesentliche Anregungen von ihnen ausgegangen.

Werner Schanz / Johannes Riedel / Ludwig Gunkel

Jugendarbeit oder Jugendsozialarbeit

Plädoyer für eine kirchliche Arbeiter-Jugend-Arbeit

Reflexion historischer Erfahrung und theologischer Grundlegung

Das Wort „oder" bezeichnet einen Dauerkonflikt seit den 50er Jahren, in dessen Verlauf sich die Kontrahenten in Theorie und Praxis heftig und oft sehr grundsätzlich auseinandersetzten, sich bisweilen aber auch zu kooperativen Formen zusammenfanden. Aufeinander bezogen und sich gegenseitig herausfordernd, in Gremien zusammengeordnet und sich in Frage stellend, institutionell verklammert, aber in der Praxis geschieden, erwies sich der Vermittlungsprozeß als äußerst schwierig, ein Hürdenlauf von Konzeptionsdebatten, Zieldiskussionen, Legitimationszwängen. Das erforderte ein Konditionstraining im Entwurf theologischer und gesellschaftspolitischer Ansätze, das die Fortbildungsinstitute in entsprechender Auswahl anboten. Dabei waren die Startbedingungen und die Motivationsperspektiven so verschieden wie die Ausbildung und Herkunftsgeschichte der professionellen Akteure.

Wer z.B. den Integrationsprozeß der Jugendbildungsreferenten in die Hauptberuflichen-Konferenz der Evangelischen Jugendarbeit in Bayern miterlebte, weiß, wie emotional erregt die Gegensätze oft aufeinanderstießen, wie die Berührungsängste hinter sachlichen Argumenten versteckt, wie aber auch um Verstehen, Akzeptanz und gemeinsame Wege gerungen wurde. Es kam zu Grenzüberschreitungen, die das Entweder-Oder aufbrachen. Die offene Jugendarbeit fand Raum und Herberge in kirchlichen Häusern, nicht selten im Keller, um die Auswirkungen auf das übrige Leben im Haus der Kirche kontrollierbar zu halten. Die gesellschaftsbezogenen und gesellschaftskritischen Ziele wurden auch in weiten Bereichen Evangelischer Jugendarbeit relevant und bestimmend. Der Streit um die biblisch-theologische Grundlegung und um die Kriterien und Perspektiven evangelischen Glaubens und Handelns ging quer durch die Jugendarbeit und Jugendsozialarbeit hindurch und verband Jugendleiter und Jugendbildungsreferenten nicht nur in biblisch-theologischen Zusatzausbildungen, sondern im gemeinsamen Suchen nach einer dem Evangelium entsprechenden Arbeit mit jungen Menschen. Bei all den gegenseitigen Anregungen und Impulsen blieb ein Defizit auf seiten der Jugendarbeit, das trotz aller Offenheit für die nahen und weltweiten Probleme nicht abzubauen war: Die große Zahl der jungen Arbeiter und Auszubildenden war weithin unterrepräsentiert. Darauf weist Christof Bäumler hin: „Die offene Jugendarbeit mit Arbeiterjugendlichen ist dasjenige Feld kirchlicher Praxis,auf das sich die Fortbildungsarbeit in Zukunft konzentrieren sollte, weil hier nach wie vor das größte Defizit der kirchlichen Jugendarbeit besteht." (aej—Studientext 21, S. 19 f.)

Damit wurde und wird eine der schwerwiegendsten Herausforderungen unserer Zeit fast ausschließlich der Jugendsozialarbeit überlassen: die Jugendarbeitslosigkeit und die bedrängende Ausbildungssituation. Mit einem freizeitpädagogischen Ansatz ist hier kaum zu helfen. Vielmehr ist zu fragen, ob sich Jugendarbeit in ganz neuer Weise zur Jugendsozialarbeit hin öffnen sollte oder müßte, indem sie die Arbeitswirklichkeit der jugendlichen Mehrheit konkret wahrnimmt, so wie sie die Jugendlichen erleben. Das fordert nicht zuletzt eine theologische Grenzüberschreitung heraus, die sich darauf einläßt, das Evangelium unter den Bedingungen unserer Industriegesellschaft erlebbar zu verkündigen. Denn das Wort Gottes ist keine abstrakte Lehre, sondern in Jesus von Nazareth eine konkrete Person, vom Weibe geboren, von Menschen gekreuzigt, von Gott auferweckt, damit die Liebe Gottes unter uns Menschen gegenwärtig bleibe. Ihre Begründung und Orientierung empfängt evangelische Jugendarbeit von dem Mensch gewordenen Gott, von Jesus, dem Christus, der auf seinem Weg das ganze menschliche Leben durchschritten hat: Höhen und Tiefen, Freundschaft und Verrat, Beifall und Hohn, Häuser des Reichtums und Hütten der Armut und das Elend der Landarbeiter und Tagelöhner, die auf dem damaligen Arbeitsmarkt zu Hungerlöhnen gehandelt wurden. Die Befreiungsarbeit des Nazareners geschah ganz unten, wo die Menschenwürde am Boden lag. Sie durchbrach das Gesetz von Leistung und Gegenleistung, das den Wert des Menschen bis heute bestimmt und reguliert, um Menschen durch Liebe zu Würde und aufrechtem Gang zu verhelfen. Diese Orientierung, diedas Evangelium vorgibt, weist die Jugendarbeit zu denen, die Jesus glücklich preist: den Armen, den nach Brot und Gerechtigkeit Hungernden, den heutigen Tagelöhnern, die auf Arbeit warten. Weil es im Evangelium um die letzten Fragen des Lebens und dieser Welt geht, stehen die vorletzten Dinge zur Diskussion und in Frage. Kirchliche Jugendarbeit ist darum Arbeit an den Wurzeln, an den Bedingungen und Ursachen, die die Organisation gesellschaftlichen Lebens tragen. Die Wirtschafts- und Arbeitsorganisation ist ein wesentlicher Teil davon. Jugendarbeit wird dabei nicht neutral bleiben können, sondern sich mit den Betroffenen und Leidtragenden unserer Zeit solidarisieren und dort auf Veränderung drängen, wo Leben heute gehindert wird.

Reflexion der Bedingungen der Arbeit mit jungen Arbeitern

Es hat sich nicht viel verändert; das Phänomen besteht nach wie vor: *Mit Beginn der beruflichen Praxis endet für die meisten Jugendlichen die Beziehung zur Kirche.* Und je früher im Lebensalter berufliche Praxis beginnt, desto weniger bekommt die Kirche noch eine Chance.

Wir haben damit die Jugendlichen im Blick, die schon mit 16 Jahren im Arbeitsleben stehen als Angelernte oder Hilfsarbeiter, oder die Jugendlichen, deren Berufsausbildung in Betrieben, Lehrwerkstätten oder Handwerksbetrieben geschieht. Eine Reihe von Angestelltenberufen bedingen ebenfalls ihre Ausbildung in Betriebsnähe. Wir haben auch die Jugendlichen im Blick, denen eine Ausbildung nach eigener Wahl nicht mehr möglich ist oder die keine Lehrstelle bekommen. Sie alle stellen die große Mehrheit unserer jungen Generation. Sie stehen zwar gesellschaftlich nicht im Mittelpunkt des Interesses, dennoch sind sie für die Gesellschaft von erheblicher Bedeutung. Sie sind es jedoch nicht für die Kirche und ihre Jugendarbeit. Die Gründe dafür, weshalb diese von diesen jungen Menschen gemieden wird, müssen deshalb vorrangig im Selbstverständnis der Kirche und ihrer Praxis gesucht werden. Weshalb die kirchliche Arbeit weder Anziehungskraft besitzt noch Beziehung herstellen kann, soll hier untersucht und dargestellt werden.

☐ *Bestimmte Lebensauffassungen und Einstellungen werden im Betrieb gefordert, geprägt und nachhaltig beeinflußt.* Die Auszubildenden, wie alle anderen Jugendlichen, die aus den Hauptschulen kommen, beginnen mit ihrer Arbeit oder ihrer Berufsausbildung einen Lebensweg, der sie von Anfang an in betriebliche Arbeits- und Organisationsabläufe zwingt. Sie haben sich ein- und unterzuordnen, ohne nennenswerten Einfluß nehmen zu können. Sie lernen und arbeiten in einem System der Erwachsenen und für Ziele der Erwachsenen. Ihre Eltern haben in der Regel eine ähnliche Lerngeschichte hinter sich und zudem die Erfahrung gemacht, daß sie auch als erwachsene Arbeitnehmer abhängig geblieben sind. Dies hindert sie nicht, wenigstens ihr Erwachsensein als Überlegenheit auszuspielen.

Hat schon die Hauptschule kaum Raum für die Entwicklung einer eigenen Persönlichkeit geboten, so werden nun die Jugendlichen während eines großen Teils des Tages in das Arbeitsleben ihres Betriebes hineingezogen.

Sie lernen vorrangig mit ihren Händen, z.B. Material zu bearbeiten oder eine Apparatur zu beherrschen. Sie sind an einen ganz bestimmten Arbeitsplatz gebunden. Sie lernen Vorgegebenes und ausschnitthaft, während Anregungen zur Beschäftigung ihres Geistes gering sind. Pausen für Gespräche und Reflexionen sind nicht eingeplant. Das Beziehungsverhältnis zu den Erwachsenen ist vom geforderten Gehorsam geprägt, Gehorsam gegenüber den Betriebsordnungen, der Arbeitsordnung, Gehorsam gegenüber den Gesetzen eines Betriebes, dessen vorrangiges Ziel es ist, Gewinn zu erwirtschaften und dafür junge Leute auszubilden.

□ *Junge Menschen werden vom Material und von der Art ihrer Arbeit geformt.* Schüler erleben das Leben, ihre Umwelt und Gesellschaft vor allem theoretisch. Berufsausbildung dagegen ist zwar nicht theorielos, hat aber beständig ihre Praxisseite. Der oder die Sechzehnjährige lebt mit Produkten, geht mit Werkzeugen und Maschinen um, erlebt hochkomplizierte technische Apparaturen. Dies alles beginnt mehr und mehr Einfluß zu nehmen und formt den, der damit arbeiten lernt. Sein Lebens- und Arbeitsverständnis entfernt sich in Riesenschritten von dem des gleichaltrigen Schülers. Es ist realistischer und illusionsloser, es ist materialistischer und härter. Zugleich erlebt er Zusammenhalt und Solidarität. Gesellschaftskritische Auseinandersetzungen sind in seinen Ohren spitzfindig, unrealistisch und zumeist überflüssig. Er erlebt seine Emotionen, auch seine Wut oder Resignation viel direkter und kann sie unmittelbar und weniger gefiltert äußern. Die Härte seines Lebensverständnisses bezieht er auch auf sich selbst. Er lernt, sich zurückzunehmen, sich zu panzern, nicht aufzufallen.

□ *Die Bewältigung des Lebens unter den Bedingungen der Arbeitswelt zu erlernen, formt soziale Einstellungen, Verhalten und Zusammenleben in ganz bestimmter Weise.* Das Erlebnis, gebraucht zu werden, aber auch gnadenlos ausgewechselt werden zu können, zwar ein Mensch, aber auch eine Nummer zu sein, aufeinander angewiesen, aber letztlich ganz abhängig zu sein, fördert in der Hauptsache zwei voneinander verschiedene Entwicklungsprozesse: Der eine Prozeß erzieht junge Menschen zur Anpassung an anscheinend Unabänderliches. Er lernt dabei, daß bestimmte Verhaltensweisen einen Schutz vor Unannehmlichkeiten darstellen: nicht aufzufallen, seinen Mund zu halten, echter Arbeitnehmer im Sinne des Wortes „Nehmer" zu sein, nur begrenzte Arbeit und wenig Verantwortung zu übernehmen. Er lernt, brauchbarer Arbeiter zu werden, gefragter Konsument, der weiß, was „in" ist. – Lassen sich junge Menschen auf den anderen Prozeß ein, erfahren sie den Wert von Standhaftigkeit, Selbstbestimmung und Widerstehen. Sie erfahren, daß sie Rechte haben und daß sie um diese kämpfen müssen. Sie erleben Solidarität von ebenfalls engagierten Erwachsenen, von Vertrauensleuten der Gewerkschaften, Betriebsräten, Jugendvertretern. Sie erfahren jedoch auch, daß diese Älteren sie alleine lassen können, wenn sie in ihren Auffassungen gestört werden. Die meisten Inhalte dieses Prozesses stammen aus dem betrieblichen Alltag, den Arbeitswelterlebnissen, der sozialen Stellung und Einstellung. Eine Jugendarbeit, die diese beiden Entwicklungsprozesse nicht beachtet, wird von diesen Jugendlichen kaum in Anspruch genommen.

□ *Kirchliche Jugendarbeit kann deshalb auf soziale Arbeit oder „soziales Lernen" nicht verzichten, will sie aus ihrem „Jugendghetto" herauskommen.* Erste Voraussetzung ist, daß sie sich auf die Lebenswirklichkeit dieser Jugendlichen einläßt, die von dem Arbeitsleben bestimmt ist. Und einlassen kann sie sich nur, wenn sie selbst Erfahrungen mit der Arbeitswelt macht. Es wäre ihr deshalb nach unserer Erfahrung dringend zu empfehlen, in der Ausbildung und der Wahl ihrer Hauptamtlichen solche Erfahrungen zu vermitteln und auch vorauszusetzen. Andernfalls bringt sie sich und die Kirche weiterhin um die Chance, Lebensmöglichkeiten in der Freiheit des Evangeliums für die große Mehrheit unserer Jugend zu eröffnen.

Reflexion praxis-konzeptueller Aspekte der Arbeiterjugend-Arbeit

Auf einen Praxisversuch soll abschließend mit einigen Überlegungen eingegangen werden. Dabei handelt es sich um das Modellprojekt „Soziale Begleitung der Auszubildenden", mit dem der Münchner Arbeitsbereich der Evangelischen Industrie- und Sozialarbeit seit Jahren in Kooperation mit einem Industriebetrieb experimentiert. Es ist gelungen, auf seiten des Unternehmens die Einsicht zu entwickeln, daß dem Unternehmen über die fachliche Ausbildung hinaus eine umfassende Verantwortung für die berufliche Sozialisation der jugendlichen Auszubildenden zukommt. Auf dieser Basis ist eine Kooperation entstanden, bei der seitens des Betriebes Personalleitung/Ausbildungsleitung und Betriebsrat/Jugendvertretung gleichermaßen Kooperationspartner sind; dies ist unabdingbar, trägt es doch der Verflechtung und zugleich dem Gegensatz von Kapital und Arbeit als Konstituenten des Produktionsprozesses Rechnung. *Kooperation* bedeutet gemeinsame Planung und Durchführung auf der Basis klar abgesprochener Kompetenzen und Arbeitsteilungen und setzt die Anerkennung der Position des Gegenübers voraus. Dies stellt beide Partner vor enorme und ungewohnte Herausforderungen. Der kirchliche Partner ist für den Betrieb Stachel der Humanität im Fleisch der Sachzwänge der Rentabilität. Gleichzeitig begibt er sich auf eine Gratwanderung, die mit den klassischen Schlagworten „Emanzipation oder Anpassung" umschrieben werden kann. Dabei wird er feststellen, daß es einen schmalen Weg gibt, wo die beiden scheinbaren Antagonismen miteinander vereinbar sind.

Den Jugendlichen wird ein Erfahrungsraum angeboten (in Form einer Sequenz von halbtägigen bis einwöchigen Seminaren). Dieser Erfahrungsraum bleibt einerseits an die Arbeitsrealität angebunden (während der Arbeitszeit, teilweise im oder in der Nähe des Betriebes, unter Einbezug betrieblicher Funktionsträger usw.) und legt damit die Auseinandersetzung mit dieser Arbeitsrealität nahe, ja macht sie notwendig – bis dahin, daß auch die Ängste und Aggressionen auslösenden Arbeitserfahrungen nicht ausgeklammert werden können. Andererseits wird dieser Erfahrungsraum durch die vom kirchlichen Partner garantierte Distanz zur betrieblichen Realität zum Freiraum, der es den Jugendlichen möglich macht, sich mit ihrer eigenen Arbeits- und Lebenssituation und deren persönlicher Gestaltung kritisch auseinanderzusetzen und neue, erweiterte Lebens- und Handlungsperspektiven zu gewinnen. Für diesen Prozeß wird den Jugendlichen als eigenständigen und gleichberechtigten Subjekten die pädagogische Professionalität des Kollegen Sozialarbeiter/Jugendleiter angeboten. Kollegialität als Voraussetzung heißt im gesellschaftlich-kulturellen Zusammenhang der Arbeiterbewegung prinzipielle Interessenidentität und Parteilichkeit, die notwendigerweise ein tendenzielles pädagogisches Subjekt-Subjekt-Verhältnis voraussetzt und beinhaltet; das ist der kritisch-emanzipatorische Moment des Prozesses. Dies wird durch die konkreten Inhalte des Lernens unterstützt: Reflexion der eigenen Situation und deren emotionaler und kognitiver Verarbeitung, Lernen an Konflikten, Kommunikationsfähigkeit, Verantwortlichkeit u.a., die dem Jugendlichen Fähigkeiten zur besseren Interessenvertretung im Betrieb ermöglichen, ihn aber auch zu einem produktiven und effektiv einsetzbaren Mitarbeiter im Unternehmen machen. Dieses Moment der Anpassung wird durch die pädagogisch-professionelle Beziehung zum Jugendlichen tendenziell verstärkt.

Um die teilweise widerstreitenden Anforderungen aus der Gleichzeitigkeit kollegialer und pädagogisch-professioneller Beziehung zum Jugendlichen in Einklang zu bringen und Rollenkonfusion auszuschließen, sind mehrere Handlungsebenen notwendig und vorgesehen:
die Vertreter der Auszubildenden sind neben den anderen betrieblichen Gruppen in der Planung und Durchführung Partner;
die konkrete Arbeit wird mit den Jugendlichen, ausgehend von ihren Bedürfnissen, entwickelt;
die pädagogische Professionalität kommt in *bestimmter* Konzeptualisierung zur Geltung: an den Erfahrungen und Erlebnisweisen der Jugendlichen als eigenständige Personen orientiertes, ganzheitliches soziales Lernen;

vom konkreten Lernprozeß getrennte Phasen der Reflexion und Planung sind eingeplant, die den Prozeß selbst, die dabei angewandten Methoden und ihren Begründungszusammenhang durchsichtig machen;
die Ausbilder sind in die Maßnahme in eigenständiger Rolle und Aufgabe als lernende Subjekte einbezogen;
Supervision der Jugendleiter und Begleiter während des Lernprozesses.

Die beschriebene Komplexität wird durch eine spezifische Besonderheit dieser Maßnahme noch vergrößert: In diesen modellhaft experimentellen Prozeß werden *alle* Auszubildenden einbezogen. Dies ermöglicht eine solche Arbeit auch mit den Jugendlichen, die aufgrund ihrer „autonomen" Entscheidung ein solches Angebot nicht annehmen würden. Prinzipiell notwendige Zweifel an dieser „Zwangsregelung" werden im gegebenen Kontext dadurch gemindert, daß in betrieblichen Entscheidungszusammenhängen „autonome" Entscheidungen prinzipiell nicht vorgesehen sind; es handelt sich also um nicht mehr als ein Stück Arbeitsrealität, ermöglicht aber auch diesen Jugendlichen, ihre Arbeitsrealität und deren subjektive Verarbeitung kritisch zu reflektieren und auf Veränderung gerichtetes Handeln zu entwickeln. Darüber hinaus werden in der konkreten Gestaltung des Lernprozesses den Jugendlichen Rückzugs- und Ausstiegsmöglichkeiten eingeräumt. Gerade in der Herausforderung der Zusammenarbeit mit diesen Jugendlichen zeigt sich die Tragfähigkeit dieses Ansatzes.

Die Praxiserfahrungen evang. Industrie- und Sozialarbeit zeigen, daß eine Kirche, die sich auf die Arbeitswelt und die Erfahrungen der Arbeitnehmerschaft einläßt, ernster genommen und gebraucht wird.

Alfred Walter

Friedensarbeit in der Gemeinde *

Tendenzen

Ein Bild von nahezu verwirrender Vielfalt, kaum überschaubar und vielgestaltig: In den letzten Jahren bildeten sich – vor allem im Zusammenhang mit der Hochkonjunktur der Friedensbewegung und ihren Aktionen gegen die Nachrüstung in Europa – vielerorts in den Gemeinden Aktions-, Basis- und Bezugsgruppen, fassen Friedensinitiativen mehr oder weniger umstritten in der Gemeinde Fuß. Hausfrauen, Schüler, Studenten, Akademiker, Angestellte und Freiberufliche, die ansonsten miteinander recht wenig zu tun haben, sitzen seitdem zusammen und überlegen, was für die Abrüstung und gegen die weitere Aufrüstung getan werden kann. Nur die Arbeiterschaft scheint recht spärlich vertreten zu sein, es sei denn, man arbeitet mit Gewerkschaften zusammen.

Menschen aller Altersgruppen, die noch bis vor kurzem ihre Finger von der Politik ließen und sich allenfalls am Rande damit beschäftigten, mischen sich auf lokaler Ebene ein, begehren gegen die herrschende Sicherheitspolitik auf, exponieren sich in der Öffentlichkeit. Menschen, die bislang wenig mit der Kirche im Sinn hatten, nehmen nun plötzlich engagiert am Gemeindeleben teil, gestalten Gottesdienste mit, obwohl sie seit Jahren kaum oder nicht mehr in die Kirche gegangen sind. Ökumene wird wie selbstverständlich praktiziert; ein konziliarer Prozeß, die Friedensfrage im kirchlichen Bereich konfessionenüberschreitend einer verbindlichen Klärung zuzuführen, ist in Gang gesetzt.

Friedens-, Ökologie- und Dritte-Welt-Gruppen vernetzen sich auf lokaler und regionaler Ebene. Neue, nicht nur in den Kirchen ungewöhnliche Formen der Zusammenarbeit, der Entscheidungsfindung und des Zusammenlebens werden ausprobiert und eingeübt. Betroffenheit und Emotionalität suchen sich ihr Recht. Menschen beginnen, sich selbst und ihre Fähigkeiten neu zu entdecken und zu ihnen zu stehen; sie gehen teilweise offener miteinander um, als dies sonst in kirchlichen Kreisen und im Alltag der Fall ist.

Und es entsteht Streit in den Gemeinden, Streit um die Wege zum Frieden. Für die einen bringt die Friedensfrage Unruhe in die Kirche und politisiert sie, für die anderen wird Kirche plötzlich attraktiv und interessant, vielleicht mehr als jemals zuvor. Und interessanterweise nehmen viele Kirchenmitglieder ihrer Kirche das Engagement für den Frieden nicht einmal übel.[1]

Vielfältig wie die Erscheinungen der Friedensarbeit in der Gemeinde sind ihre Aktionen und Methoden: Friedenswochen, Ostermärsche, Schweigekreise und Mahnwachen, Demonstrationen und Blockaden, Aktionen zivilen Ungehorsams und Verweigerungsaktionen ..., die Liste der Aktionsmöglichkeiten ist lang.
Mann/frau engagiert sich, so gut es eben neben Beruf und Familie geht, und man beteiligt sich an einzelnen Aktionen, soweit man/frau es sich zutraut.

Friedensarbeit in der Gemeinde ist oft getragen von dem spontanen Protest gegen weitere Rüstung und gegen die zunehmende Umweltzerstörung. Sie ist der Ausdruck einer Kritik an Entwicklungstendenzen der modernen Gesellschaften, die deren Überleben bedrohlich in Frage stellen. Ein Protest und eine Kritik ohne großes theologisches, politik- und gesellschaftswissenschaftliches Wissen, primär getragen von Unruhe, Sich-nicht-mehr-abfinden-können und -wollen mit dem, was auf uns zukommt. Freilich gibt es eine Flut von offiziellen und offiziösen Erklärungen und Stellungnahmen der Großkirchen, regionaler und überregionaler, nationaler und internationaler kirchlicher Organisationen und Vereinigungen; – ob sie jedoch in den Gemeinden vor Ort jene Bedeutung haben, die sie sich selbst zusprechen, scheint fraglich zu sein. Erheblich mehr an Einfluß auf die lokale und regionale Situation dürfen aktuelle rüstungs- und umweltpolitische Ereignisse haben. Insofern spiegelt Friedensarbeit in der Gemeinde eher das Schicksal friedensbewegter bundesrepublikanischer Wirklichkeit mit den gleichen Schlagworten, den gleichen Handlungsorientierungen und den gleichen Verlegenheiten wider als den innertheologischen Diskussionsstand, der allenfalls durch dezidiert auf die Gemeinden bezogene Aktionen und Symbole vor Ort aufscheint.

Aufmerksamkeitslinien

1. Friedensarbeit in der Gemeinde partizipiert an der sich abzeichnenden Tendenz zur Demokratisierung der Sicherheits- und Verteidigungspolitik. Galten Fragen der Verteidigung und Sicherheit, der Militärstrategie, der

Rüstungskontrolle und der Abrüstung bis weit in die siebziger Jahre als ein Gebiet für die Expertise weniger, wurden sie inzwischen zu einem überall diskutierten Problemfeld. Kaum ein Ort, kaum eine Gemeinde, wo diese Fragen nicht diskutiert wurden und werden.

Zugleich sehen sich Politiker und Militärs einem Legitimationsdruck gegenüber, der für sie neu ist. Die alten Argumente ziehen nicht mehr, weil sie durchschaut und kritisch hinterfragt werden. Die große Koalition der Akzeptanz einer in wesentlichen Details unbekannten Rüstungspolitik ist endgültig dahin. Bezeichnend für die Kritik an der traditionellen Sicherheitspolitik – und dies zeigt sich auch im kirchlichen Bereich deutlich – ist, daß sie zunehmend mit politischen Sachargumenten geführt wird. Zwar wird der Protest, ob christlich motiviert oder nicht, letztlich von einer moralisch-ethischen Begründung getragen; er expliziert sich jedoch in – in der Regel – reaktiven Stellungnahmen und Aktionen gegenüber aktuellen Entwicklungstendenzen und Rüstungsvorhaben: Gestern hatte die Nachrüstung Konjunktur, heute sind es Aktionen im Bereich des Zivilschutzgesetzes und gegen SDI, morgen werden es andere Themen sein. Allzuschnell sitzt man hierbei der politischen Aktualität auf, ohne den allgemeinen Entwicklungskontext der Militär- und Sicherheitspolitik nach 1945 zu sehen, was zu manchen Wahrnehmungsverzerrungen führt.

Die in den vielfältigen Gruppen und Initiativen stattfindenden Lernprozesse können in diesem Zusammenhang als die weitgehend selbstorganisierte und autodidaktisch angeeignete Kompetenz in den zur Diskussion stehenden Fragen angesehen werden. Die Menschen sind heute – zumindest teilweise – sensibler und kritischer in diesen Fragen geworden – und sie haben sich dieses Bewußtsein gegen die offizielle Informationspolitik angeeignet.

2. Die beschriebenen Tendenzen in Richtung auf eine breitere und intensivere Debatte von Fragen der Rüstung und Sicherheit, die abgesehen von den unmittelbaren Nachskriegsjahren und der Remilitarisierungsdebatte in den fünfziger Jahren und im Rahmen der Studentenbewegung kaum öffentlich geführt wurde und an denen die kirchlichen Friedensgruppen gestern wie heute erheblichen Anteil nehmen, werden durch spezifische innerkirchliche Auseinandersetzungen und Problemstellungen überlagert. Letztere lassen sich als das Bestreben interpretieren, sich (s)eines eigenen Standpunktes zu vergewissern. Vor allem im protestantischen Bereich zeigen sich hierbei Tendenzen, die Friedensfrage glaubens- und bekenntnisorientiert zu individualisieren. Werden Fragen von Krieg und Frieden, wie es teilweise explizit und in der Regel implizit geschieht, als Glaubens- bzw. Bekenntnisfrage[2] behandelt, droht die Gefahr eines entpolitisierenden Reduktionismus hochkomplexer Sachverhalte und Fragestellungen zum Problem individueller Gesinnung, richtiger Einstellungen,

des rechten Glaubens und eines guten bzw. schlechten Gewissens. Allzuschnell meldet man sich dann – wider die eigene Intention – aus der abrüstungspolitisch relevanten Debatte und Auseinandersetzung ab.

3. Zugleich – und diese Tendenzen zeigen sich verstärkt nach der Aufstellung atomarer Mittelstreckenraketen in Europa – treten der subjektive Faktor und mit ihm Fragen der individuellen Friedensfähigkeit wieder vermehrt in den Vordergrund. Die Auffassung, Frieden fange schließlich im kleinen, in der Familie, bei uns an, hat wieder Konjunktur. Abgesehen von der darin enthaltenen unzureichenden These, Friede ergebe sich aus der Summe der individuellen Friedensfähigkeit der Bürger eines Staates, die wesentliche Dimensionen politischer, gesellschaftlicher und wirtschaftlicher Art völlig vernachlässigt, schlagen insbesondere bei einem christlich begründeten Friedensengagement allzuschnell quietistische Traditionen des Christentums durch. Daß der subjektive Faktor der Friedensfähigkeit der Bearbeitung bedarf, allein schon um die individuelle und kollektive Widerstands- und Politikfähigkeit zu stärken, steht außer Frage und ist gerade auf dem Hintergrund der angedeuteten quietistisch-individualistischen Traditionsgeschichte des Christentums um so mehr zu fordern. Insofern impliziert Friedensfähigkeit immer auch die Auseinandersetzung mit der eigenen Geschichte als der Geschichte eines vom Christentum geprägten Subjekts und seinen Vergesellschaftungs– und Sozialformen.

Dies reicht jedoch nicht hin. Vielmehr steht die reale Veränderung weltweiter Abhängigkeits- und Austauschstrukturen, die konkrete Veränderung der bürokratisch-administrativen, militärischen und rüstungswirtschaftlichen Infrastruktur der Staaten an, zugegebenermaßen eine äußerst weitreichende Forderung, die jedoch konkrete Konsequenzen bis in die Arbeit vor Ort hat. Für die Friedensarbeit in der Gemeinde bedeutet dies, von der innerkirchlich-selbstbezogenen Selbstverständnisdiskussion wegzukommen und sich zunehmend den konkreten Entwicklungen zu stellen: vor Ort, mit lokalem Bezug, Zusammenarbeit mit den unmittelbar Betroffenen, ob Naturwissenschaftler, Ingenieure oder Arbeiter in Rüstungsbetrieben, ob mit Soldaten, die sich kritisch mit der herrschenden Sicherheitspolitik auseinandersetzen … Berührungsängste gilt es abzubauen, bisher weitgehend auch in der innerkirchlichen Auseinandersetzung tabuisierte Bereiche wie die herrschenden Produktionsbedingungen und die damit verbundenen wirtschafts- und rüstungspolitischen Infrastrukturen und Verflechtungen gilt es aufzubrechen, um gemeinsam mit Betroffenen in den Betrieben zu überlegen, was getan werden kann, und mit ihnen gemeinsam zu handeln.[3] Christliche Gemeinde könnte sich hier möglicherweise als Lernort neuer Qualität erweisen.

4. Gibt es Spezifika einer christlichen Friedensarbeit in der Gemeinde, abgesehen davon, daß sie im Raum christlicher Gemeinde stattfindet, von

Christen getragen wird und bei der man sich mehr oder weniger stark mit innertheologischen Fragen herumschlägt? Die Grenzen innerhalb der Friedensbewegung sind derart fließend, daß, abgesehen vom Entdeckungszusammenhang, allein das Selbstverständnis eines dezidiert christlich begründeten Engagements als möglicher Unterscheidungsgrund bleibt; kein Thema, kein Diskussionsgegenstand, keine Handlungsorientierung, auf die Christen in der Friedensbewegung einen exklusiven Anspruch erheben könnten, weder internationale Solidarität und Gerechtigkeit noch Verständigung und Versöhnung zwischen den Menschen, auch nicht Gewaltfreiheit.

Christlichem Friedensengagement, will es inhaltlich zur Auseinandersetzung beitragen und nicht nur die innerkirchliche Debatte bereichern, stellt sich die Aufgabe, die eigenen Positionen und Gehalte diskursfähig zu entfalten. Dazu genügt weder der Rekurs auf die alttestamentliche Vorstellung eines umfassenden Schalom noch auf die Friedensbotschaft des Neuen Testaments. Vielmehr gilt es, die darin enthaltenen Implikationen argumentativ und kritisch–konstruktiv für eine veränderte und verändernde Praxis fruchtbar zu machen.[4] Christliche Vorstellungen könnten darin einen Beitrag dazu leisten, inhaltlich mitzubestimmen, was ein Friede „jenseits von Abschreckung“ (Senghaas) impliziert. Christliches Friedensengagement erwiese sich unter diesen Voraussetzungen als ein Stachel im Fleisch, der, von einer umfassenden Perspektive von Freiheit, Gerechtigkeit und Frieden ausgehend, bestehende Realisierungszusammenhänge des Friedens andauernd hinterfrägt, Alternativen wachhält und in der politischen Auseinandersetzung auf deren Verwirklichung drängt. Inwieweit es den kirchlichen Friedensgruppen und mit ihnen der Theologie gelingt, ihr Anliegen nicht nur innerkirchlich, sondern – wie angedeutet – vor allem in Zusammenarbeit mit den unmittelbar Betroffenen in einem gemeinsamen Argumentations-, Erfahrungs- und schließlich auch politischen Handlungskontext zu entfalten, entscheidet mehr über die konkrete Friedensfähigkeit des Christentums, als es alle innerkirchlich-selbstbezogenen Kontroversen und Abklärungen zu leisten vermögen. Hier liegen die Stärken einer kritisch reflektierten Friedensarbeit vor Ort, welche die eigene Gemeinde und ihr Umfeld mit ihren konkreten politischen, wirtschaftlichen und militärischen Verflechtungen als friedenspolitisch relevanten Lebens- und Realisierungszusammenhang im Sinne einer reflektierten Politisierung des Alltags (H. E. Bahr) begreifen lernt.

5. Friedensarbeit in der Gemeinde schließt über die inhaltliche Arbeit hinaus in ihren Sozialformen eine implizite Kritik an herkömmlicher volkskirchlicher Gemeindewirklichkeit ein. Sie könnte sich darin möglicherweise als ein kritisches innerkirchliches Korrektiv des Gemeindeaufbaus erweisen: Wünsche, Sehnsüchte und Hoffnungen einer im Gemeindeleben

traditioneller, weitgehend individualistisch und an den Bedürfnissen der Kerngemeinde ausgerichteter Prägung brachliegenden Subjektivität brechen sich in Friedensgruppen Bahn. Diese tragen sich weitgehend selbst, resultieren aus Betroffenheit und Engagement, gründen in konkreten Interessen der Menschen. In Friedensgruppen wird – zumindest der Tendenz nach – das verhandelt, was die Menschen bewegt und beschäftigt, oft zaghaft, auf der Suche nach neuen Wegen und Gestaltungsformen. Darin findet mehr oder weniger stark immer auch ein Stück Resubjektivierung christlicher Gehalte statt, die sich als neutralisierte Religion (Th. W. Adorno) weitgehend aufzulösen drohen. Wie sich diese Potentiale weiterhin entfalten werden, hängt einerseits von der Entwicklung, die die Friedensbewegung nimmt, andererseits aber auch entscheidend davon ab, wie in den Kirchengemeinden damit umgegangen wird: ob Friedensgruppen als Störenfriede oder als Chance betrachtet werden. Wie immer sich die politische Entwicklung in Zukunft konkret darstellen mag, Friedensarbeit in der Gemeinde eröffnet neue Erfahrungen in der Kirche, die sich oftmals konfliktreich und gegen die etablierten Strukturen auf Gemeindeebene entwickeln, die sich jedoch auszeichnen durch die Tendenz, daß die Menschen sich selbst zumindest ein Stück weit mehr als Subjekte sehen und selbstbestimmt entfalten können.

*) Die vorliegenden Ausführungen können aufgrund des sehr begrenzten zur Verfügung stehenden Raumes nur thetisch vorgetragen werden. Die Konkretion des Angedeuteten mußte leider unterbleiben. Ebenso mußte auf ausführliche Belege in den Amerkungen verzichtet werden.

[1] So ein Ergebnis aus der zweiten Kirchenmitgliedschaftsstudie „Was wird aus der Kirche?", 1985.

[2] Es ist bezeichnend, daß allen kirchlichen Stellungnahmen zu Rüstung und Abrüstung quasi als theologische Pflichtübung ein Bekenntnis zum Frieden Gottes und dem Frieden Christi eignet, wie immer dann auch konkret Stellung bezogen wird. Die durch die Erklärung des Moderamens des Reformierten Bundes ausgelöste Diskussion um den „status confessionis" in Sachen Rüstung stellt sich als eine besondere theologiegeschichtlich vermittelte Ausdrucksform der allgemeinen Tendenz dar, die Friedensfrage primär einmal als Glaubensfrage zu behandeln.

[3] Die von verschiedenen christlichen Initiativen getragene Kampagne gegen Rüstungsexporte, diese Exporte nicht nur isoliert betrachtet, sondern im Zusammenhang mit internationalen Kapital- und Rüstungsverflechtungen, mit qualifizierter Mitbestimmung über das, was produziert wird, bis hin zur Verknüpfung mit friedenspolitischen Maximen einer weltweiten Gerechtigkeit sieht, könnte in diesem Zusammenhang richtungsweisend werden (vgl. etwa Pax Christi [Hg.]: Gegen den Rüstungsexport! Aber wie? Frankfurt 1984, probleme des friedens-info Heft 1-2/1984). Ähnliches gilt für die sich anbahnenden Kontakte zwischen kritischen Offizieren, die sich 1983 im „Darmstädter Signal" zusammengeschlossen haben und die die herrschende Verteidigungs-

und Sicherheitspolitik der öffentlichen Kritik unterziehen und für eine strikte Verteidigungsausrichtung der Bundeswehr sowie den Verzicht auf (landgestützte) Atomwaffen eintreten, und verschiedenen Gruppen der Friedensbewegung.

[4] So kann die christlichem Glauben eignende Auffassung der permanenten Vorläufigkeit menschlicher Friedensbemühungen – thematisiert als die nicht unproblematische Differenz von Frieden Gottes und Weltfrieden – dazu führen, der Normativität des Faktischen entgegenzutreten und keinen Friedenszustand als endgültig zu betrachten, andererseits dazu, aktuelles Scheitern von Friedensbemühungen nicht als endgültig zu hypostasieren. Das alttestamentliche Verständnis von Frieden als umfassendem Heilsein und die Vision, daß „Gerechtigkeit und Frieden sich küssen" (Ps. 85, 11) könnte einer Reduktion der Friedensthematik auf die west-östliche und darüber hinaus eurozentrische Sicht von Rüstungswettlauf, Rüstungskontrolle und Abrüstung entgegentreten und Aspekte des internationalen Ausgleichs, der Überwindung struktureller Gewalt sowie einer weltweiten Gerechtigkeit mehr Gewicht verschaffen (vgl. Vancouver). Die neutestamentliche Linie, Friede in der Versöhnung und Liebe Gottes begründet zu sehen, könnte sich als die Kritik eines Friedens herausstellen, der sich der Macht der unmittelbaren Selbstbehauptung und Selbstdurchsetzung auf Kosten anderer und der Position der Stärke verdankt (vgl. dazu den in Chr. Bäumler u.a. (Hg.): Friedenserziehung als Problem von Theologie und Religionspädagogik, München 1981 entfalteten Argumentationszusammenhang).

Wolfgang Schindler

Lernen über andere und sich selbst: Fortbildung

„Seit 1968 versuchen wir im Studienzentrum für evangelische Jugendarbeit in Josefstal, gruppendynamische Arbeitsweisen in unsere thematisch angelegten Seminare einzuführen." So begannen die Mitglieder des pädagogisch-theologischen Teams des Studienzentrums ihren Bericht über ihr methodisches Konzept des damaligen dreimal zwei Wochen dauernden „Langzeitprogrammes" für hauptberufliche Mitarbeiter in der Jugendarbeit (Diakone, Sozialpädagogen, Pfarrer).[1]

Es zielte auf Entschleierung von Gruppen- und Teamkonflikten, auf einen emanzipatorischen Lernprozeß: Befreiung aus der Abhängigkeit vom Team; über Gegenabhängigkeit und Übernahme von Führungsrollen zur Ablösung von der Gruppe. Diese wurde u.a. auch als Modell der Gesellschaft, als Reproduktion eines Herrschaftsverhältnisses verstanden. Emanzipation im kleinen sollte den Transfer auf Emanzipation „draußen" ermöglichen; darauf zielte insbesondere die „politische Intervention".

Heute, 1986 ist die globale Zielsetzung für affektives Lernen unverändert, zielt auf „Erkennen und Artikulieren der eigenen Interessen und Wünsche, Wahrnehmung der anderen, Klären der Rolle, Erreichen von Rollenflexibilität, Klären von Beziehungen, Handlungsfähigkeit als Gruppe und Bearbeiten von Konflikten".[2] Freilich sieht die Praxis im mittlerweile fünfmal zwei Kurswochen umfassenden „Berufsbegleitenden Aus- und Fortbildungsprogramm" anders aus, weichen die Zielvorstellungen im Detail voneinander ab. Eine gewandelte gesellschafts- und kirchenpolitische Situation, andere Teilnehmer und ein anderes Team, neue therapeutische Ansätze charakterisieren die Gegenwart.

Das Gesamtkonzept dieses berufsbegleitenden Aus- und Fortbildungsprogrammes als Praxis kirchlicher Bildungsarbeit haben wir an anderer Stelle ausführlich dargestellt.[3] Hier soll untersucht werden, wie wir heute im Vergleich zu früher „gruppendynamische Arbeitsweisen" in das

Gesamtkonzept eines Fortbildungsprogramms integrieren, welche Chancen und Probleme sich dabei ergeben. Denn wir vermuten, daß unsere Erfahrungen über unser Haus hinaus von Bedeutung sind, von anderen ähnlich gemacht werden. Mit dieser Darstellung soll daher zu einer umfassend zu führenden Diskussion um eine ganzheitliche kirchliche Bildungspraxis beigetragen werden, ohne hier eine aus Platzmangel nicht zu leistende wissenschaftlich fundierte Aufarbeitung zu bieten.

1 Heutige Praxis

Anders als früher betonen wir heute unsere Rolle als Gastgeber in einem für die Teilnehmer fremden Haus stärker, bieten Strukturen: eine einladende Umgebung, die der Mühe der Selbstgestaltung zu Anfang enthebt, Unsicherheit und Angst reduziert. Dies beginnt praktisch bei einem gemeinsamen Essen und setzt sich fort im Angebot eines auf Kennenlernen und Ankommen zielenden Vorschlags für den Arbeitsbeginn. Auch die Vorstellung der groben Rahmenplanung, des Umfeldes des Hauses und des beginnenden Kurses, Erläuterungen zur Vorstellung des Teams über seine Rolle gegenüber den Teilnehmern gehören dazu.

Anders als früher leiten wir diese Gruppen jeweils zu zweit, nicht mehr als Gesamtteam von je zwei Sozialwissenschaftlern und Theologen.

1.1 Selbsterfahrung als Einstieg

Bereits zum sechsten Mal beginnt die erste Kurseinheit (zum Thema „Eigene Sozialisation und berufliches Handeln") mit einer dreitägigen Phase analytischer Selbsterfahrung. Nach einer Einstiegsübung, dem Malen eines Bildes über eine Situation aus der eigenen Herkunftsfamilie und der Anregung, sich über diese Bilder auszutauschen, gilt dann das Prinzip der für solche Arbeit charakteristischen Minimalstrukturierung: die Leiter verweigern das Vorgeben von Arbeitsaufgaben an die Gruppe, greifen nur klärend oder den gegenseitigen Austausch anregend ein, bieten Interpretationen des Geschehens, benennen vermiedene Themen. Für die Gruppe entsteht dadurch die Notwendigkeit, selbst das Geschehen zu bestimmen, Schwellenängste zu überwinden.

Dies drückte ein Teilnehmer in einem Traum so aus: „Ich stand auf einem hohen Sprungbrett am Rand und hatte ein kleines Kind an meiner Hand; ich sollte springen, aber ich konnte nicht sehen wohin, ob da unten Wasser war oder nicht." Was er im Traum noch nicht konnte, hatte er nun durch sein Erzählen getan und dadurch der Gruppe einen Weg für die Selbsterfahrungsphase eröffnet.

Insgesamt hilft dieser Einstieg zum raschen Erreichen einer Atmosphäre von Offenheit und Vertrauen untereinander, zur bewußten Etablierung von Gruppennormen.

Nach diesen drei Tagen zieht die Gruppe aus der abseits vom Tagungshaus gelegenen Kapelle in einen anderen Arbeitsraum um und plant, ausgehend von den vom Team vorgelegten und in der Kursausschreibung erstmals benannten Themen, ihr konkretes Kursprogramm, regelt die Aufteilung verschiedener Leitungsfunktionen: Gesprächsleitung, Protokolle etc. Diese Planung zielt auf die Präzisierung des Arbeitsbündnisses zwischen den Teilnehmern, zwischen Teilnehmern und Team.

Die Arbeit in den folgenden Kurswochen teilt sich in themenbezogene Phasen tagsüber und eine auf Reflexion des sozio- und psychodynamischen Geschehens zielende Phase abends. Damit versuchen wir, der bewußt akzeptierten Spannung zwischen inhalts- und gruppenprozeßbezogenen Lernzielen zu entsprechen, die das Kursprogramm bereits ausweist: Wissenserwerb über das kirchliche Arbeitsfeld und seine Bedingungen, über die Zielgruppe und ihre Lebenslagen einerseits, Handlungskompetenz zur Umsetzung solchen Wissens in die Berufspraxis andererseits. Damit ist notwendig Arbeit an der eigenen Person, Reflexion und Veränderung ihrer lebensgeschichtlichen Erfahrungen erforderlich.

Dieser Zweiteilung entsprechen unterschiedliche Rollen des Teams.

1.2 *Sach- und Beziehungsthemen / Integration im Spannungsfeld*

Tagsüber sind wir aktive Teilnehmer im Lernprozeß, die inhaltliche und methodische Arbeitsvorschläge machen, Information durch Gesprächsbeiträge, Literatur, Referate, Initierung und Leitung von Rollenspielen einbringen, um unmittelbar praxis- und erfahrungsbezogen zu arbeiten. Auch profilieren wir uns in solchen Phasen immer wieder durch inhaltliche Stellungnahmen, bisweilen sogar kämpferisch. Letzteres wird als „erkennbare kirchenpolitische Position" oft nachhaltig reklamiert, entspricht auch dem eigenen kirchenpolitischen Interesse des Teams.

Zum methodischen Repertoire dieser Tagesarbeitsphasen gehören aber auch Methoden, die dem Umfeld therapeutischer Verfahren wie etwa Gestaltarbeit zuzuordnen sind: So beobachteten wir in einem Kurs bei der Darstellung der Lebenssituation Jugendlicher und der darauf abgestimmten eigenen Arbeitskonzeption eine mehrere Tage andauernde, angestrengte, als mühsam empfundene Atmosphäre. Der Gegensatz zwischen dem reklamierten emanzipatorischen Ansatz und dem Versuch, brav der eigenen Arbeitsplanung zu folgen, ungeachtet der eigenen Befindlichkeit, zwang geradezu zum Wechsel der Thematik: Welche Lebensperspektiven habe ich selbst, welche Utopien ermutigen mich beim Handeln? Auf Anregung des Teams gestalteten die Teilnehmer in einer langen Übung einen „Friedhof der begrabenen Illusionen" und einen „Garten der Hoffnung", beide in entgegengesetzten Ecken des Raumes. Im Auswertungsprozeß, der sich über mehrere Tage erstreckte, wurde deutlich, wie wichtig für die Teilnehmer selbst die Befreiung vom moralischen Druck anspruchsvoller Ziele war, die für sie nicht mehr in Verbindung zur erlebten gesellschaftlichen und beruflichen Realität zu bringen waren. Erst als die Ansprüche der „68er Jahre" – damals waren die heutigen Teilnehmer gerade acht Jahre alt – unter der Erde lagen, auf Grabsteinen abgeschrieben waren, konnten im „Garten der Hoffnung" neue, zarte Pflänzchen persönlich verbürgter gesellschaftlicher Utopien wachsen, ja mit ihren Wurzeln sogar bis in den Friedhof hinein reichen. – So war also erst auf dem Umweg über die eigene Befreiung ein Durchbrechen zu emanzipatorischen pädagogischen Ansätzen möglich.

In dieser Tagesarbeitsphase nehmen wir also vielfältige Leitungsfunktionen wahr, die zusammenfassend als „führend, unterstützend, versorgend" bezeichnet werden können. Allerdings begrenzen wir diese Funktionen auf Arbeitsinhalte und –methoden. Denn in der Phase der Vereinbarung über die Teamrolle insistieren wir auf der Wahrnehmung der gruppenprozeßbezogenen Leitungsfunktionen wie Entscheidungsbildung durch die Teilnehmer selbst. Damit soll der Entwicklung der gruppeninternen Dynamik breiterer Raum eingeräumt werden, als dies bei der zunächst konfliktärmeren Leitung durch das Team der Fall wäre.

Abends verhalten wir uns deutlich abstinenter: Zwar nehmen wir weiterhin eine Leitungsfunktion ein, diesmal aber durch Spiegeln und Nachfragen, durch Interpretationsangebote zum Verstehen des Gruppenprozesses und des eigenen Erlebens.

Die Reflektionsphase zielt vor allem auf Selbsterfahrung der Teilnehmer, auf die affektiven Lernzieldimensionen Leitungskompetenz, Wahrnehmung der eigenen, handlungsrelevanten Prägungen und persönliche Weiterentwicklung. Erst in zweiter Linie geht es dann auch um Verstehen und Überwindung von lernhemmenden Faktoren während der Tagesarbeit. Diese regelmäßige Phase am Abend dient der Klärung von Beziehungen, der Rückbesinnung auf zurückliegende Ereignisse des jeweiligen Tages und auf die dahinter wirksamen Ereignisse der eigenen Sozialisationsgeschichte. Dies geschieht durch Bearbeitung der „Hier und Jetzt"-Situation und im Transfer auf kurz oder lang Zurückliegendes.

Immer wieder wird in dieser Arbeitsphase auch das Arbeitsbündnis neu thematisiert, unterschiedliche Rollenerwartungen werden entdeckt, der Weg für eine Neubestimmung wird freigelegt.

1.3 *Lernergebnisse*

Aus der eigenen Beobachtung und dem feed-back der Teilnehmer folgern wir, daß diese Praxis dem einzelnen bislang unbewußte Anteile seiner Person und seines Verhaltens zugänglich macht, persönliches Wachstum fördert, Kraft für Neues freisetzt.

Die Arbeit in der Gruppe beinhaltet beides: Phasen der Regression und des Erprobens neuer Verhaltensmöglichkeiten und des Erarbeitens neuer Sachinformation. Die Leiter werden dabei oft in der Rolle eines Elternpaares beschrieben, das in diesem von Unsicherheit gekennzeichneten Prozeß einen stabilisierenden Rahmen, eine Auffangposition, Sicherheit bietet. Auch das Bild vom „Rabbi", dem anerkannten Lehrer, wurde gebraucht.

Abstinenz des Leiters hat eine katalytische Wirkung, führt zur Entschleierung von Übertragungsgeschehen, denn Frustration des Wunsches nach Leitung und Anerkennung durch den Leiter führt zu der schmerzlichen Einsicht des Fortbestehens einer kindlichen seelischen Verfassung, dem Gebundensein an Elternfiguren, wie sie das Team darstellt. Daran freilich kann sich ein Schritt heraus aus dieser Abhängigkeit anschließen.

Neben dieser Abstinenz spielt aber auch die Modellfunktion des Leiters eine wichtige Rolle: Erlebbar wird beispielsweise, daß Offenlegung auch aggressiver Gefühle nicht zum Ende, sondern zur Vertiefung der Beziehungen in der Gruppe führt, daß Verbindlichkeit gegenüber einzelnen und der Gruppe zwar den eignen Handlungsspielraum begrenzt, aber eben auch Verbindungen schafft. Praktisch wird dieses Thema oft an Auseinandersetzungen über Absenzen einzelner Teilnehmer im Arbeits- oder Freizeitbereich abgehandelt.

Dieses konfrontierende *und* versorgende Leiterverhalten, im Unterschied zu um überwiegend konfrontierenden steht jedoch nicht im Gegensatz zu einer wachsenden Autonomie der Gruppen; Fähigkeit zur Selbstorganisation des Lernprozesses in seinen prozeß- und inhaltsbezogenen Phasen erwächst nicht nur aus dem Kampf um die Führung mit dem Team, sondern vor allem auch aus der Klärung des Verhaltens der Teilnehmer und ihrer Wünsche in der Gruppe, in einem Klima zunehmenden Zusammenhalts.

Die Teilnehmer bearbeiten neben den ausgewiesenen Sachthemen in dieser Struktur eine Vielzahl von Beziehungsthemen: Neben der Auseinandersetzung mit der (väterlichen) Autorität stehen mit oft höherer Priorität Fragen nach dem Umgang mit Nähe und Distanz, Wahrnehmen(-können) anderer und Wahrgenommen-werden (-wollen), Geben und Nehmen bzw. Bekommen, Verlieren(-wollen) und Siegen(-dürfen). Zur Bearbeitung ödipaler Thematik kommen also präödipale Themen hinzu, dominieren. All dies sind Themen mit hoher professioneller Relevanz für „Beziehungsarbeiter".

2. *Reflexionen*

Viele Faktoren sind ursächlich für die Veränderungsprozesse. Immer wieder wird neu zu klären sein, welche Veränderungen eine angemessene Reaktion auf veränderte Bedingungen des Praxisfeldes sind, was andererseits schleichende, unbemerkte Anpassung ist.

2.1 *Veränderte Gruppen, veränderte Leiter*

So gibt es – etwa am dritten Kurstag – den „Aufstand" der Teilnehmergruppe gegen das Team nicht mehr, jedenfalls nicht in Form von offen vorgetragener Revolte und Entmachtungsversuchen (wie sie vom alten Team beschrieben wurden). Arbeitsvorschläge des Teams werden in der Regel angenommen; Rivalität einzelner Teilnehmer äußert sich selten in Kritik am Team, eher schon in alternativen Vorschlägen zur Kursgestaltung, die dann zu gruppeninternen Auseinandersetzungen führen und als solche auch in der Reflexionsphase besprochen werden. Interventionen etwa, die solche konkurrierenden Vorschläge als Rivalität gegenüber dem Team interpretieren, stoßen oftmals ins Leere, bleiben ohne Resonanz, obwohl sie uns handgreiflich naheliegend erscheinen.

Das Bedürfnis der Gruppen nach Nähe und Wärme, um den Preis des Vermeidens von Konflikten, ist ausgeprägt und durch Teaminterventionen, die Konfrontation mit den Leitern beinhalten, schwer zu relativieren. Das vorherrschende Klima ist oftmals symbiotisch, gleichsam „im Ei", dessen Schale nicht zerstört werden soll. Kleinere Ausbrüche trotz allem haben anscheinend eher die Funktion, insgesamt dieses Klima beibehalten zu können. Konflikte mit dem Team zielen eher auf Klärung, wieweit der einzelne sich diesen beiden Menschen anvertrauen kann.

Aber auch unser Lebensstil ist gegenüber dem historischen Vorbild verändert: Soweit rekonstruierbar, dominierte damals, um 1970, ein bewußt kühler, umfassend abstinenter, oft als abweisend empfundener Leitungsstil, der dem Autoritätskonflikt zum raschen Durchbruch verhalf.

Die „politische Intervention" des Teams wird heute nicht mehr praktiziert, die Kursgruppe nicht zuerst als gesellschaftliches Modell und Übungsfeld von Dominanz und Unterordnung verstanden, sondern als Ort der Wiederbegegnung mit den Erfahrungen der Primärgruppe und der Wiederholung solcher Erfahrung. Der einzelne mit seiner Geschichte, seiner Situation und seinem Veränderungspotential ist mehr im Blick, weniger die (Unter-) Gruppe als politisches Subjekt.

Der Konflikt mit äußeren Autoritäten wird vom Team nicht mehr provoziert, da er nicht als zentral betrachtet wird. Wenn er jedoch zum Thema wird, dann nicht als Situation zum Üben von Widerstand, sondern als Chance zur bewußten Wahrnehmung verdrängter Erfahrung.

Das Ausbleiben traditionell vertrauter Reaktionen der Teilnehmer erweckt im Team immer noch Zweifel, ob man etwa selbst dieses Konfliktthema vermieden habe, und verstellt bisweilen den Blick für sanftere Formen von Widerstand oder das noch erforderliche Verbleiben an subjektiv dringenderen Fragen.

Die vorherrschende Zielrichtung der Interventionen hat sich also verändert: Anregung von Offenlegung der eigenen Situation, Öffnung gegenüber der Situation der anderen, Benennen von unausgesprochenen Gruppenthemen, Ermutigen zum Erproben von Alternativen, Verzicht auf Provokation durch Verweigern eigener inhaltlicher Beiträge, Schaffung einer Sicherheit vermittelnden Rahmenstruktur.

2.2 *Gesellschaftsthemen – Gruppenthemen*

Viele Teilnehmer befinden sich zum Zeitpunkt des Kurses in einer krisenhaften Lebensphase: am Übergang vom Jugendlichenstatus zu einem Erwachsenenleben, freilich nur noch innerlich, da sie ja von ihren soziologischen Merkmalen her längst als Erwachsene zu bezeichnen sind. Früher dagegen nahmen vornehmlich langjährige Praktiker, ältere Mitarbeiter, an den Kursen teil. Dies ist das Ergebnis einer sich verändernden Struktur der hauptberuflichen kirchlichen Mitarbeiter, aber auch Ausdruck einer gesellschaftlichen Ausdehnung der Jugendphase, bekannt unter dem Schlagwort von der Postadolescenz. Beides erklärt zum Teil geänderte Kursthemen, freilich nicht hinreichend.

Mehr Erklärungswert kommt der Veränderung gesellschaftlicher Utopien seit der damaligen Konzeptentwicklung zu. Denn die seinerzeit vorherrschende Auffassung, der Sturz der alten Autoritäten sei möglich und führe zum Aufscheinen einer befreiten Gesellschaft, hat sich als Illusion erwiesen, zumindest in ihrer vorherrschenden Variante einer Naherwartung. Wozu also heute noch Konflikte anzetteln, wenn der Glaube an deren Nutzen fehlt? Statt dessen verbreitet sich die Annahme der Hypothese Habermas, mitten in einer „neuen Unübersichtlichkeit" zu stecken.[4] Ja mehr noch, die gesellschaftliche Entwicklung in den industralisierten kapitalistischen Ländern läßt sich als Entstehung einer narzißtischen Gesellschaft begreifen, die von umfassender Versorgungsmentalität und Konsumismus gekennzeichnet ist. Die Verbreitung humanistischer therapeutischer Verfahren, die sehr viel mehr als die klassische (Gruppen-)Psychoanalyse Versorgung statt Konfrontation bieten, verleiht dieser Annahme zusätzliche Plausibilität.[5]

Deutlich ist mittlerweile sichtbar, daß der autoritäre Charakter nur eine neurotische Ausprägung unter mehreren ist, die ein befreites Leben behindern. Präödipale Traumata werden zunehmend gesehen und ihre gesellschaftlichen Konsequenzen diskutiert, etwa am Konstrukt des „Neuen Sozialisationstyps".[6]

Zweifelhaft bleibt freilich, ob mit der stärkeren Hinwendung zu intrapersoneller Problematik nicht vorrangig Frustration aus der Erfahrung eigener politischer Ohnmacht überspielt wird. Das Aufscheinen der „Therapiegesellschaft" als Nachfolgeorganisation der 68er Jahre kann so verstanden werden; freilich reflektiert diese These nicht die Chance eben dieser Entwicklung.[7] Ist die Thematik der Fortbildung diesen Trends gefolgt?

2.3 *Didaktische Konsequenzen*

Andererseits bleibt fraglich, ob nicht etwa unter der großen Konfliktbereitschaft in damaligen Gruppen präödipale Thematik verborgen blieb, ja mehr noch, ob nicht gar hier Anpassungsleistungen unbeabsichtigt unterstützt wurden, die auf Erfüllung von Versorgungswünschen zielten. Denn denkbar ist, daß gerade die konfliktfreudigen Teilnehmer sich auch der verstärkten Zuwendung der Leiter erfreuten.

Dem entspräche in gegenwärtigen Gruppen die Versuchung, besonders einfühlsame Teilnehmer unbewußt zu bevorzugen und die für die Gruppenentwicklung ebenso wichtigen Beiträge von Teilnehmern mit stärkerer Abwehr unterzubewerten.

Gerade unsere verfügbare gruppenanalytische bzw. –therapeutische Kompetenz befördert die sehr behutsame Verwendung von Übungen und Methoden, oft im Gegensatz zu den ausdrücklichen Anforderungen der Gruppe. Umfassenden Therapiewünschen über die thematische Indikation hinaus als auch der Versuchung, sich durch das Eingehen darauf narzißtische Zufuhr zu verschaffen, widerstehen wir nach Möglichkeit. Kollegiale, professionelle Beratung ist dafür unverzichtbar.

Zu bedenken ist immer wieder auch die Abhängigkeit der Leiter von dem Gesamteindruck, den ihre Teilnehmer später über sie, ihre Arbeit und das Institut weitersagen. Dies gilt für die Teilnehmer wie für die Leiter gleichermaßen. Die naheliegende Tendenz, deshalb Konflikte zu vermeiden, ist fatal, wenn sie unbearbeitet bleibt; ihre Entschleierung andererseits ist ein wertvoller Lernschritt.

Unser stärker versorgender Leitungsstil unterstützt einerseits die Entwicklung des Ichs und bietet einer Gruppe Chancen, in einem insgesamt zehnwöchigen Prozeß Reifungsschritte nachzuvollziehen. „Befähigung zur Selbstorganisation des Lernprozesses" heißt dann, Vertrauen in die eigene Kompetenz des einzelnen und der Gruppe zu entwickeln.

Idealtypisch führt der Prozeß dabei von der Symbiose zur Konfliktfähigkeit (auf der ödipalen Ebene). Dem entspricht sowohl die inhaltliche Abfolge der Kursthemen als auch die Gliederung des Arbeitstages in themenbezogene und prozeßbezogene Phasen. Letzteres freilich stellt andererseits auch eine Belastung der Teilnehmer und des Teams dar, die der Wechsel der Interaktionsebenen zwischen den Phasen bedingt. Diese Belastung wird reduziert durch eine nahezu rituelle Regelmäßigkeit des Wechsels, der Phasenabfolge, durch strikte Trennung von Handeln und Reflektieren.

Beides gehört grundlegend zum Lernfeld Jugendarbeit und muß sich daher im Fortbildungskonzept niederschlagen; es bleibt nie spannungs- und widerspruchsfrei. Die bisherige Praxis ist so auch ein ständiges Balancieren, dessen Ende nicht in Sicht kommt.

[1] M. Pflüger / W. Schanz, H. Volk, G. Weber, Gruppendynamische Prozesse in der Fortbildung von Mitarbeitern in der evangelischen Jugendarbeit, in: K. W. Dahm, H. Stenger (Hg.) Gruppendynamik in der kirchlichen Praxis, München 1974.

[2] Programmbeschreibung des berufsbegleitenden Aus- und Fortbildungsprogrammes des Studienzentrums für evangelische Jugendarbeit in Josefstal.

[3] R. Hanusch, Professionalität und Identität, Chancen und Probleme von theologischer Bildung für nicht theologisch ausgebildete Mitarbeiter, in: Theologia Practica Nr. 1/84.

[4] J. Habermas, Die neue Unübersichtlichkeit / Die Krise des Wohlfahrtsstaates und die Erschöpfung utopischer Energien, in: Merkur Nr. 1/1985.

[5] Diese These wurde anläßlich einer Konsultation „Therapiemethoden und Fortbildung" im Juli 1986 im Studienzentrum Josefstal von M. Horn (GaG, München) vorgetragen.

[6] Th. Ziehe, Pubertät und Narzißmus, Frankfurt/M. 1979.

[7] G. Dischner, Abschied von der Revolution / Politische Erfahrungen und die Suche nach dem eigenen Weg, in: M. Affolderbach / R. Hanusch (Hg.), Wir suchen das ganze Leben, Wuppertal 1975.

Ursula Runschke

Fortbildung – Zukunftsprobe im Spiel

Während einer Seminarwoche für Religionspädagogen, die sowohl im Unterricht als auch in der Gemeindearbeit eingesetzt sind, wurden Konzeptionen zur Intensivierung von Jugendarbeit in drei ausgewählten Gemeinden entwickelt. Die Gruppe ging auf den Vorschlag ein, die Arbeitsergebnisse in der Form eines Rollenspiels vorzustellen, und wählte dafür die Situation einer mittelfränkischen Kleinstadt, in der der Kirchenvorstand für die Unterstützung der erarbeiteten Konzeption gewonnen werden sollte.

Die Teilnehmer der Kirchenvorstandssitzung wurden von der jungen Religionspädagogin, an deren Gemeindesituation eine Gruppe gearbeitet hatte, aus ihrer subjektiven Wahrnehmung heraus vorgestellt.

Sie bat Seminarteilnehmer, die Rolle des ersten Pfarrers, einer Kirchenvorsteherin, eines sehr kritischen Kirchenvorstehers, einer jungen Kirchenvorsteherin, der zweiten Pfarrerin, des Regionaljugendleiters, der zu dieser Sitzung geladen wurde, und einer weiteren jungen Kirchenvorsteherin zu übernehmen. Nachdem der Sitzungsraum der Gruppe den Spielern beschrieben und andeutend eingerichtet worden war, stellte sie die Sitzungsteilnehmer vor, indem sie im Rollentausch in deren Rolle hineinging und aus dieser heraus sprach: zur Person, zum Beziehungsgeflecht im Kirchenvorstand, zur individuellen Einschätzung der Gemeinde und der zur Diskussion stehenden geplanten offenen Jugendarbeit. Sie selber konnte sich zwei Berater aus der Arbeitsgruppe suchen, die das Konzept mit der theologischen Grundlegung entwickelt hatten. Die Religionspädagogin, die allein die Realsituation kannte, vollzog jeweils einen Rollentausch, wenn die Rollenspieler nach ihrer bisherigen Erfahrung vom möglichen Verhalten der Sitzungsteilnehmer abwichen. Die Spielleitung regte außerdem Rollentausch an, um ihr zu ermöglichen, die jeweiligen Gegenüber besser wahrnehmen zu lernen. Die ‚Protagonistin'/Religionspädagogin konnte sich bei ihren Beratern für den nächsten Gesprächsschritt

Rat holen. Das war besonders für die theologische Begründung und für das Abwägen nötig, wie sie sich denen gegenüber verständlich machen konnte, die ihr Konzept als unnütze Neuerung mißtrauisch ablehnten.

Die Auswertung vollzog sich in den Schritten *Rollenfeedback:* Die Spieler schilderten, wie sie sich in den Rollen, wie sie die Beziehungen untereinander von der Rolle her, die Beziehung zur Religionspädagogin und in ihrer Einstellung zu den inhaltlichen Fragen erlebt hatten. Die Protagonistin bekam so Hinweise und Verstehenshilfen zur Einschätzung ihrer Realsituation, die immer wieder überrascht entgegengenommen wurden mit: „Ja, das könnte stimmen, das habe ich bis jetzt nur nicht so sehen können." Im *Identifikationsfeedback* (in dem die teilnehmende Gruppe und auch die Spieler sich über ihre Identifikationen mit dieser oder jener Rolle austauschen) konnte die Protagonistin ihr Verhalten und das der Unterstützer und Kontrahenten in dieser Sitzung erweitern. Es ist für jede Beratung als wichtiges Ziel zu erkennen: Von wem kann ich Unterstützung erfahren? In der gegenseitigen Mitteilung vollzog sich hier auch ein Mittragen durch die Gesamtgruppe, indem sich die Gruppe gegenseitig über erinnerte ähnliche Erfahrungen austauschte.

Dies Vorgehen ist zeitaufwendig. Die zwei weiteren Arbeitsgruppen konnten ihre Ergebnisse nicht mehr vorstellen. Diese Vorstellung erlebten sie für sich stellvertretend: „Wir brauchen unsere Situation mit dem Einbringen einer eigenen Konzeption nicht mehr zu spielen. Wir haben uns ständig in unserer eigenen Situation gesehen und für unsere – wenn auch ganz andere – Gemeindesituation viel entdeckt."

In der Semirealität dieser Kirchenvorstandssitzung hatte sich die Religionspädagogin mit Hilfe ihrer beiden Berater bemüht, auch die Gegner von deren Position her – mit Hilfe des Rollentausches – zu verstehen und sich diesen verständlich zu machen.

Dabei wurde für alle deutlich, daß in einer solchen offenen Auseinandersetzung biblisch-theologisches Denken als Grundlage für die eigene Konzeption nötig ist. Wenn – wie hier als Zukunftsprobe – vom Verstehenwollen und Sich-verständlich-machen-wollen ausgegangen wird, kommt Unbehagen bei allen Beteiligten auf, wenn theologische Begründungen nur aufgesetzt werden, um die vorher aus einer sozialpädagogischen Motivation heraus entwickelte Konzeption im kirchlichen Raum durchzusetzen. Dieses Rollenspiel löste den Impuls aus, sich künftig für solche Situationen und auch für sich selber gründlicher theologisch vorzubereiten.

Zum zweiten merkte die Seminargruppe, wie nötig eine gründliche Vorbereitung der einzelnen Schritte und Schwerpunktsetzungen ist, wenn man sich in eine offene Auseinandersetzung mit der Suche nach einem gemeinsamen Weg begibt.

Dieses Zukunftsspiel zeigte eine Möglichkeit, daß durch das Ernstnehmen des Gegners und durch die Auseinandersetzung mit ihm und das Bemühen, sich dem Gegenüber verständlich zu machen, Schritte zu wagen sind, die das übliche, nur taktische Bemühen zum Gewinnen des Gegners in den gemeindlichen Auseinandersetzungen überholt.

Das entspricht dem Ansatz des Juden Moreno, der hier Martin Buber sehr ähnlich ist, vom Wahrnehmen des Dus, des Gegenübers und dem Bemühen um Begegnung – auch vom Kontrahenten.

Begründungsfragen gestern und heute

Die Vergegenwärtigung von Geschichte evangelischer Jugendarbeit ist in den Konzeptionsdebatten der letzten Jahre grundlegend geworden. Zwei Ereignisse in dieser Geschichte wirken bis heute weiter.

Es ist einmal die erzwungene Entwicklung der evangelischen Jugendarbeit in der Zeit des Nationalsozialismus von einer vielfältigen Verbandsjugendarbeit hin zur „Jungen Gemeinde“. *Johannes Jürgensen* rekonstruiert in seinem Beitrag die konzeptionellen Gedankengänge Otto Riethmüllers in den Jahren 1934 bis 1936. Grundlage dafür ist die Analyse bislang kaum beachteter Dokumente, insbesondere der Schrift von Otto Riethmüller „Evangelische Jugendführung heute“ aus dem Jahr 1936. Vieles, was erst nach 1945 als allgemeines Problem auftauchte, insbesondere die Gestaltung einer kirchlichen Jugendarbeit als Gemeindejugend ohne Verbandshintergrund, wird von Riethmüller vorgedacht. Er benennt dabei Orientierungspunkte, die bis heute Gewicht haben.

Es ist zum anderen die Zeit der Studentenbewegung in der zweiten Hälfte der 60er Jahre. Fast alle Begründungsfragen evangelischer Jugendarbeit wurden in diesen Jahren neu gestellt. Die Suche nach Antworten geschah im Dialog der Theologie mit den Humanwissenschaften. *Martin Affolderbach* zeichnet in seinem Beitrag einige Grundgedanken und Leitmotive nach, die Christof Bäumler seit dem Ende der 50er Jahre in die Konzeptions- und Theoriediskussion evangelischer Jugendarbeit eingebracht hat. Die Erfahrungen der Jugendarbeit im Kirchenkampf erweisen sich dabei weiterhin als wirksam. Insbesondere gilt dies für die Diskussionen um Gemeinde und Kirche. Zugleich wird deutlich, wie wichtig Anstöße aus der Ökumene waren, z. B. zur missionarischen Struktur von Gemeinde. Die entscheidende Herausforderung, die Christof Bäumler aufgenommen hat, war allerdings das konsequente Gespräch zwischen Theologie und Humanwissenschaften mit dem Ziel, eine Praxistheorie von evangelischer

Jugendarbeit zu entwickeln. Evangelische Jugendarbeit öffnet sich diesem Bemühen empirischer Forschung, steht mit allen wichtigen pädagogischen Konzepten in der Diskussion und versucht, sich in den Kommunikationsprozeß einzubringen, der sich in Fortführung kritischer Theorie entwickelt. Begründungsfragen werden dabei zugleich radikaler und globaler gestellt. Dezifitanzeigen sind erst auf dem Hintergrund der neueren Vernunftkritik möglich.

Beide Beiträge belegen, daß Begründungsfragen evangelischer Jugendarbeit in allen Phasen mit dem Bemühen um Zeitgenossenschaft gestellt wurden.

Johannes Jürgensen

Auf der Suche nach dem neuen Weg: Otto Riethmüller 1934 – 1936

Das Abkommen zur Eingliederung der evangelischen Jugend in die Hitlerjugend vom 19.12.1933 ließ unmißverständlich erkennen, welches Ziel der Reichsjugendführer Baldur von Schirach verfolgte.[1] Bis Ende 1933 hatten die Leitungen des Evangelischen Jugendwerkes und der einzelnen Verbände gehofft, innerhalb der Hitlerjugend – die Eingliederung schien unvermeidlich – eine gewisse Eigenständigkeit bewahren zu können.

In den ersten Wochen des neuen Jahres wurde es zur bitteren Erkenntnis, daß mit dem Eingliederungsabkommen eine z.T. hundertjährige Tradition freier Verbandsarbeit beendet worden war. Man mußte nach neuen Wegen suchen. Otto Riethmüller, der Leiter des Jugendmädchenwerks, war ein entscheidender Vordenker, der alle richtungsweisenden Beschlüsse in den Jahren 1934 – 1936 vorbereitet hat. Was für die evangelische Jugendarbeit in diesen Jahren entschieden wurde, blieb auch nach 1945 tragfähiges Fundament, als die Arbeit nach dem Zusammenbruch neu aufzubauen war.

Anhand von schriftlichen Zeugnissen soll im folgenden dargestellt werden, wie die Vorstellungen Riethmüllers aus ersten Anfängen im Frühjahr 1934 herausgewachsen sind, wie er sowohl das Erbe der freien Verbandsarbeit als auch zeitgeschichtliche Erfahrungen dabei verarbeitete.

Die Ausgangslage

Am 3. Februar 1934 – genau vier Wochen vor dem Termin, an dem die Eingliederung in die örtlichen HJ–Einheiten abgeschlossen sein sollte – ging ein Rundschreiben des Evangelischen Jugendwerkes hinaus. Es war vom „Führerrat" und vom „Ring der Ämter", also von zwölf leitenden Mitarbeitern, unterzeichnet, die zugleich auch die „Führer" der meisten Verbände waren, denen dieses Rundschreiben galt. Es hieß dort u.a.:

„Rufe von der Front veranlassen uns, jetzt mit unserer endgültigen Stellungnahme nicht mehr länger zurückzuhalten, obwohl das abschließende Wort des Staates zu den von uns angemeldeten Schwierigkeiten in diesen Tagen noch nicht gesprochen werden konnte. ...

Die Formen der evangelischen Jugendführung, insbesondere an ihren jüngeren Gliederungen, wie sie bisher gewesen sind, sind damit beendet. Wir stehen an einer entscheidenden Wende unseres Werkes. Größer denn je steht vor uns die Verantwortung, die uns aus unserer geschichtlichen Sendung erwächst: die Verkündigung des Evangeliums an die Jugend im Dritten Reich." [2]

Die Zeit drängte, denn Karl Friedrich Zahn, der vom Reichsbischof eingesetzte Jugendpfarrer, machte sich mit Schwung an die Arbeit. Die Mehrheit der Landjugendpfarrer, die es in den zwanziger Jahren mit den Verbänden meist schwer gehabt hatten (und umgekehrt), stand auf seiner Seite.[3] Der neue Reichsjugendpfarrer startete vier Wochen nach Dienstantritt vom 31. 01. bis 17. 02. 1934 zu einer Rundreise durch das Deutsche Reich, zu zahlreichen Landeskirchen bzw. Kirchenprovinzen der Altpreußischen Union. Sein Weg führte ihn u.a. nach Köln und Nürnberg, nach Stuttgart und Dresden, Königsberg, Magdeburg, Stettin und Hamburg. Überall gab es Großtreffen mit dem neuen Reichsjugendpfarrer.[4] Der Druck, unter dem die Leiter der evangelischen Jugendverbände standen, wird in einem Artikel des DC–Organs „Evangelium im Dritten Reich" deutlich:

„Unverantwortliche ‚Führer' geben die Parole aus von dem Versailles der evangelischen Verbandsjugend. Sie veranlassen die Jungen, ihre Fahnen zu verbrennen, sich aufzulösen und sprechen von einem Scapa Flow ...

Aber es muß deutlich ausgesprochen werden, es sind Ausnahmen. Die ehemalige Leitung des Jugendwerks besinnt sich langsam auf ihre evangelische und nationalsozialistische Pflicht, stellt sich zur Mitarbeit an der Neuordnung zur Verfügung. Und es ist gewiß: in wenigen Monaten wird der Kampf vergessen sein, und die großen, herrlichen gemeinsamen Ziele werden die gesamte deutsche Jugend ohne Unterschied der Konfessionen zusammenschweißen zu einem gewaltigen, unbezwingbaren erratischen Block. ...

Die Zeit arbeitet für uns."[5]

„Mitarbeit" hieß Unterordnung unter den Reichsjugendpfarrer. Besonders das Mädchenwerk stand unter Druck. Kaum ein Verband hatte sich seit seiner Gründung so sehr für die Zusammenarbeit mit den örtlichen Gemeinden eingesetzt wie dieses Werk. Zahn ordnete an, daß Riethmüller sein Sachberater für „Gemeindejugend, weiblich" sein sollte.[6] Er erwartete, daß der Mitarbeiterstab des Burckhardthauses dem „Sachberater“ zuarbeitete. Während die Jugendverbände noch stark unter dem Schock der jüngsten Ereignisse standen, entwickelte Riethmüller erste Vorstellungen, wie es denn nun weitergehen solle. Ein Aufsatz in seiner Verbandszeitschrift war zwar seinem eigenen Jugendwerk zugedacht. Doch er hatte bereits die gesamte Jugendarbeit im Blick: „Was wird aus der evangelischen Jugendarbeit?“[7]

Er erinnerte zunächst an die Aufgabe, „die unter keinen Umständen liegen bleiben“ darf, „daß jungen Menschen des Dritten Reiches das Evangelium von Jesus Christus, dem ewigen und lebendigen Herrn, gesagt wird“. Dann entfaltete er Grundgedanken, die im Mittelpunkt aller weiteren Überlegungen in den kommenden zwei Jahren stehen:

„Was die Stunde von uns fordert, scheint mir die Bereitschaft zu folgendem Weg, der seiner Schau und Struktur nach unserer Auffassung von der evangelischen Jugendarbeit, die wir von jeher vertreten haben, sehr nahe liegt: Die über 18jährigen müssen mit den Amtsträgern der Gemeindearbeit, zu der als ein besonders wichtiges Gebiet die Jugendarbeit gehört, zusammengeschlossen werden zum Evangelischen Gemeindedienst und Evangelischen Jugenddienst. Das muß eine Truppe werden, die bereit ist, sich schulen zu lassen für all den Dienst, der in einer christlichen Gemeinde getan sein will. Da gibt es die verschiedensten Aufgaben, von den allereinfachsten bis zu der höchsten, der Wortverkündigung. Wir werden nicht aufhören, darauf hinzuweisen, daß ein wirklich evangelisches Gemeindeleben und eine evangelische Jugendarbeit überhaupt nicht aufgebaut werden kann ohne diese geschulten und zum Dienst bereiten Scharen. ...

Die Jungschar kann nichts anderes sein als ein Glied der Gemeinde. Aber dabei ist unerläßlich, daß die Gemeinde ihrerseits bereit ist, der Jugend zu geben, was sie braucht. Die Jugend ist vollberechtigtes Glied der Gemeinde, und darum bedarf es eines ernsten und heiligen Dienstes der Gemeinde an ihrer Jugend.“[8]

In diesem Zitat begegnen uns drei wichtige Bausteine für den geplanten Neubau:

☐ Jugendarbeit ist ein Teil der Gemeindearbeit. Daraus folgt umgekehrt, daß die Gemeinde anerkennen, ja unterstützen muß, daß die Jugendarbeit um ihrer Zielgruppe willen eigene Akzente setzt.

☐ Die über 18jährigen bekommen in der Gemeinde einen eigenständigen Auftrag, eingebunden in die Gemeinschaft aller Amtsträger. Riethmüller nennt hier diese Gemeinschaft „Truppe“; später spricht er von der „Kerntruppe“.

□ Diese „Truppe“ ist mitverantwortlich und mitbeteiligt bei der Wortverkündigung – um der Zielgruppe willen! Ihr vielfältiger Dienst erfordert regelmäßige Schulung.

Der Impuls der Barmer Synode

Die Bekenntnis-Synode von Barmen Ende Mai 1934 brachte denen Entlastung, die sich vom Jugendwerk des Reichsjugendpfarrers nicht vereinnahmen lassen wollten. Wie Zahn mit seinem Werk auch, wollte man unter den gegebenen Umständen den Weg in die Gemeinde gehen, konnte aber zu einer Kirche als Partner nicht ja sagen, die unter dem Einfluß des inzwischen völlig unglaubwürdig gewordenen Reichsbischofs stand. In Barmen zeigte sich eine neue Kirche; in deren Gemeinden wollte man sich gerne eingliedern. Die Gemeinsame Erklärung der Bekenntnis-Synode war für Riethmüller ein weiterer Baustein für seine Überlegungen. Die Kirchenverfassung vom 11.07.1933 war die Rechtsgrundlage der Opposition zur Reichskirche. Die Gemeinsame Erklärung verstand man in Barmen als Interpretation des Art. 1 der Verfassung: „Unantastbare Grundlage der DEK ist das Evangelium von Jesus Christus ...“. Nun aber wurde auch diese Basis schwankend, denn seit Anfang Juli tagte in Erfurt ein Verfassungsausschuß der Reichskirche, der die Verfassung vertiefen und ausbauen sollte. Drei Wochen später kam er schon ein zweites Mal zusammen. Die Bekennende Kirche sah sich gezwungen, ebenfalls einen Verfassungsausschuß einzusetzen, der im August seine Arbeit aufnahm.

In diesen Wochen zunehmender Rechtsunsicherheit wurde Riethmüller vom Reichsbruderrat beauftragt, die Jugendarbeit der Bekennenden Kirche neu aufzubauen. In seinem eigenen Werk hatte er den Impuls von Barmen schon aufgenommen. Zwei Wochen nach der Barmer Synode trat am 14.06. die Reichsvertretung des Mädchenwerks zusammen. Riethmüller legte ihr sechs „richtungsweisende Grundsätze“ vor, von denen sich zwei mit der Barmer Erklärung befaßten:

„2. Die Reichsführung im Burckhardthaus sieht in den 6 Sätzen der Theologischen Erklärung, welche die Bekenntnissynode der Deutschen Evangelischen Kirche am 31. Mai 1934 von Wuppertal-Barmen ausgegeben hat, eine treue Auslegung dieses Evangeliums, welche für die evangelische Jugendarbeit richtunggebend ist.
3. Sie bittet alle Mitarbeiter dringend, diese Sätze nicht auf die Seite zu schieben als kirchliche Parteipolitik.
Da diese Sätze allein die Wahrheit des Evangeliums als die unaufgebbare Grundlage der Kirche aufzeigen wollen, so können sie auch allein von der

Heiligen Schrift und von den Bekenntnisschriften der Reformatoren aus geprüft und gewürdigt werden."[9]

Eine Woche nach der Tagung der Reichsvertretung trafen sich Koch, der Vorsitzende des Bruderrates, und Riethmüller in Berlin-Dahlem zu einem Gespräch. Hat man an diesem 22. Juni schon Verabredungen getroffen, Einzelheiten zu einem Auftrag an Riethmüller besprochen, der demnächst vom Bruderrat erteilt werden sollte?

Wann Riethmüller zum Beauftragten des Bruderrates für den Neuaufbau der evangelischen Jugendarbeit ernannt worden ist, steht z.Z. noch nicht genau fest. Am 23. August schrieb v. Bodelschwingh an Asmussen:

„Wenn ich nicht irre, wurde vor einiger Zeit erwogen, Pastor Riethmüller vom Bruderrat der Bekenntnissynode als Vertrauensmann für Jugendarbeit zu bestimmen. Ob ein Beschluß nach dieser Richtung hin gefaßt ist, weiß ich nicht."[10]

Daraufhin erhielt Riethmüller vom Bruderrat postwendend eine Bestätigung seines Auftrages:

„... da Sie bekanntlich durch Beschluß des Reichsbruderrates für das ganze Reichsgebiet zum Jugendvertrauensmann der Bekenntnissynode bestimmt worden sind."[11]

Anlaß des hier zitierten Schriftwechsels waren Schwierigkeiten, über die Vertreter der Jugendverbände klagten. Parallel zur Ernennung Riethmüllers hatten die regionalen Bruderräte ebenfalls Vertrauensmänner für die Jugendarbeit bestellt. Hier und da waren jedoch Leute zum Zuge gekommen, die vor Dezember 1933 zu den Jugendverbänden ein gespanntes Verhältnis gehabt hatten. Wurde der mühsame Start zu einer vertrauensvollen Zusammenarbeit nicht dadurch unnötig belastet? Der Bruderrat wurde gebeten, darauf hinzuwirken, daß man vor der Ernennung von regionalen Vertrauensleuten mit Riethmüller Kontakt aufnehmen sollte.[12] Dennoch gab es weiterhin Schwierigkeiten. Noch Mitte November bat Stange vom Jungmännerwerk darum, daß er bei Berufungen für Vertrauensmänner, die für die männliche Jugendarbeit gedacht waren, konsultiert werde.[13]

Ein besonderes Problem war in dieser prekären Situation, daß Riethmüller erkrankt war und für Monate mehr oder weniger ausfiel. Ende August hatte der Bruderrat an ihn geschrieben:

„Hoffentlich sind Sie auf dem Weg der Genesung. Die Bekenntnissynode braucht Sie notwendig, da sonst zu befürchten ist, daß ein allgemeines Durcheinander, eine große Richtungslosigkeit, unsere Jugendarbeit lähmt."[14]

Riethmüller fand – vielleicht gerade weil er krank war – in diesen Monaten erzwungener Ruhe nun auch Zeit, seine Gedanken zur Neuordnung der Jugendarbeit ausführlicher darzustellen. Mit einem Aufsatz ging er an die kirchliche Öffentlichkeit.

Ein erster Entwurf

In der Doppelnummer der Monatsschrift für Pastoraltheorie (Aug./Sept.) erschien der erste Teil des Aufsatzes. Er beginnt mit dem Satz:

„Jeder Kirche, die keine lebendige Jugend mehr hat – eine lebendige Jugend, die mit freudigem Bewußtsein in der Gemeinschaft und im Dienst dieser Kirche steht – ist das Todesurteil gesprochen."[15]

Riethmüller begründet diesen Satz nicht mit einer der gängigen Jugendparolen des Dritten Reiches. Vielmehr geht er vom Auftrag der Kirche aus, „weil eine Kirche dann nicht mehr ihren universalen Auftrag erfüllt, wenn sie mit ihrer Botschaft den jungen Menschen nicht mehr erreicht". Das Wort „evangelisch" mache klar, daß „solche Jugendarbeit nichts anderes sein kann als ein Teil des Gesamtauftrages der evangelischen Kirche, d.h. aber Verkündigung des Evangeliums und Verwaltung des Sakraments."[16] Ausgangspunkt sei die Taufe, Ziel das Sakrament des Abendmahls, die „tiefste Gemeinschaft, welche die Christenheit auf Erden kennt". Der Weg zwischen beiden sei „allein die ernsthafte evangelische Verkündigung. Für sie gelten die drei ehernen und majestätischen, aus der Schrift entnommenen Gesetze:

„1. Diese Verkündigung ist Botschaft von der Herrschaft Gottes, von seiner unaussprechlichen Gabe und seinem unaufgebbaren Anspruch in Christus an die Völker und an die einzelnen.
2. Es ist Botschaft von der Versöhnung, die in Christus Jesus für die rebellische Menschheit vollzogen ist. Es ist die Botschaft von der Erlösung in Christus Jesus, die der ganzen Schöpfung Gottes gilt.
3. Diese Botschaft kann nur in der heiligen Verantwortung dem sendenden und auftraggebenden Herrn gegenüber gesagt werden, wie Paulus sagt (2. Kor. 2, 17): Wir sind nicht wie die vielen, welche das Wort Gottes

nach Krämerweise anbieten, sondern aus der Lauterkeit heraus. Aus Gott, vor Gott in Christus reden wir. Hier liegt die größte Verheißung und die ernsteste Warnung an alle evangelische Verkündigung."[17]

Im ersten Punkt klingt nicht nur Barmen II an („Gottes kräftiger Anspruch auf unser ganzes Leben"). Ebenso leuchten in allen drei Punkten die Zielsätze des Burckhardthauses auf, denen Riethmüller 1929 eine neue Form gegeben hatte.[18]

Nach dieser Grundlegung stellt Riethmüller „Tatsachen des Jugendlebens" vor, mit denen zu rechnen sei, „die sich gesetzmäßig in allen Zeiten und Geschlechtern im Jugendleben wiederholen".[19] Er beklagt das „Pendelgesetz, das er eine „tiefe Tragik der Geschichte" nennt. Unter dem Einfluß der Jugendbewegung habe man Anfang der zwanziger Jahre das „Jugendpsychologische" überbetont; das Evangelium sei dabei oft verkürzt, ja verfälscht worden. Jetzt verfalle man in das Gegenteil, daß man die Erkenntnisse der Jugendpsychologie vernachlässige.

Unbeschadet dieser Pendelbewegung sei zu beachten, daß der junge Mensch im Alter zwischen 13 und 19 Jahren eine innere Krisenzeit durchlebe, die durch folgende Merkmale gekennzeichnet sei:

- ☐ Suche nach dem eigenen Standpunkt gegenüber den vorgegebenen Autoritäten.
- ☐Das Hinstreben zu den Gleichgearteten („Gleichströmigkeit").
- ☐Alle Lebenserfahrungen lassen sich nicht weitergeben, jede Generation muß wieder von vorn anfangen.

Dann geht Riethmüller auf das Schlagwort von der „Verkirchlichung der evangelischen Jugendarbeit" ein. Sein Recht und seine Grenzen seien sorgfältig zu erwägen.

Alle kirchenpolitischen Erwägungen läßt er hier zunächst außer acht. Er blickt aus der Sicht des Jugendlichen auf das Schlagwort. Die wesentliche Begründung für eine „Verkirchlichung" sei die „innere Heimatlosigkeit" des jungen Menschen,

„die man auch als Meisterlosigkeit bezeichnen könnte. In der Zeit, da sich der junge Mensch seinen Lebensplan macht, sucht er auch seinen Meister. Daß er nach Hause kommt zu dem, der sein rechter Meister ist und ihn, indem er ihn zum Bürger des ewigen Reiches macht, zum brauchbaren Bürger des irdischen Reiches gestaltet, das ist der hohe Beruf der Kirche dieser Jugend gegenüber."[20]

Evangelische Jugendarbeit sei daher, so formuliert Riethmüller am Ende des ersten Teiles eines Aufsatzes, „notwendige Lebensfunktion der evangelischen Gemeinden".[21]

Im zweiten, etwas längeren Teil des Aufsatzes[22] in der folgenden Ausgabe der Zeitschrift befaßt sich der Autor nun mit der konkreten Frage, wie denn die „Tatsachen des Jugendlebens" in der gemeindlichen Jugendarbeit besonders zu berücksichtigen seien. Zunächst beschreibt er den besonderen Beitrag, den die Jugendarbeit bis 1936 für die Sache der Kirche geleistet habe, ohne von dieser auch immer die notwendige Anerkennung zu finden. In ihrem „abgestuften Verhältnis zur organisierten Kirche" hätten die Jugendverbände und deren Mitarbeiter den Jugendlichen geholfen, den Weg in die Kirche zu finden. Auf den Jugendtagungen der zwanziger Jahre sei ein Stück deutscher evangelischer Kirche lebendig gewesen. Diese Mittlerfunktion der Verbände habe man in der Kirche leider nicht genügend beachtet, als man an ihrer Zerstörung mitwirkte.

Riethmüller stellt sich vor, daß die älteren Jugendlichen, die nicht durch die Hitlerjugend erfaßt werden, weiterhin „Mittelspersonen" für Jugendliche bleiben können, die den Weg in die Kirche finden sollen.

„Es ist ein feststehendes Ergebnis der bisherigen Geschichte der evangelischen Jugendarbeit: Alle Mühe und Arbeit ist umsonst, man bleibt immer am ungeformten, hilflosen Anfang stehen, wenn man nicht als tragende Mitte im Aufbau dieser Arbeit die Kerntruppe, die aus den über Achtzehnjährigen bestehen wird, sich bilden läßt. Nach den organischen Wachstumsgesetzen der Kirche, die nicht wir gemacht haben und die nicht von uns geändert werden, können nur um diese feste Mitte die Jahresringe wachsen. Andernfalls ist nichts anderes vorhanden als eine zufällige, atomisierte Masse, die immer wieder auseinanderfällt und immer am Anfang stehen bleibt. Jugendführer, die auf diese Gesetze nicht achten, bleiben einsame Prediger in der Wüste, geschlagen von ihren Theorien, die mit den Tatsachen des Lebens nichts zu tun haben. Daß also die reiferen Jugendlichen selbst ander Führung und am Dienst beteiligt werden, ist ein Grundgesetz evangelischer Jugendarbeit."[23]

Schon im April hatte Riethmüller von dieser „Truppe" gesprochen. Sein Aufsatz im Herbst macht jetzt deutlich, welche Überlegungen dahinterstehen. Mit ihrer Person stehen die Mitglieder dieser „Kerntruppe" dafür gerade, daß von der Botschaft der Kirche alle Lebensbereiche betroffen sind.

„Der totale Anspruch des lebendigen Christus in seinem Evangelium erlaubt es nicht, Lebensgebiete abzusondern, die unberührt vom Evangelium bestehen können."[24]

Darum sei „die Frage der Schulung und Ausrüstung des evangelischen Jugendführers die Kernfrage der ganzen Arbeit".[25]

Im folgenden Teil des Aufsatzes ergänzt Riethmüller seine bisher vorgetragenen Argumente durch zwei weitere, die aus den Erfahrungen der freien Verbandarbeit gewonnen worden sind: Der junge Mensch braucht die Erfahrung einer Lebensgemeinschaft, der congregatio sanctorum. Wenn Gemeinde zu einem „Zuhörerpublikum" verkomme, könne Gemeinde im Sinne des Neuen Testamentes nicht wachsen.[26] Dazu das zweite Argument: „In der Kirche gibt es keine passive Mitgliedschaft."[27] Dem jungen Menschen dürfe man nicht nur etwas „bieten", man müsse auch etwas „verlangen", was dieser dann in freiwilliger Entscheidung bejahen könne. Von hier aus stellt Riethmüller die hier und da wieder eingeführte Christenlehre in Frage, da sie zwanghaften Charakter habe.

„Wer das Evangelium sagen will, hat die Jugend an einem freien Ort zu versammeln. Hierher werden alle geladen; aber es kommt, wer kommen will. Wenn die feste Mitgliedschaft für die unter Achtzehnjährigen unter den Ereignissen des letzten Jahres aufgegeben ist, so kann doch Zucht und Ordnung, Planmäßigkeit und Stetigkeit des Zusammenkommens niemals aufgegeben werden."[28]

Zum Schluß bekräftigt Riethmüller noch einmal, daß Jugendarbeit immer nur ein Teil der ganzen Gemeindearbeit sei. Von da aus fragt er die Gemeinde, ob sie ihrerseits bereit sei, in ihrem Gottesdienst sich darauf einzustellen.

„Die wichtigste Veranstaltung im Leben der evangelischen Jugendschar ist der Hauptgottesdienst der Gemeinde. Aber wieviel ist hier noch zu lernen! Es ist erstaunlich, wie wenig beim Gottesdienst im allgemeinen daran gedacht wird, daß die Jugend vollberechtigtes Glied der Gemeinde ist. Was ist Anfang und Ende des Unheilsringes, der in dem Satz ausgedrückt ist: Weil man auf die Jugend im Hauptgottesdienst keine Rücksicht nimmt, deshalb kommt sie nicht; weil sie nicht kommt, deshalb nimmt man keine Rücksicht auf sie? Darum muß beim Gottesdienst, was seine Länge, sein Lied und seine Sprache anbetrifft, immer wieder bedacht werden, daß hier auch der junge Mensch angesprochen werden muß."[29]

Gründung der Jugendkammer

Als der zweite Teil des Aufsatzes erschien, überschlugen sich Anfang Oktober die kirchenpolitischen Ereignisse in Stuttgart und München. Diese beiden Landeskirchen in Württemberg und Bayern hatten sich nicht „freiwillig" in die DEK eingegliedert. Nun griff die Reichskirche zur Gewalt zeigte wieder einmal ihr wahres Gesicht. Zum 10. Oktober wurde die zweite Bekenntnissynode nach Dahlem einberufen.

Die Neuordnung der Jugendarbeit der Bekennenden Kirche kam nur mühsam voran, vor allem weil Riethmüller immer noch krank war. Seine Mitarbeiterin im Burckhardthaus, Oberin Hulda Zarnack, war nach Kräften bemüht, wenigstens einen Teil dessen zu erledigen, was von Riethmüller als Beauftragtem des Bruderrates erwartet wurde.[30] Währenddessen baute Zahn seine Position aus. Seit Anfang Oktober erschien unter seiner Herausgeberschaft „Das Wort"; für diese „Jugendzeitung der DEK" wurde auch kirchenoffiziell kräftig geworben. Sie sollte der „Wortverkündigung an die deutsche evangelische Jugend dienen und ein Bindeglied zwischen Jugend und Reichskirche" sein.[31] Zahn erhielt Gelegenheit, vor der Bischofskonferenz mit Reichsbischof Müller seine Arbeit darzustellen, die wenige Tage nach der Dahlemer Synode am 25./26. Oktober in Berlin zusammentrat. Mitte November bat die Bekenntnisgemeinschaft in der hannoverschen Landeskirche den Bruderrat dringend darum, den Neuaufbau der Jugendarbeit der Bekennenden Kirche zu unterstützen.

„Schließlich aber muß darauf aufmerksam gemacht werden, daß z.B. auch dafür Nachrichten vorliegen, daß das Zahnsche Jugendwerk gerade in den gesunden Kirchengebieten einen unerwartet starken Zulauf findet. Es wird mir berichtet, daß z.B. in Göppingen in Württemberg nicht weniger als 400 Exemplare seiner Zeitschrift gelesen werden. Das bedeutet faktisch die Abhängigmachung des jungen Volkes von Herrn Zahn."[32]

So forsch Zahn auch vorging, innerhalb seiner Arbeit hatte er zunehmend mit Schwierigkeiten zu kämpfen. So drohte seit Juni eine Spaltung der Landesjugendpfarrerkonferenz, in der er zahlreiche Gefolgsleute hatte.[33] Die Auseinandersetzungen rührten nicht zuletzt daher, daß Zahn einerseits auf der Basis des Abkommens mit Baldur von Schirach zusammenarbeiten wollte, auf der anderen Seite ließen die Übergriffe der HJ auf Gruppen der evangelischen Jugend nicht nach. Schon während der Bischofskonferenz Ende Oktober hatte Zahn über diese Schwierigkeiten berichtet. Alle Versuche, mit der Reichsführung der HJ darüber ein klärendes Gespräch zu führen, blieben erfolglos. Zahn und seine Mitarbeiter gerieten mehr und mehr zwischen alle Stühle.

Am 16. November wagte er einen ungewöhnlichen Schritt. Er schickte Baldur von Schirach ein „Ultimatum" zu. Er erwartete, daß dieser innerhalb von vier Tagen, bis zum Beginn der Landesjugendpfarrerkonferenz am 20.11., zu schriftlich vorgetragenen fünf Punkten Stellung nähme. „Frei von Menschenfurcht" wollte er mit dem Ergebnis dieser Auseinandersetzung dann an die Öffentlichkeit gehen.[34]

Baldur von Schirach ließ vier weitere Tage verstreichen und dann seinen Stellvertreter antworten. Zahns Vorgehen sei ungehörig, er lehne jede weitere Begegnung mit ihm ab. Während der Landesjugendpfarrerkonferenz kam es dann zu heftigen Kontroversen, nicht nur wegen des Ultimatums. Auch warfen ihm einige der Landesjugendpfarrer, die sich schon am Vorabend untereinander getroffen hatten, vor, daß Zahn sich nicht eindeutig zwischen Reichskirche oder Bekenntnis-Kirche entscheide. Nach Ende dieser Tagung spaltete sich die Konferenz.[35]

Während das Zahnsche Jugendwerk an seinen eigenen Widersprüchen scheiterte, kam es auf der Seite der Bekennenden Kirche zu einem neuen Vorstoß. „Ich bin mit Ihnen durchaus der Überzeugung," schrieb Asmussen an Duensing in Hannover, „daß es jetzt endlich an der Zeit ist, die Jugendarbeit in Angriff zu nehmen. ... Ich habe vor zwei Tagen nach Kassel geschrieben und dort angefragt, ob nicht ein Kreis von Persönlichkeiten baldigst zusammentreten könnte vorausgesetzt das Einverständnis von Riethmüller –, der sich der schwebenden Fragen annehmen könnte."[36]

Vier Wochen später kam am 14. Dezember ein solcher „Kreis von Persönlichkeiten" – Leiter der Werke und Landesjugendpfarrer – zusammen und wandte sich gemeinsam an die neugebildete „Vorläufige Leitung der DEK" (im folgenden „VL"). Im Antwortbrief vom 19. Dezember – es ist der erste Jahrestag des Abkommens – bekräftigte Marahrens, der neue Vorsitzende der VL, den im Sommer vom Bruderrat bereits an Riethmüller erteilten Auftrag.[37] Riethmüller war offenbar soweit wieder gesund, daß er sich mehr zutrauen konnte.

Am 31. Januar 1935 hatte Riethmüller dann ein erstes Mal Gelegenheit, vor der VL das zur Diskussion zu stellen, was in den Monaten der Krankheit an eigenen Vorstellungen gewachsen und im Kreis seiner Gesinnungsfreunde abgesprochen worden war. Man stimmte ihm einmütig zu und erbat zur nächsten Sitzung eine schriftliche Vorlage über die weiteren geplanten Schritte.[38]

Am 26.02. wurde dann offenbar ein Grundsatzbeschluß zum weiteren Vorgehen getroffen. Paul Humburg wurde innerhalb der VL zum Beauftragten für die Jugendarbeit bestellt. Ein Erhebungsbogen wurde verschickt, der Aufklärung darüber bringen sollte, wer nun in welchem Bereich für die Jugendarbeit der Bekennenden Kirche zuständig war.[39] Am 26. April wurde die Einberufung der „Vorläufigen Jugendkammer" beschlossen, die dann am 15. Mai ein erstes Mal zusammentrat. Wie selbstverständlich wurde Riethmüller deren erster Vorsitzender.[40]

Die Augsburger Beschlüsse bestätigten dann Anfang Juli alle bisher gefaßten Beschlüsse, so daß die Jugendkammer an die Arbeit gehen konnte.

Die organisatorische Umsetzung

Nach der offiziellen Beauftragung durch VL und Bekenntnissynode ging die Jugendkammer zügig an die Arbeit. Riethmüller hatte nun die Basis, von der aus er seine Vorstellungen in die Praxis umsetzen konnte. Während der dritten Sitzung der Kammer am 6. September verabschiedete man eine Denkschrift „Zur Neuordnung der Verkündigung an die Jugend im Raum der Bekennenden Kirche Deutschlands".[41]

Ziel der Denkschrift ist, aus der Zusammenarbeit, die für die Gemeindeebene schon vorgedacht war, Folgerungen für die Reichs- und Länderebene zu ziehen.

Zwar warnt Riethmüller, voreilige organisatorische Konsequenzen zu ziehen, bevor nicht das Vertrauen zueinander auf allen Seiten gewachsen sei. Auf der anderen Seite wird mehr Zusammenarbeit dringend angemahnt. Riethmüller beklagt, „... daß es an einer planmäßigen Zusammenschau und Gestaltung (der christlichen Verkündigung) durch alle diese verschiedenen Stufen und Formen hindurch innerhalb der Kirche so gut wie völlig fehlt."[42]

Kindergottesdienst und Konfirmandenunterricht, Religionsunterricht an den Schulen und die Jugendarbeit der Gemeinden, alles, was an Verkündigung an der jungen Generation in Kirchen und freien Verbänden geschieht, sollte auf allen Ebenen zusammengeführt werden.
Zentrale Bedeutung für die Verkündigung hat das „Amt":

„Das Notwendigste, was das evangelische Kirchentum in Zukunft braucht, ist infolgedessen ein Amt, das die Verkündigung an die junge Generation unbeschadet der Mannigfaltigkeit ihrer Formen und in vertrauensvoller Zusammenarbeit mit den verschiedenartigen Trägern der Funktionen einheitlich und zielklar gestaltet."[43]

Weil der Begriff „Jugendpfarrer" durch schlechte Erfahrungen in früheren Jahren besetzt ist, möchte Riethmüller ihn durch „Katechet" ersetzen. Im folgenden spricht er dann vom „Katechetischen Amt der Kirche" oder vom „Amt des Katecheten". Es soll einen „Katecheten der Reichskirche", der Kirchenprovinz und des Kirchenkreises geben, der auf der entsprechenden Ebene die geistliche Leitung des Amtes hat, d.h. der gesamten Verkündigung an die junge Generation im Raum der Kirche.

„Der Ort der Zusammenarbeit der Katecheten mit den amtlichen oder eigenständigen Organen für die Verkündigung an die Jugend sind die Jugendkammern."[44]

In diesen Gremien soll nicht nur die Arbeit vertreten sein, die auf Gemeindeebene von den „Kernscharen" (s.o.) verantwortet wird. Ebenso gehören ihnen die Arbeitsbereiche Kindergottesdienst und Konfirmandenunterricht an. Auch die Fragen des Religionsunterrichtes an den Schulen sollen hier besprochen werden. Die Kammern haben keine Kompetenz, in die einzelnen Arbeitsbereiche hinein Beschlüsse zu fassen. Von Berichten und der Aussprache darüber erwartet Riethmüller einen Prozeß des Zusammenwachsens.

Unterhalb der Ebene der Kammern können Arbeitsringe gebildet werden, in denen einzelne Arbeitsfelder zu organisatorischen Fragen Absprachen treffen können.

Nachdem die Kammer die Denkschrift verabschiedet hatte, ging alsbald ein Schreiben der VL an alle Pfarrer der Bekennenden Kirche hinaus, unterschrieben von Humburg und Riethmüller, in dem insbesondere für die Zusammenarbeit mit den Werkszentralen in Kassel und Berlin geworben wurde. Gleichzeitig wurde ein Faltblatt herausgegeben, auf dem die rechtlichen Grundlagen der evangelischen Jugendarbeit zusammengestellt waren.[45] Da tauchten überraschend neue Probleme auf. Zahn veranlaßte den Kirchenminister Kerrl, einen Ausweis für Jugendmitarbeiter einzuführen. Der entsprechende Erlaß kam am 7. Oktober heraus und hatte zum Ziel, „eine tatsächliche Scheidung zu machen" zwischen dem Zahnschen Jugendwerk, das im Sinne des Abkommens vom Dezember 1933 arbeitete, und den Jugendbünden und –verbänden, die sich „ununterbrochen über die Bestimmungen des erwähnten Abkommens hinwegsetzen, um durch Verquickung mit den älteren Gruppen ... die männliche Jugend unter 18 Jahren sowie die weibliche Jugend unter 21 Jahren praktisch zu einem konfessionellen Sonderdasein zusammenzuhalten."[46] Die Jugendarbeit der Bekennenden Kirche erlebte nun, wie die Geheime Staatspolizei dazu überging, die Ausweise der Mitarbeiter zu überprüfen. Die Lage verschärfte sich. Einen besonderen Schock löste in diesen Tagen die überraschende Besetzung des Burckhardthauses durch die Gestapo aus. Riethmüller war an diesem 5. November auf einer Vorstandssitzung der YWCA in London. Die Gestapo durchsuchte alle Räume und nahm zahlreiche Akten mit.

Fünf Tage nach dem Erlaß des Kirchenministers zum Jugendleiterausweis wurde der Reichskirchenausschuß berufen, der dann bei verschiedenen kirchenpolitischen Gruppierungen um Zusammenarbeit warb. Als ein Haupthindernis erwies sich die Person des Reichsbischofs, dessen Einfluß ohnehin immer geringer wurde. Mit einem Rundschreiben vom 18.11.1935 entzog der Reichskirchenausschuß dem Reichsbischof alle kirchengemeindlichen Zuständigkeiten. Damit schien nun ein Ausweg aus der verzwickten Lage möglich, die mit Einführung des Ausweises entstanden war. Riethmüller schrieb an den Reichskirchenausschuß und teilte diesem die Auffassung der Jugendkammer mit, daß mit dem Rundschreiben auch der Auftrag an Zahn erledigt sei, den dieser einst von Müller erhalten habe. Daher sei der Ausweis außer Kraft zu setzen, Zahn ebenfalls zurückzuziehen und die Rücknahme des Gestapoerlasses zu erwirken.[47]

Der Brief war Anlaß, daß nun umgekehrt der Reichskirchenausschuß auf Riethmüller mit einem „Einladungsschreiben" zuging.[48] Offensichtlich ging es um die Mitarbeit in der neu zu bildenden Jugendkammer der Reichskirche, deren Einberufung in diesen Tagen vorbereitet wurde. Riethmüller, der vom Vorsitzenden Dr. Zoeller zu einem Gespräch am 4.12. bestellt wurde, bat darum vorher noch die VL dringend um Weisung.

„Die Lage im Jugendwerk der Bekennenden Kirche wird ... von Tag zu Tag gefährlicher und schwieriger. Es wäre nicht zu verantworten und niemand verständlich zu machen, wenn die Organe dieser Jugendarbeit zum Teil noch ahnungslos, alle aber ohne Anweisung und ohne Schutz vor dem Vorgehen des Jugendpfarrers Zahn und von den entsprechenden Aktionen der Polizei weiterhin bedroht würden. ... Durch längeres Zuwarten könnte unabsehbarer Schaden entstehen und jetzt noch vorhandenes Vertrauen zerstört werden. Daher die Dringlichkeit dieser Bitte."[49]

Wie das Gespräch am 04.12. ausgegangen ist, wissen wir nicht. Eine gute Woche später wurden acht Kammern gebildet, ohne daß schon Personen berufen wurden. In der Bekanntmachung vom 13.12. wurde betont, daß der Reichskirchenausschuß mit diesem Schritt die „ständige enge Verbindung mit dem Leben der Kirche und ihren führenden Männern, und hier besonders mit den Laien," suche.[50] Für die Jugendarbeit war keine eigene Kammer vorgesehen. Vielmehr sollte es eine „Kammer für Gemeindearbeit" geben mit Abteilungen für die Männer-, die Frauen- und die Jugendarbeit. Bei der fünften Sitzung der Jugendkammer wurde die kirchliche Lage ausführlich diskutiert, z.T. im Beisein von Lilje,der im Auftrag der VL an der Sitzung teilnahm. Die Kammermitglieder „verpflichteten sich einmütig, zu einem etwa an sie ergehenden Ruf in eine vom Reichskirchenausschuß zu bildende Jugendkammer erst dann Stellung zu nehmen, wenn das Votum der Jugendkammer bei der Vorl. Leitung der DEK vorliegt".[51] Diese Jugendkammer ist nie einberufen worden. Zahn trat 1936 mehr und mehr in den Hintergrund. Einige Monate war er als Oberkirchenrat Mitarbeiter des Jugendreferenten beim Reichskirchenausschuß. Bis Ende 1936 verlor er alle Funktionen im Bereich der Jugendarbeit.[52]

Die Jugendkammer ging Schritt für Schritt weiter, das von Riethmüller einmal entworfene Konzept in die Praxis umzusetzen. Alle Erfahrungen der vergangenen zwei Jahre fanden Eingang in eine Schrift, die Riethmüller 1936 veröffentlichte: „Evangelische Jugendführung heute". Seine früheren Äußerungen wurden vertieft, ergänzt, präzisiert. Ausführlicher als bisher ging er auf die Inhalte der Jugendarbeit ein. Das fünfzigseitige Heft wurde zur unverzichtbaren Orientierungshilfe der evangelischen Jugendarbeit, die in den kommenden Jahren stets aufs neue herausgefordert wurde. Als Riethmüller am 19. November 1938 an den Folgen einer Operation starb, hinterließ er ein Erbe, das über den Umbruch 1945 hinaus für die evangelische Jugendarbeit fruchtbar blieb.

[1] Zum Weg der evangelischen Jugend im Jahre 1933 siehe: Johannes Jürgensen, Die bittere Lektion: Evangelische Jugend 1933, aej–Studienband 7, Stuttgart 1984.

[2] Junge Kirche 4/1934, S. 170 f.

[3] Vgl. Heinrich Riedel, Kampf um die Jugend, Evangelische Jugendarbeit 1933–1945, München 1976, S. 99 ff.

[4] Vgl. den Bericht „Evangelium im Dritten Reich", Kirchenzeitung für Christentum und Nationalsozialismus, 25.02.1934.

[5] A.a.O.

[6] Evangelische Jugend, Mitteilungsblatt des Jugendpfarramtes der DEK, Mai 1934, S. 35.

[7] Otto Riethmüller, Was wird aus der evangelischen Jugendarbeit? Weibliche Jugend, Berlin–Dahlem, 4/1934, S. 102–104.

[8] A.a.O., S. 102 f.

[9] Landeskirchl. Archiv der EKvW Nr. 5–1–873.

[10] A.a.O.

[11] Brief vom 28.08.1934, a.a.O.

[12] Brief vom 23.08.1934, a.a.O.

[13] Brief vom 10.11.1934, a.a.O.

[14] Brief vom 28.08.1934, a.a.O.

[15] Otto Riethmüller, Die Zukunft der evangelischen Jugendarbeit, Monatsschrift für Pastoraltheologie, Göttingen 8–9/1934, S. 265–268.

[16] A.a.O.

[17] A.a.O., S. 265 f.

[18] Barbara Thiele (Hg.), Jugendarbeit als Spiegel des Zeitgeschehens, Gelnhausen/Berlin 1968, S. 80.

[19] Otto Riethmüller, Die Zukunft ..., S. 266 f.

[20] A.a.O., S. 267

[21] A.a.O., S. 268

[22] Otto Riethmüller, Die Zukunft ..., Heft 10/1934, S. 302–307

[23] A.a.O., S. 303

[24] A.a.O., S. 304

[25] A.a.O., S. 303

[26] A.a.O., S. 304

[27] A.a.O., S. 305

[28] A.a.O., S. 306

[29] A.a.O., S. 307

[30] Vgl. Brief H. Zarnack an Präses Koch, Landeskirchl. Archiv der EKvW, Nr. 5–1–873

[31] Gesetzesblatt der DEK Nr. 66/1934 (09.12.1934), S. 218

[32] Brief vom 15.11.1934, Landeskirchl. Archiv der EKvW, Nr. 5–1–873

[33] Riedel, a.a.O., S. 107

[34] Dokumente zu dieser Kontroverse: Landeskirchl. Archiv der EKvW Nr. 3–1–873

[35] Riedel, a.a.O., S. 100 f.

[36] Brief vom 16.11.1934, Landeskirchl. Archiv der EKvW, Nr. 5–1–873

[37] Rundbrief der Bekenntnisgemeinschaft Schleswig–Holstein Nr. 1/2 vom 17.01.1935, S. 3

[38] Rundbrief der Bekenntnisgemeinschaft Schleswig–Holstein Nr. 4/5 vom 16.02.1935, S. 2

[39] Landeskirchl. Archiv der EKvW, Nr. 5–1–873

[40] Zur Entstehungsgeschichte der Jugendkammer siehe Studienband der aej Nr. 24, Stuttgart 1986

[41] Zur Neuordnung der Verkündigung an die Jugend im Raume der Bekennenden Kirche Deutschlands, (Archiv des Verfassers, ohne Datumsangabe. Manfred Müller vermutet, daß Riethmüller den ersten Entwurf geliefert hat. Vgl. dazu Priepke, a.a.O., S. 113)

[42] A.a.O., S. 6

[43] Ebd.

[44] A.a.O., S. 7

[45] Priepke, S. 217 f.

[46] A.a.O., S. 224

[47] Brief Riethmüller an den Reichskirchenausschuß vom 26.11.1935, Landeskirchl. Archiv der EKvW Nr. 5–1–770/2

[48] Wozu eingeladen wurde, läßt sich nur indirekt aus Riethmüllers Briefen an die Jugendkammer vom 30.11. und an die VL vom 03.12.1935 schließen (Landeskirchl. Archiv der EKvW Nr. 5–1–770/2)

[49] Brief vom 03.12.1935, ebd.

[50] Gesetzblatt der DEK Nr. 37/1935, 30.12.1935, S. 137 f.

[51] Niederschrift der 5. Sitzung der Jugendkammer vom 15.01.1936, Landeskirchl. Archiv der EKvW, Nr. 5–1–770/2

[52] Vgl. Riedel, a.a.O., S. 98 f.

Martin Affolderbach

Ausschau nach neuen Perspektiven zur Konzeption evangelischer Jugendarbeit

Ich möchte in diesem Beitrag versuchen, einige Grundgedanken und Leitmotive aus Christof Bäumlers Beiträgen zur Konzeptions- und Theoriediskussion evangelischer Jugendarbeit aufzugreifen, insbesondere solche, die mir selbst wichtig geworden sind und die mir auch weiterhin für das Nachdenken über kirchliche Jugendarbeit unverzichtbar erscheinen.

Es sind vor allem zwei Gründe, die mir einen solchen Versuch lohnend erscheinen lassen.

Erstens gehört Christof Bäumler für mich zu den wenigen – ich bin sogar versucht zu sagen: er ist der einzige –, die versucht haben, das Feld kirchlicher Jugendarbeit in seinen theologischen, pädagogischen und gesellschaftlichen Implikationen umfassender zu durchdenken und mit der Diskussion in anderen wissenschaftlichen Disziplinen und mit zeitgeschichtlichen Herausforderungen zu verknüpfen. Er hat in seinen Aufsätzen an vielen Stellen darauf hingewiesen, aus welchen Quellen sich seine Überlegungen speisen und welche Anregungen er von anderen gerne übernehmen möchte.[1] Er hat versucht, ein Konzept von Jugendarbeit zu durchdenken, das sich einer mündigen Gestalt des Christentums verpflichtet fühlt und das den Zusammenhang von Glauben und kritischem Denken, von Kirche und Gesellschaft sowie von Pädagogik und Emanzipation für grundlegend hält.

Durch den Titel seiner gesammelten Aufsätze zur kirchlichen Jugendarbeit, die 1977 erschienen, wird unterstrichen, daß er seine Studien als Schritte „Unterwegs zu einer Praxistheorie“ verstanden wissen will. Wer die Beiträge dieses Bandes liest, wird feststellen, daß er trotz des Wechsels von Leitmotiven und Begriffen Gedanken aus den früheren Jahren in späteren Beiträgen weiterführt und daß sich seine Grundanliegen durchhalten und vertiefen. Mit einem gewissen Maß an Bescheidenheit versichert er, seinem eigenen Anspruch an eine Praxistheorie kirchlicher Jugendarbeit selbst (noch) nicht gerecht geworden zu sein.

Zweitens liegt meine Motivation darin, daß der Zeit, in der Christof Bäumler die meisten seiner Beiträge zur kirchlichen Jugendarbeit verfaßt hat, eine besondere Bedeutung zukommt. Er hat vor allem in dem Jahrzehnt von Mitte der 60er Jahre bis Mitte der 70er Jahre geschrieben, einer Phase, in der es offensichtlich von den äußeren Bedingungen her leichter möglich war, Ansätze zu einer Theorie zu entwerfen als davor und danach. Gerade dieses Jahrzehnt leitete ein Nachdenken über kirchliche Jugendarbeit ein, das wissenschaftlichen Ansprüchen genügen wollte. Eine bis dahin ungewöhnliche Produktion von Aufsätzen, Büchern, Dissertationen und anderen Arbeiten setzte ein.

Die Zeit der Studentenbewegung gehört heute schon zur zeitgeschichtlichen Historie. Daß diesem Jahrzehnt eine Schlüsselrolle zukommt, hat die jüngste Shell-Jugendstudie[2] empirisch nachgewiesen. Im Übergang zwischen den 60er und den 70er Jahren hatte sich ein deutlicher Wertewandel vollzogen, der zwar von den Intellektuellen über die Studentenbewegung ausging, aber von dort aus in alle Bereiche der Gesellschaft einsickerte. Dies bezieht sich auf die Machtverschiebung zwischen den Generationen, die Veränderung der pädagogischen Leitvorstellungen, die Rolle der Institutionen sowie gesellschaftlicher Konventionen und überlieferter Traditionen und andere Bereiche. Hinzu kommen weitere Ereignisse, die eine nachhaltige Veränderung von Einstellungen und Werthaltungen angestoßen haben, wie z.B. die dramatischen Ölpreiserhöhungen (1973), die technologischen Veränderungen der Alltagswelt (Medien und Computertechnologie) und das wachsende Erkennen der Umweltzerstörungen.

Dies bildete natürlich auch den Rahmen, in dem sich kirchliche Arbeit, das theologische Denken, die religiösen Einstellungsmuster und auch das Nachdenken über kirchliche Jugendarbeit bewegten. Ich möchte ein paar Aspekte aus Bäumlers Arbeiten herausgreifen und auf weiterführende Anstöße hinweisen.

Die Forderung nach einer Praxistheorie und die Suche nach neuen Perspektiven kirchlicher Jugendarbeit

Bäumlers Nachdenken über eine umfassende Theorie kirchlicher Jugendarbeit begann – meiner Beobachtung nach – in seiner Auseinandersetzung als Theologe mit den grundlegenden pädagogischen Beiträgen von Klaus Mollenhauer, Helmut Kentler, Wolfgang Müller und Hermann Giesecke zu der Frage: „Was ist Jugendarbeit?"[3]. Offensichtlich waren es die Pädagogen, die der kirchlichen Jugendarbeit ihre Unschuld nahmen und den Wunsch freisetzten, die verlorene Einheit denkend wieder herzustellen.

So strebte Bäumler mit seiner Forderung mehreres zugleich an:

Erstens sollte kirchliche Jugendarbeit ihre Praxis auf wissenschaftlichem Niveau durchdenken und verantwortlich darzustellen lernen.

Zweitens sollte dies nicht allein in theologischen und pädagogischen Begriffen geschehen, sondern in der Kooperation einer Vielzahl von verschiedenen Disziplinen, die gewissermaßen unterschiedliche Dimensionen der praktischen Arbeit repräsentierten.

Drittens sollte solches Nachdenken nicht als theoretischer Schutzmantel dienen, also vorhandene gute oder schlechte Praxis legitimieren, sondern kritisch und selbstkritisch erfolgen, um die Praxis zu verbessern und zu verändern.

Bäumler hat in zwei neueren Aufsätzen versucht, ein Resümee der Theorieversuche zur kirchlichen Jugendarbeit zu ziehen. Er sieht in einer Reihe von Untersuchungen, die von einem hermeneutischen, einem erziehungswissechaftlichen, einem gruppendynamischen, einem systemtheoretischen oder einem sozialisationstheoretischen Ansatz ausgehen, interessante Weiterführungen, die aber jeweils Fragen offen lassen, die nur im Kontext einer Gesamttheorie sinnvoll eingeordnet und beantwortet werden können.[4] Er plädiert deshalb – neben der Bemühung um eine umfassende Gesamttheorie – für einen zweiten Weg, nämlich den der reflektierten Praxis. In der wissenschaftlichen Begleitung von ausgewählten und exemplarischen Projekten und Praxismodellen kann die erstrebte Theorie–Praxis–Vermittlung bzw. der produktive und kritische Dialog zwischen Praktikern und Wissenschaftlern verwirklicht werden und so die Weiterentwicklung der Praxis im Sinne einer emanzipatorischen Entwicklung fördern. Bäumler spricht sich deshalb für eine Doppelstrategie von Projektforschung einerseits und Theoriebildung andererseits aus.

In seiner jüngsten Zusammenfassung verschiedener Theorieansätze[5] unterbreitet er in einer kurzen Andeutung einen neuen Vorschlag: Die Behauptung, Jugendliche stünden im Zentrum kirchlicher Jugendarbeit, müsse theologisch „eingeholt" werden durch eine theologische Theorie der Subjektivität, die „die bedingungslose Anerkennung der Person durch das rechtfertigende Handeln Gottes im Kontext von Geschichte und Gesellschaft"[6] herausarbeitet.

Trotz dieses neuen Vorschlags[7] scheint er offensichtlich selbst skeptisch zu sein, ob sich auf diesem Wege eine sinnvolle Weiterführung erreichen läßt. Zumindest schließt er an seinen Vorschlag keine nähere Ausführung dazu an, sondern beschreibt auf einer anderen Ebene die derzeitige Identitätssuche kirchlicher Jugendarbeit. Er nennt dazu vier Punkte: Erstens sei die Jugendarbeit durch neue religiöse Bewegungen herausgefordert, zweitens müsse gegenüber einer zu starken Professionalisierung das Moment der Ehrenamtlichkeit neu bedacht werden, drittens sei die Pluralität der Jugendarbeit im Prozeß von Konziliarität zu sehen und viertens benötige kirchliche Jugendarbeit in der Überschreitung ihrer konfessionellen Grenzen eine ökumenische Identität.

Ich stimme dem Schritt zu, den Bäumler hier vollzieht, indem er Problemfelder benennt, auf denen weiterzuarbeiten ist, und nicht Schritte aus einer umfassenden Theorie herleitet. Ich meine, daß sich das Nachdenken über kirchliche Jugendarbeit auf einer Ebene „mittlerer Axiome" bewegen muß, d.h. in der Ausarbeitung und Entwicklung relativ überschaubarer und vermittelbarer Ziele, die vorhandene Praxis durchdenkt und in einen klärenden Zusammenhang einbindet. Vielleicht kann der Wechsel von Begriffen hier eine Signalfunktion haben, wenn weniger von „Theorien", sondern vielmehr von „Handlungszielen", von „Visionen" oder der „Suche nach einer neuen Identität"[8] gesprochen wird. Es geht offensichtlich heute um eine neue Grundorientierung und Standortbestimmung, bei der der Theorieanspruch erst ein späterer Schritt sein kann. Mir ist wichtig festzuhalten, daß die Forderung nach einer theoretischen Fundierung, wie sie Bäumler auch weiterhin anstrebt, keineswegs überholt ist, sondern weiterhin ihre Bedeutung hat. Ich sehe diese vor allem in folgendem und kann dabei Aspekte aufgreifen, die Bäumler ausgearbeitet hatte:

Kirchliche Jugendarbeit braucht eine *kritische und wissenschaftliche Begleitung* ihrer Praxis, um nicht in Dilettantismus oder Selbstüberschätzung zu verfallen.

Theoretische und konzeptionelle Arbeit hat das Ziel, kirchliche Jugendarbeit nicht nur zu legitimieren und als bestmögliche zu vertreten, sondern über das Vorhandene hinaus nach neuen Wegen zu suchen, insbesondere im Austausch und Gespräch mit anderen pädagogischen Feldern und anderen Bereichen innerhalb und außerhalb der kirchlichen Arbeit.

Kirchliche Jugendarbeit braucht einen *theoretischen Rahmen* ihrer Arbeit, um eine Mehrzahl von Dimensionen und Funktionen miteinander zu verbinden und in Austausch zu bringen. Sie muß nicht nur theologisch verantwortet werden, sondern hat auch Rechenschaft über ihren pädagogischen Anspruch und ihre politischen Ziele abzulegen. Sie muß ebenso über entwicklungspsychologische und gruppentheoretische Fragen nachdenken und dieses einander zuordnen. Sonst verspricht sie möglicherweise theologisch, was sie pädagogisch nicht einlösen kann.

Christliche Zukunftsverantwortung als generationenübergreifende Herausforderung

Das Verhältnis zwischen den Generationen spielte in den Überlegungen Christof Bäumlers von Anfang an eine zentrale Rolle. Dabei war dieser

Punkt nicht in erster Linie pädagogisch oder jugendpolitisch begründet, sondern vielmehr biblisch-theologisch. Das Gespräch um den Glauben zwischen Vätern und Söhnen[9] ist das Vorbild bzw. das Ur-Bild der Weitergabe des Glaubens (*traditio fidei*) durch die Generationen und damit durch die Geschichte. In diesem Bild verkörpert sich die Grundfigur aller kirchlichen Arbeit mit Jugendlichen. Bäumler versteht dies nicht nur im Hinblick auf das Verhältnis der Generationen in der Gemeinde, sondern – er greift dabei auf Karl Barth zurück[10] – auch als vorbildhaft für das Verhältnis von jung und alt in der Gesellschaft.

Die *traditio fidei* geschieht nicht als lehrhafte Weitergabe, sondern im Gespräch der Jungen mit den Alten. Die Jugendlichen haben das Vorrecht, die Erwachsenen über ihren Glauben zu befragen. „Zu den Funktionen der jungen Generation in der Gemeinde gehört die Anfrage an die erwachsene Gemeinde, was ihnen ihr Glaube bedeutet und wie Glaube und alltägliches Leben bei ihnen zusammenhängen."[11] Der Dialog, nicht der Monolog, ist die Grundstruktur von Jugendarbeit; nicht Erziehung, sondern Begleitung ist das entsprechende pädagogische Denkmodell. Diese Überlegungen haben unter anderem in dem Studiendokument der VELKD–Synode von 1963[12] ihren Niederschlag gefunden.

Dies war damals eine kritische Position gegenüber einem noch recht autoritären pädagogischen Klima. Die Orientierungsfähigkeit der Erwachsenen wurde grundsätzlich nicht in Frage gestellt; doch das Fragerecht der Jüngeren bedeutete eine gewisse Beschneidung ihrer Autorität. – Zweitens bedeutete die Einbindung der Jugendlichen in den Dialog der Gemeinde eine Gegenposition zu einer Jugendarbeit als einem eigenen, selbstbestimmten Lebensbereich, wie er der Jugendbewegung vorschwebte. Jugendliche wurden jetzt nicht nur als Teil der Gemeinde verstanden, sondern von ihnen wurde eine eigenständige, kritische und konstruktive Rolle in der Gemeinde erwartet. Bäumler beschrieb deshalb in späteren Beiträgen Jugendarbeit als „Experimentierfeld" der Gemeinde, bei dem es aber nicht nur um die Erneuerung und den Aufbau der Gemeinde gehe, sondern um ein Hineinwachsen in die verantwortliche Mitgestaltung des gesamten Lebens von einem christlichen Verständnis her.

Die Entwicklung in den späten 60er Jahren überholte diese Auffassung. Die offene Rebellion von Jugendlichen und Studenten gegen das Establishment ließ das Modell eines „friedlichen" Dialogs zwischen den Generationen anachronistisch erscheinen. Es ging nicht nur um Fragen von Jugendlichen an die Gemeinde, sondern um ein anderes Verständnis von Kirche. Bäumler formulierte 1969: „Ein an den angedeuteten biblischen Verheißungen orientiertes Selbstverständnis der Kirche steht im Widerspruch zu ihrer überwiegend hierarchischen Struktur und zu ihrer den status quo der autoritären Leistungsgesellschaft fast durchweg bestätigenden Funktion. Evangelische Jugendarbeit wird verstanden als ein Experimentierfeld der Kirche, auf dem dieser Konflikt sichtbar gemacht und ausgetragen werden kann."[13] Die 1971 erschienene Studie der Jugendkammer der EKD trug deshalb auch konsequenterweise den Titel „Konflikte im Erziehungsfeld"[14].

In einem Beitrag, den Christof Bäumler mit Peter Krusche aus Anlaß der EKD–Synode 1980, die zum Thema „Jugend und Kirche" tagte, verfaßt hatte, beschrieb er selbst diese Entwicklung.

„Rückblickend ist festzustellen, daß das beabsichtigte Gespräch zwischen den Generationen in der Volkskirche nur in sehr bescheidenen Ansätzen eröffnet und kaum weitergeführt wurde. Bei einem Teil der jungen Generation trat gegen Ende der 60er Jahre der radikale Protest gegen alles Etablierte und Alte an die Stelle der Frage. Was sich abzeichnet, ist eine tiefgreifende Verstimmung im Dialog zwischen den Generationen, deren Auswirkungen bis in die gegenwärtige Situation hineinreichen und das Verhältnis von Jugend und Kirche tangieren. ... Wer nach 1967 an dem Konzept des Gesprächs zwischen den Generationen in der Kirche festhalten wollte, mußte dazulernen."[15]

Beide Autoren sehen das Verhältnis zwischen den Generationen in der Kirche als weiterhin gestört an und plädieren für einen neuen Generationsvertrag in der Kirche.[16]

„Ein neuer Generationenvertrag in der Kirche wird nur ausgehandelt werden können, wenn es gelingt, daß Junge und Ältere in gewisser Weise die Erfahrung der Gegenseite machen (Martin Buber) ... Aufhebung der Entfremdung scheint am ehesten dort zu gelingen, wo Jugendliche und Erwachsene gemeinsam die Erfahrung der Bedrohung ihrer näheren Lebenswelt und der damit verbundenen Lebensqualität machen – etwa durch den geplanten Bau eines Großflughafens. Im Widerstand gegen solche Bedrohung kommen auch die Generationen einander auf Sichtweite nahe, wird Erfahrung der Gegenseite möglich – und damit gemeinsame Hoffnung."[17]

Angestoßen durch Jugendunruhen und neue Bewegungen Ende der 70er/Anfang der 80er Jahre hat sich die Jugendkammer der EKD mit diesen Fragen beschäftigt und ebenfalls den Grundgedanken eines Gesprächs zwischen den Generationen in Kirche und Gesellschaft herausgestellt. Dies mag auf den ersten Blick so aussehen, als kehre man in die 60er Jahre zurück, ohne aus den Konflikten gelernt zu haben. Doch der Text der Kammer weist selbst auf den kritischen Punkt hin:

„Unter den Jüngeren gibt es die Furcht, daß Staat, Parteien und auch die Kirche zwar einen Dialog bejahen, jedoch nicht, um ihre eigenen Prioritäten zu überprüfen und neue Schwerpunkte zu setzen, sondern um abweichende Überzeugungen zu integrieren. Man befürchtet, daß die

Bürokratien in Eigengesetzlichkeiten befangen sind, und glaubt nicht an die Lernfähigkeiten von Institutionen und parlamentarischen Mehrheiten."[18]

Bereits Bäumler hat in seinen Überlegungen darauf hingewiesen, daß mit „Dialog" – im Sinne von Jürgen Habermas[19] – ein angst- und herrschaftsfreier Austausch in der Suche nach der Wahrheit gemeint ist. Wenn ein herrschaftsfreier – oder symmetrischer[20] – Dialog im gesellschaftlichen Raum ein Ideal, keine Wirklichkeit ist, dann ist die Bereitschaft zum Anhören des Arguments der Gegenseite und die Bereitschaft zum Lernen, d.h. der Veränderung des eigenen Standpunktes, die Voraussetzung für einen gelingenden Dialog. Die Kammer ist in dem genannten Text der Meinung, daß es zu einem gemeinsamen Lernprozeß keine Alternative gebe.

Doch die Dialogforderung ist nicht begründet in der Vermeidung von Konflikten, sondern in der Überzeugung, daß es eine Grundgemeinsamkeit zwischen den Generationen gebe. Diese liegt in der Sorge und der Suche nach einem zukunftsorientierten Lebensstil, der in der Bejahung des Lebens und in der Ehrfurcht vor Gott als dem Schöpfer und Erlöser begründet ist.

Der Dialog der Generationen ist nicht in sich unaufgebbar, sondern in dem Ziel, das er verfolgt, nämlich eine Verständigung zu erreichen über das, was dem Leben dient. Diese Frage trennt nicht Generationen, sondern sollte sie verbinden, weil sie das gemeinsame Problem benennt. In der Frage nach einem zukunftsorientierten, verantwortlichen Denken und Handeln laufen die Kommunikationsgräben nicht notwendigerweise zwischen den einzelnen Generationen, sondern trennen oft Menschen gleicher Altersgruppen.

Die Jugendkammer ist in ihrem Text der Überzeugung, daß die christliche Gemeinde der Ort sei, an dem konstitutiv und exemplarisch dieses gemeinsame Lernen angesichts der Bedrohung geschehen könne. Das bedeutet, daß sowohl die „kommunikative Qualität" der Gemeinde von entscheidender Bedeutung ist als auch die Frage, ob der christliche Glaube sich als eine Kraft erweist, von der her auf die Frage des künftigen Lebens und Überlebens eine überzeugende Antwort gegeben werden kann. Wenn Jugendarbeit in diesem Kontext eine neue Perspektive ihrer Identität finden kann, hängt an einer überzeugenden und glaubwürdigen Beantwortung dieser Fragen sehr viel. Wenn der christlichen Gemeinde zugetraut wird, daß sie diesen Dialog exemplarisch führen und überzeugende, Hoffnung stiftende Impulse geben kann, werden wir noch einmal auf die Aufgaben und Chancen der Gemeinde zurückkommen müssen. Kann sie dieser Anforderung entsprechen? Bäumler hat sich in seinem Nachdenken ausführlich mit der Frage der „theologischen Qualität" der Kirche beschäftigt. Deswegen möchte ich einen Strang seiner Überlegungen aufgreifen und ihn weiterführen.

Die „Kirche für andere“ und die Notwendigkeit ermutigender Vergewisserung

Es ist schon häufig beschrieben worden, daß evangelische Jugendarbeit in der Zeit nach dem Zweiten Weltkrieg versuchte, sowohl die im Kirchenkampf gewonnene Bindung an die Gemeinde festzuhalten und weiterzuführen als auch die Selbständigkeit von Jugendarbeit neu zu etablieren, wie sie vor allem durch den Geist der Jugendbewegung zum Ausdruck gekommen war.

Für die in der Jugendarbeit engagierten Theologen war es anregend und verlockend, gerade über den Zusammenhang von Jugendarbeit und Gemeinde bzw. Jugendarbeit und Kirche vertieft nachzudenken. Gab nicht das Stichwort „Gemeinde“ einen neuen Ansatzpunkt, um Jugendarbeit theologisch zu begründen und zu entfalten, nachdem der Gedanke der „Gruppe“ als selbständiger Lebensgemeinschaft zunehmend unglaubwürdig wurde und an Überzeugung verlor?

Jürgen Henkys hat in den Schlußfolgerungen seiner Untersuchung über die Geschichte und Bedeutung der Bibelarbeit für die evangelische Jugend versucht, diese in den Rahmen eines Verständnisses von Gemeinde einzufügen. In der charismatischen Gemeinde sind alle zu Zeugnis und Dienst verpflichtet. „Sind aber alle Glieder der Kirche in ihrem Reden oder Tun zum Zeugendienst beschlagnahmt, so haben es alle nötig, am Unterricht der Kirche, an der Bibelarbeit als einer ständigen Dienstanweisung gebend und nehmend teilzuhaben.“[21] Dieser Denkansatz stand zweifellos in der Tradition der Dialektischen Theologie und verdankte sich den Erfahrungen einer auf das Eigentliche konzentrierten Kirche, ließ aber die in der Nachkriegszeit drängende Frage nach dem Verhältnis von Kirche und Gesellschaft unbeantwortet.

Es ist deshalb nicht zufällig, daß Bäumler einen anderen Zugang wählte, der zwar auch beim Kirchenbegriff ansetzte, aber gerade an einer Ortsbestimmung von Kirche in der Gesellschaft orientiert war. Bäumler ließ sich dazu anregen von dem ökumenischen Studienprojekt zur „missionarischen Struktur der Gemeinde“[22], das unter dem Eindruck einer zunehmenden Säkularisierung und Urbanisierung über eine neue Gestalt von Gemeinde und kirchlichen Diensten nachdachte. Er nahm ferner Überlegungen von Dietrich Bonhoeffer auf, den die Frage bewegt hatte: „Was bedeutet eine Kirche, eine Gemeinde, eine Predigt, eine Liturgie, ein christliches Leben in einer religionslosen Welt?“[23]

Bäumler setzte bei Bonhoeffers Gedanken der Menschwerdung Gottes in Jesus Christus an. „Gott ist in Jesus Christus Mensch geworden und hat sich in ihm ganz in die Wirklichkeit seiner von Ihm geschaffenen Welt hineinbegeben.“[24] Mit diesem Gedanken ist die gesamte Wirklichkeit einbezogen und einer Aufspaltung in Kirche hier und Welt dort gewehrt. Gott wurde in Jesus Christus wahrer Mensch und trug das Wesen des Wirklichen am eigenen Leibe bis zum Tod am Kreuz, den Bonhoeffer als einen stellvertretenden Tod versteht. In der Übernahme von Schuld und der Überwindung des Todes ist nicht nur für die Kirche, sondern für die gesamte Menschheit die Befreiung zu einem neuen Leben vollzogen. Die Menschheit ist in Christus neu geschaffen. Die Kirche ist die gegenwärtige Zeugin seiner Botschaft. „Die christliche Gemeinde steht an der Stelle, an der die ganze Welt stehen sollte; insofern dient sie stellvertretend der Welt, ist sie um der Welt willen da. Andererseits kommt die Welt dort zu ihrer eigenen Erfüllung, wo die Gemeinde steht."[25] Kirche steht deshalb da in der Nachfolge, wo sie nicht für sich selbst lebt, sondern eine „Gemeinde für andere" ist, wo sie nicht herrschend, sondern dienend existiert. Hier ergeben sich Verbindungen zu Überlegungen des erwähnten ökumenischen Studienprojekts, in dem Gemeinden nicht nur als Orte der Sammlung verstanden werden, sondern vor allem als Orte, von denen aus eine Sendung in den gesellschaftlichen Alltag erfolgt.[26]

Dieser Ansatz hat in der Tat sehr hilfreiche Anstöße gegeben, die Rolle der Kirche in der Gesellschaft bzw. das Verhältnis der Christen zur Welt neu zu bestimmen und aufeinander zu beziehen. Für die Überlegungen zur Neukonzeption von Jugendarbeit erbrachte das zweierlei: Einerseits konnten neue Aufgaben der Jugendarbeit im Grenzland zwischen Kirche und Gesellschaft in den Blick kommen und theologisch reflektiert werden. Gesellschaftsdiakonische Aufgaben erschienen jetzt nicht mehr als uneigentliche oder letzte Brückenköpfe in der Gesellschaft, sondern als dem Verständnis von Kirche unmittelbar entsprechende Aufgaben. Andererseits wurde diese neue theologische Standortbestimmung zu einer Herausforderung für die Gemeinden. Indem „mit sich selbst beschäftigte Gemeinden" – wie Bäumler es formulierte[27] – mit Bonhoeffers Kirchenverständnis konfrontiert werden, begeben sie sich auf einen Lernweg, der sie selbst verändert. Jugendarbeit bietet dann nicht nur Anstöße zur Gemeindeerneuerung, sondern ist selbst das Experimentierfeld, um dem Leitbild einer „Kirche für andere" einen Schritt näherzukommen.

Bäumler versucht sodann, das Stichwort „Kirche für andere" inhaltlich näher zu bestimmen. Er greift dazu auf Bonhoeffers Begriff der „Mündigkeit" zurück. Der mündige Mensch ist der, der durch Christus von falschen Bindungen befreit wird und als Befreiter und Glaubender in die Nachfolge Christi treten kann. Der mündige Mensch ist also der, der in Freiheit an der Verantwortung Jesu Christi teilnimmt im Dienst und in der Liebe anderen gegenüber.

Die Bindungen, aus denen solche Befreiung geschehen kann, versucht er in der Gesellschaft namhaft zu machen, indem er auf die Situation der Jugend und die Rolle des Erziehungssystems eingeht. Mündigkeit verwirklicht sich deshalb für ihn in der kritischen Auseinandersetzung mit autoritären und Abhängigkeit fortschreibenden Strukturen der Gesellschaft.

„Mündigkeit" steht für ihn in einem unmittelbaren Wechselverhältnis zu offenen, dialogischen und lernfähigen Strukturen. Dies bezieht sich sowohl auf die Gemeinde als auch auf die Gesellschaft. „Um als Gemeinde für andere existieren zu können, bedarf die christliche Gemeinde einer ständigen Erneuerung. Der Erneuerungsprozeß der Gemeinde wird dadurch in Gang gehalten, daß sich die Verheißungsgeschichte vom rettenden Handeln Gottes in der Gemeinde immer wieder durchsetzt und relevant wird für die gegenwärtige und zukünftige gesellschaftliche Wirklichkeit."[28] Im Hinblick auf die gesellschaftliche Funktion formuliert Bäumler zunächst noch sehr verhalten: „Jugendarbeit bedeutet einen Hauch von Freiheit in einem autoritären Leistungsstaat. Denken und Handeln der für die Jugendarbeit Verantwortlichen sollten verhindern, daß dieser Hauch spurlos verweht, und dafür sorgen, daß es die Gestaltung kommender Gesellschaft befruchtet und belebt."[29] In weiteren Ausarbeitungen formuliert er dies konsequenter und klarer und weist sowohl der Jugendarbeit als auch der Kirche verändernde und emanzipierende Funkion zu, die in die Gesellschaft hineinwirken soll.

Obwohl es theologisch vielleicht möglich gewesen wäre, von der Verbindung von Christologie und Ekklesiologie her, wie Bäumler sie von Bonhoeffer aufgenommen hatte, nicht nur über die dienende, sondern auch die verändernde Kraft der Kirche nachzudenken, greift Bäumler jedoch den neutestamentlichen Gedanken des Reiches Gottes auf, um theologisch zu entfalten, daß die Kirche nicht „Hüterin des Bestehenden" ist, sondern „Anwalt des Zukünftigen"[30].

Er führt den Bonhoefferschen Ansatz der Inkarnation Gottes in die menschliche Wirklichkeit weiter und legt einen stärkeren Akzent auf die Frage, wie von da aus Nachfolge auszusehen habe. Nachfolge vollzieht sich im Kontext der Verheißungsgeschichte. „Die durch den Tod und die Auferstehung Jesu von Nazareth in Kraft gesetzte Verheißungsgeschichte wird verwirklicht durch die in ihrer jeweiligen geschichtlichen Situation nachfolgende Gemeinde, also durch uns, sofern wir uns durch diese Verheißungsgeschichte in Bewegung bringen lassen."[31] Die Verheißungsgeschichte ist die Perspektive des bereits in Jesus Christus angebrochenen und zukünftigen Gottesreiches, das bereits in diese Gegenwart hineinwirkt. Er bezieht sich vor allem auf Jürgen Moltmann, um diese eschatologische Dimension näher zu durchdenken. Denn der Zukunftshorizont des Reiches Gottes, der durch die Begriffe Freiheit, Gerechtigkeit, Frieden, Leben und Heil beschrieben wird, will nicht verstanden werden als eine transzendente Zukunft des Glaubenden oder eine endzeitliche Gestalt der

Kirche. Vielmehr verbindet sich hier die biblische Verheißungsgeschichte mit der Menschheitsgeschichte, d.h. die schon jetzt Wirklichkeit werdende Veränderung und Erneuerung der Kirche mit der Veränderung und Erneuerung der Gesellschaft.

Theologie und kritische Theorie der Gesellschaft zeigen hier Berührungspunkte, die Bäumler an verschiedenen Stellen ausführlicher darlegte. Wie sich beides zueinander verhält, versuchte er mit der Formulierung Jürgen Moltmanns aufzunehmen: „Die Emanzipation ist die Immanenz der Erlösung. Die Erlösung ist die Transzendenz der Emanzipation."[32]

Damit ist gleichzeitig eine Brücke zwischen Theologie und Pädagogik geschlagen. Einer am Zukunftshorizont des Reiches Gottes orientierten kirchlichen Praxis entspricht eine emanzipatorische und demokratische pädagogische und politische Praxis in der Jugendarbeit, die an der Mündigkeit des Jugendlichen orientiert ist.

Schwerpunkte evangelischer Jugendarbeit ergeben sich aus der Perspektive der biblischen Verheißung, die auf die konkrete Situation in der Bundesrepublik bezogen wird, nämlich als (1) Ermöglichung der Erfahrung von Freiheit, (2) Entwicklung kooperativen und am Maßstab der Liebe orientierten Verhaltens, (3) kritische Aufnahme der biblischen und kirchlichen Tradition in Orientierung am verheißenen Reich der Freiheit, (4) Parteinahme für die Entrechteten und Engagement für eine gerechte Gesellschaft und (5) Erkennen gesellschaftlicher Konflikte, um an ihnen Alternativen zu bestehenden gesellschaftlichen Strukturen zu erarbeiten.[33]

Bäumler hat an anderen Stellen deutlich gemacht, daß dieser theologische Zugang ihn dazu verpflichtet, sowohl für eine Arbeit mit benachteiligten Jugendlichen einzutreten (z.B. Arbeiterjugendlichen) als auch für eine am Leitgedanken des Friedens orientierte Arbeit. „Das Ziel evangelischer Jugendarbeit ist die Beteiligung an der Herstellung des geschenkten Friedens unter den Bedingungen des Unfriedens."[34]

Daß für Bäumler der Zugang über das hier ausgeführte Verständnis von Kirche grundlegend ist, unterstreicht er selbst durch den Hinweis: „An der Bezeichnung kirchliche Jugendarbeit halte ich fest, weil in theologischer Perspektive die empirisch faßbare Institution Kirche als Hinweis auf das Reich Gottes zu interpretieren ist. Daraus lassen sich Kriterien für die theologische Praxis kirchlicher Jugendarbeit gewinnen."[35]

Inwieweit bilden diese Überlegungen einen auch weiterhin tragfähigen Ansatz, beziehungsweise wo ist eine Weiterführung sinnvoll?

Auf der einen Seite bietet dieser Ansatz die Möglichkeit, Kirche und Christsein im Zukunftshorizont des Reiches Gottes zu sehen.

Es geht ja nicht mehr nur um die Bedrohung durch Ungerechtigkeit und Unfrieden, sondern in zunehmendem Maße wird bewußt, wie technologische Revolutionen und der Raubbau an den natürlichen Ressourcen die Lebensgrundlage überhaupt in Frage stellen. Müßte nicht von daher eine Verbindung zwischen dem Zukunftshorizont des Reiches Gottes und dem Glauben an Gott als dem Schöpfer und Erhalter des Lebens, der dem Menschen die Erde zur Lebensgrundlage treuhänderisch anvertraut hat, hergestellt werden?

Auf der anderen Seite darf man nicht leugnen, daß viele, die sich in diesem Zukunftshorizont des Reiches Gottes engagiert haben, Enttäuschungen und Resignation erlebt haben. Der Hinweis auf das Reich Gottes und die dienende Kirche, die durch unser Handeln konkret wird, ist allein nicht ausreichend, wenn nicht deutlich wird, wo Gewißheit und Ermutigung ihren Ort haben.

Muß nicht die Kirche, die „ganz für andere da" ist, auch nach der Quelle ihrer „Ressourcen" fragen? Die „Sendung in die Welt" läßt sich nicht denken, ohne die Gemeinde als Ort der Vergewisserung und Beauftragung mitzudenken, auch wenn dieser Ort nicht mit der Parochialgemeinde identisch ist, sondern vielleicht in einer „Basisgemeinde", die für sich nach einer überzeugenderen Verbindung von Glauben und Leben sucht. Müßte also nicht deutlicher die Frage aufgegriffen und reflektiert werden, wie nämlich Jugendarbeit als „Raum" aussehen müßte, in der das Wissen um den Zukunftshorizont des Reiches Gottes sichtbare und erlebbare Gestalt gewinnt, um gerade Jugendliche zu ermutigen und zu befähigen, in diesem Sinne zu leben und zu arbeiten? Müßte nicht Bonhoeffers Vision einer „Kirche für andere" eine Entfaltung der „praxis pietatis" korrespondieren?

Bäumler hat selbst zwei Hinweise in diese Richtung gegeben. Er hat auf der einen Seite auf die zentrale Bedeutung der Gruppe hingewiesen, die nach dem katholischen Grundlagentext der Gemeinsamen Synode eine „reflektierte Gruppe" sein soll, in der sich die Kirche jungen Menschen „als eine Gemeinschaft von Glaubenden bzw. von Menschen, die sich um den Glauben mühen," anbietet.[36] Dabei käme dem Mitarbeiter eine zentrale Rolle in der Vermittlung eines authentischen christlichen Glaubensverständnisses zu. Auf der anderen Seite hat Bäumler auf die Herausforderungen neuer Religiosität hingewiesen, die auch für die Jugendarbeit die Frage nach einer christlichen Spiritualität wieder dringlich erscheinen lasse. Dies ist nicht nur ein Phänomen, das am Rande oder außerhalb der Kirchen zu beobachten sei, obwohl es dort in auffälligen und provozierenden Formen manchmal öffentliches Aufsehen erregt.

In der Untersuchung der aej zum Verhältnis von Jugendlichen zum Kirchentag 1983 in Hannover war eines der wichtigsten Ergebnisse, daß der Kirchentag mit seinen Ausdrucksformen ein Medium schafft, in dem eine religiöse und biblisch-glaubensorientierte Haltung keinen Gegensatz zu einem gesellschaftlich verantworteten Mitdenken und Engagement bildet, sondern beides sich in vieler Hinsicht gegenseitig ergänzt und auf wechselseitige Ergänzung angewiesen ist.[37]

In der ökumenischen Diskussion ist der Begriff des „eucharistischen Lebensstils" geprägt worden, der diese Aspekte sehr gut zusammenbindet, der allerdings für Nicht-Theologen etwas schwer verständlich erscheint. Ohne dieses hier jetzt ausführlicher darlegen zu können, möchte ich im letzten Abschnitt noch eine Brücke zur ökumenischen Diskussion schlagen.

Christsein in ökumenischer Dimension

Christof Bäumler hat an verschiedenen Stellen seiner Aufsätze bedauert, daß die sogenannte Polarisierungsdiskussion Anfang der 70er Jahre praktisch hinter die Zielvorstellung einer umfassenden Theorie kirchlicher Jugendarbeit zurückgefallen sei und anstelle dessen eine Zieldiskussion stattgefunden habe, die sich auf die Begründung und Legitimation bestimmter Konzeptionen von Jugendarbeit beschränkt habe. Bäumler hat selbst beschrieben, in welcher Weise die kontroversen und divergenten Positionen in geschichtlich gewachsenen Traditionen des Protestantismus verankert sind[38]: auf der einen Seite eine in der pietistischen Tradition verankerte Auffassung von Jugendarbeit, die das zentrale Anliegen habe, missionarisch zu wirken und Jugendliche für einen persönlichen Glauben an Jesus Christus zu gewinnen; auf der anderen Seite eine in aufklärerischer und liberaler Tradition stehende Konzeption von Jugendarbeit, die auf einen Dialog von Glauben und Vernunft zielt und die christliche Verantwortung für gesellschaftliche und soziale Aufgaben als wichtige Ausdrucksform des Glaubens ansieht.

In der Folge der Polarisierungsdiskussion, die auf aej-Ebene nach 1975 offiziell so gut wie nicht weitergeführt wurde, lassen sich zwei gegenläufige Entwicklungen beobachten.

Die eine Linie stellt die Tatsache dar, daß die Polarisierungsdiskussion in der Tat eine Kontroverse angezeigt hat, die nicht nur die Jugendarbeit betrifft, sondern durch die ganze Kirche läuft. Sie hat sich seit den 70er Jahren verstärkt und findet gegenwärtig eine Zuspitzung in der Absicht von Vertretern des evangelikalen Flügels, eigene Strukturen neben der verfaßten Kirche aufzubauen oder weiterzuführen in Richtung auf eine kirchliche Parallelstruktur. Es geht dabei also nicht nur um das Austragen unterschiedlicher theologischer Positionen, sondern auch um die Machtfrage. Gleichzeitig mit einer stärkeren Formierung im evangelikalen Bereich hat eine Profilierung gesellschaftlich engagierter Christen zugenommen und damit die ehemals breite Mehrheit einer liberalen oder distanziert volkskirchlichen Position in Bedrängnis gebracht.

Im Bereich der Jugendarbeit hat es seit jeher Gruppen und Verbände mit unterschiedlichen Konzeptionen und theologischen Positionen gegeben. Dies bedeutete eine relative organisatorische Selbständigkeit, die auch vor dem Zwang zu einer ständigen Auseinandersetzung mit anderen Positionen schützte. Der Polarisierungsdiskussion folgte deshalb eine Phase mehr pragmatischer Kooperation, bei der – zumindest auf aej-Ebene – Kontroversen nicht auf einer prinzipiellen Ebene diskutiert und ausgetragen wurden, sondern im Zusammenhang mit Kontroverspunkten einzelner Kooperationsvorhaben wie zum Beispiel bei den Positionen zu Friedensfragen.

Eine zweite Linie läßt sich in der Weiterentwicklung der derzeit diskutierten Sachfragen zeichnen. Die damals durch die Stichworte „Bekehrung“ und „Emanzipation“ etikettierten Positionen haben sich – zumindest in einigen Bereichen – verändert. Es wurde versucht, auf wechselseitige Anfragen einzugehen, und nicht zuletzt durch neue Bewegungen und Trends ist in einigen Punkten das Bewußtsein gemeinsam betreffender Probleme gewachsen. Im Hinblick auf die missionarisch-evangelikale Konzeption ist die Frage einer gesellschaftlichen Verantwortung der Christen aufgegriffen und als eine für den Glauben relevante Dimension entfaltet worden. Hartmut Bärend erläutert in seinem Beitrag zu „Grundsätzen missionarischer Jugendarbeit“, daß er die Unterscheidung zwischen „missionarisch“ und „emanzipatorisch“ für unzutreffend hält. Seiner Überzeugung nach kann gerade missionarische Arbeit Emanzipation freisetzen.[39]

Auf der anderen Seite wurde von Vertretern der emanzipatorischen Arbeit erkannt, daß gesellschaftliche Praxis und persönliche Glaubensüberzeugung nicht zu trennen sind. Der Begriff „Spiritualität“ diente dazu, Frömmigkeit und Engagement, Kampf und Kontemplation in ihrem wechselseitigen Bezogensein neu zu entdecken und zu entfalten.

Es scheint so, als würde sich an dieser Stelle, wenn nicht ein neuer Grundkonsens, so doch eine gemeinsame Überzeugung von der Zusammengehörigkeit von persönlichem Glauben und Weltverantwortung herausbilden.

Weniger in der Jugendarbeit selbst, als vielmehr in der ökumenischen Diskussion sehe ich Ansätze, die diese Fragestellung aufnehmen und weiterzuführen versuchen. Beispielsweise versucht die ökumenische Erklärung zu Mission und Evangelisation, diese Zusammenhänge auf einer weltweiten Ebene zu durchdenken. „Die Gute Nachricht vom Reich ist eine Herausforderung an die Strukturen der Gesellschaft wie auch ein Bußruf an einzelne.“[40]

Die ökumenische Dimension ist deshalb für Jugendarbeit heute eine unverzichtbare Perspektive. Die Suche nach neuen authentischen Formen christlichen Lebens und Handelns kann gegenwärtig nur in weltweiten Dimensionen entfaltet werden in dem Wissen um die Eine Welt. Die Kammer der EKD für Bildung und Erziehung hat vor einigen Monaten eine Arbeitshilfe herausgegeben, in der ökumenisches Lernen als eine Grunddimension kirchlicher Arbeit insgesamt entfaltet wird.[41]

Mir scheinen deshalb für die Überlegungen zur Konzeption evangelischer Jugendarbeit vier Punkte wesentlich zu sein, an denen mir eine Weiterarbeit lohnend und notwendig scheint:

1. Der Begriff „Spiritualität" oder „eucharistischer Lebensstil" müßte grundsätzlicher durchdacht werden, um geistliches Leben und gesellschaftlich-kritisches Engagement aufeinander zu beziehen und die Impulse der Reich-Gottes-Theologie und der Emanzipation des Menschen aus selbstverschuldeter Knechtschaft aufzunehmen.

2. Der Ruf in die Freiheit ist ein Ruf zur Umkehr, der praktische Konsequenzen zeigen muß. Nicht nur das Wissen um die lebenszerstörenden Auswirkungen des wirtschaftlichen und politischen Handelns der Industrienationen für die Dritte Welt, sondern auch die lebenszerstörenden Praktiken unseres Lebensstils fordern ein neues Bewußtsein aus christlicher Verantwortung, das Zeichen setzt und Selbstverpflichtungen auferlegt.

3. Bäumlers Überlegungen zum Verhältnis von Kirche und Gesellschaft müssen weitergeführt und in ökumenischer Dimension als Frage nach der Einheit der Kirchen in ihrer Beziehung zur Einheit der Welt [42)] bedacht werden.

4. Es wird neu zu überlegen sein, welchen kritischen und konstruktiven Beitrag die Jugendarbeit in diesem Prozeß leisten kann. Sie wird aus der Betroffenheit der Jugendlichen selbst vor allem die Frage nach einer zukunftsorientierten Ethik in der Verantwortung vor den nachkommenden Generationen und die Perspektive des versprochenen Reiches Gottes wachhalten und zur Geltung bringen.

[1] Man wird vor allem Karl Barth, Dietrich Bonhoeffer, Hans Schmidt, Klaus Mollenhauer, Jürgen Moltmann und Jürgen Habermas nennen können. Vgl. auch Christof Bäumler, Unterwegs zu einer Praxistheorie, Gesammelte Aufsätze zur kirchlichen Jugendarbeit, München 1977, S.197 f.

[2] Jugendwerk der Deutschen Shell, Jugendliche und Erwachsene 85. Generationen im Vergleich, Band 1–5, Leverkusen/Hamburg 1985; bes. Band 3, S. 358ff.

[3] 1964 erschienen und in mehreren Auflagen nachgedruckt

[4] Auf dem Holzweg? Zum gegenwärtigen Stand der Theoriebildung kirchlicher Jugendarbeit, in: Unterwegs zu einer Praxistheorie, a.a.O., S. 230–271

[5] Konzeption und Theorie kirchlicher Jugendarbeit, in: Martin Affolderbach/Hermann Steinkamp (Hg.), Kirchliche Jugendarbeit in Grundbegriffen. Stichworte zu einer ökumenischen Bilanz, Düsseldorf/München 1985, S. 228–243

[6] Ebd., S. 238

[7] Ohne dies zu erwähnen, spielt er vermutlich auf Überlegungen von Peter Kliemann an (Ehrenamtliche Mitarbeiter. Zur Identität von Gruppenleitern in der kirchlichen Jugendarbeit. Eine empirische Studie, aej-Studienband 6, Stuttgart 1983, bes. S. 52 ff).

[8] Vgl. das Kapitel „Kirchliche Jugendarbeit auf der Suche nach ihrer Identität" in: Affolderbach/Steinkamp, a.a.O.,S. 238 ff.

[9] Gespräch zwischen den Generationen als Anleitung zum „sachgemäßen Gottesdienst", in: Unterwegs zu einer Praxistheorie, a.a.O., bes. S. 26 ff. u.ö.

[10] Ebd., S. 21 u.ö.

[11] Ebd., S. 27

[12] U.a. abgedruckt in: Grundsatztexte zur evangelischen Jugendarbeit, a.a.O., S. 45 ff.

[13] in: Unterwegs zu einer Praxistheorie, a.a.O., S. 199

[14] Konflikte im Erziehungsfeld. Am Beispiel politischer Auseinandersetzungen in der Schule. Eine Studie der Jugendkammer der EKD, Gütersloh 1972; wiederabgedruckt in: Denkschriften der EKD, Band 3, Gütersloh 1981, S. 253 ff.

[15] in: Martin Affolderbach/Hans–Ulrich Kirchhoff (Hg.), Miteinander leben lernen. Zum Gespräch der Generationen in der christlichen Gemeinde, Gütersloh 1985, S. 84

[16] Ebd., S. 86

[17] Ebd., S. 89

[18] Ebd., S. 18

[19] Bäumler greift dazu auch den Begriff „Diskurs" auf (Unterwegs zu einer Praxistheorie, a.a.O., S. 223 u.ö.)

[20] Gernot Czell hat in seiner Dissertation (Lernfeld Gemeinde. Sozialisation durch Jugendarbeit, aej–Studienband 5, bes. S. 243 ff.) eine Konzeption evangelischer Jugendarbeit auf symmetrische und asymmetrische Kommunikationsstrukturen hin untersucht.

[21] Jürgen Henkys, Bibelarbeit. Der Umgang mit der Heiligen Schrift in den evangelischen Jugendverbänden nach dem Ersten Weltkrieg, Hamburg 1966, S. 236

[22] Vgl. dazu auch den Beitrag von Christof Gestrich, Gemeindeaufbau in Geschichte und Gegenwart, in: Pastoraltheologie 1/1986, S. 2 ff. (bes. S. 7ff.)

[23] Dietrich Bonhoeffer, Widerstand und Ergebung, München 1955, S. 180

[24] Unterwegs zu einer Praxistheorie, a.a.O., S. 47

[25] Ebd., S. 49 (= Ethik, S. 233)

[26] Vgl. Studie des ÖRK, Mission als Strukturprinzip, Genf 1965; Abschlußbericht, Die Kirche für andere und die Kirche für die Welt im Ringen um Strukturen missionarischer Gemeinden, Genf 1967

[27] Unterwegs zu einer Praxistheorie, a.a.O., S. 54 u.ö.

[28] Ebd., S. 56

[29] Ebd., S. 67

[30] Ebd., S. 83–87

[31] Ebd., S. 120

[32] Ebd., S. 180

[33] Ebd., S. 198–202

[34] Ebd., S. 216

[35] Ebd., S. 12

[36] in: Affolderbach/Steinkamp (Hg.), a.a.O., S. 240

[37] Vgl. dazu Klaus Schuhmacher/Tilman Schmieder (Hg.), Jugend auf dem Kirchentag, Stuttgart 1984

[38] Unterwegs zu einer Praxistheorie, a.a.O., S. 238 ff. u.ö.

[39] in: Beiträge zu Geschichte und Konzeption evangelischer Jugendarbeit, aej–Studientext 19, Stuttgart 1981, S. 109–126; hier: S. 117

[40] Mission und Evangelisation. Eine ökumenische Erklärung, Hamburg 1982, S. 13

[41] Ökumenisches Lernen. Grundlagen und Impulse. Eine Arbeitshilfe der Kammer der EKD für Bildung und Erziehung, Gütersloh 1985; die in dem Band Heinrich Dauber/Werner Simpfendörfer (Hg.), Eigener Haushalt und bewohnter Erdkreis. Ökologisches und ökumenisches Lernen enthaltenen Beiträge können noch stärker ausgewertet werden.

[42] Vgl. dazu u.a. Konrad Raiser, Einheit der Kirche und Einheit der Menschheit, in: Ökumenische Rundschau 1/1986, S. 18ff.

Empirische Einblicke und Anfragen

Theorie und Praxis evangelischer Jugendarbeit müssen sich empirischen Anfragen stellen. Dies ist allerdings ein schwieriges Geschäft. *Godwin Lämmermann,* der empirische Untersuchungen über die Beziehung der Jugend zur Religion und Kirche analysiert, muß von der Feststellung ausgehen, daß bis heute eine einigermaßen repräsentative Untersuchung über kirchliche und religiöse Einstellungen unter westdeutschen Jugendlichen fehlt. So bleibt nur der mühsame Weg, aus verschiedenen Untersuchungen Untersuchungselemente zusammenzutragen und aufeinander zu beziehen. Dabei entsteht ein Bild, das für herkömmliche Kirchlichkeit, insbesondere orientiert am Gottesdienstbesuch, wenig Chancen läßt, das aber zugleich auf ein weites Feld von christlich geprägter Religiosität verweist, das sich eher in der kirchlichen Kasualpraxis, den Kirchentagen oder außerhalb der kirchlichen Strukturen realisiert. Die Suche nach Freiheit und Autonomie, die Jugendliche prägt, bedürfte einer Kirche, die dem Anspruch einer „Institution der Freiheit" entspricht.

Die Praxis evangelischer Jugendarbeit wartet seit der Anfangsuntersuchung, die Klaus Mollenhauer u.a. 1969 vorgelegt haben, auf die Erstellung einer umfassenden empirischen Untersuchung. Trotz vieler Bemühungen gelangen seither nur begrenzte Untersuchungsansätze. Durch die Arbeit von *Peter Kliemann* über die Identität ehrenamtlicher Mitarbeiter in der Jugendarbeit wurde ein sensibler Bereich offengelegt. Seine Typologie von engagierten jugendlichen Mitarbeitern nimmt deren Biographie ernst, legt gegenwärtige Vermittlungsmuster von Theologie und Pädagogik dar und zeigt die Wirkungen der verschiedenen „Karrieren" von Jugendleitern auf. Die eher entmutigenden Ergebnisse fordern zu einer intensiveren Ausbildung und Praxisbegleitung von jugendlichen Gruppenleitern heraus. Im Mittelpunkt dieser Bemühungen müßte allerdings die Bearbeitung der persönlichen Lebensproblematik der engagierten Jugendlichen stehen, die aller methodischen Schulung vorauszugehen hat. Die Suche nach eigenständigem Leben, gerade auch in der religiösen Dimension, gilt es bei diesen in der Jugendarbeit engagierten Jugendlichen zu fördern. *Henning Luther* gelingt es, die empirischen Belege der sogenannten Jugendreligionen so zu deuten, daß sie für das Bewußtsein gegenwärtiger Jugendlicher insgesamt relevant werden. Jugendreligionen sind Reaktionsformen auf Sinnverlust und Freiheitsverlust im Zuge des Fortschrittes der Moderne. Die Antwort darauf braucht aber nicht in den unterschiedlichen Tendenzen der verschiedenen Jugendreligionen zu liegen, sondern kann in der Ausgestaltung einer „nachreligiösen" Erneuerung von Religion durchaus produktiv werden. Kirchliche Jugendarbeit braucht deshalb weder in Polemik noch in unkritischer Übernahme zu verharren, sondern kann in authentischen und ganzheitlichen Kommunikationsformen Jugendlichen ermöglichen, die religiöse Dimension ihrer Lebensfragen auszudrücken. Empirische Einblicke und Anfragen erweisen sich in allen drei Beiträgen als konkrete Anregungen für die Praxis kirchlicher Jugendarbeit.

Godwin Lämmermann

„Jung sein heißt, auf der Suche sein..."

Beobachtungen zu empirischen Untersuchungen über die Beziehung der Jugend zu Religion und Kirche

Wer empirisch nach dem Verhältnis der Jugendlichen zu Kirche und Religion fragt, ist von vorneherein dazu geneigt, Defizite anzuzeigen. Zu augenfällig scheint die Distanzierung junger Menschen vom kirchlichen Leben und von religiösen Praktiken zu sein, als daß man dafür noch ein eigenständiges soziologisches Interesse entfaltet. Die Behauptungen von der Marginalisierung der Religion im Prozeß gesellschaftlicher Differenzierung und vom Relevanzverlust der Kirche in einer säkularisierten Kultur haben dazu geführt, daß in der gegenwärtigen sozialwissenschaftlichen Jugendforschung das Thema Kirche und Religion weitgehend ausgespart bleibt. Das gilt sogar für die neuen religiösen Bewegungen der sogenannten Jugendreligionen. Eine empirisch verfahrende, religionssoziologisch einigermaßen abgesicherte und repräsentative Untersuchung über kirchliche und religiöse Einstellungen unter westdeutschen Jugendlichen ist ein Desiderat; nur sekundär können mühsam Spuren einer jugendspezifischen Antwort auf die Herausforderungen von Kirche und Religion aus den kirchen- und jugendsoziologischen Studien[1] rekonstruiert werden. Dazu haben I. und W. Lukatis soeben einen Beitrag geliefert[2]. Im folgenden sollen einige Ergebnisse der vorliegenden Untersuchungen hinsichtlich ihrer Bedeutung für Form und Ziele kirchlicher Jugendarbeit befragt werden.

Die Ambivalenz jugendlicher Kirchenmitgliedschaft

Insbesondere die Shell-Studie hat nachgewiesen, daß es eine große Bandbreite unterschiedlicher Orientierungen unter Jugendlichen gibt und deshalb von *der* Jugend legitim überhaupt nicht gesprochen werden kann, aber gleichwohl lassen sich einige generalisierende Aussagen machen.

Aufs Ganze gesehen scheint sich die Volkskirche ihres jugendlichen Nachwuchses sicher sein zu können. Diese Vermutung gilt nicht nur hinsichtlich der zwar etwas gegenüber den Erwachsenen erhöhten Austrittsneigung (EKD, 145), sondern auch hinsichtlich der Nachfrage nach Leistungen einer *amtshandelnden Kirche*: Nahezu alle Jugendlichen sind getauft[3] und wurden auch konfirmiert (95 % der Evangelischen).Die Akzeptanz der übrigen Kasualien ist hoch: 74,9 % der unter 30jährigen Heiratswilligen will kirchlich getraut werden und von den bereits verheirateten haben tatsächlich 2/3 kirchlich geheiratet.

Ihnen steht allerdings eine große Gruppe (49 % der 14–24jährigen, 34 % der 25–34jährigen) gegenüber, für die die formelle Eheschließung überflüssig ist. 72,9% würden eine kirchliche Bestattung wünschen, nur 4,2 % lehnen sie für sich persönlich ab. Auch die Reproduktion des volkskirchlichen Bestands in der übernächsten Generation scheint gesichert, denn nur 11,6 % würden ihre Kinder nicht taufen lassen, wobei in diese Fragestellung das Problem derErwachsenentaufe hineinspielt. Wer von den Jugendlichen bereits Kinder hat, der hat sie auch taufen lassen (90,8 %), wobei dies bei katholischen Jugendlichen noch stärker als bei den evangelischen die Norm ist[4].

Fleißige *Kirchgänger* sind westdeutsche Jugendliche allerdings nun nicht gerade. Nahezu die Hälfte bis zwei Drittel geben sich als notorische „Nicht–Kirchgänger" zu erkennen (Feige: 49,9%; EKD: 45 %; Shell: 73 %). Knapp 10 % gehen mehr als nur gelegentlich – mindestens einmal im Monat – zur Kirche (EKD10 %; Albus 82: evangelisch 3 %, katholisch 15 %), wobei jüngere Jugendliche stärker die Gottesdienste besuchen als ältere. Wie bei allen Selbsteinschätzungen des Kirchenbesuchs ist mit einer hohen Verzerrung zu rechnen; generell liegen die tatsächlichen, an Zählsonntagen festgestellten Quoten erheblich niedriger. Die Frage nach dem Kirchgang indiziert weniger ein tatsächliches Verhalten als eine internalisierte Norm zum Ausdruck subjektiver Kirchenbindung. Das Verhalten der Nachkonfirmanden (15 bis 19 Jahre) entspricht ganz dem der Erwachsenengeneration. Insgesamt gilt, daß der „Anteil der Kirchenbesucher . . . zwischen dem 20. und 40. Lebensjahr etwas abnimmt, eine ähnliche Höhe wie in der Jugend zu erreichen und im späteren Alter darüber hinauszukommen". (Shell I, 269) Zum „normalen Muß" einer formellen Kirchenmitgliedschaft gehört der Gottesdienstbesuch zu Weihnachten. 53 % der Protestanten geben eine entsprechende Praxis an,während der Anteil jugendlicher Teilnehmer weitaus geringer ist (EKD: 35 %; Feige: 11,5 %). Gegenüber den Sonntagsgottesdiensten haben spezielle Veranstaltungen, insbesondere Jugendgottesdienste eine höhere – tatsächliche oder fiktive – Anziehungskraft.

Zu den für Jugendliche tatsächlich attraktiven Aktivitäten dürften insbesondere die *Kirchentage* zählen; sie gelten publizistisch geradezu als gelungene oder problematische Synthese von Kirche und Jugend. Meine These lautet, daß der Kirchentag seine besondere Anziehungskraft dadurch gewinnt, daß er sozusagen Kirche ohne Kirche ist. Demgemäß agiert sich dort eine ungewöhnliche Form von Kirchlichkeit aus, nämlich eine *Kirchlichkeit ohne „Kirche"*. Denn neben Teilnehmer, die dem üblichen Kriterium von Kirchlichkeit, dem sonntäglichen Kirchgang genügen, treten andere, die gerade darin nicht ihre spezifische Kirchlichkeit ausdrücken. Diese vor allem sind ein Großteil der jugendlichen Kirchentagsbesucher. Für sie gilt, daß der regelmäßige Kirchgang eher die Ausnahme als die Regel ist (Kirchentag, 29). Die Tatsache, daß hier gleichwohl eine kirchlich zu nennende Orientierung vorliegt, ergibt sich nicht nur daraus, daß sie häufig über Jahre hinaus die Kirchentage besuchen, sondern vor allem daraus, daß 85 % von ihnen auch an anderen kirchlichen Aktivitäten teilnehmen (Kirchentag, 189). Eine derartige Orientierung wird man wohl kaum als nicht–kirchlich bezeichnen können. Die Besonderheit dieser nicht nur bei Jugendlichen anzutreffenden Kirchlichkeit liegt darin, daß Predigt und Sakramente weniger bedeutsam sind. Gegenüber der monolinearen, affirmativen und asymmetrischen Kommunikation im Gottesdienst werden von Jugendlichen dialogische und flexible Elemente, die neue Erfahrungen ermöglichen, favorisiert. Wenngleich auch die Chancen einer „kommunikativen Gemeindepraxis" (Bäumler) in der kirchlichen Wirklichkeit noch längst nicht ergriffen sind, scheinen die in der Gemeindejugend vorhandenen Ansätze potentiell ein Angebot für Jugendliche zu sein.

Mehr als Nischen sind dies allerdings nicht. Das oft unkommunikative, Experimenten verschlossene, das Bewährte hochhaltende, psychoanalytisch gesehen auf bestätigende und entlastende Wiederholung zielende Gottesdienstangebot und eine entsprechende Gemeindepraxis werden von den Jugendlichen als strukturelle Jugendfeindlichkeit entschlüsselt. Die Jugend fühlt sich exkommuniziert. Sofern Jugendliche sich doch in der Gemeinde engagieren, wollen sie gegenüber dogmatischen Verfestigungen und selbstreferenter Lehre die innovativen Impulse der ethischen Dimension des Glaubens politisch–praktisch stärker umsetzen. Die Attraktivität des Kirchentags liegt gerade darin, daß hier dieses Anliegen verwirklichbar erscheint; deshalb kann er in der Sicht Außenstehender geradezu als Indiz für den grundlegenden Wandel der politischen Kultur durch die Jugend (Autorität, 111) gelten.

Kirchlichkeit – indiziert durch Kirchgang – ist unter Jugendlichen eher die seltene Ausnahme als die Regel. Jugendliche Kirchgänger bilden so im Spektrum der Jugendszene eine kleine Minderheit, aber dieser Minderheitencharakter stigmatisiert nicht, denn er ist nicht durchgängig, sondern ausschließlich auf dieses Phänomen beschränkt. Zwar neigen sie etwas stärker konventionellen Lebensentwürfen zu (Shell I, 276), sie sind auch – was die Zukunft anbelangt – etwas optimistischer, und sie gestalten ihr Leben ein klein wenig asketischer[5]; aber jugendliche Kirchgänger sind deshalb innerhalb der Jugendkultur keineswegs eine Randgruppe (vgl. Shell I, 278). Offensichtlich ist die kirchlich–religiöse Einstellung eines Jugendlichen gleichgültig für seine generelle Orientierung. Dementsprechend sind konfessionelle Unterschiede „in nahezu allen Merkmalsbereichen . . . ohne strukturierende Kraft" (Shell I, 268). In seiner Untersuchung von Jungarbeitern wies bereits P. Seiberth nach, daß „die volkskirchliche Minimalreligosität . . . ohne verhaltensprägende Kraft" (Seiberth, 145) bleibt. Religion und Leben ist für Jugendliche entkoppelt.

Entsprechend nimmt die *subjektive Distanzierung von der Kirche* zu: 53 % der 14 – 24jährigen fühlen sich der Kirche kaum oder überhaupt nicht verbunden (EKD, 152). Dem steht nun aber die hohe Bereitschaft gegenüber, das *Kasualangebot* der Kirche in Anspruch zu nehmen. Dieser Trend ist kaum als bloße inhalts– und bedeutungslose Konvention zu interpretieren. Denn bedenkt man die generelle und grundsätzliche Abkehr der Jugend von den Werten der Erwachsenenwelt (s.u.), dann müßten davon gerade auch die volkskirchlichen Selbstverständlichkeiten betroffen sein, zumal die Kritik der Jugend auf eine vermeintliche Verlogenheit der vorangegangenen Generation zielt. Offensichtlich ist das Bild der Kirche bei der Jugend höchst ambivalent: Man erwartet durchaus etwas von der Kirche, aber in dieser Erwartungshaltung wird man enttäuscht. Damit gilt für die heutige Jugend ähnliches wie für die kirchliche Orientierung der Arbeiterschaft: Enttäuschte Hoffnungen und negative Erfahrungen lassen sie auf Distanz zu einer Institution gehen, an die man im Grunde aber erhebliche Ansprüche hätte.

Vom Zweifel an der Sinnhaftigkeit der Erwachsenenwelt

Noch nie hat sich eine Generation so stark und über den üblichen Ablöseprozeß hinaus in derart *substantieller Differenz* zur vorangegangenen gesehen wie die „westdeutsche Jugend zu Beginn der achtziger Jahre" (Shell I, 27); dieser Eindruck wird von der Elterngeneration durchaus geteilt. Zwischen Jugendlichen und Erwachsenen besteht darüber Konsens, daß die Beziehung zwischen Jung und Alt zu den konflikthaftesten Gruppenbeziehungen in unserer Gesellschaft zählt (Shell I, 79f; Shell V, 145 u. 236; Sinus, 50). 53 % der Jugendlichen meinen, daß sie und die Erwachsenen in *total verschiedenen Welten* leben (Sinus, 51). Auf Seiten der Erwachsenen ist in einem beträchtlichen Umfang *Jugendfeindlichkeit* anzutreffen, deren Motiv im Vorwurf einer hedonistischen Lebensweise der heutigen Jugend liegt, die das Leid und die Strenge der eigenen Jugendzeit entwerten (Shell I, 84 ff). Die Dimension Jugendfeindschaft tritt zwar bei Erwachsenen, die keine persönlichen Beziehungen zu jungen Menschen haben, verstärkt auf; in der Perspektive der Jugend stellen sie aber wohl eine generalisierbare Sichtweise der Erwachsenenwelt dar. Gegenüber der hier implizierten Maxime persönlicher Selbstbeschränkung zugunsten der höheren Zwecke einer Wachstums– und Leistungsgesellschaft klagt die Jugend ihr Recht auf individuelle Selbstentfaltung ein. Gesellschaftliches Umfeld und Erwachsenengeneration scheinen dem jugendlichen Wunsch nach Selbstverwirklichung entgegenzustehen, so daß die Dimension Selbstbehauptung das prägende soziale Orientierungsmuster der Jugendlichen der 80er Jahre geworden ist (Shell I, 189 ff; Sinus, 112); es ist in die Generationenspannung eingezeichnet. Selbstbehauptung ist die kämpferische Kehrseite des Interesses nach Selbstdarstellung, das in den gegebenen Strukturen und Wertsystemen nicht mehr verwirklichbar erscheint, so daß der Wunsch nach *personaler Identität* notwendigerweise eine *politische Dimension* gewinnt. Deshalb ist das in der Jugend dominierende und sie charakterisierende Orientierungsmuster Selbstbehauptung „in sich gesellschaftskritisch" (Shell I, 193) und auf erhöhte Partizipation an politischen Entscheidungen gerichtet. Das Streben nach Selbstbehauptung darf deshalb nicht als individualistisches Glückstreben diffamiert werden.

Den Jugendlichen ist offensichtlich die Sinnhaftigkeit der Lebensentwürfe ihrer Eltern zweifelhaft geworden; darin gründet der prinzipielle Dissens zwischen beiden Generationen. Manifest wird dies z.B. in der Abkehr von Erziehungszielen und –methoden, die die Jugendlichen selbst erfahren haben. Die Kontinuität der Sozialisation (Schmidtchen, 33) ist zerbrochen (Shell I, 17). Knapp die Hälfte aller Jugendlichen wollen ihre Kinder „anders" oder sogar „ganz anders" erziehen als sie selbst erzogen wurden; nämlich mit mehr Freiheit, hin zu größerer Selbständigkeit, mit weniger Strenge, dafür mit mehr Verständnis (Shell V, 159 f). Die *Abkehr von den Erziehungsidealen der Elterngeneration* indiziert einen generellen Wertwandel.

In diesen *Wertwandel* und in den Generationskonflikt ist auch die Kirche eingebunden. Denn je ferner ein Jugendlicher der Kirche steht, um so stärker erlebt er den Generationskonflikt (Shell I, 296) und umgekehrt. Als Institution der Erwachsenenwelt verliert die Kirche für die Jugendlichen an Attraktivität; sogar für kirchlich engagierte Jugendliche ist nur eine „partielle Identifikation mit der Kirche" (Dinger u. a., 38) feststellbar. Gerade für diese Jugendlichen gilt, daß ihre relative Distanzierung von der Kirche nicht aus einem Vorurteil gegenüber der Institution als vielmehr aus schlechten Erfahrungen resultiert. Diese Vermutung dürfte verallgemeinerbar sein, denn noch immer passieren nahezu alle Jugendlichen die grundlegenden Sozialisationsinstanzen der Kirche: den Religionsunterunterricht und den Konfirmandenunterricht. Der Anteil an Jugendlichen, die an *kirchlichen Freizeiten* teilgenommen haben, ist erstaunlich hoch (Feige, 56). Offensichtlich haben die Jugendlichen mehrheitlich in den kirchlichen Angeboten nicht das gefunden, was sie gesucht haben, nämlich einen Ort zum Suchen und Ausagieren von Selbständigkeit und alternativem Leben ohne die für verlogen erklärten Werte der Erwachsenenwelt. Statt dessen scheinen sie gerade auch in der Kirche mit jenen abstrakten Normen konfrontiert worden zu sein, die ihnen Sinnbild von Jugendfeindlichkeit, von Zukunfts– und Umweltzerstörung sind. Dementsprechend wird der *Konfirmandenunterricht*, der in einem verzweifelten Hochseilakt versucht, „ihnen den Kernbestand kirchlicher Lehre zu vermitteln" (Bäumler, in Feige, 221) von den Jugendlichen negativ erinnert, während dort, wo Gruppenerfahrungen gemacht, Suchprozesse initiiert und Autonomie ermöglicht wurde, eher positive Erinnerungen gestiftet wurden. Während die Wirkung des Konfirmandenunterrichts so ambivalent bleibt, ist die des *Religionsunterrichts* eindeutig und ruinös: Seine Entwertung schreitet – trotz der heftigen religionspädagogischen Diskussion, trotz zunehmender Methoden- und Medienvielfalt scheinbar unaufhaltsam fort. Die Elterngeneration hatte den Religionsunterricht auf ihrer Liste der beliebtesten Schulfächer noch im Mittelfeld plaziert, die heutige Jugend verweist ihn bereits auf den vorletzten Platz (Shell V, 168), wobei die relativ hohe Wertung für Fächer, in denen es in vergleichbarer Weise um Sinn– und Lebensinterpretationen geht (Deutsch, Geschichte), die Bereitschaft der Jugendlichen signalisiert, sich mit diesen Fragen auseinanderzusetzen. Augenscheinlich schafft es der Religionsunterricht nicht, seine Bedeutung für die Selbstinterpretation der Jugendlichen zu erweisen.

Er wird wie genuin kirchliche Aktivitäten als Veranstaltung einer Institution verstanden, die die grundlegenden Werte einer Erwachsenenwelt repräsentiert, die biographisch als „Über–Ich–Werte" vermittelt wurden, deren Relevanzverlust durch die politische, ökonomische und ökologische Krise unserer Zeit augenscheinlich geworden ist und gegen die von den Jugendlichen eine für ihre Generation spezifische neue Wertorientierung entwickelt wird. Demgemäß stehen diejenigen, die jugendspezifische Praktiken wie den „Alltagsflip" praktizieren, Kirche und Religion abstinenter als andere gegenüber (Shell II, 34). Die Parallelität zwischen Emanzipation von der Erwachsenenwelt und Abschied von der kirchlichen Institution wird auch dadurch verdeutlicht, daß für Jugendliche, die das Orientierungsmuster Selbstbehauptung tragen, die „Beziehung zu Gleichaltrigen eine große Rolle" (Shell I, 193) spielt und die peer–groups ihrerseits hauptverantwortlich für eine negative Einstellung zur Kirche sind (Feige, 367). Dementsprechend korreliert die Kategorie Jugendzentrismus negativ mit praktizierter Religiosität. Dem entspricht die Verwunderung, wenn Jugendliche einen Pfarrer persönlich als normal und nicht als personalisierte „Über–Ich–Instanz" erlebt haben. Der aufgeschlossene Pfarrer, die gelungene Freizeit, der erlebnisreiche Konfirmandenunterricht – sie widersprechen den generellen Erfahrungen, die Jugendliche mit und in der Kirche machen und deretwegen sie bewußt Distanz halten.

Trotz vieler negativer Erfahrungen sind die potentielle Akzeptanz der Kirche und die jugendlichen Erwartungen an sie recht hoch. Obwohl nur 9 % der westdeutschen Jugendlichen einer *kirchlichen Jugendgruppe* angehören (Sinus, 57; Shell V, 207: 6 %), finden 35 % derartige Gruppen gut; gegenüber den *Jugendreligionen* (4 %) stellen sie die eigentliche und einzige Alternative für eine religiöse Selbstortung dar. Erstaunlich ist auch die große *Mitarbeitbereitschaft* unter Jugendlichen: Immerhin 28 % (EKD, 225) von ihnen könnten sich eine aktive Beteiligung denken. Hinzu kommt eine mittlere Verbundenheit, denn es sind nur etwas mehr als die Hälfte unter den Jugendlichen, die sich überhaupt nicht oder nur kaum mit ihrer Kirche verbunden wissen. Diese Verbundenheit geht – wie Mitarbeiterbereitschaft und Akzeptanz kirchlicher Jugendarbeit zeigt – über eine formelle Mitgliedschaft tendenziell hinaus. Dies manifestiert sich insbesondere darin, was man der Kirche an politischer Wirkkraft zutraut: Immerhin 29 % aller Jugendlichen halten kirchliche Gruppen in politisch verändernder Hinsicht für wirkungsvoll und würden deshalb auch dort mitarbeiten (Sinus, 55). Die Tatsache, daß nur wenige dies dann auch tun, belegt, daß in den Augen der Jugend die Kirche sich nicht als eine Institution erweist, die sich den Jugendlichen aufzuschließen vermag. Durch ihre Identifikation mit den Werten und Verhaltensweisen der Erwachsenenwelt verspielt die Kirche ihren durchaus vorhandenen Kredit bei den Jugendlichen. Dies, obwohl eine weitgehende Affinität zwischen grundlegenden Werten der christlichen, vor allem der protestantischen Tradition und denen heutiger Jugendlicher nachweisbar ist (s.u.).

Sinnfrage und religiöses Orientierungsmuster

Jugendliche erleben Kirche nicht als das, was sie sein sollte und sein könnte. Aus dieser Erfahrung resultiert die Abkehr von der Kirche. Keinesfalls kann sie als Resultat jugendlicher Areligiosität gewertet werden. Denn allen Unkenrufen von einem „nachchristlichen" oder „post–religiösen" Zeitalter zum Trotz ist Religion „als Thema bei der Jugend präsent" (Shell IV, 339). Dies zeigt weniger der um sozialwissenschaftliche Repräsentativität bemühte Teil der „Shell–Studie" als vielmehr jener, dem es um authentische Selbstdarstellung der Jugend ging. Auf das Preisausschreiben dieser Untersuchung „Jugend 83“ sandten 7000 Jugendliche künstlerische und literarische Produktionen ein. Obwohl „im Themenkatalog, der den Jugendlichen vorgeschlagen wurde, der Bereich Religion völlig ausgespart war“, enthielten 16 % der eingereichten Beiträge „religiöse Vorstellungen“ (Shell IV, 335).

Auf dem Hintergrund sinkender Kirchlichkeit sind einige Ergebnisse der Shell–Studie bemerkenswert. So geben zwar 50 %der Jugendlichen an, nicht mehr zu beten, aber immerhin 36% beten regelmäßig oder gelegentlich. Das ist doch ein beachtlicher Anteil, auch wenn er gegenüber den Erwachsenen mit 43 % geringer ist. Erstaunlich dürfte sein, daß „jene, die nach eigenen Angaben sehr wohl beten, ... zur Hälfte eine Teilnahme am Gottesdienst ausschließen“ (Lukatis,). Auf der anderen Seite üben nicht alle, die sich als Gottesdienstbesucher bezeichnen, persönliche Gebetspraxis. Kirchgang und Beten konfigurieren so zwar, aber sie müssen nicht immer zusammengehen. Die Frage nach dem Gebet indiziert möglicherweise ein Potential unter Jugendlichen, das nicht in Kirchlichkeit aufgeht, dem aber Religiosität andererseits mit Sicherheit nicht abgesprochen werden kann. Offensichtlich gibt es unter Jugendlichen recht unterschiedliche religiöse Orientierungsmuster. Ausgehend von den Merkmalen Kirchgang, Beten und Religionszugehörigkeit entwirft die Shell–Studie fünf Typen von Religiosität: der persönlich nicht betende Kirchgänger stellt den konventionellen Typus von Religiosität dar (9 %); als religiös „privatisiert“ gelten jene Jugendlichen die zwar beten, nicht aber die Gottesdienste besuchen (19 %); als „praktizierend“ sind jene anzusehen, die beide Merkmale aufweisen (18 %), während das Fehlen dieser Merkmale den Typus der „formellen Religiosität“ darstellt. Gemeinsam ist diesen vier Formen die Zugehörigkeit zu einer Religionsgemeinschaft; als „nicht–religiös“ zählen jene, für die keines dieser Merkmale zutrifft (5 %). Im Generationsvergleich fällt auf, daß die praktizierende Religiosität bei Jugendlichen gegenüber den Erwachsenen abgenommen und die formelle zugenommen hat. Jüngere Mädchen zeigen gegenüber älteren Jungen eine größere Affinität zum praktizierenden Typ.

Die Typologie diskriminiert auch in konfessioneller Hinsicht: Der praktizierende und konventionelle Typ ist bei katholischen Jugendlichen stärker vertreten als bei evangelischen; dort herrscht der formelle vor. Hinsichtlich ihrer Lebensentwürfe (indiziert z.B. an der Frage nach sexuellen Erfahrungen und ihrer sozialen Orientierung) ist der praktizierende Typ anpassungsbereiter, seine Werthaltung ist etwas konservativer und konformistischer als bei der Extremgruppe „nicht–religiös“, die Affirmation gegenüber der Erwachsenenwelt ist ausgeprägter, ohne daß es zu einer generellen Übernahme der dort herrschenden Werte kommt. Auch die praktizierende Kirchlichkeit ist in den grundsätzlichen Generationskonflikt einbezogen. So ist selbst bei kirchentreuen Jugendlichen eine erhebliche Diskontinuität der Sozialisation feststellbar: 62 % von ihnen (18 – 24 Jahre) denken in sexuellen Fragen anders als ihre Eltern (Kirchenferne 71 %) und 49 % (Kirchenferne 58 %) haben andere Vorstellungen von Ehe und Familie (Schmidtchen, 35).

Unter den jugendsoziologischen Untersuchungen hat die Shell–Studie für unsere Frage nach der religiösen Orientierung von Jugendlichen besondere Relevanz, weil sie überhaupt diese Dimension aufgreift. Dies aber eher zufällig, denn „Kirche und Religion nehmen in dieser Studie keinen zentralen Stellenwert ein, weder konzeptionell noch in der Architektur des Fragebogens" (Shell I, 267). Deshalb ist es fraglich, ob die Indikatorenbildung für Religiosität– die zudem unter Absehung von der religionssoziologischenDiskussion entstand – zureichend ist. Problematisch ist auch die Beschränkung auf manifeste Verhalten und Einstellungen, weil unter den Bedingungen der Säkularisierung damit gerechnet werden muß, daß religiöse Vorstellungen formgewandelt als neutralisierte Religion weiterwirken. Gleichwohl belegt die Untersuchung eindeutig, daß unter den gegebenen volkskirchlichen Bedingungen *fast die Hälfte aller Jugendlichen (46 %) mehr oder weniger explizite religiöse Praktiken aufweist*, so daß von einer grundsätzlichen Abkehr von der Religion nicht gesprochen werden kann. Dem entspricht auch die Einschätzung der eigenen Religiosität durch Jugendliche: 42 % liegen im positiven Bereich (Lukatis).

Das Profil einer nicht–kirchlich gebundenen Religiosität wird deutlicher, wenn man die Einstellungsitem der Shell–Studie berücksichtigt. 49 % gegenüber 51 % bekundeten, daß sie an ein Weiterleben nach dem Tode glauben[6]. Zwar stellt die Frage nach dem Tod ein beliebtes Feld für pubertäre Intellektualisierungen dar, aber das erklärt den Befund nur teilweise. Auffallend nämlich ist, daß im Längsschnittvergleich eine Tendenzwende stattgefunden hat. Während bei früheren Befragungen die Zustimmung zur Frage eines Weiterlebens nach dem Tod bei Jugendlichen immer unter den Erwachsenenwerten lag[7], ist dies nunmehr umgekehrt: Nur 41 % gegenüber 59% der Erwachsenen bejahen das entsprechende Item. Die Hoffnung auf ein Leben nach dem Tod könnte die Hoffnungslosigkeit der erlebten Gegenwart spiegeln. Dann wird diese Frage aber zu der nach dem Sinn des Lebens. Die Aussage einer jungen Zahnarzthelferin „Jung sein heißt auf der Suche sein . .. Die Jugend fragt mehr denn je nach dem Sinn des Lebens" (Shell IV, 360) stimmt mit einer Großzahl ähnlicher Voten aus dem literarischen Material der Shell–Studie überein (a.a.O., 361). An der Sinnhaftigkeit menschlicher Existenz wird in der Regel nicht gezweifelt (vgl. Lukatis), allerdings ist gerade die Verwirklichung dieses Lebenssinnes in den vorfindlichen politischen und gesellschaftlichen Strukturen für die Mehrheit der Jugend höchst problematisch. In diesem *Zweifel an der*

Sinnhaftigkeit der Wirklichkeit drückt sich das besondere Profil der gegenwärtigen Jugend – gerade auch in Absetzung von der Erwachsenengeneration – aus. Wenn das Item „Leben hat nur den Sinn, den man ihm gibt" hohe Zustimmung findet, dann drückt das keine hedonistische Selbstverwirklichungstendenz aus (Sinus, 144) oder ein Verwöhnungssyndrom (Henning, 169 ff), sondern den Willen, die strukturell vorgegebenen Sinninterpretationen kritisch zu hinterfragen und konstruktiv neue Lebenentwürfe individuell und gesellschaftlich zum Zuge zu bringen. Dementsprechend finden sich auch die beiden Orientierungsmuster unter Jugendlichen: Rückzug in Privatheit auf der einen, Anschluß an die politische Protestbewegung auf der anderen Seite.

Bei ihrem Streben fühlen sich die Jugendlichen von den – in ihrer Perspektive korrumpierten – Institutionen allein gelassen. Angesichts der Unsinnigkeit der Gegenwart ist sinnhafte Zukunft nicht mit, sondern nur gegen die herrschenden Institutionen zu gewinnen. Davon ist tendenziell auch die Kirche betroffen. Gleichzeitig scheint sie aber als die traditionelle Institution der Sinnvermittlung weiterhin einen Vertrauensvorschuß zu haben. Jedenfalls sind die neuen religiösen Bewegungen für nahezu alle Jugendlichen keine Alternativen für mögliche Sinnfindung (Feige, 43; Lukatis, 23). So liegt die Akzeptanz der neuen Jugendreligionen unter Jugendlichen bei etwa 6 %, während 65 % sie eindeutig negativ beurteilen (Shell V, 192 ff); demgegenüber werden kirchliche Jugendgruppen eher positiv gewertet (18 % negative Urteile). Die Hoffnung der Jugend, daß die Kirche ihnen tatsächlich bei ihrer Suche nach Sinnstiftung Positives zu bieten habe, drückt sich – so meine Hypothese – in der hohen Wertschätzung der Kasualien aus. Gerade weil die Jugend in so hohem Maße angesichts einer als krisenhaft erfahrenen Gegenwart nach Sinn fragt, akzeptiert sie die Amtshandlungen der Kirche. Sie nimmt dabei mehr in Anspruch als traditionelle Serviceleistungen. Denn in den Kasualien bietet die Kirche Hilfen und Darstellungsformen an, mit denen die Übergänge im Lebenszyklus abgesichert und sinnhaft interpretiert werden können. Die theologische Abqualifizierung der sogenannten Kasualchristen und die teilweise verheerende Praxis lassen befürchten, daß den Jugendlichen neue Enttäuschungen bevorstehen, die zu einer weiteren Entfremdung von der Kirche führen werden. Erweist sie sich jedoch als die erwartete Institution, die in der persönlichen Suche nach Selbstinterpretation und in der Frage nach der Sinngebung der politisch-gesellschaftlichen Wirklichkeit Denk- und Handlungsimpulse gibt, dann wird sie auch als Institution für Jugendliche akzeptabel.

Jugendliche Sinngebung und neutralisierte Religion

Religiosität deckt sich nicht mit Kirchlichkeit, aber sie muß – unter den gegebenen geschichtlich–kulturellen Bedingungen – etwas mit Christlichkeit zu tun haben. Deshalb nimmt es nicht wunder, daß in der Perspektive der Jugend das Christentum gar nicht so schlecht wegkommt: Nur 10,7 % lehnen seine gegenwärtige gesellschaftliche Bedeutung explizit ab (Feige, 412). Allerdings bleibt die Zustimmung eher im Prinzipiellen und schließt die traditionellen Lehraussagen weitgehend aus. 15,5 % halten sich im Sinn eines dogmatischen Christentums nicht für gläubig. Diese Tendenz gilt sogar für kirchlich engagierte Jugendliche (Kirchentag, 108 ff). Auf diesem Hintergrund interpretiert sich der geringe Kirchgang von kirchennahen und religiös orientierten Jugendlichen als Protest gegen Lehrpredigten, in denen sie und ihre Erfahrungen überhaupt nicht vorkommen. Augenscheinlich dominiert auch bei Jugendlichen eher eine ethische Interpretation des Christentums. Gibt es nun einen expliziten oder impliziten Zusammenhang zwischen den ethischen Werten des Christentums und den jugendspezifischen Orientierungen? Positiv oder negativ gewertet , weisen alle Untersuchungen nach, daß das auffälligste Merkmal der Jugend ihr Streben nach *Selbstverwirklichung* und *Selbstbehauptung* ist. Augenscheinlich erleben Jugendliche, daß sie sich in den gegebenen Strukturen nicht als autonome Subjekte konstituieren können. Sie erleben einen Mangel an Freiheit und klagen ihre Freiheitsrechte ein. Dies auch gegen die Kirche, denn gerade hier empfinden sie die allergrößte Diskrepanz zwischen der eigenen Wertorientierung und dem gesellschaftlichen wie internen Wirken der Kirche. Während 77,6 % der von Feige befragten Jugendlichen es für erstrebenswert halten, „daß man sich als freier Mensch fühlen kann", sehen nur 33,1 % diesen Wert als durch die Kirche gefördert (Feige, 422). Zweifelsfrei hat das Ziel Autonomie eine christliche, insbesondere protestantische Wurzel. Luther begründete bekanntlich die „Freiheit eins Christenmenschen" in dessen Rechtfertigung durch Gott. Insofern ist die paulinisch–lutherische Rechtfertigungslehre zu Recht als eine „Konstitutionstheorie handlungsfähiger Subjekte" zu bezeichnen. Die weltgeschichtliche Bedeutung des Protestantismus sah bereits G.W.F. Hegel in der Hervorbringung des Gedankens von der autonomen Subjektivität. Gegenwärtig herrscht in der evangelischen Theologie konsens über die *zentrale Bedeutung des Freiheitsbegriffs.* Auf diesem Hintergrund ergibt sich eine tendenzielle Affinität zwischen einer Jugend, deren grundlegendes „Orientierungsmuster . . kompatibel mit basalen Wertvorstellungen und Zielen der neuen Protestbewegungen" (Shell I, 193) ist und einer Kirche, die von einem großen Teil ihrer Mitglieder mit den Themen und Krisenerscheinungen identifiziert wird, „an denen sich in den letzten Jahren die neuen sozialen Bewegungen . . . entzündet haben" (EKD, 28).

In der Perspektive der Jugendlichen wird dieser potenzielle Konsens offensichtlich nicht realisiert (Shell I, 304). Ihnen erscheint die Kirche augenscheinlich nicht als eine „Institution der Freiheit" (T. Rendtorff). Sie erfahren sie vielmehr als eine relativ rigide, moralische *Über–Ich–Anstalt*, denn nur 20,6 % halten Ordnung und Sitte für erstrebenswerte Ziele, während für 69,5 % die Kirche sich für diese Werte in besonderer Weise einsetzt. Wenn sie von der Kirche erwarten, daß sie in ihren eigenen Strukturen ebenso wie in den gesellschaftlichen für individuelle Freiheitsrechte eintritt, dann bringt sie ein *genuin christliches Anliegen* zum Zuge. Jedenfalls entspricht ihr Begehren einer christlichen Tradition. Insofern besteht eine tendezielle Konvergenz zwischen Inhalten jugendlicher Sinnsuche und christlich–ethischen Motiven. Geschichtlich besteht – wie gezeigt – ein enger Zusammenhang zwischen christlichem Freiheitsbegriff und politischer Freiheitsforderung. Dieser Begründungszusammenhang ist im Selbstverständnis der Jugendlichen nicht mehr vorhanden; deshalb möchte ich diese Orientierung als Ausdruch einer neutralisierten Religiosität interpretieren, auch wenn dagegen der Verdacht einer christlichen Vereinnahmung explizit nicht–christlich vorgetragener Forderungen erhoben werden könnte. Es dürfte aber immerhin die Frage legitim sein, ob sich hinter den jugendlichen Einstellungsmustern latente, über die kulturelle Wirkung des Christentums vermittelte christlich–religiöse Inhalte verbergen. Wenn dem so ist, dann dürfen diese kirchlicherseits nicht diskreditiert, sondern müssen vielmehr gefördert werden, wobei sich möglicherweise die Chance ergibt, partiell neutralisierte in authentische Vorstellungen zu übersetzen.

Die vorsichtige Frage nach partiellen Affinitäten zwischen jugendlicher Wertorientierung und christlichen Gehalten läßt sich auch in bezug auf weitere zentrale Motive stellen, etwa dem nach *„Mitmenschlichkeit und Kommunikation"* (Sinus, 142), der „Suche nach *Gerechtigkeit"* (Sinus, 145 f) und nach postmateriellen Werten (Sinus, 142 ff). Wenn Jugendliche Wert darauf legen, daß *Rollenstereotypen überwunden* (Sinus, 65 ff) werden und die Werte *„Überlegenheit* und *Härte nicht* mehr *hoch im Kurs"* (Sinus, 64) stehen, dann kann man darin durchaus Grundzüge der Botschaft Jesu entdecken und von daher die Realisierung solcher Vorstellungen unterstützen. Als zentrale Motive jugendlicher Wertorientierung gelten z.B. „die *Mitmenschen besser verstehen"* und die *„Liebe* in die Welt tragen" (Shell, V, 187). So scharf der Generationskonflikt von den Jugendlichen erfaßt wird, so wenig haben sie Interesse an Konfrontation. Für Jugendliche ist das Motiv *"Versöhnung"* bedeutsam; deshalb stimmen sie auch in der Aussage, daß Jung und Alt etwas voneinander lernen kann und soll, zu (Shell I, 12). Die Sehnsucht nach einem Frieden zwischen den Generationen geht über in eine allgemeine Sorge für den *Frieden* . „Daß der Friede erhalten wird, ist für fast 90 % der Jugendlichen ein wichtiges Ziel der eigenen Lebensplanung" (Feige, 407). Entsprechend hoch ist auch der Stellenwert einer *Bewahrung der Natur*. Diese Motive lassen sich unschwer einem komplexen Friedensbegriff zuordnen, der sich als Friede mit sich selbst, als sozialer Friede, als Friede mit der Natur, mithin als umfassender Weltfriede auslegt. Damit hat dieses Friedensverständnis aber hohe Affinität zu den biblischen Friedensvorstellungen.Dieser Zusammenhang scheint den Jugendlichen mehr oder weniger bewußt zu sein, denn mehr noch als in der Gesamtstichprobe (EKD 27 f) identifizieren sie die „neuen sozialen Bewegungen", denen sie sich selbst zurechnen, auch mit der Kirche (Lukatis). Insofern ist die Ahnung einer möglichen Konvergenz mit christlichen Vorstellungen vorhanden, mithin höhere Akzeptanz, aber auch erneute Enttäuschung möglich.

Die von den Jugendlichen geäußerten Lebensziele treten als Motive in der vielzitierten „neuen Frömmigkeit" und „neuenReligiosität" auf. Offensichtlich werden hier latente christliche Traditionen wieder manifest, neutralisierte Religion löst sich auf in authentische. Allerdings sind sektiererische Tendenzen unverkennbar. Eine grundsätzliche Perspektive für eine Jugendarbeit in der Volkskirche können sie nicht abgeben. Aber eine Kirche, die in den grundlegenden Motiven der Jugend ihre eigenen Prinzipien wiedererkennt, muß in der Lage sein, inhaltlich und formal eine Jugendarbeit zu entwickeln, die diesen Bedürfnissen der Jugend Rechnung trägt. Dabei müssen die Jugendlichen selbst zum Zuge kommen. Ihre Suche nach Sinn angesichts der Sinnlosigkeit oder Unsinnigkeit der Gegenwart darf nicht dazu verführen, doktrinär Sinnentwürfe zu verkaufen. Glaubwürdiger und ihr selbst angemessener ist es, wenn kirchliche Jugendarbeit den Weg des Suchens mitgeht. „Jung sein heißt, auf der Suche sein" – alt sein heißt dann, nicht mehr zu suchen und auch nichts mehr zu finden. Eine alte Kirche jedoch wollen die Jugendlichen nicht.

[1] Folgende Untersuchungen wurden berücksichtigt: J. Hanselmann u.a. (Hg.), Was wird aus der Kirche? Ergebnisse der zweiten EKD–Umfrage über Kirchenmitgliedschaft, 1984. – A. Feige, Erfahrungen mit der Kirche. Daten und Analysen einer empirischen Untersuchung über Beziehungen und Einstellungen Junger Erwachsener zur Kirche, 1982. – T. Schmieder / K. Schuhmacher (Hg.), Jugend auf dem Kirchentag. Eine empirische Analyse, 1984. – Die verunsicherte Generation. Jugend und Wertwandel. Ein Bericht des SINUS–Instituts,1983. – G. Lederer, Jugend und Autorität. Über den Einstellungswandel zum Autoritarismus in der BRD und den USA, 1983. – G. Henning, Die verwöhnte Generation?, 1982. – Statistisches Jahrbuch 1985. – J. Eckstein, Freizeit und Jugendarbeit. Eine empirische Untersuchung zu Freizeitorientierungen von Jugendlichen und ihren Konsequenzen für die Jugendarbeit, 1985. – P. Seiberth, Kirche und Religion, in: T. Scharmann / E. Roth (Hg.), Vom Proletarier zum Industriebürger, 1976,S. 113–145. – K. Allerbeck / W. Haag, Jugend ohne Zukunft? Einstellungen, Umwelt, Lebensperspektiven, 1985. – A. Fischer, u.a., Jugend und Erwachsene '85, hg. vom Jugendwerk der Dt. Shell, Bd. I, IV, V, 1985. – G. Schmidt

chen, Was den Deutschen heilig ist: religiöse und politische Strömungen in der BRD, 1979.

[2] I. Lukatis / W. Lukatis, Jugend und Religion in der BRD, in: Nembach (Hg.), Jugend und Religion in Europa, erscheint Herbst 1987.

[3] Wenn beide Eltern Glied einer der Großkirchen waren, dann wurden 1983 96,3 % der Neugeborenen getauft; vgl. Statistisches Jahrbuch 1985, S. 75 u. 94.

[4] ALLBUS 82, zit. nach Lukatis/Lukatis; die Tendenz bestätigt EKD, 189f, 195.

[5] Demgemäß stehen diejenigen, die Alltagsflip praktizieren, Kirche und Religion eher abstinent gegenüber (vgl. Shell II, 34).

[6] Von den durch Seiberth befragten Jungarbeitern stimmten 30 % zu; Seiberth, 119.

[7] Vgl. die Umfragen von Allenbach 1956, 1964, 1970, 1971, sowie EMNID 1967.

Peter Kliemann

Jugendliche als ehrenamtliche Gruppenleiter

Pädagogisch wie theologisch wünschenswert wäre ein am Prinzip der „Grenzüberschreitung“[1] ausgerichtetes „Lernfeld Gemeinde“[2], in dem Jugendliche und Erwachsene unter den Bedingungen einer im Umbruch befindlichen Welt „gemeinsam leben und glauben lernen“[3]. Die Realität sieht anders aus, nicht zuletzt im Bereich der kirchlichen Jugendarbeit.

Hauptsächliche Arbeitsform kirchlicher Jugendarbeit ist nach wie vor die von jugendlichen Ehrenamtlichen geleitete, in sich geschlossene Kerngruppe. Da als ehrenamtliche Gruppenleiter in der Regel nur solche Jugendliche in Frage kommen, die selbst Mitglieder einer Kerngruppe waren, und ihre Auswahl durch Hauptamtliche oder ältere Ehrenamtliche erfolgt, zeichnet sich diese Art von Jugendarbeit durch Selbstreproduktion und damit eine eindeutige Erwachsenen– bzw. Trägerorientierung aus. Diese Grundstruktur kommt für all diejenigen Jugendlichen, die von den Maßstäben der gebildeten Mittelschicht abweichen (cliquenorientierte Jugendliche, Arbeiterjugendliche und jugendliche Randgruppen), faktisch einer Ausgrenzung gleich. Für den jugendlichen ehrenamtlichen Gruppenleiter aber bedeutet sie Orientierung an einer von Erwachsenen „verliehenen“ Rollenidentität, was wiederum erwarten läßt, daß die jugendlichen Ehrenamtlichen an ihre Gruppenmitglieder, aufs Ganze gesehen, nichts anderes als ebensolche Rollenidentität weitergeben können.

Die somit skizzierte und durch eine Reihe neuerer Untersuchungen[4] belegte Problematik verschärft sich, wenn man bedenkt, daß vom jugendlichen Ehrenamtlichen in der kirchlichen Jugendarbeit immer wieder gefordert wird, er müsse in und mit seiner Gruppenarbeit auch Verkündigung betreiben. Soll die Verkündigung des Evangeliums von der Menschwerdung Gottes in Jesus Christus mehr beinhalten als die mehr oder weniger unreflektierte Weitergabe von Frömmigkeitsmustern, dann stellt sich die Frage, ob der jugendliche Ehrenamtliche mit der ihm zugemuteten Aufgabe nicht hoffnungslos überfordert ist.

Im folgenden will ich auf dem Hintergrund von Gruppendiskussionen und biographischen Interviews mit jugendlichen ehrenamtlichen Gruppenleitern aus dem Bereich der evangelischen Jugendarbeit unter dem Gesichtspunkt des religiösen Bewußtseins und der Verkündigungspraxis *sieben Gruppenleitertypen* unterscheiden:[5]

Der Gruppenleiter evangelikaler Prägung aus evangelikalem Elternhaus (Typ I):

Diesem ersten Gruppenleitertyp ist es sehr wichtig, daß Andachten, Bibelarbeit und Glaubensgespräche ihren festen Platz im Gruppenprogramm haben. Er nimmt für sich in Anspruch, eine „persönliche Beziehung" zu Jesus Christus zu haben, und möchte seinen Gruppenmitgliedern auch zu einer solchen Beziehung verhelfen. Dieser Gruppenleiter steht in einer scheinbar bruchlosen, meist aber mit einem erheblichen Maß von Ich-Unterdrückung erkauften Kontinuität zur Frömmigkeit seiner oft selbst in der Jugendarbeit engagierten Eltern und darf als Musterbeispiel für Rollenidentität gelten.

Ehrenamtlicher Mitarbeiter darf im Umkreis dieses Gruppenleitertyps nur werden und bleiben, wer bereit ist, die evangelikalen Bekenntnismuster Hauptamtlicher oder älterer Ehrenamtlicher zu übernehmen. Eine bestimmte Art von Frömmigkeit ist streng verbindlich, und sie wird notfalls auch gegen die Widerstände der Gruppenmitglieder durchgesetzt. Wem der Stil nicht paßt, der gehört nicht in die kirchliche Jugendarbeit! Die Jugendarbeit dieses ersten Gruppenleitertyps ist das nahezu ungebrochene Spiegelbild der Erwachsenengemeinde, und die versteht sich als eine feste Burg der Rechtgläubigkeit inmitten einer immer weltlicher werdenden Welt.

Der Gruppenleiter evangelikaler Prägung aus nicht-evangelikalem Elternhaus (Typ II):

Die Frömmigkeit und die Verkündigungspraxis dieses zweiten Typs entspricht der von Typ I, mit dem Unterschied, daß Typ II aus einem nichtevangelikalem Elternhaus mit einem eher unverbindlich-distanzierten oder volkskirchlich geprägten Verhältnis zu Religion und Kirche stammt. Die evangelikale Frömmigkeit wurde durch Konversion erworben, was in der Regel jedoch – anders als bei sogenannten „Jugendsekten" – nicht zu einer grundsätzlichen Distanzierung von den Eltern, sondern zu einer Perfektionierung der anerzogenen Handlungs– und Deutungsmuster im Sinne eines „religiösen Übersolls" führt.

Der religiös–indifferente Gruppenleiter (Typ III):

Dieser Gruppenleitertyp empfindet die Verkündigungspraxis der ersten beiden Gruppenleitertypen als heuchlerisch und repressiv. Er lehnt es ab, Andachten, Bibelarbeit oder ähnliches abzuhalten. Er leitet zwar eine kirchliche Jugendgruppe, sieht dies aber mehr als einen biographischen Zufall an. Er behauptet, daß Thema „Kirche und Religion" sei ihm eigentlich gleichgültig. Werden an ihn Forderungen nach mehr Kirchlichkeit herangetragen, dann weicht er ihnen aus oder er räumt gegebenenfalls das Feld.

Während die ersten beiden Gruppenleitertypen über eine allzu geschlossene Theorie ihres Handelns verfügen und mit ihr, falls es ihnen notwendig erscheint, auch der Praxis Gewalt antun, zeichnet sich dieser dritte Typ durch ein nahezu vollständiges Ausblenden von Konzeptionsfragen aus, und zwar sowohl in theologischer als auch in pädagogischer Hinsicht. Bei ihm steht ganz und gar die Praxis im Vordergrund, und die gestaltet sich nach den Mustern, die er selbst als Gruppenmitglied erfahren hat. Rollenidentität scheint deshalb auch für diesen Gruppenleitertyp bestimmend zu sein: Ihm genügt es, wenn seine Gruppe „funktioniert" und wenn es keine besonderen Schwierigkeiten gibt.

Dieser Vermeidungs– und Verdrängungshaltung entspricht wiederum das Verhältnis zur Erwachsenengemeinde. Diese versteht sich im Umkreis des dritten Gruppenleitertyps zwar als für alle offene Volkskirche und gesteht Jugendlichen bis zu einem gewissen Grad Abweichungen von kerngemeindlichen Lebens– und Frömmigkeitsformen zu, das Verhältnis von Jugendarbeit und Erwachsenengemeinde gestaltet sich aber als ein unvermitteltes und unverbindliches Nebeneinander. Man lebt nebeneinander her, man toleriert sich irgendwie, geht sich aber im Grunde aus dem Weg. Alle spielen mehr oder weniger unreflektiert ihre Rollen in einem unverbindlichen volkskirchlichen Spiel, und Grenzüberschreitungen werden in jeder Hinsicht ängstlich vermieden. Konflikte werden nur dann angegangen, wenn die Jugendlichen den ihnen zugestandenen Freiraum überschreiten, und dann in aller Regel zugunsten der Erwachsenengemeinde beigelegt. Von einem „gemeinsam leben und glauben lernen" kann auch hier kaum die Rede sein.

Der privat–religiöse Gruppenleiter (Typ IV):

Für den „privat–religiösen" Gruppenleiter gilt das zu Typ III Ausgeführte, mit dem Unterschied, daß dieser Gruppenleitertyp persönlich durchaus Interesse an religiösen und kirchlichen Fragen zeigt. Er möchte die christliche Tradition verstehen und in Bezug zu seiner eigenen Biographie setzen, hält das Ganze allerdings für seine private Angelegenheit, über die man zwar einmal mit anderen diskutieren kann, die aber letztlich doch jeder mit sich allein abzumachen hat. Religion bleibt auch bei Typ IV im Hinblick auf die Allgemeinheit und die Umwelt folgenlos, sie ist geprägt durch Innerlichkeit oder intellektuelle Spielerei, für die Artikulation und Bewältigung von Konflikten – sei es in der Kirchengemeinde oder anderswo – trägt sie, wie es scheint, kaum etwas aus.

Der Gruppenleiter, der sich ausdrücklich als Nicht–Christ versteht (Typ V):

Dieser Gruppenleitertyp kommt im Rahmen der kirchlichen Jugendarbeit bezeichnenderweise gar nicht oder nur sehr selten vor. Zu denken wäre an einen Ehrenamtlichen, der offensiv eine atheistische oder agnostische Position vertritt. Will man nicht annehmen, daß von kirchlicher Jugendarbeit eine derartige religiöse Sozialisationswirkung ausgeht, daß eine offensive Abgrenzung von der christlichen Tradition für die in ihr engagierten Jugendlichen gar nicht mehr in Frage kommt, so wäre das Fehlen dieses Gruppenleitertyps ein weiteres Indiz dafür, daß eine kritisch–produktive und grundsätzliche Meinungsunterschiede aushaltende Auseinandersetzung mit der christlichen Tradition in der kirchlichen Jugendarbeit nicht oder doch nicht in einem befriedigenden Umfang stattfindet.

Der suchende Gruppenleiter (Typ VI):

Dieser Gruppenleitertyp bemüht sich im Unterschied zu den Typen III und IV um eine intensive und zugleich offen ausgetragene Auseinandersetzung mit der christlichen Tradition. Er will nicht wie die Typen I und II im Sinne einer vereinnahmenden Werbung für die eigene Frömmigkeit missionieren, aber die schon durch den organisatorischen Rahmen kirchlicher Jugendarbeit präsente religiös–kirchliche Thematik auch nicht wie die Typen III und IV verdrängen oder in den Bereich des Privaten abschieben. Sich bewußt als Christ verstehend, sucht Typ VI eine Form des Glaubens, dessen Alltagsrelevanz sowohl für ihn selbst als auch für andere erfahr– und einsehbar ist. Er will die Bedürfnisse seiner Gruppenmitglieder respektieren, gleichzeitig aber auch die christliche Tradition, in der kirchliche Jugendarbeit steht, ernstnehmen. Er ist bemüht, beides miteinander zu vermitteln und dabei auch noch seiner eigenen Lebensproblematik gerecht zu werden. Dies ist für einen 15 bis 20jährigen Jugendlichen eine schier unlösbare Aufgabe, die mit Unterstützung von in ihrer Persönlichkeit überzeugenden Hauptamtlichen aber hier und dort doch immer wieder gelöst wird.

Viel häufiger ist allerdings der Fall, daß Ehrenamtliche des Typs VI mit ihrem Engagement scheitern. Die Hauptursachen liegen zum einen in der unzureichenden Ausbildung und Praxisbegleitung der oft noch sehr jungen Gruppenleiter, zum anderen aber vor allem in der mangelnden Bereitschaft der Erwachsenengemeinde, sich auf einen wirklich offenen Dialog mit Jugendlichen einzulassen. Erlebt der suchende Gruppenleiter aber ständig Enttäuschungen, dann ist die Gefahr groß, daß er sich entweder resignierend auf die scheinbar weniger konflikthaltigen Positionen der Typen III oder IV zurückzieht oder aber aus der kirchlichen Jugendarbeit ausscheidet, um seine Suche nach einem glaubwürdigen Lebensstil anderswo fortzusetzen.

Der gremiengeschulte Gruppenleiter (Typ VII):

Beim letzten hier vorzustellenden Gruppenleitertyp handelt es sich um eine Variante des „suchenden" Typs VI. Im Unterschied zu diesem zeigt der „gremiengeschulte" Gruppenleiter, der in der Regel auch schon etwas älter ist, einen souveränen und durchsetzungsfähigen Umgang mit kirchlichen Strukturen. Er weiß sich gegen die Positionen anderer, insbesondere auch gegen die Positionen von erwachsenen Amtsträgern zu behaupten, vertritt seine Meinung in Gremien und bietet auch einmal einem Kirchengemeinderat oder Pfarrer Paroli, ohne sich durch Rückschläge aus dem Konzept bringen zu lassen. Häufig studiert er Theologie und hat es sich zum Ziel gemacht, eingefahrene kirchliche Strukturen in Frage zu stellen und Erneuerungsprozesse einzuleiten.

Dennoch handelt es sich auch bei Typ VII keineswegs um den „idealen" Gruppenleiter. Die zentrale Problematik dieses Typs besteht darin, daß er sich durch sein starkes Engagement in Gremien von seiner peer–group zu entfremden droht. Zum ehrenamtlichen Funktionär geworden, kann er zwar sehr schnell zum „Stargruppenleiter" werden, den man eventuell bewundern und nachahmen, mitdem man sich aber nicht auf der Basis gleichberechtigter Beziehungen auseinandersetzen kann. Entfremdung von der peer–group, ein übervoller Terminkalender und ein gewisses Gefühl der Unersetzbarkeit bedeuten für Gruppenleitertyp VII vermutlich eine erhöhte Anfälligkeit für die für jugendliche Ehrenamtliche immer schon gegebene Problematik des „hilflosen Helfers", der durch rastloses Engagement für andere seine eigenen Identitätsprobleme zu überspielen versucht.[6]

Will man auf dem Hintergrund der hier angestellten Überlegungen das Konzept der von jugendlichen Ehrenamtlichen geleiteten Kerngruppe nicht generell in Frage stellen, so wäre eine intensivere Ausbildung und Praxisbegleitung der jugendlichen Gruppenleiter vonnöten. Der Tendenz zur Erwachsenen– und Trägerorientierung könnte man dabei jedoch nur entgegenwirken, wenn man nicht die Vermittlung von Techniken und Wissen (einschließlich Verkündigungstechniken und religiösem Wissen), sondern vielmehr die Aufarbeitung der persönlichen Lebensproblematik des adoleszenten Ehrenamtlichen in den Mittelpunkt stellt.
Was die Verkündigungsproblematik anbelangt, so erscheinen mir im Hinblick auf die skizzierten Gruppenleitertypen folgende Zielperspektiven sinnvoll:

Typ I wäre zu ermutigen, den Versuch zu machen, die ihm vom Elternhaus anerzogenen Frömmigkeitsmuster zu überschreiten und die eigenen religiösen Erfahrungen mit den Erfahrungen anderer Menschen zu vermitteln.

Typ II wäre ebenfalls zu ermutigen, die Grenzen der eigenen Frömmigkeit zu überschreiten, wobei bei diesem Gruppenleitertyp aufgrund seiner Bekehrung an die schon einmal gemachte Erfahrung angeknüpft werden könnte, daß man einmal eingenommene Standpunkte auch weiterentwikkeln kann.

Typ III wäre zu fragen, ob seine religiöse Indifferenz ihn nicht einfach zum Spielball einer die Sinnfrage ausblendenden Gesellschaft macht. Er wäre zu ermutigen, darüber nachzudenken, was ihm persönlich am Leben eigentlich wichtig ist und woran er als gesellschaftlich nicht verrechenbares Subjekt eigentlich „sein Herz hängen" (Martin Luther)[7] möchte.

Typ IV wäre zu ermutigen, seine privat–religiösen Fragen so ernst zu nehmen, daß er sie auch anderen Menschen mitteilt und mit ihnen zusammen ausprobiert, „gemeinsam leben und glauben zu lernen". Sowohl Typ III als auch Typ IV wären zu ermutigen, das, was ihnen an Religion und Kirche starr und unverständlich erscheint, auch immer wieder zu benennen und sich mit den Schattenseiten der Institution Kirche nicht einfach abzufinden.

Typ V wäre – da, wo er vorkommt – zu ermutigen, seine atheistische oder agnostische Position nicht starr und dogmatisch werden zu lassen und auch mit religiös interessierten Menschen immer wieder in ein Gespräch über gemeinsame Lebensperspektiven einzutreten.

Typ VI wäre zu ermutigen, von seinen Bemühungen um eine kritische und offene Auseinandersetzung mit Kirche, Religion und Christentum nicht abzulassen, Rückschläge und Frustrationen auszuhalten und offen zu Tage liegende Konflikte nicht gegen latente einzutauschen.

Typ VII schließlich wäre zu ermutigen, mehr noch als andere über die Hintergründe und Motive seiner Ehrenamtlichenkarriere nachzudenken, seine Beziehungen zu Jüngeren, Gleichaltrigen und Erwachsenen zu reflektieren und seine ihm liebgewordenen, ihn und andere vielleicht aber einengenden Denk– und Handlungsmuster von der Person und der Geschichte Jesu Christi her immer wieder neu in Frage stellen zu lassen.

[1] Vgl. Rolf Hanusch, Grenzüberschreitungen. Perspektiven evangelischer Jugendarbeit zwischen solidarischer Teilnahme und pädagogischer Versorgung. In: aej–Studientext 20, Herausforderungen für die Jugendarbeit, Stuttgart 1982, S. 22–40.

[2] Vgl. Gernot Czell, Lernfeld Gemeinde. Sozialisation durch Jugendarbeit. aej–Studienband 5, Stuttgart 1982.

[3] Vgl. Karl Ernst Nipkow, Grundfragen der Religionspädagogik. Band 3: Gemeinsam leben und glauben lernen, Gütersloh 1982.

[4] Vgl. Klaus Mollenhauer u.a., Evangelische Jugendarbeit in Deutschland. Materialien und Analysen, München 1969. – Werner Schefold, Die Rolle der Jugendverbände in der Gesellschaft. Eine soziologische Analyse, München 1972. – Herbert Lindner, Aspekte evangelischer Jugendarbeit in Bayern. Eine repräsentative Erhebung über die Arbeit in Gruppen auf der Basis einer Befragung der Gruppenleiter, Rummelsberg 1975. – Uwe Sielert, Die Mitarbeiter in den Jugendverbänden. Eine Situationsanalyse, München 1978. – Franz Hamburger, Ehrenamtliche Mitarbeiter in der Jugendarbeit. Eine empirische Untersuchung zu ihrem Selbstverständnis, Weinheim/Basel 1982. – Peter Kliemann, Ehrenamtliche Mitarbeiter. Zur Identität von Gruppenleitern in der kirchlichen Jugendarbeit. Eine empirische Studie. aej–Studienband 6, Stuttgart 1983. – Hartmut Heidenreich, Mitarbeiter und „Personales Angebot". In: Martin Affolderbach/Hermann Steinkamp (Hg.), Kirchliche Jugendarbeit in Grundbegriffen. Stichworte zu einer ökumenischen Bilanz, Düsseldorf/München 1985, S. 293–316.

[5] Vgl. dazu ausführlich Kliemann, a.a.O., bes. S. 173ff.

[6] Vgl. dazu Wolfgang Schmidbauer, Die hilflosen Helfer. Über die seelische Problematik der helfenden Berufe, Reinbek 1977; Kliemann, a.a.O., bes. S. 162ff.

[7] Vgl. Martin Luther, Der große Katechismus, Auslegung zumersten Gebot. In: Die Bekenntnisschriften der Evangelisch–Lutherischen Kirche, Göttingen, 6. Auflage, 1967, S. 560.

Henning Luther

Konkurrenz Jugendreligionen

Jugendreligionen als Konkurrenz?

Das Titelstichwort „Konkurrenz Jugendreligionen" weckt bestimmte Vorstellungen und Assoziationen, die zuvor geklärt werden sollten, um unangemessene Weichenstellungen zu vermeiden.

Zum einen kann der Titel dazu verführen, die Proportionen in der Betrachtung des Phänomens der Jugendreligionen zu verschieben. So wenig ein Herunterspielen oder gar Ignorieren einer neuen Jugendreligiosität angebracht ist, so wenig klärend ist die publizistische Überbelichtung, die – vor allem skandalträchtige – Erscheinungen der Jugendreligionsszene besonders in den siebziger Jahren erfahren haben.

Obwohl solide empirische Untersuchungen zum Thema fehlen, läßt sich doch – wie zuletzt die Shell–Studie für 1985 belegt – hinsichtlich der „Größenordnung" feststellen, daß Sekten und Jugendreligionen von den Jugendlichen in den Erhebungen kaum erwähnt und dann auch meist negativ beurteilt werden. Dieser Befund signalisiert zum einen sicherlich einen Rückgang des Phänomens gegenüber der „Hochzeit" in den siebziger Jahren, stellt aber zum anderen auch zugleich eine Korrektur der publizistisch verzerrten Wahrnehmung dar. Insofern läßt sich im Blick auf die Jugendreligionen wohl kaum von einer nennenswerten Konkurrenz für kirchliche Jugendarbeit sprechen, eher trifft dies für die vielfältigen Formen und Angebote der modernen „Jugendkultur" zu, die in ihrer Breite weder religiöse noch gar kirchliche Bezüge hat.

Andererseits läßt sich, hat man bei dem Thema nicht nur die organisierten Jugendreligionen im Blick, bei einer Minderheit in der Jugendszene (wie in der kulturellen Szene insgesamt) das Entstehen einer sog. „neuen Religiosität" beobachten. Im Blick auf diese stellt sich die Frage, welche Herausforderungen damit an Kirche und kirchliche Jugendarbeit gegeben sind.

Es ergeben sich nun zum anderen Bedenken, ob es theologisch legitim ist, den Umgang mit dieser Herausforderung unter die Kategorie der „Konkurrenz" zu stellen. Sind die mit der ökonomischen Kategorie der Konkurrenz freigesetzten Vorstellungen von „Wettbewerb", „Eigennutz" und „Selbst- und Bestandserhaltung" geeignet, Selbstverständnis und Intention kirchlicher (Jugend-) Arbeit auf den Begriff zu bringen?

Empirische und normative Gründe raten also zu einer vorsichtigen Interpretation des Titels, der nicht mehr sein kann als ein schlaglichtartiger Problemanriß.

Begriff und Abgrenzung des Phänomens „Jugendreligionen"

Wenn auch der Begriff der „Jugendreligionen" (Haack 1979, 7) weite Verbreitung gefunden hat, so ist er in der Diskussion doch nicht unumstritten geblieben. Der terminologische Streit bezieht sich dabei sowohl auf die Abgrenzung des Phänomenbereichs als auch auf die damit verbundenen (impliziten und expliziten) Wertungen. Das Spektrum umfaßt Erscheinungen unterschiedlichster Art. Im Vordergrund stehen die organisierten religiösen Gruppen oder (Jugend-)Sekten, wie etwa die biblisch orientierten Organisationen (z.B. Vereinigungskirche, Kinder Gottes (Family of Love)), die östlich (z. B. hinduistisch) inspirierten Gruppen (z.B. Hare Krishna, Divine Light Mission, Ananda Marga) oder die mit Versatzstücken verschiedener Psychotechniken und -therapien gemischten religiösen Gruppierungen (z.B. Transzendentale Meditation, Scientology, Bhagwan Shree Raineesh). Neben diesen organisierten sektenähnlichen Gruppierungen, deren Mitglieder und Adressaten durchaus nicht nur Jugendliche, sondern auch Erwachsene sind (weswegen der Begriff „Jugendreligionen" leicht irreführend sein kann), spiegelt sich die „neue Religiosität" in einer weniger strikt organisierten, freien „religiösen Szene": Im Umfeld der christlichen Kirchen selbst sind hierzu etwa die Bewegung der Taizé-Frömmigkeit oder die evangelikale Spiritualität (in der mehr charismatisch-pfingstlerischen oder der mehr fundamentalistisch-pietistischen Form (Jesus-People)) zu rechnen (weswegen Ausdrücke wie „Sekte" oder „Religionen am Rande" problematisch sind); weniger im kirchlichen Umfeld als im weiten Spektrum der „Alternativbewegung" finden sich „transzendental-religiös" orientierte Gruppen und Projekte (Mildenberger 199ff). Schließlich ist die expandierende Psychoszene (Therapiegesellschaft) mehr oder weniger stark mit religiösen Elementen durchsetzt.

Die mit dem Phänomen „Jugendreligionen" herausgeforderten kritischen Anfragen an Kirche und Gesellschaft scheinen mir nun nur dann angemessen in den Blick zu kommen, wenn man sich nicht auf eine polemische Auseinandersetzung mit einigen – spektakulär hervortretenden – Sektenorganisationen beschränkt, sondern das weitere Spektrum der besonders unter Jugendlichen zum Ausdruck kommenden „neuen Religiosität" betrachtet. Die polemische Abrechnung mit den sog. Jugendsekten steht zudem in Gefahr, einseitig und unsachlich zu werden, insofern am anderen (der Sekte) Aspekte überdeutlich kritisiert werden, die am Eigenen (Kirche, Gesellschaft) übersehen werden (vgl. M.L. Moeller).

Das Phänomen „Jugendreligionen" hat an zwei Bezugssystemen Anteil. Es ist zum einen ein spezifischer (wenn auch nicht generell verbreiteter) Aspekt von *Jugend*kultur, d.h. es ist eine Audrucksform, in der sich ein Teil der Jugend mit der herrschenden Kultur der Erwachsenengesellschaft auseinandersetzt, sei es als Protest (Aufbruch), sei es als Rückzug (Flucht). Zum anderen ist es Ausdruck einer allgemeineren gesellschaftlich–kulturellen Zeitströmung, die man als „Wiederkehr der Religion" oder „Renaissance der Religiosität" bezeichnet hat. (Vgl. Oelmüller 1984; Podak 1985). Diese Tendenz zielt in den wenigsten Fällen auf eine innerkirchliche Erneuerung, sondern verläuft außerkirchlich oder gar kirchenkritisch und impliziert insgesamt eine Kritik am vorherrschenden geistigen Klima der modernen technischen Zivilisation.

Intention und Funktion der Jugendreligionen sind daher sinnvoll nur unter der übergreifenden Perspektive der gesellschaftlichen Entwicklung zu begreifen.

Sinnverlust und Freiheitsverlust – Entzugserscheinungen der Moderne

Die Jugendreligionen sind weniger ein innerreligiöses als ein gesellschaftliches Problem. Es geht ihnen nicht um eine Erneuerung einer Religion (oder des Teilbereichs „Religion"), sondern um eine religiös motivierte und begründete Erneuerung des (persönlichen und sozialen) Lebens (in) dieser Gesellschaft. Das leitende Religionsverständnis ist ganzheitlich (total) und sperrt sich dagegen, als ein besonderer kultureller Bereich funktional ausdifferenziert zu werden. Dies bedeutet, daß selbst da, wo „nur" religiös argumentiert wird, geschichts– und gesellschaftskritische Vorstellungen eines „anderen Lebens" mitgedacht sind.

Die Jugendreligionen sind – auch dort wo keine explizite gesellschaftspolitische Programmatik anklingt – Teil jener neueren Protestpotentiale, die sich nicht mehr im Bereich der materiellen Reproduktion entzünden, sondern im Bereich der „Lebenswelt". Der Protest thematisiert nicht Verteilungsprobleme, sondern „Fragen der Grammatik von Lebensformen" (Habermas, 2, 576). Die Jugendreligionen wären vor allem jenen „Widerstands– und Rückzugspotentialen" (578) zuzuzählen, die sich einer „Kolonisierung der Lebenswelt" (579) widersetzen. „Kolonisierung der Lebenswelt" meint, daß der kommunikative Eigensinn lebensweltlichen Zusammenlebens auf zweifache Weise zerstört wird. Zum einen dringen die ökonomischen und bürokratisch–administrativen Kategorien der Zweckrationalität in die Bereiche der Lebenswelt ein und beschneiden seinen Entfaltungsspielraum (Freiheitsverlust); zum anderen führt die elitäre Abspaltung der Expertenkulturen (in den Wertsphären der Wissenschaft;des Rechts und der Moral; der Kunst und Religion) „zur kulturellen Verarmung der kommunikativen Alltagspraxis" (488); die überkomplexe, ausdifferenzierte Gesellschaft bleibt dem einzelnen undurchschaubar, weil Traditionen zur Deutung nicht zur aktiven Verfügung stehen (Sinnkrise, Sinnverlust).

In den Jugendreligionen kommt (wie auch in den Erscheinungen der Psychobewegung und in vielen Alternativ–Projekten) „das Leiden an den Entzugserscheinungen einer kulturell verarmten und einseitig rationalisierten Alltagspraxis" (580) zum Ausdruck.

In diesem Rückzugs– und Widerstandspotential einer neuen Religiosität wird gleichsam ein Stück weit jene Kritik popularisiert, mit der intellektuelle Minderheiten den gesellschaftlichen Rationalisierungsprozeß der Moderne begleitet haben (vgl. Max Weber). Rückzugscharakter gewinnt diese Kritik vor allem dort, wo mit der Übernahme der kosmozentrischen, mystisch–passiven Religiosität des Ostens die aktive, weltgestaltende Religion der jüdisch–christlichen Tradition und damit das westliche Zivilisationsmuster verabschiedet wird.

Zwischen Anomie und Entfremdung – Integrative und transformative Tendenzen der neuen Religiosität

Wenn (in einem sehr grobflächigen theoretischen Zugriff) die Jugendreligionen als Reaktionen auf die von Sinn– und Freiheitsverlust bedrohte Lebenswelt verstanden werden können, so unterscheiden diese sich im einzelnen dadurch, *wie* sie darauf reagieren. Im Anschluß an Differenzierungen innerhalb der Subkulturtheorie (Schwendter), die zwischen regressiven und progressiven Tendenzen unterscheiden, lassen sich innerhalb der Szene der neuen Religiösität idealtypisch zwei verschiedene Reaktionsweisen ausmachen, je nachdem ob sie stärker auf die Gefahr des Sinnverlustes oder auf die des Freiheitsverlustes antworten. Nipkow nennt (im Rückgriff auf B. Hargroves) die verschärfte Erfahrung von Anomie einerseits und Entfremdung andererseits als die gesellschaftlichen Herausforderungen, auf die die gegenwärtige neue Religiosität sich jeweils beziehen.

Beiden Gruppentypen ordnet er unterschiedliche Persönlichkeitstypen zu. Während für den „konservativen Persönlichkeitstyp" die Anomie (Sinnverlust, Orientierungskrise) eine existentielle Verunsicherung bedeutet, stößt sich der „liberale Persönlichkeitstyp" eher an der Entfremdung und Einschränkung seiner subjektiv–expressiven Entfaltungsmöglichkeiten. Diejenigen, die von der Relativierung der Wahrheit, dem Pluralismus der Werte und der mangelnden Eindeutigkeit in der (ethisch–normativen) Orientierung des gesellschaftlichen (und kirchlichen) Lebens irritiert sind, werden potentielle Anhänger religiöser Gruppierungen mit vorwiegend „integrativer Tendenz", d.h. solcher Organisationen (wie z.B. die Vereinigungskirche), die sich durch ein klares, dualistisch abgegrenztes Weltbild, einfache und eindeutige Heilslehren sowie durch eine strenge und rigide Moral auszeichnen.

Diejenigen, die stärker die Gefährdung ihrer Identität und eine Einschränkung der menschlichen Beziehungen durch gesellschaftliche Zwänge und eine routinisierte Alltagspraxis fürchten, wählen potentiell Gruppierungen mit vorwiegend „transformativer Tendenz", d.h. solche Formen der Religiosität, die auf eine Erweiterung oder Entgrenzung des Bewußtseins zielen, ganzheitliche Erfahrungen ermöglichen, mystische oder kosmische Gemeinschafts– und Verschmelzungserlebnisse anstreben (wie in den verschiedenen Gruppen der psychoreligiösen Szene oder den von asiatischer Religiosität inspirierten Bewegungen). In entwicklungspsychologischer und psychoanalytischer Perspektive kommt im integrativen, auf Ordnung und Eindeutigkeit der Orientierung zielenden Religionstyp die ödipale Problematik zum Austrag, während im transformativen, auf Entgrenzung und Bewußtseinserweiterung zielenden Typ stärker die Narzißmusproblematik zur Geltung kommt. Hier finden sich vor allem diejenigen, die unter den veränderten – zugleich anspruchsvollen wie anfälligen – Sozialisationsbedingungen der Mittelschichtfamilien herangewachsen sind und in ihnen egalisierte Beziehungsmuster, individuierte Verkehrsformen und liberalisierte Erziehungspraktiken erfahren haben (vgl. Habermas 2, 568). Hierin zeigt sich die Ambivalenz des Protestpotentials, das einerseits im Protest gegen die Kolonisierung der Lebenswelt die (einseitigen) Rationalisierungstendenzen der gesellschaftlichen Moderne kritisiert, durch diesen kritischen Protest aber andererseits zugleich den Gewinn jener Gegentendenzen in Anspruch nehmen kann, wie er in dem durch den Strukturwandel der Familie freigesetzten Zugewinn an kommunikativer Rationalität zum Ausdruck kommt. Der Protest signalisiert also zugleich Tendenzen (Verarmung der Lebenswelt) und Gegentendenzen (Entdeckung des Eigensinns kommunikativer Rationalität), so daß sich der vorschnell suggerierte Lösungsweg einer Verabschiedung der Moderne verbietet.

Jugendreligionen und Kirche

Einen solchen Ausstieg aus der Moderne empfehlen oder suggerieren nicht nur Anhänger der neuen Religiosität, sondern auch jene, die das Entstehen der Jugendreligionen zum Anlaß nehmen, eine pauschale Zivilisationskritik auf das Erscheinungsbild der Kirche in der Moderne zuzuspitzen. Sie sehen die Ursache der Jugendreligionen vor allem in einer dem Zeitgeist (profillos) angepaßten und den Säkularisierungstendenzen (kampflos) nachgebenden Volkskirche.

Die „Wiederkehr der Religion" erweise die neuzeitliche Subjektivierung der Religion (und in deren Gefolge ihre „kritische Zersetzung") als Irrweg und dokumentiere das Bedürfnis und die Notwendigkeit einer nichtsubjektivistischen, allgemein verpflichtenden Orientierung an religiösen Weltbildern. Hinsichtlich der zwei Tendenzen innerhalb der Jugendreligionen werden der Kirche vor allem zwei Defizite vorgehalten: zum einen ihre mangelnde Eindeutigkeit, ihr theologischer Pluralismus und ihre ethische Laxheit; zum anderen eine Vernachlässigung der eigentümlich „religiösen" (spirituellen) Dimension zugunsten bloß sozialer Orientierung, Entsakralisierung und Säkularisierung religiöser Sprache.

Eine differenziertere, dialektische Betrachtung des Entwicklungsweges der Moderne und des Wandels von Religion und Kirche läßt diese Kritik m.E. allerdings als kurzschlüssig erscheinen. Die traditionale Geltung eines religiösen Weltbildes läßt sich nicht willkürlich restituieren. Auch die „nachreligiöse" Erneuerung von Religion in der neuen religiösen Szene bestätigt den Subjektivierungsprozeß anstatt ihn zu dementieren: Religion wird in ihrer fraglosen Geltung nicht allgemein vorausgesetzt, sondern in verschiedenen Formen auf dem (psycho–)religiösen Markt den Wahlentscheidungen möglicher Klienten angeboten. Unterschiedliche religiöse Angebote konkurrieren untereinander und mit anderen Heilsangeboten. Daß Religion zur Sache der subjektiven Wahl wird, verstärkt sich also mit dem Phänomen der „neuen Religiosität" eher noch, wie krass besonders die Karriere jener belegt, die verschiedene Wahlen nacheinander vollziehen und Reisen durch die verschiedenen (psycho-)religiösen Gruppen antreten.

Und auch hinsichtlich der beiden anderen Kritikpunkte, dem der fehlenden Eindeutigkeit und Verbindlichkeit einerseits, dem der mangelnden religiösen (und spirituellen) Kraft andererseits, scheinen sich andere Perspektiven anzubieten.

Zum ersten: Der Sinnverlust des Alltagslebens läßt sich nicht durch die autoritäre Setzung von Sinn überwinden. Die (unhintergehbare) Subjektivierung der Sinn– und Wahrheitsfrage muß aber dann nicht in dissoziative Unverbindlichkeit münden, wenn die (verkümmerte) Kultur der kommunikativen Verständigung zwischen den einzelnen Subjekten gefördert und damit der Schritt zur Intersubjektivität getan wird. Wo Verständigung möglich ist, verliert die Subjektivierung ihren Schrecken. Anomie kann durch das (zugegeben zerbrechliche) Netz von angestrebter Intersubjektivität aufgefangen werden. Von der Kirche wäre also besonders eine konsequente Verbesserung ihrer Bemühungen um eine „kommunikative Gemeindepraxis" (Bäumler) zu fordern.

Zum zweiten: Die „religiöse Verarmung" und der damit einhergehende Verlust an Ausdrucks– und Entfaltungsmöglichkeiten des religiösen Subjekts läßt sich langfristig wohl schwer durch die willkürliche Zufuhr neuer religiöser Techniken und Praktiken beheben. Wichtiger scheint mir, die weithin mißlungene hermeneutische Vermittlung von christlich–religiöser Tradition und moderner Lebens– und Alltagswelt dadurch in Gang zu bringen, daß die Kluft zwischen theologischen Experten und Laien überwunden und die eigenständige Kompetenz des Laien für religiöses Leben (einschließlich des Theologiebildungsprozesses) ernstgenommen wird. Nur so kann es gelingen, statt Religion als eine gesonderte Provinz des Lebens zu pflegen,diese für den Alltag der Menschen praktisch werden zu lassen. Denn auch und gerade die „neue Religiosität" belegt, daß das Gelingen des Alltagslebens das Problem ist: Wo früher das „Sakrale" erschreckte und religiöses Verhalten motivierte, um vor Gefährdungen des Alltags zu bewahren, da erschreckt in der „neuen Religiösität" gerade das „Profane", die erlebte Banalität eines Alltags, der „eigentliches" Leben zu bedrohen scheint. Die Herausforderungen der Jugendreligionen legen also keineswegs die Rückkehr zu einer „vormodernen" Gestalt von Kirche nahe, sondern vielmehr eine konsequentere Ausschöpfung des durch die Modernisierung freigesetzten Potentials an kommunikativer und lebensweltlicher Vermittlung von Religion.

Konsequenzen für die kirchliche Jugendarbeit

Fragt man nach der Bedeutung der Jugendreligionen für die kirchliche Jugendarbeit, so kann es weder um Polemik noch um eine umstandslose, unkritische Übernahme gehen. Vor allem sind die oben (vgl. 1) genannte Kautelen zu beachten.

Die notwendigen Konsequenzen lassen sich allerdings nicht auf den engeren religionspädagogischen Bereich der Jugendarbeit beschränken, sondern müssen die Rahmenbedingungen in Kirche und Gesellschaft vor allem bedenken. Wenn es plausibel zu machen ist, daß die neue Religiosität eine Reaktion ist auf eine kulturell verarmte und in ihren kommunikativen Möglichkeiten bedrohte Alltagspraxis, folgt daraus die Notwendigkeit von

Veränderungen der kommunikativen Struktur von Gesellschaft und Kirche. Im Blick auf die Kirche insgesamt hieße das zum einen, herkömmliche Betreuungsstrukturen zugunsten einer aktiveren (auch inhaltlichen) Beteiligung der Betroffenen aufzubrechen, und zum anderen, die dogmatisch-lehrhafte Traditionsbewahrung in eine lebendige Vergegenwärtigung zu überführen. Indem so verschüttete Möglichkeiten der christlichen Überlieferungs- und Frömmigkeitsgeschichte freigelegt und für den „Alltag der Leute" verständlich gemacht werden, könnte die Entfremdung von einer als Anstalt begriffenen Kirche überwunden und ihr (kommunikativer) Gemeinschaftscharakter neu belebt werden. Erst solche „inhaltliche(n) Transformationen von Kirche und christlicher Existenz" (Nipkow 399) machen es sinnvoll, dann im einzelnen nach religionspädagogischen Konsequenzen für den Bereich kirchlicher Jugendarbeit zu fragen.

Unabhängig von der jeweils spezifischen inhaltlichen Programmatik und Ausrichtung der einzelnen Jugendreligionen fallen insgesamt zwei Phänomene auf, die im Blick auf die darin zum Ausdruck kommenden „Bedürfnisse" zu beachten sind.

1) Jugendreligionen versprechen ihren Mitgliedern ein Gefühl der Geborgenheit. Hinter dem Bedürfnis nach Geborgenheit verbirgt sich mehr als der diffuse Wunsch nach „Nestwärme". Dahinter steckt der viel grundsätzlichere Anspruch, in und von einer Gruppe identifizierbarer einzelner Subjekte ebenfalls als Subjekt erkannt, anerkannt und wiedererkannt zu werden . *Dieses* Bedürfnis nach authentischer Kommunikation, die die Subjektivität des einzelnen ernstnimmt, gilt es m.E. legitimerweise, verstärkt in kirchlicher Jugendarbeit aufzunehmen.

2) Die neue Religiösität erscheint vielen Jugendlichen deswegen attraktiv, weil sie eine einseitig kognitive Kommunikation überwindet und ganzheitliche, erfahrungsbezogene und expressive Ausdrucksformen der Verständigung pflegt. Das Bedürfnis nach expressiver Kommunikation und erfahrungsbezogener Wahrheit dürfte gerade in einer Kirche, die vorwiegend aus der Wortkultur gelebt hat, nicht nur berechtigt, sondern auch notwendig sein. Die entsprechenden Experimente mit neuen Kommunikationsformen (in der Jugendarbeit und anderen religionspädagogischen Handlungsfeldern) sind sinnvoll (und reflektiert voranzutreiben), – wenn sie nicht zu neuen Vereinseitigungen führen.

Schließlich ergibt sich aus der Herausforderung der neuen Religiösität für die inhaltlich-konzeptionelle Ausrichtung kirchlicher Jugendarbeit folgende Überlegung. Innerhalb kirchlicher Jugendarbeit sollte auch die offene Thematisierung ausdrücklich „religiöser" Fragen inhaltlich stärker eine Rolle spielen. Herkömmliche, als Bibelarbeit ausgelegte Jugendarbeit bleibt vielfach zu eng und lehrhaft; ein weites Spektrum religiöser Fragen bleibt ausgeblendet, die vor allem angesichts der synkretistischen Tendenzen innerhalb der psychoreligiösen Szene und der Erfordernisse eines interreligiösen Dialogs naheliegen. Jugendarbeit, die sich ausschließlich diakonisch begründet, bringt die religiöse Dimension zwar implizit zur Geltung, macht sie aber nicht selbst ausdrücklich. Hier scheinen Ergänzungen im Angebot kirchlicher Jugendarbeit angebracht, die der offenen (nicht–missionarischen) Verständigung Jugendlicher über die religiöse Dimension ihrer Lebensfragen dienen.

Literatur

Ästhetik und Kommunikation. Heft 60: Religion – Sehnsucht und Schrecken. Jg. 16, Berlin 1985.

Christof Bäumler, Kommunikative Gemeindepraxis, München 1984.

Kurt–Helmuth Eimuth / Manfred Oelke, Jugendreligionen und religiöse Subkultur, Frankfurt/M. 1979.

Johannes R. Gascard, Neue Jugendreligionen, Freiburg/Basel/Wien 1984.

Friedrich–W. Haack, Jugendreligionen, München 1979.

Jürgen Habermas, Theorie des kommunikativen Handelns, Band 2, Frankfurt/M. 1981.

Jugendwerk der Deutschen Shell (Hg.), Jugendliche und Erwachsene '85. 5 Bde, Opladen 1985.

Kursbuch 55: Sekten, Berlin 1979.

Kursbuch 82: Die Therapie–Gesellschaft, Berlin 1985.

Joachim Lell / Ferdinand W. Menne (Hg.), Religiöse Gruppen, Düsseldorf/Göttingen 1977.

Michael Mildenberger, Die religiöse Revolte, Frankfurt/M. 1979.

Michael Lukas Moeller, Von der Sektenkritik zur Selbstkritik. In: Michael Graft / Heinz Tiefenbacher (Hg.), Kirche – Lebensraum für Jugendliche? Mainz 1980, 132–156.

Karl Ernst Nipkow, Neue Religiosität, gesellschaftlicher Wandel und die Situation der Jugendlichen, ZfP 27(1981) 379–402.

Willi Oelmüller (Hg.), Wiederkehr von Religion? Paderborn/München/Wien/Zürich 1985.

Klaus Podak, Renaissance der Religiösität? Merkur 39 (1985) 822–831.

Michael Schibilsky, Religiöse Erfahrung und Interaktion, Stuttgart/Berlin/Köln/Mainz 1976.

Rolf Schwendter, Theorie der Subkultur (Neuausgabe), Frankfurt/M. 1978.

Ludger Zinke (Hg.), Religionen am Rande der Gesellschaft, München[2] 1978.

BRUCHSTÜCKE ZU EINER THEORIE DER JUGENDARBEIT

Der Gedanke einer Gesamttheorie der Jugendarbeit kann nur noch als ein regulatives Prinzip verstanden werden, wenn der Versuch einer umfassenden theoretischen Besinnung nicht zum Totalitarismus der Theorie gegenüber einer dann nicht mehr faßbaren Praxis werden soll, deren Signum Veränderung ist. Kritische Theorie, die erfahrungsoffen bleiben will, wird fragmentarisch, bruchstückhaft. Zur prinzipiellen Erfahrungsoffenheit und Revisionsbereitschaft gehört die Fähigkeit zum theoretischen Diskurs. Unter seinen Prinzipien kommt wieder neu ein emphatischer Wahrheitsanspruch zum Zuge, der sich in der Wahrhaftigkeit der Praxis umschlägt. Gegen die Beliebigkeit theoretischer Einsichten und praktischer Entwürfe kommt durch den Diskurs so etwas wie mögliche Einheit in differenten Zugängen tendenziell zum Tragen. Fragmente sind Annäherungen und Indikatoren des in ihnen aufscheinenden Ganzen. Bruchstücke lassen sich zusammensetzen, sie werden zu – vorläufigen und unvollendeten – Bildern, denen die augenwischerische, wahrnehmungsverzerrende Glattheit jener aus einem Stück gegossenen Totaltheorien abgehen. Die als Bruchstücke für eine Theorie der Jugendarbeit erbetenen Beiträge sind – obwohl formal wie inhaltlich höchst unterschiedlich – Elemente einer gemeinsamen Annäherung, die sich in der Auseinandersetzung untereinander ergeben könnte. Praxistheorien können schon lange nicht mehr – als ob sie es je gekonnt hätten! – deduktiv entwickelt werden. Im theoretischen Diskurs gelten keine Vorrechte, sondern nur Kompetenzen: Wie andere Disziplinen, so muß auch die Theologie ihre Kompetenzen nachweisen, ohne Platzvorteile erheischen zu wollen, die ihr sowieso nicht eingeräumt würden. Deshalb gehört es zu den Selbstverständlichkeiten für eine zureichende Theorie kirchlicher Jugendarbeit, daß Pädagogen, Soziologen und (evangelische wie katholische) Theologen ihre eigenständigen, gleichwohl auf wechselseitige Vermittlung zielenden Beiträge leisten.

Anmerkungen zum Jugendbegriff

Es ist durchaus strittig, ob der Jugendbegriff gegenwärtig überhaupt noch eine taugliche Kategorie oder ob seine Epoche abgelaufen ist. *Klaus Mollenhauer* hinterfragt durch seine Analyse von zwei Autobiographien aus dem 16. Jahrhundert die gängige Lokalisation der Entstehung des Jugendbegriffs auf das 18. Jahrhundert. Seine vorsichtige Anfrage, ob nicht vielleicht im Zusammenhang von Renaissance und Reformation die Idee einer eigenen Jugendbildung erste Konturen gewonnen haben könnte, scheint bejaht werden zu müssen. Vor allem dann, wenn man annehmen kann, daß mit dem Protestantismus der Gedanke von Subjektivität und Individualität zumindest tendenziell auf den Schild der Geschichte gehoben wurde. Dem entspricht, daß im Zusammenhang der Reformation erstmals auch die Idee einer allgemeinen Bildung auftrat. Die literaten Fähigkeiten – so zeigt Mollenhauer – sind Bedingungen und Medium einer Bildungsbewegung, die auf Identität abzielt. Die hohe Bedeutung der literaten Möglichkeiten für eine von der Erwachsenenwelt unabhängige Identitätssuche sind auch für die gegenwärtige Jugendkultur belegt.

Im biographischen Material des 16. Jahrhunderts lassen sich die Ablösungen, die zum eigenständigen Status eines Jugendlichen führen, nicht – wie in unserer Zeit – durch direkte, episch breite Schilderung, wohl aber durch Brüche in der Darstellung nachweisen. Mollenhauer macht die Vermutung plausibel, daß Analogien zwischen den jugendlichen Suchbewegungendes 16. und des 20. Jahrhunderts bestehen. In dem Maße, wie Entwicklung nicht nur in einer räumlichen, sondern auch in einer zeitlichen Perspektive erfahren wird, wächst das Bewußtsein eines eigenständigen Jugendalters; dieser Prozeß scheint im Laufe des 16. Jahrhunderts tendenziell einzusetzen und im 18. Jahrhundert allgemein zu werden. Als Rückerinnerung nach vorne vermag der Hinweis auf die Bedeutung des Raums als Suchfeld eigener Identität uns daran zu erinnern, daß jugendliche Selbstfindung neue und eigene Räume braucht, die man er–gehen kann. Wanderjahre sind und waren Bildungsprozesse zu sich selbst. Der Jugend werden indessen nur Surrogate angeboten, die man konsumiert, an denen man sich aber nicht abarbeitet, bildet. Doch angesichts anströmender Bedrohungserfahrung sind die Räume für überschießende und kritische Erfahrungen kleiner geworden.

Möglicherweise liegt in der Hoffnung auf zeitlich–räumliche Erfahrungen ein Stück jener Illusion, vor der *Werner Schefold* warnt. Er zeigt, daß die soziale Entwicklung im letzten Jahrzehnt und die Wucht der existentiell erfahrenen gesellschaftlichen Probleme (Arbeitslosigkeit, Depravierung, Umweltkrise, atomare Bedrohung usw.) das traditionelle Jugendbild haben illusionär werden lassen. In die scheinhaften Freiräume der Jugend ist die Wirklichkeit eingebrochen und hat die Kennzeichnung des Jugendalters als Statuspassage fraglich werden lassen. Damit ist auch die Fiktion dahin, Jugendarbeit könne ein unpolitischer Freiraum sein. Allgemeines und Besonderes, Persönliches und Gesellschaftliches sind in der Lebenswelt der Jugendlichen derart zusammengeschmolzen, daß die Jugendarbeit notwendig politisch sein muß; auch sie ist der Totalität des Politischen unterworfen. Individuelle Sinnsuche ist deshalb von vornherein sinnlos. Die Zeichen der Zeit deuten daraufhin, daß durch die Politisierung des Alltags eine unpolitische Jugendarbeit überhaupt keine Chance hat, sondern zur Illusion verkommt. Wie die sprichwörtliche Jungfrau zum Kinde, so ist die kirchliche Jugendarbeit zu einer sozialpolitischen (aber parteienunabhängigen) Aufgabe gekommen.

Erlebnisse, Eindrücke und Gefühle müssen erst zu Erfahrungen werden; die dazu notwenigen Kompetenzen und Kenntnisse werden durch die Lebenswelt der Jugendlichen nicht unmittelbar zur Verfügung gestellt. So sehr die These Schefolds vom Einschleifen des Jugendalters und von Entdifferenzierungen den Ausführungen Mollenhauers zunächst zu widersprechen und das Ende der Epoche des Jugendbegriffs anzuzeigen scheinen, in diesem Punkt gehen die Perspektiven des Soziologen und des Pädagogen doch zusammen: nichtaffirmative Erfahrungen, kritisches Erinnern und konstruktives, auf Autonomie beruhendes individuelles wie soziales Zukunftsgestalten braucht gerade angesichts einer allgemeinen Vergesellschaftung Zeit und Raum.

Bemerkenswerterweise verwendet auch *Wolfgang Steck* Raumbegriffe, allerdings eher mit skeptischen Vorzeichen. Geht man von Schefolds zu seinem Beitrag über, so erstaunt die eigentümliche Ungleichzeitigkeit von Bewußtsein und Sozialstruktur. Auf der einen Seite raubt die gesellschaftliche Entwicklung der Jugend ihr Eigenrecht, auf der anderen überleben ein allgemeiner Jugendfetischismus als Nach– (oder Gleich–)klang zur Epoche des Jugendalters. Steck geht gerade dieser Faszination nach; diese liegt gerade in einer tatsächlichen oder vermeindlichen (kritischen) Distanzierungsmöglichkeit der Jugend von der Gesellschaft. Seine Diagnose einer jugendlichen Entvergesellschaftung und Privatisierung hat primär eine historische Dimension: Die Illusion der Vergangenheit wird zur Illusion für die Zukunft festgehalten. An der relativen Distanz und wechselseitigen Vermittlung haben Jugend und Gesellschaft gleichermaßen Interesse. Die Erwachsenenwelt hält für die Jugend Reservate bereit.

Die Instrumentalisierung der Jugendwelt macht auch die Kirche mit, insofern sie diese unter Rekrutierungsgesichtspunkten betrachtet und – sozialwissenschaftlich – befragt. Jugendliche Kirchlichkeit oder Unkirchlichkeit, Religiosität oder Areligiosität unterscheiden sich nicht prinzipiell, sondern nur graduell von der Erwachsenenwelt: Neben einer ethischen Interpretation des Christenstums finden sich z.B. auch ritualisierte Praktiken. Stecks Interpretation weist in diesem Punkt Übereinstimmungen, aber auch Unterschiede zum Beitrag von Godwin Lämmermann auf. Innerhalb der Jugendkultur macht Steck säkulare rituelle Verhaltensweisen als jugendspezifisch aus. Ihre Expressivität artikuliert eine archaische, gesellschaftlich durchaus disfunktionale Erinnerung der Erwachsenengesellschaft an ein potentielles Anderssein. Insofern braucht nicht nur die Jugend, sondern auch die Erwachsenenwelt selbst jene Zeiten und Räume, die sie der Jugend freihalten muß,wenn sie an ihrer eigenen Humanisierung interessiert ist. Damit wird ein Interesse namhaft gemacht, das sich nur hinter dem Rücken aktueller Vergesellschaftungsprozesse via kritischem Diskurs und Selbstaufklärung durchsetzen läßt.

Klaus Mollenhauer

Frühbürgerliche Jugend – Bildungsgeschichtliche Lesefrüchte

Geschichtliche Erinnerung hat, ebenso wie beispielsweise die ethnologische Forschung, neben einigen anderen Vorteilen auch diesen: Sie kann den Blick auf unsere eigene Gegenwart verfremden. Eine derartige Distanzerfahrung scheint mir heute im Hinblick auf pädagogische oder bildungstheoretische Problemstellungen nützlich zu sein. Die Dramatik, in der uns die Veränderungen des Jugendalters in unseren Jahrzehnten erscheinen – z.B. Ausbildungs– und Arbeitsplatzprobleme, Schwierigkeiten mit Identitäts– und Sinnproblemen, lebensgeschichtliche Zukunftsleere, ritualisierte Lebensentwürfe, der Griff nach Religionssurrogaten, zwischen Apathie und Gewaltausbrüchen eingespannte Vereinzelung, nebenpolitische Gruppen–Ästhetisierungen – diese Dramatik ist gewiß mehr als ein Anschein. Wir können aber nicht schlechterdings vermeiden, daß uns im Rahmen noch unmittelbarer Lebenserinnerung die beobachteten Erscheinungen übergewichtig werden, die auf nur wenige Jahrzehnte verteilten Varianten uns wie Ereignisse vorkommen, die sonst über Jahrhunderte sich erstreckten. Vielleicht befinden wir uns wirklich in einer „Krise" – aber dieser Meinung waren auch Nietzsche vor 100, Lessing vor 200, Comenius vor 300 Jahren.

Indessen: Ich will die Vermutung, daß die gegenwärtige „Krise" des Jugendalters in der neuzeitlichen Geschichte nicht ihresgleichen hat – allzuviel spricht dafür – nicht beiseite schieben. Jugendliche, die heute aufwachsen, denen die Individualitäts- und Selbstverwirklichungs-Konzepte der bürgerlichen Gesellschaft gleichsam schon in die Wiege gelegt wurden, sind, angesichts der „Markt–Chancen" solcher Konzepte, in einer mindestens ziemlich anderen Schwierigkeit ihrer lebensgeschichtlich–sozialstrukturellen Lage als frühere Generationen. Das setzt einen Umweg über das 16. Jahrhundert in seiner Bedeutung naturgemäß herab. Wir können von einer derartigen geschichtlichen Erinnerung gewiß keine Aufschlüsse über gegenwärtig relevante Lösungen erwarten. Wir könnten aber vielleicht theoretische Gelassenheit lernen, wenn wir uns vergewissern, wie alles anfing und welche Problemkonstellationen im gesellschaftlichen Verhältnis der jungen Generation vielleicht eine großräumigere Geschichte haben. – Ich versuche im folgenden einen solchen Umweg, und zwar über zwei Paraphrasen von Autobiographien aus der ersten Hälfte des 16. Jahrhunderts und einem kommentierenden Nachtrag.

Thomas

Im Alter zwischen 12 oder 13 Jahren zieht Thomas Platter, geboren um 1500, ein Bauernjunge aus dem Wallis, mit einer Gruppe Jungen, die teils gleichaltrig, teils älter sind, durch Deutschland. Die älteren nennen sich „Bacchanten", die jüngeren „Schützen". Jeder Bacchant hat einen Schützen, der für ihn den Lebensunterhalt zusammenbetteln muß. Zweck der Reise ist es, die gelehrten Schulen zu besuchen, aber es kommt nicht recht dazu. Thomas schreibt beispielsweise: „Zu Naumburg blieben wir etliche Wochen . . . wir besuchten da keine Schule"; als der Schulmeister sie mit Hilfe seiner Schüler zum Schulbesuch einfangen wollte, „warfen wir Buben Steine nach ihnen, daß sie weichen mußten. Wir vernahmen darauf, daß wir von der Obrigkeit gesucht wurden. Wir nahmen des Nachts drei Gänse und zogen in den anderen Teil der Stadt. Dann zogen wir nach Halle in Sachsen und wir gingen in die Schule zu St. Ulrich." (Platter o.J., S. 37 ff.) Sie wurden „ungebührlich" behandelt und gingen nach Dresden. „Daselbst war gar keine gute Schule und unsre Schlafkammer voll Läuse, daß wir sie nachts im Stroh unter uns knistern hörten" (S. 39). Also zogen sie weiter, nach Breslau. Immerhin bleiben sie dort gut ein halbes Jahr; dann wieder zurück, jetzt nach Nürnberg und München, dann nach Straßburg, nach Schlettstadt, wieder nach München usw., fünf Jahre lang.

Thomas und seine Gesellen sind arm. Sie besitzen nur, was sie erbetteln. Häufig haben sie tagelang nichts Rechtes im Magen. „Den Winter schlafen die Schützen auf dem Herde der Schule, die Bacchanten aber in den Zellen . . . den Sommer aber . . . lagen wir auf dem Kirchhof, trugen Gras zusammen. . . lagen darin wie Säue auf der Streu" (S. 42). Tagsüber dann ein wenig Schule, die meiste Zeit aber geht beim Betteln und Stehlen drauf: Gänse, Rüben, Zwiebeln, Töpfe, Brot, Salz.

Thomas kennt zwar gedruckte Bücher, aber die kommen im Unterricht nicht vor. Er erlernt während dieser Jahre ein wenig Schreiben und Lesen, ein paar lateinische Brocken, aber viel Singen.

Thomas macht nahezu alles, was ihm das Überleben ermöglicht: er übernimmt Botengänge, pflegt den Hund einer Bürgersfrau, arbeitet einige

Wochen in der Werkstatt eines Seifensieders, später bei einem Seiler, einem Drucker – und immer wieder wird er von seinem Bacchanten zum Betteln gezwungen. Nach fünf Jahren wird es den beiden – sie hatten sich schon vorher von der Gruppe getrennt – zuviel; „wir zogen also heim nach Wallis". Dort hatte er seine späte Kindheit als Ziegenhirte zugebracht, nicht etwa im elterlichen Haus, sondern bei einem fremden Bauern. Aber er ist offenbar nicht gern gesehen und notiert nur lakonisch: „In der Zeit hatte meine Mutter einen anderen genommen . . . deshalb hatte ich nicht viel Zuflucht bei ihr" (S. 48). Mit Worten, die Gefühle auszudrücken vermögen, ist er sehr sparsam; „nicht viel Zuflucht" ist für seine Verhältnisse schon ein starker Ausdruck. Einmal weint Thomas, als er, allein auf einem Hügel am Bodensee sitzend, seine Schweizer Berge sieht; da ist er 16 Jahre alt. Und „Schmerz" empfand er (S. 52), als er sich von einer Metzgerfamilie in München trennen mußte, die ihn „so freundlich gehalten hatte". Als er dann aber „über den See nach Konstanz" kam „und etliche Schweizerbäuerlein in weißen Jöpplein sah, ach mein Gott, wie war ich so froh; ich meinte, ich wäre im Himmelreich" (S. 55).

Als Thomas ungefähr 18 Jahre alt ist, nach dem vergeblichen Versuch, bei seiner Mutter wieder aufgenommen zu werden, erwirbt er bei einem offensichtlich sehr guten Magister Artium an der Gelehrtenschule in Schlettstadt innerhalb eines halben Jahres den Grundstock dessen, was damals (1518) für eine intellektuelle Bildung nötig war: fließend lateinisch lesen und schreiben. Aber nun hat es Thomas plötzlich eilig: Es geniert ihn, mit Zehnjährigen in einer Klasse zu sitzen; er will nicht mit den Sanges– und Meßpflichten in der Kirche „so viel Zeit versäumen"; er ist stolz, daß es ihm gelingt, einem kleinen Jungen das ABC an einem Tage beizubringen; die Ablenkungen durch die Bedenkenlosigkeit von Freunden und die Nötigung, irgendwie sich seinen Lebensunterhalt zu schaffen, werden ihm lästig: „Ich hätte gern studiert; *denn ich erkannte, daß es Zeit sei*" (S. 62).

War damit seine *Jugend* zu Ende? Als Neunzehnjähriger ist er in Zürich, als Schüler eines in der Region – bis nach Basel und Bern hin – angesehenen Lehrers und Predigers am Zürcher Frauenmünster. Der nahm ihn in seinen Haushalt auf und übertrug ihm, als Abzahlung auf den Freitisch, die Aufgabe eines „Kustos" an der Kirche: Er hatte die Meß– und Sängerknaben zu beaufsichtigen. Dieser Lehrer, schreibt Thomas, „hörte mich gern erzählen, wie ich durch alle deutschen Lande gelaufen und wie es mir allenthalben ergangen war" (S. 64). Und er setzt hinzu: „Das wußte ich damals wohl", d.h. er war sich der Bedeutung, die jene, wenn auch entbehrungsreichen, Wanderjahre für seinen Bildungsprozeß hatten, sehr wohl bewußt. Aber er wußte mehr als das: Er hatte sich,in den vorangegangenen Jahren, mit dem Gedanken der Reformation auseinandergesetzt. Das teilt er – wie eigentlich alles, was uns heute bedeutend erscheint – eher nebenbei mit: Jener Lehrer „hatte bereits die rechte Religion" (S. 64). Und als er Zwingli über das Evangelium des Johannes predigen hörte, da war es ihm, „daß ich wähnte, es zöge mich einer beim Haar in die Höhe" (S. 68). Und als er einmal des frühen Morgens, weil er kein Geld für Feuerholz hatte, aus Kälte nicht studieren konnte, ging er vor der Frühmesse in das Frauenmünster, holte sich eine holzgeschnitzte Heiligenstatue und machte sich damit ein warmes Zimmer (ein Miniatur–Beitrag zur Geschichte des Bildersturms). Und als in Baden (eine kleine Stadt zwischen Zürich und Basel) der berühmte Papist Dr. Eck eine Disputation über die neue Ketzerei veranstaltete, zu der auch Zwingli eingeladen wurde, damit man ihn, außerhalb der schützenden Mauern der Stadt Zürich, wegen Ketzerei verhaften könnte – Zwingli aber auf Anraten seiner Freunde nicht erschien und also die Disputation in Baden ohne ihn stattfand, an seiner Stelle nur einige Sympathisanten, die der päpstlichen Partei weniger wichtig waren –, da war Thomas der Botengänger zwischen Baden und Zürich. Er hörte der Disputation zu, schrieb die Argumente danach im Verborgenen auf, denn es war bei Todesstrafe verboten, während der Disputation mitzuschreiben, brachte die Aufzeichnungen dem Zwingli (25 km Fußmarsch) und dessen Argumente wieder zurück zur Stützung der antipäpstlichen Fraktion in diesem öffentlichen Disput (S. 77 ff.).

Dies alles war schon im Jahre 1526. Thomas war 26 oder 27 Jahre alt. Und sein Leben nahm nun eine stetige Richtung. Die Wirren waren vorüber; er machte bald das Magister–Examen, war einige Zeit Hauslehrer, betrieb eine Druckerei, ging an die Gelehrtenschule und wurde schließlich Rektor eines Gymnasiums in Basel.

Felix

Die Lebensbeschreibungen des Thomas Platter haben dessen Sohn Felix veranlaßt, desgleichen zu tun. Felix war gründlicher: Er führte ein Tagebuch, um nicht, wie sein Vater, später nur auf Erinnerung und ihre Risiken angewiesen zu sein.

Felix begann nicht als Hirtenjunge, sondern als Sohn eines angesehenen Baseler Bürgers aus dem Mittelstand. Mit 12 Jahren kann er lesen und schreiben, aber mit 16 immer noch nicht richtig rechnen (die verschiedenen Rechnungen, die er in seinem Tagebuch aufmacht, stimmen meist nicht). Felix liebt Musik, baut sich selbst ein primitives Saiteninstrument, erhält dann Lautenunterricht bei verschiedenen Lehrern und spielt „den buren und druckeren" im Wirtshaus und in der Werkstatt seines Vaters etwas vor. Stolz notiert er, daß man ihn, als er mit 16 Jahren nach Montpellier geht, dort „l' Alemandt du lut, den teutschen lutenisten, nennet" (Platter 1976,

S. 72). Aber singen mochte er nicht, „da ich gar schamhaft gewest"; er mochte nicht vor den Leuten das Maul so weit aufreißen, daß man die Zähne sieht. Die öffentlichen Theateraufführungen auf den Plätzen der Stadt faszinieren ihn. Es werden fast nur Szenen aus dem christlichen Historienbestand gespielt, nicht von Schauspielern, sondern von den Bürgern der Stadt; auch sein Vater spielt mit. Der Realismus in der Darstellung wurde so weit getrieben, daß in einer Henkerszene der Spieler fast tatsächlich umgekommen wäre. Felix und seine Freunde spielen die Stücke nach und blessieren sich dabei schrecklich. Felix zeichnet gern und viel.

Felix ist gierig nach Obst und Süßigkeiten; aus der Apotheke seines Pflegevaters in Montpellier holt er sich heimlich süße Kräuter, besonders gern ein Heilmittel aus Zucker und Rosenblättern; oft ißt er so viel davon, daß er sich erbrechen muß. Bier und Wein mag er nicht; er trinkt fast nur Wasser.

Der Tod ist in Felix' Jugend immer gegenwärtig. Es wird dauernd gestorben, besonders während der Pest, als Felix zwischen 14 und 16 Jahre alt ist: Onkel und Tanten, Vettern und Basen, Geschwister sterben; er ist häufig dabei anwesend. Anwesend ist er aber auch bei einer Geburt: Während der Abendmahlzeit kommt im selben Raum hinter einem Vorhang ein Kind zur Welt. Er ist bei öffentlichen Hinrichtungen anwesend, sieht, wie jemand aufs Rad geflochten, jemand enthauptet, jemandem ein Pfahl durch die Brust geschlagen wird (S. 94 ff.). Das „Verbrechen" gehört für ihn zum normalen Lebensrisiko. In einem Gasthaus in der Südschweiz, auf dem Weg nach Frankreich mit 16 Jahren, werden er und seine Reisegesellen nachts von einer Räuberbande bedroht, so daß sie die Tür ihres Schlafraums verbarrikadieren und das Haus heimlich durch das Fenster verlassen (S. 133 ff.).

Felix interessiert sich für die Medizin, besonders für die Anatomie. Er schaut zu, als – des Nachts und außerhalb der Stadt – der Leichnam eines Hingerichteten von anatomisch interessierten Bürgern (Lehrer, Pfarrer, Apotheker) seziert wird, so daß „das corpus stuckweis zerschnitten hin und wider lag" (S. 104). Sein Vater, der auch dabei war, aber habe „zenach gedrumt, er habe menschenfleisch geßen, dorab erwacht und sich über die maßen erbrochen" (S. 104 f.). An der Universität von Montpellier, ein Jahr später, ist ihm die Anatomie das Interessanteste. Die anatomischen Vorlesungen, in dafür eigens neu gebauten Hörsälen mit im Geviert ansteigenden Sitzreihen, sind öffentliche Ereignisse; nicht nur Studenten, sondern auch Bürger jeden Alters und Standes, ja sogar Frauen sind anwesend, „ob eß glich ein mans person" (S.151), wie Felix schreibt. Ebenso las er viel in „Kräuterbüchern", sammelte allerlei Pflanzen (S. 111), schaute beim Metzger zu, um die inneren Organe zu sehen, und dachte beim Anblick lebendiger Tiere: „Waß wunder dregst du in dir und wirt der metzger finden?" (ebd.)

Felix wuchs im Hause eines Humanisten auf, noch dazu eines reformierten. Er las; deutsch, lateinisch, griechisch; nicht nur Kräuterbücher und das Neue Testament, sondern auch Terenz, die Komödien des Plautus, den Homer; wohl auch Sebastian Brants „Narrenschiff", das kurz zuvor Albrecht Dürer mit Holzschnitten illustriert hatte. Von seinem Vater wußte er, daß Lesen und Argumentieren gelegentlich gefährlich sein konnte, zwar nicht in Basel, aber beispielsweise in Bayern. Als er 16 Jahre alt ist, erzählen ihm gleichaltrige Freunde, wie sie zugeschaut haben, als in Lyon fünf junge Männer öffentlich verbrannt wurden, die sich durch das Lesen der Schriften des Genfer Reformators Calvin und den öffentlichen Gebrauch seiner Argumente unbeliebt gemacht hatten. Sein Vater druckte damals gerade eines der Werke dieses Autors. In Montpellier (1552) sah er zu, als auf den Straßen Bücherverbrennungen stattfanden, und er notiert das staunend–lakonisch; er hält sich häufig in Buchhandlungen auf und sucht das Gespräch, auch mit „bebstischen Pfaffen", um seine Urteilskraft auszuprobieren.

Felix, von der Andersartigkeit des Klimas, der Landschaft und der Vegetation im Languedoc fasziniert, notiert in einem dafür eigens eingerichteten Büchlein volkswirtschaftliche Eigentümlichkeiten der Gegend (S. 176 ff.): „Wie man die oliven inmacht", „wie man das Baumöl macht", „wie man das wagß bleicht, das eß weis wirt", „wie man das meersaltz macht", „wie man im meer fischet". Er schreibt die Rezepte der Speisen auf. Er stürzt sich in die provencalische Geselligkeit, lernt die Galliarde, Branle, Volte während nächtlicher Treffs der Bürgerjugend tanzen (die Volte war, wegen angeblicher Unanständigkeit, von der kirchlichen Obrigkeit verboten). Und als guter Lautenschläger ist er überall gern gesehen.

Felix beschreibt, wie sein Vater, den Ablauf der Lebensereignisse in einer einfachen, nüchternen Sprache. Stärkere Gefühle werden nur bei Tod oder Trennung deutlich. Als der Vater ihm in einem Brief den Tod seiner Schwester, die an der Pest verstarb, mitteilt, notiert er: „mein hertz wolt mir zerspalten; auch heute noch . . . den brief on thren nit läsen kente" (S. 17). Auch die tiefe Traurigkeit seines Vaters bewegt ihn sehr, und daß der Vater sich damit zu trösten sucht, daß Felix ihm eines Tages eine Schwiegertochter ins Haus bringen wird. Als er sich zur Reise nach Montpellier – drei Wochen zu Pferde und mit mancherlei Aussicht auf Gefahr – verabschiedet, versagt seinem Vater die Stimme; „Felix vale" wollte er sagen, aber kam nur bis zum „va . . . „ – „und ging drurig hinweg, welches mir mein hertz seer bewegt, also daß ich hernoch druriger die reis volbracht, deren ich mich zefor gefreuwet hatt" (S. 131). Und in Avignon, unterwegs und unverhofft allein ohne seinen Gefährten, notiert er: Da „fieng mich an . . . ein solch verlangen, in mein Vatterlandt wider zerreißen . . . daß ich in stal gieng zu meinem rößlin, umfieng es und weinet, wie auch das rößlin, daß allein do stundt, nach anderen pferden stets wieherte, als hette es auch ein beduren ob unserer einöde" (S. 142). Die Orgelmusik in einer Kirche tröstet ihn dann ein wenig.

Kommentierender Nachtrag

Naturgemäß ist meine „Erzählung" bereits ein Stück Kommentar. Ich habe den frühneuhochdeutschen, gelegentlich auch alemannischen Text in modernem Hochdeutsch referiert (dabei gehen Nuancen verloren); ich habe die vielleicht 400 Textseiten (Thomas und Felix zusammengerechnet) auf das konzentriert, was *mir* wesentlich erscheint; ich habe schließlich die Informationen der Quellentexte nicht in der Chronologie der Quelle mitgeteilt, sondern nach Maßgabe einer eigenen Gliederung. Es würde hier zu weit führen, die methodologischen, besonders die hermeneutischen Probleme derartiger Operationen zu diskutieren. Mein Kommentar bleibt deshalb auf inhaltliche Probleme beschränkt. Und im Hinblick auf diese möchte ich die folgenden Fragen einer Geschichte der Bildung im Jugendalter zur Sprache bringen:

Darf man autobiographische Informationen, wie die referierten, so lesen, daß in ihnen *jugendalterstypische* Bildungsprobleme des 16. Jahrunderts beschrieben werden?

Gab es für die ca. 12– bis 18jährigen jenes Jahrhunderts so etwas wie ein *"Entwicklungs"– und „Identitäts"*–Problem?

Welches waren die *kulturellen und sozialstrukturellen Besonderheiten*, die uns die gesellschaftliche Formierung dieser Bildungsphase verständlich machen könnten?

Ich beginne mit der letzten Frage; nicht etwa, weil ihre Beantwortung schon die alles determinierenden Bedingungen anzugeben vermöchte, sondern weil sie einen unerläßlichen Rahmen von Bedeutungen anzeigt.

1. Auffallend ist die *Differenz zwischen dem „Jugendalter" von Thomas und dem seines Sohnes Felix*. Thomas ist ein Emigrant in doppeltem Sinne: Er wandert nicht nur aus seiner Heimat, dem Wallis, aus, sondern auch aus seiner bäuerlichen Herkunft. Sein Jugendalter ist sozialstrukturell bestimmt durch zwei Übergänge: Er will (will!) den Übergang zur Stadtkultur schaffen und den Übergang in eine intellektuell–literarische Elite. Dazu gehört – wenn man beides will – „Erfahrung" im genauen Wortsinne. Er entflieht der „Tragödie der Gleichförmigkeit" (Borst 1983, S. 533) und erkundet die Räume, eine dermals schon unter Verdacht geratene, noch aus dem Hochmittelalter stammende Attitüde, mit der man nun, zu Beginn der Neuzeit und unter dem Auge städtischer Armen–Administration (Sachße/Tennstedt 1980, Mollenhauer 1986), riskierte, als „Vagabund"

und Abweichler klassifiziert zu werden. Es ist deshalb wichtig für ihn, daß sein Lehrer ihm zuhört, wenn er über seine Wanderungen in Deutschland berichtet, denn „der Raum ist so groß wie das eigene Bewußtsein" (Borst 1983, S. 532) oder, umgekehrt, das Bewußtsein reicht so weit wie der Blick oder wie die Füße tragen. Mit dieser „Erfahrung", deren Praxis zwar schon suspekt, deren Resultat aber willkommen war, stützt er die neuen städtischen Mittelschichten und wird von ihnen akzeptiert, zumal er nicht nur Magister Artium, sondern auch Drucker wird. Sein Jugendalter ist eingespannt zwischen der bäuerlichen Herkunft als Ziegenhirt und der – in Halle, Breslau, München und Schlettstadt – allmählich gebildeten Vorstellung einer Existenz, die im intellektuellen Diskurs ihr Zentrum hat. Thomas ist an Armut gewöhnt, aber was treibt ihn zu sagen, daß ihm die Zeit mangelt? Kein Bauer würde auf diese Idee kommen, damals. Offenbar hat sich ihm etwas mitgeteilt von dem, was „städtisch" ist, aber nur von der intellektuellen Seite her. Seine Jugend ist ein Aufstieg, aber vorwiegend intellektuell. Mit Geld kann er auch als Erwachsener nicht umgehen.

Anders Felix. Er verfügt mit 12 Jahren schon über den intellektuellen Bestand, den sein Vater erst mit 18 Jahren erwarb. Felix wächst als Städter auf, beginnt seine Jugendzeit also auf der Plattform, die sein Vater gerade am Ende derselben erreicht hatte (wir dürfen uns diesen Generationenübergang ziemlich dramatisch denken). Felix hat vielleicht noch nicht in Basel, jedenfalls aber in Montpellier diesen sozialstrukturell dramatischen Übergang erlebt: Das Stadtviertel, in dem er als Austausch–Schüler bei einem Apotheker lebt, entwickelte sich in jenen Jahren zum Wohnort der bürgerlichen Oberschicht; hundert Jahre vorher gab es dort noch 22 gespannbesitzende Ackerbauern, 1550 keinen mehr. Im Nachbarviertel gab es im 15. Jahrhundert ungefähr fünf Textilhandwerker; zu Felix Platters Zeit waren es über zwanzig, zehn Jahre später schon ungefähr sechzig (Mieck 1982). Er erlebt den Höhepunkt der Kornteuerung und die Verarmung besitzloser Bevölkerung ländlicher Abstammung, die an den Stadträndern wohnt. In seinem Text spricht er von „Arbeitern". Die Handwerker Montpelliers sind bereits zu 75 % alphabetisiert (im europäischen Gesamtdurchschnitt waren es höchstens 10 %); sie neigen mehrheitlich der neuen „Ketzerei" des Calvin zu. Der 16jährige notiert das zwar; viel stärker aber bewegen ihn die Entdeckungen seines Studiums und die ausgelassenen Feste und Tänze seiner Altersgenossen. Dieses Dreieck von Ökonomie, Wissen und Geselligkeit ist gleichsam herumgezeichnet um das strenge Hauswesen seines Pflegevaters, des Apothekers. Sein Vater hatte sich solcher Zucht entziehen können nur durch entbehrungsreiches Vagabundieren. Felix vertauscht die Strenge des Elternhauses gegen die der Pflegefamilie; er wird gehalten wie die Kinder und Dienstboten, schläft in einer Art Abstellkammer – und ist andererseits in der Anatomie dem Fortschritt bürgerlicher Wissenschaft, beim Tanz der Volte dem Zwischenfeld jugendlicher „Subkultur" unmittelbar konfrontiert.

Freilich gilt dies alles nur für eine statistisch dünne Sozialschicht der städtischen Bevölkerung. Dennoch gebieten derartige Beobachtungen Vorsicht gegenüber Meinungen, die für die Entstehung des Jugendalters den nachständischen Qualifikationsbedarf an Arbeitskräften unter industriellen bzw. kapitalistischen Bedingungen geltend machen wollen (Krafeld 1984, Lessing/Liebel 1974). Richtig scheinen mir derartige Meinungen im Hinblick darauf zu sein, daß die ökonomischen Bedingungen seit dem 19. Jahrhundert eine Art Universalisierung des Jugendalters als Zwischen- und Ausbildungsphase für *alle* besorgten. Ebenso richtig scheint mir aber, daß das kulturelle Projekt Jugendalter, wenn auch zunächst nur in statistisch kleinen und gesellschaftlich privilegierten Gruppen, in den in Bewegung geratenen frühbürgerlichen Verhältnissen begann, als die Städte eine ökonomische Umgruppierung ergriff, ein neuer Wissenstyp den intellektuellen und ökonomischen Nachwuchs faszinierte und sich mit einer neuartigen Zeitperspektive verband. Hundert Jahre nach den Erfahrungen Felix Platters in Montpellier war diese Problemstellung bereits theoriefähig, in der „Schola juventutis" des Comenius (Comenius 1960, S. 345 ff.), einer didaktischen Theorie des Jugendalters.

2. Dürfen wir also die referierten Lebensberichte so lesen, daß sie charakteristische Bildungsprobleme des Jugendalters zum Thema machen? Felix – im Unterschied zu seinem Vater, der es erst mit 18 Jahren eilig hatte, seine intellektuellen Studien zu vollenden – bildete relativ früh ein starkes Leistungsmotiv aus: Seine Mutter ermahnte ihn, als sie im Sterben lag und er 14 Jahre alt war: „Ich besorg . . . du werdest etwan . . . ein schlumpe, die kein haußhalterin sy, zum weib nehmen, so bist du verdorben und *wirt nichts auß dir*"; und Felix denkt bei sich: „du wilt dich also halten, daß du auch hoch anhin kommest" (S. 109). Seine erste Liebe beginnt dadurch, daß er hört, wie Freunde seines Vaters ein Nachbarmädchen wegen ihres Fleißes, ihrer haushälterischen Fähigkeiten und anderer „allerley Umstenden" rühmen. Und schließlich beeindrucken ihn immer wieder die dauernden Klagen seines Vaters über dessen Schulden, besonders aber ein Brief mit der Mitteilung, daß es in Basel nun schon sehr viele Mediziner gebe und er nur dann in Basel etwas Rechtes werden könne, wenn seine Examina außergewöhnlich gut ausfallen würden. Außerdem: Felix, im Alter zwischen 12 und 18 Jahren, ist durch eine doppelte Status-Passage bestimmt: Er will den Erwachsenenstatus des Stadtbürgers erreichen, und er will nicht nur intellektuell, wie sein Vater, sondern auch ökonomisch in die Stadtelite aufsteigen. Für beides sind Vorübungen nötig, die seine Jugendzeit ausfüllen. Überdies hat er selbst einen deutlichen Begriff von der Eigenart dieser Passage: Bei seinem Vater noch gingen Kindheit und

Jugend fast bruchlos ineinander über; die Abenteuer, die Thomas im Umkreis Zwinglis als Zwanzigjähriger erlebte, werden in der gleichen Attitüde mitgeteilt wie seine Erlebnisse als Zehnjähriger im Schnee der Schweizer Berge. Felix dagegen setzt sich, als er 14 Jahre alt ist, deutlich und wörtlich gegenüber seiner Kindheit ab, und als er 17 Jahre alt ist, vermerkt er ausdrücklich, noch nicht erwachsen zu sein. Überdies strukturiert er die Erzählung seiner Kindheitserfahrungen unchronologisch, nur als Reihung von Ereignissen, die untereinander gleichgewichtig scheinen. Die Jugendzeit aber wird bereits als Bildungsbewegung in der Zeit dargestellt. Ihn interessiert nicht nur die gleichsam naturwissenschaftliche Attitüde des Metzgers beim Schlachten, er arbeitet sich an die Möglichkeiten und Grenzen dieser Erkenntnisweise allmählich heran, in der doppelten Bewegung von Anatomie– und Kräuter–Studium. Seine Ortsangaben und –beschreibungen sind keine nur punktuellen Impressionen – wie im Lebensbereich seines Vaters –, sondern dokumentieren Raum–Erfahrung, das Erlebnis von Distanzen und fremden Architektur–Physiognomien. Seine Aufmerksamkeit, in dieser nun schon vielleicht alterstypischen Passagen–Situation, registriert das Neue und Fremde, das er als 16jähriger auf der Reise nach Montpellier antrifft.

Das alles jedoch gerät in Konflikt mit Gefühlen von Zugehörigkeit oder Verbundenheit. Stimmt es denn wirklich, daß das Verhältnis zwischen den Generationen damals, etwa wegen der hohen Kindersterblichkeit (die Hälfte aller Kinder starb vor dem 16. Lebensjahr), eher kühl war, daß emotionale Probleme deshalb auch für das Jugendalter weniger ins Gewicht fielen (Aries 1975, Beuys 1980, Shorter 1977)? Von äußeren Motiven des Handelns ist allerdings viel, von inneren wenig die Rede; konventionelle Rücksichten scheinen wichtiger als privates Wollen; psychologische Reflexionen gibt es kaum, alles Wichtige wird als gleichsam äußere Geschichte mitgeteilt. Es ist also die (methodische) Frage, wie die wenigen Mitteilungen über Emotionelles, innerlich Bewegendes gewichtet werden dürfen. Das kann nur durch ein sensibles Sich–Einlassen auf die Quellen geprüft werden. Mir scheint, daß in Texten von der Art, wie ich sie hier zugrunde lege, zwei Sätze das gleiche Gewicht haben, wie in irgendeiner modernen Autobiographie, in der wir beispielsweise eine emotionale dramatische Abrechnung mit den Eltern lesen, zehn Seiten. Entscheidend sind, so scheint mir, nicht die Quantitäten, sondern ist die symbolische Organisation des Textes. Schaut man bei solchen signifikanten Textstellen auf das Inhaltliche, dann fällt auf, daß starke Emotionen in der Regel mit Trennungen verbunden sind: Tod, Abreise, Heimweh, Alleinsein. Daß sich mit solchen Situationen eine starke innere Bewegung verbindet, ist nicht nur psychologisch, sondern auch sozialstrukturell plausibel: In solchen Situationen wurde die Probe auf den städtisch intellektuellen Lebensentwurf gemacht: Die wenigen Sätze, in denen Thomas Platter gelegentlich „Heimweh" signalisiert, geben Zeugnis von einer Trennungserfahrung (am Bodensee weinte er), die ohne die Annahme einer starken emotionalen Ambivalenz unverständlich bliebe, auch wenn diese Ambivalenz sich nicht, wie in moderner Zeit, auf die Ablösung von der Herkunfts–Kleinfamilie bezieht, sondern auf die Trennung von einem vertrauten Hauswesen. Sein Sohn Felix ist in vergleichbarer Lage schon wortreicher; bei ihm beginnt deutlich zu werden, daß Abschied und Trennung nicht nur jeden ergreift, der von Vertrautem sich entfernt, sondern zu einem speziellen Problem dieser Altersphase wird, zu einer emotional zu bewältigenden Bildungsaufgabe. Die Generationen davor hätten *dies* in *diesem* Alter kaum gelten lassen.

Zwischen derartigen Problemen des Erfahrens, Wissens und Fühlens in der Status–Passage ist die Bildungsfrage der Jugend in jener Zeit und jener sozialen Schicht eingespannt. Es läßt sich denken, daß eine solche Struktur eine gewisse Dynamik generiert, die besonders das auf den Erwachsenenstatus vorbereitende Alter dramatisch ergreift. Die uns heute vielleicht idyllisch und beschaulich erscheinende Schreibweise jenes Jahrhunderts kann uns täuschen: Nicht die einzeln und liebevoll mitgeteilten Geschichten sind es, die uns die Bildungsprobleme mitteilen, sondern die Brüche im Text: die kalte Berechnung der Ausgaben während der Reise neben dem Schmerz des Vaters über den Abschied; die Lust an der „Volte", dem neuen exzentrischen Tanz, neben den Pest–Toten, der Angst vor dem Gewitter, der selbstbesinnlichen Lektüre lateinischer Schriftsteller; die an den Bäumen im Rhonetal aufgehängten Protestanten neben den Kräutersammlungen; die Bücherverbrennungen neben dem „Donat", der damals gebräuchlichen lateinischen Grammatik; die Lust am eigenen Körper, wie in der Schilderung des Badens im Meer, einer Schneeballschlacht, der Liebe zu feiner und bunter Kleidung, neben dem völligen Verschweigen von Sexualität, so als sei diese nichts als ein Beiwerk einer späteren, dem bürgerlichen Fortkommen förderlichen Partie. Ich denke, daß hier, zum ersten Mal in der europäischen Geschichte, das Jugendalter eine eigene Bildungsdramatik zu entfalten beginnt.

3. Diese Dramatik aber hat ihren Brennpunkt in der aufkeimenden Idee von „Identitätssuche" und „Entwicklung". Verwendet man den Ausdruck „Identität" in bildungstheoretischer Absicht und im Hinblick auf das Jugendalter, dann kann damit nicht einfach eine Übereinstimmung, sei es mit den Personen meines sozialen Umfeldes, sei es mit dem Bild, das ich mir von mir mache, bezeichnet sein; er muß vielmehr einen Bezug zu der Bildungs*bewegung* enthalten, in der das jugendliche Individuum sich befindet. Diese Bewegung entsteht, wie Piaget sagen würde, durch ein Ungleichgewicht, durch eine Nicht–Übereinstimmung also, und zwar

zwischen dem, was das Individuum „ist" und dem Entwurf, den es sich von sich macht (Henrich 1979). Wird diese Differenz im Jugendalter aktuell und fordert sie die innere und äußere Tätigkeit heraus, kann man von einer „Identitätsproblematik" des Jugendalters sprechen, die sich in der „Suche" ausdrückt. Das scheint bei Thomas und Felix der Fall gewesen zu sein.

Allerdings erzählt keiner der beiden Ausführliches über „Probleme", die sie mit sich und ihrer sozialen Lokalisierung hatten; auch daß die, wie wir heute sagen würden, bildungsrelevanten Ereignisse irgendeine Altersspezifik hätten, wird nicht mitgeteilt; die berichteten Episoden und Szenen hätten auch Erwachsene so beschreiben können. Es fehlt gänzlich das, was K. Rutschky eine „Jugendrede" nennt (Rutschky 1986), ein Diskurs, in dem die Schwierigkeiten des Erwachsenwerdens zum Thema gemacht werden, sei es in irgendeiner Beobachtersprache, sei es in der Sprache der selbst Beteiligten. Aber müssen wir aus dem Fehlen einer spezifischen „Rede" auch auf das Fehlen der der Rede entsprechenden Problemstellungen schließen, beispielsweise vom Fehlen einer adoleszenten sprachlichen Selbstdarstellung eines 16jährigen Türken heute in der BRD auf das Fehlen spezifisch adoleszenter und nicht nur interkultureller Identitätsprobleme? Für derartige Schwierigkeiten hat die Sozialwissenschaft eine überzeugende Argumentationsfigur zur Hand: Wir interpretieren die sprachliche Selbstdarstellung vor dem Hintergrund oder unter der Leitung von sozialen Struktur–Daten, die uns bekannt sind.

Für die moderne Perspektive besteht eine Schwierigkeit darin, daß wir uns Fragen nach der Identitätssuche Jugendlicher auf einer Zeitachse denken. Damit aber geraten wir für Felix, noch deutlicher für Thomas, in Beweisnot. Die ungefähr sechsjährige Wanderschaft durch Deutschland bis zu seinem 18. Lebensjahr wird nur als Ortswechsel erzählt, und man gewinnt den Eindruck, er sei in der Zeit immer derselbe geblieben. Wenn überhaupt so etwas wie die Differenz von empirischem und entworfenem Ich bildungsbedeutsam war, dann wohl nur in der Raum-Achse biographischer Erfahrung: die Orte, die von Thomas Platter jenseits des (sichtbaren) Horizonts aufgesucht wurden, zwischen München und Breslau ein dauerndes Hin–und–Her, reihen sich als Wechsel zwischen je anders typisierten sozialen Situationen, als ein Ausprobieren möglicher sozialer Lokalisierung, gleichsam in epischer Breite, nicht aber in zeitlich artikulierter Bildungsbewegung (die gleiche „Bildungsbewegung" findet sich schon im Parsifal–Epos). Erst am Ende scheint ihm, daß es nun „Zeit" sei, in der Erwachsenenkultur (ihrer intellektuellen Variante) Fuß zu fassen.

Auch für seinen Sohn Felix dominiert noch der Raum über die Zeit. Aber er profitiert bereits von der langen Suche des Vaters. Offenbar waren derartige Jugenderfahrungen zwar noch nicht als „Jugendrede", in der Form eines Diskurses über „Jugendalter" darstellbar, sie konnten aber doch wohl überliefert werden, und sei es durch die Vorsorge des Vaters: Felix braucht nicht zu vagabundieren; er kennt Anfangs– und Endpunkt wenigstens als Orte sozialer Sicherheit; den *Raum* zwischen Basel und Montpellier kann er, als 16jähriger, deshalb schon in der *Zeit* durchmessen. Denn schon vorher hatte er ja, wenigstens als Ahnung, sein Identitätsprojekt in der Zeit angelegt: Er deutete es als „ein Zeichen dieses meines berufs" (er wollte Arzt werden und ging deshalb an die berühmte medizinische Fakultät in Montpellier), daß er, beim Metzger zuschauend, dachte, „so ich die thier noch lebendig ansach: waß wunder dregst du in dir und wirt der metzger finden" (S. 111). Er hatte sich einen Entwurf gemacht („beruf"), er hatte zudem diesen Entwurf in die programmatische Differenz von „Metzger" und „Wunder" eingespannt (vielleicht darf man dabei an den Anatomen Vesalius, der 1543 in Basel ein Lehrbuch drucken ließ, einerseits und an Paracelsus andererseits, den Felix' Vater vermutlich noch gekannt hat, denken?) und begibt sich auf eine Raum–Zeit–Reise, um seine Projekte zu erproben. Warum sollte das keine Identitätssuche gewesen sein?

Natürlich war dies alles eingefügt in einen Lebenszyklus, in dessen Rahmen das Jugendalter als eine ziemlich lange, in seiner Thematik ziemlich diffuse, im Hinblick auf die sozialen Abhängigkeiten ziemlich ambivalente Lebensperiode erscheint (Gillis 1980). Aber obwohl diese Lebensperiode zwischen den kollektiven Abhängigkeitsmustern der verschiedenen Hauswesen (Herkunftsfamilie, Pflegefamilie) und den gleichfalls kollektiven Standards der sozialen Formationen zwischen Kindheit und Heirat, die jene Länge, Diffusität und Ambivalenz überbrückten, eingefügt war, bildet sich bei Thomas und Felix doch so etwas wie Individualität heraus, die sie zwar nicht suchten, die sich aber in der Identitätssuche als Balance zwischen dem Möglichen und Wirklichen eingestellt hatte. Eine wichtige Komponente dieser Individualitätsgenese war – so vermute ich – die Druckerpresse. Denn beide, Thomas allerdings erst mit 18, Felix schon mit 12 Jahren, lasen viel. Thomas betätigte sich eine Zeitlang als Drucker, und Felix erbte als 15jähriger von einem Onkel eine kleine Bibliothek. Sie lasen deutsch, lateinisch, griechisch, hebräisch, und zwar, jedenfalls deutsch und lateinisch, bereits in der Form des Massenmediums, nicht in Handschriften. Mindestens für Felix möchte ich behaupten: sein Jugendalter war u.a. dadurch bestimmt, daß er sich als generalisierter Schreiber und Leser hervorbrachte. Als Leser war er – in einer Gesellschaft, deren Mitglieder noch zu mehr als 90 % Analphabeten waren – Teilnehmer eines theoretischen Diskurses, durch den er sich in Distanz zu seinem frühbürgerlichen Alltag, den Abhängigkeiten des Hauswesens, setzen konnte. Das geschah freilich auch schon durch die Gleichaltrigen–Gruppierungen, in der Scholaren–Bande, mit der Thomas durch Deutschland zog, in der kleinen jugendlichen Theatertruppe, in der Felix mitspielte, oder im Medium der ausgelassen–modernen Tänze, die unter der Jugend Montpelliers Mode waren. Die ausgiebige Nutzung des Buchdrucks aber eröffnete eine weitere Chance: Das neue kulturelle Medium eröffnete ihnen, über die traditionalen Passagen–Riten hinaus, eine kulturelle Perspektive der Identitätssuche, die geschichtlich auf nächste Schritte verwies.

Die historische Jugendforschung ist sich weitgehend einig, die Entstehung eines „modernen" Begriffs von Jugendalter gegen Ende des 18. Jahrhunderts zu lokalisieren (zusammenfassend Gillis 1980). Diese These läßt sich durch zwei Autobiographien des 16. Jahrhunderts nicht erschüttern. Zu stark sind die Argumente, die auf die sozialstrukturellen Bestimmungsstücke – Bevölkerungsexplosion, Lebenszyklus, Industrialisierung, Beschulungsgrad, Berufsausbildung – verweisen. Aber „Jugendalter" ist nicht nur eine soziologische oder sozialhistorische Kategorie, sondern auch ein kulturelles Projekt. Wenige Jahre bevor Felix Platter geboren wurde, erschienen die „Vertrauten Gespräche" des Erasmus von Rotterdam; Vater Thomas hatte sie gewiß gelesen. Darin ist ein ironischer Dialog enthalten, der einen ungefähr 17jährigen vorstellt, dessen Tagesablauf ganz durch den Übereifer, sich bilden zu wollen, bestimmt ist, um das Jugendalter, in dieser Hinsicht, nicht traditions–gewohnheitsmäßig verstreichen zu lassen. Manches davon zeigt sich auch in den Jugendjahren von Thomas und Felix. Einige Jahrzehnte vorher schon erschien, als volkstümlicher Druck, die erste zehnstufige „Alterstreppe", die dem Jugendalter eine eigene Stufe zuwies und die dann, in den Jahrhunderten danach, immer wieder variiert wurde. Nahm die Idee einer eigentümlichen Jugendbildung nicht vielleicht erste Gestalt an, lange bevor dieses kulturelle Projekt in eine die ganze Gesellschaft ergreifende Form transformiert wurde? Und könnte es, zur Klärung von Gegenwartsfragen, nicht nützlich sein, gerade diesen geschichtlichen Umbruch, in Renaissance und Reformation, bildungstheoretisch genauer zu studieren?

Literatur

Ph. Aries, Geschichte der Kindheit, München 1975.
B. Beuys, Familienleben in Deutschland, Reinbek 1980.
O. Borst, Alltagsleben im Mittelalter, Frankfurt/M. 1983.
J.A. Comenius, Pampaedica, hg. von D. Tschizewskij, Heidelberg 1960.
J.R. Gillis, Geschichte der Jugend, Weinheim 1980.
D. Henrich, „Identität" – Begriffe, Probleme, Grenzen, in: O. Marquard/K. Stierle (Hg.), Identität, München 1979, S. 133 – 186.

U. Herrmann, Was heißt „Jugend“? In: Jugend, Jugendprobleme, Protest, Redaktion H.-G. Wehling, Stuttgart 1982.

F.J. Krafeld, Geschichte der Jugendarbeit, Weinheim 1984.

H. Lessing/M. Liebel, Jugend in der Klassengesellschaft, München 1974.

I. Mieck, Die Entstehung des modernen Frankreich 1450 bis 1610, Stuttgart 1982.

K. Mollenhauer, Umwege, Weinheim/München 1986.

F. Platter, Tagebuch (Lebensbeschreibung) 1536 – 1567, hrsg. von V. Lötscher, Basel/Stuttgart 1976.

Th. Platter, Thomas Platters Leben, hrsg. von H. Düntzer, Stuttgart o.J.

Th. Platter, Thomas Platters Briefe an seinen Sohn Felix, hrsg. von A. Burckhardt, Basel 1980.

K. Rutschky, Krankheit Jugend, in: Merkur, H. 12/1985, S. 1105 – 1110.

E. Shorter, Die Geburt der modernen Familie, Reinbek 1977.

Werner Schefold

Der Jugendbegriff im Widerstreit

I. Am Begriff „Jugend" vollzieht sich gegenwärtig das Los vieler Begriffe, die komplexe gesellschaftliche Sachverhalte umschreiben und semantische Klammern für sich differenzierende Wissenschaftszweige abgeben. Sie verlieren ihren Sinn in dem Maße, wie sie in immer neuen gesellschaftlichen Situationen und Theoriekontexten rekonstruiert, reflektiert, reformuliert werden. So stehen in der sozialwissenschaftlichen Literatur Thesen vom „Ende der Jugend" (von Trotha 1984) neben solchen der Erweiterung, je epochalen Intensivierung der Jugendphase (Hurrelmann u.a. 1985) nebeneinander. Diese und andere Thesen gegenüberzustellen, ihre unterschiedlichen Ebenen, Überlappungen, Widersprüche herauszuarbeiten, erforderte einen gründlichen Einstieg in die heterogenen therorie-geschichtlichen Hintergründe, die den Thesen zugrundeliegen. Darauf will ich hier verzichten.

Gottlob lebt das Thema Jugend auch außerhalb der Wissenschaften. Junge Leute sollen heute (im Mai 1986) keine Milch trinken, keinen Salat, kein Gemüse und Obst essen; alte Leute dürfen. Ihre Körper speichern und verarbeiten die aus der Ukraine hergewehten Trägersubstanzen für radioaktive Strahlungen anders als die von Kindern und Jugendlichen. Auch die nichtakuten Folgen des GAU zu erleben, dürfte ein Privileg der jungen Generation sein. So erhält Karl Mannheims These von der jeweils neuen Lagerung von Generationen im historischen Prozeß einen neuen Aspekt. (Mannheim 1965)

Auch Jugendarbeit ist, wenn auch neben Ökonomie, Politik, Bildungswesen und Waren- und Dienstleistungsproduktion in bescheidenen Maße, am fortlaufenden Prozeß der Konstituierung von „Jugend" beteiligt. Sie hat ihre Jugendbilder: Konzepte über die Bedingungen und Möglichkeiten dieser Lebensphase, in denen sich eigene Ziele, Vorstellungen und Erfahrungen mit wissenschaftlichen Befunden der Jugendforschung mischen.

Grundlegend für diesen wertbezogenen Zugang moderner Jugendarbeit zu Jugend scheint mir dabei seit Jahrzehnten der Anspruch, daß Jugendarbeit ein (oder gar: der) soziale Ort sein sollte, an dem Jugendliche, auf Wegen des Erlebens, Lernens, Übens, Handelns eine Vermittlung ihrer privaten, alltäglichen Existenz mit den politisch-öffentlich hergestellten Bedingungen und Inhalten dieser Existenz dergestalt finden sollten, daß sie Beiträge zu einer Verbesserung dieser Bedingungen der Gesellschaft insgesamt leisten könnten.

In diesem Rahmen will ich einige neue Entwicklungen des Verhältnisses von Jugend und Jugendarbeit diskutieren.

II. Die Thematisierung von Jugend als „Klient" von Jugendarbeit ist zu dem Zeitpunkt von zentraler Bedeutung für Legitimation und Orientierung der Jugendarbeit geworden, als diese sich von weltanschaulicher Selbstgenügsamkeit gelöst hat und ihre Rechtfertigung nicht im Verweis auf die Interessen angesehener Trägerinstitutionen und -verbände Genüge fand. In der Theorieentwicklung von Jugendarbeit finden wir diesen Zeitpunkt Mitte der 60er Jahre, als der Nutzen von Jugendarbeit in Kategorien der Wohlfahrt oder Entwicklung von jungen Leuten selbst definiert wurde. Die damit angezeigte Modernisierung der Jugendarbeit hin zu einer Form sozialer Dienstleistungen im Rahmen einer breiten Palette sozialstaatlich gestützter Angebote für Jugendliche hat ein bestimmtes Jugendbild begleitet, das typisch für das damals herrschende sozialstaatliche Modell der gesellschaftlichen Entwicklung überhaupt war. Der Sinn von Jugend als eigener Lebensphase war an die Idee eines gleichlaufenden, leidlich harmonierenden ökonomischen, sozialen, politischen und kulturellen Fortschritts geknüpft. Der Prozeß der gesellschaftlichen Modernisierung sollte auch über die Ausdifferenzierung und Verallgemeinerung einer eigenen Lebensphase zum Zwecke des Lernens, der Bildung, der Einübung von Partizipation und kultureller Selbstentfaltung realisiert werden; Jugend als Sozialisation für einen Lebensentwurf, der auf qualifizierte Vollzeitarbeit (zumindest in der männlichen Version), hohen Konsum, politische Beteiligung gründet (vgl. Böhnisch/Schefold 1985).

Dieses Jugendbild war (und ist) für Jugendarbeit als Dienstleistungsunternehmen konstitutiv. Die Selbstverständigung in der Jugendarbeit via Theorie kann als Suche nach den spezifischen Beiträgen gerade der Jugendarbeit (vor dem Hintergrund ihrer besonderen strukturellen Bedinungen) zur optimalen Gestaltung der Lebensphase „Jugend" im Horizont gesellschaftlichen Fortschrittes verstanden werden. Konzepte wie „Emanzipation", „Identität", „Metasozialisation", „reflektierte Gruppe" thematisieren allesamt Versionen eines produktiven Verhältnisses von entwicklungsfähigen Subjekten und (einer durch diese permanent zu entwikkelnden) Gesellschaft. Sie verknüpfen Lernen und Leben, Lernen und Handeln, Gegenwart und Zukunft, gegebene Wirklichkeit und Utopie.

Die idealisierte Parallelität individueller und gesellschaftlicher Entwicklung findet sich also auch im allgemeinen Zielrahmen von Jugendarbeit. Emanzipation wird etwa als doppelter Prozeß verstanden: die Emanzipation des einzelnen am Arbeitsplatz, in der Schule und Familie durch Aufarbeitung von Erfahrung und Herrschaft, Ungleichheit in alltäglichen Situationen, geht in gesellschaftliche Emanzipation über, wenn einzelne ihre so bewußt gewordenen Interessen gekonnt und erfolgreich durchsetzen: in Richtung des Abbaus (überflüssiger) Herrschaft, der Entwicklung von Demokratie und Selbstbestimmung. Alltägliche Konflikterfahrung und erarbeitung hat so eine politische Dimension. Jungsein, Schüler, Lehrling, Student zu sein, sogar noch: als Jugendlicher arbeitslos sein hatte per se eine politische Qualität. Jugendprobleme waren Probleme der Chancengleichheit, der Demokratisierung; die Jugend gab einen symbolischen Rahmen für Debatten über die bessere Zukunft der Gesellschaft ab. (DJI 1982)

III. Vor diesem Hintergrund lassen sich einige Tendenzen in der Entwicklung von Jugend skizzieren. Individuelle und gesellschaftliche Entwicklungsprobleme und -horizonte entkoppeln sich. Das bloße Erwachsenwerden (im herkömmlichen Sinn) hat gegenwärtig seine eigenen gravierenden Probleme; ebenso reichen die vorherrschenden Themen in der Politik über „Jugendprobleme" weit hinaus, sind um Fragen des Überlebens der Gattung Mensch zentriert. Individuelle und gesellschaftliche Zukunft sind damit auf der Ebene der Erfahrung wie des aktiven Handelns neu vermittelt. Jugend ist kein politischer Ort mehr. Die Verständigung über die Zukunft ist um Fragen der Atomenergie, der Weltraumrüstung, der dritten technologischen Revolution fokusiert. Jugendliche sind (aktiv und passiv) Beteiligte wie fast alle andern Bürger auch.

Die *private* Welt von Jugendlichen ist weit stärker als in den 70er Jahren von dringenden Problemen der Lebensbewältigung bestimmt. Die Statuspassagen ins Erwachsensein, über Bildung, Ausbildung und Arbeit sind für eine Minderheit faktisch, für eine Mehrheit potentiell gestört. Trotzdem Erwachsen zu werden, sich die materiellen Voraussetzungen einer selbstbestimmten Existenz zu sichern, erfordert Mühe, mißlingt: Ein Viertel der offiziell Arbeitslosen, also gegenwärtig etwa 500 000 Personen, sind nicht älter als 25 Jahre. Die Verunsicherung, der Leistungsdruck, die Resignation, welche von dieser Konstellation aus in den Alltag von Jugendlichen eindringen, widersprechen fundamental Vorstellungen von Jugend als einem „Moratorium", Experimentierraum. Jugend ist vielmehr Experimentier*masse* geworden: Eine Lebensphase, in der neue Lebensweisen individuell entwickelt werden müssen, weil Bedinungen traditioneller Lebensweisen unerreichbar sind: ein gesichertes Einkommen, Wohnung, Familie. Daß Jugend mindestens zwei Gesichter hat, daß einer hart um Chancen konkurrierender Generation wie das einer in Alltagskultur, Stilbildung aktiven und kreativen Generation (vgl. Olk 1985) ist nicht allein Resultat gesellschaftlicher Differenzierungsprozesse, die Jungsein wie das Erwachsensein auch in eine Reihe unterschiedlicher relativ unabhängiger Verhaltensbereiche teilen, es hat auch eine innere Logik: Versperrte Wege ermöglichen *und* erzwingen Freiheit und Eigensinn.

Der Ernst des Lebens – wovon dispensiert zu sein Jugend in diesem Sinn erst möglich macht – scheint junge Leute heute härter zu treffen als Erwachsene, da eben junge Leute die Aufgabe von Integration und Individuation (Hurrelmann u.a. 1985) in der Situation der versperrten Zugänge bewältigen müssen.

Wie wirkt diese Entwicklung auf den öffentlich-politischen Habitus der jungen Generation? Die oben genannten Existenzprobleme von Jugendlichen sind gewiß politische Probleme, verursacht durch systematische Veränderungen in Ökonomie und Technologie. Ihr existenzieller Charakter duldet freilich keine Politisierung in Formen, daß Sozialpädagogik damit umgehen könnte. Die Dringlichkeiten, persönliche Lösungen finden, stehten hart im Widerspruch zu den Möglichkeiten der „Politik", kollektive Lösungen zu schaffen. Ein Ausbildungsplatz muß im nächsten Herbst, ein Arbeitsplatz möglichst sofort beschafft werden – gleichgültig wie die Chancen politischer Lösungen beurteilt werden. Jugendliche sind sich in der Erfahrung von Arbeitslosigkeit ihrer Situation und deren politischen Dimensionen durchaus bewußt (vgl. SINUS 1983). Die Ebenen praktischer Problemlösungen und politischer Perspektiven sind jedoch weit voneinander getrennt, durch eigene Rationalitäten gekennzeichnet.

Die gesellschaftspolitischen Themen der 60er und 70er Jahre, auf breite Reformen angelegt, haben sich auf existenzielle Probleme großer Bevölkerungsteile hin verdichtet: die Bekämpfung von Arbeitslosigkeit, die Sicherung der Renten, der basale Ausgleich sozialer Benachteiligung. Sie stehen zudem in einer veränderten politischen Landschaft, geprägt durch die „grand problems": der Sicherung des Friedens, der Bedrohung der Umwelt und, das politische Klima im Frühsommer 1986 beherrschend, der Bedrohung durch die friedliche Nutzung der Kernenergie (vgl. Emnid-Umfrage im Wahljahr V, in: Der Spiegel 1986/22, S. 47 ff). Die These Raschkes, daß sich im Muster von Politik in westlichen Gesellschaften ein Wandel vom „Paradigma der Verteilung" zum Paradigma der Lebensweise" abzeichnet, scheint durch den Lauf der Dinge bestätigt (vgl. Raschke 1980). Ein politisches Paradigma ist „... die in einem System vorherrschende allgemeinste Sichtweise dessen, was primär als Gegenstand und Aufgabe von Politik gilt". (S.24)

Dieser Wandel der politischen Themen ist nicht allein als kultureller Wandel der Sichtweisen, Werte, Ansprüche zu interpretieren; seine Ursachen und materiellen Grundlagen liegen in der Funktionskrise der Produktions- und Steuerungssysteme der Industriegesellschaft.

IV. Diese Krise ist auch subjektiv präsent. Die Orientierungen und Inhalte, die Raschke als politisches „Paradigma der Lebensweise" kennzeichnet, prägen – so die Ergebnisse der Jugendforschung – gerade junge Leute. Junge Leute haben ein deutlich ausgeprägteres Bewußtsein über die Gefahren von Umweltzerstörung und Atomkrieg als Erwachsene (Shell 1985, Band I, S. 116); ungleich deutlichere Affinitäten zu Parteien und Gruppierungen, die sich dem Kampf gegen die Abwendung dieser Gefahren zur Aufgabe gemacht haben (Shell 1985, Bad I, S. 123 ff). 3% der befragten Erwachsenen, 23% der befragten Jugendlichen erklärten ihre Sympathie für die Grünen.

Dieses politische Profil findet sich auch in tieferen Schichten des Bewußtseins. Kohr und Räder (1984) finden an jungen Leuten (16 bis 25 Jahre) eine weit stärkere Orientierung am „Paradigma der Lebensweise" als bei älteren Menschen; diese generations-spezifische Haltung verstärkte sich innerhalb von zwei Untersuchungen von 1981 auf 1984 (Kohr und Räder, S. 327). Es wäre jedoch überzogen, von einer insgesamt politischeren jungen Generation zu sprechen. Neue Inhalte produzieren und aktivieren auch neue „Bewältigungsmechanismen". Der Subjektnähe der politischen Themen wegen sind sie eher psychologischer als soziologischer Natur: Abwehr, Verdrängung statt sozialer Differenzierung (vgl. Leithäuser/Volmerg 1983; Nunner-Winkler 1986).

Nicht nur Bewußtseinsinhalte, auch Handlungsformen haben sich gewandelt. Neben die Formen von Beteiligung, die durch die Parteien und traditionellen Organisationen und Interessengruppen bestimmt sind, ist eine zweite politische Kultur der themenspezifischen sozialen Bewegungen getreten, die eine breite bunte Palette von Anliegen, Ideen, Aktionsformen präsentieren. Kern dieses neuen Protestpotentials (vgl. Brand 1982) ist der Kampf um menschliche Lebensbedingungen gegen Entwicklungstendenzen und Antagonismen der West-Östlichen-Industriegesellschaft. Frauen-, Friedens-, Ökologie-, Anti-AKW-Bewegungen genießen eine hohe Sympathie gerade bei Jugendlichen (vgl Schefold 1985). Im Rahmen sozialer Bewegungen etwas zu erreichen, hat sich im Bewußtsein von Jugendlichen gleichberechtigt als zweiter Weg politischer Beteiligung neben die Beteiligungsformen des parlamentarischen Systems gestellt (vgl. SINUS 1983).

Schließlich: Das politische Profil der jungen Generation existiert auch nach dem Befund der Jugendforschung nicht zusammenhangslos zu Formen der alltäglichen Lebensführung: „Unkonventionelle Lebensplanung", teilweise bedingt durch die Erfahrung von Arbeitslosigkeit, Perspektivlosigkeit im Studium, kreative Freizeitgewohnheiten, die Übernahme „alternativer" Elemente der Lebensführung gelten den Autoren der Shell-Studie als Kontex „grüner" politischer Einstellungen (Shell 1985, Bd. I, S. 125 ff).

V. Hat die Jugendarbeit in der jungen Generation damit ein neues Gegenüber, ein Jugendbild, auf das pädagogische Strategien neu fixiert werden können? Dies wäre zu einfach gedacht. Vermittlungszusammenhänge zwischen privatem Alltag und Politik haben sich nicht nur bei den Jugendlichen (wie allen Menschen), sondern auch für Jugendarbeit selbst verändert. Die Kirchen, die Gemeinden, die Mitarbeiter sind vom Paradigmenwechsel der Politik mitbetroffen. So sind Konzepte, diese Vermittlungen zu fassen und pädagogisch bearbeitbar zu machen, wie Erfahrung, Interesse, Betroffenheit, Sozialisationsgeschichte, Handlungsformen von beiden Seiten aus neu zu überdenken.

Ich möchte diese Situation in einem kurzen Rückblick auf das Verhältnis von Jugend und Jugendarbeit in den 70er Jahren verdeutlichen und dabei auf den Forschungsbericht von Bäumler u.a., „Politische Bildung der Kirche mit Lehrlingen und jungen Arbeitern" (DJI 1974) bezug nehmen. Solche „historischen" Vergleiche sind zwangsläufig auf Kosten der komplexen Realität übervereinfacht, sie illustrieren gleichwohl Wesentliches.

Die empirische Befragung von Jugendbildungsreferenten der evangelischen Industrie- und Berufsschülerarbeit dokumentiert nicht nur die Annäherung der kirchlichen Jugendarbeit an kirchenferne Gruppen, die im Zuge der Protestbewegung der späten 60er Jahre versucht wurde. Sie dokumentiert damit auch die Probleme, die kirchliche Jugendarbeit in der damaligen Situation überhaupt mit ihrem politischen Anspruch hatte.

Das Spektrum der Inhalte politischer Jugendarbeit war durch *gesellschaftspolitische* Themen bestimmt: Soziale Reformen in Bildung und Ausbildung, Verbesserung der Chancen von jungen Leuten in Schule und Beruf, im Reproduktionsbereich (etwa vertreten durch die Jugendzentrumsbewegung). Daneben: Die neue Ostpolitik, ein langsam aufkommendes Interesse für die Belange der dritten Welt. Diese Inhalte sprachen junge Menschen statusspezifisch an. *Interessen*, an die jeweilige gesellschaftliche Verortung von Jugendlichen als Schüler, Lehrling, Student, Jungarbeiter gebunden, vermittelten den Bezug von privater und politischer Welt. Erfahrungen in Institutionen – Schule, Betrieb, politische Gemeinde – sowie die Wahrnehmung von persönlichen Bedürfnissen in diesen Zusammenhängen hatten zentrale Bedeutung für *Lernprozesse*, den Erwerb von Handlungsfähigkeit. Jugendliche galten somit als gesellschaftliche Wesen in ihrer je eigenen Welt, außerhalb des Bereichs kirchlicher Jugendarbeit. Bezüge zu diesen Lebenswelten von Jugendlichen herzustellen, also Lebenswelten in der Jugendarbeit hereinzunehmen, zu thematisieren, galt als zentrale pädagogische Aufgabe – Jugendarbeit als Metaasozialisation.

Jugendliche galten zudem als gesellschaftliche Wesen mit eigener Sozialisationsgeschichte, deren Niederschlag in den Persönlichkeitsstrukturen über den Umgang mit der persönlichen Situation mitentscheidet. Jugendarbeit stellte sich auch die Aufgabe, diese Strukturen einer Person etwa in der Gruppe zum Thema zu machen und aufzubrechen. Die Handlungszusammenhänge, auf die Lernprozesse hinführen sollen, galten weitgehend als politisch institutionalisiert, vorstrukturiert und außerhalb des Bereichs der Jugendarbeit liegend, die sich weder als Teil des etablierten politischen Systems noch als Teil der (Studenten, Lehrlings-, Schüler-) Bewegung begreifen konnte. Jugendarbeit konnte allenfalls Zugänge eröffnen. Kurz: das Jugendbild war klar konturiert, politische Lernprozesse, Handlungsstrategien schienen deutlich. Der krichlichen Jugendarbeit kam die Chance eines gleichsam propädeutischen Kommunikationsfeldes zu.

VI. Was hat sich im Gefolge des Umbruchs der Politik hin zu den Themen der „Lebensweise“ an den Zugängen von Jugendlichen und Jugendarbeit zur Poltik geändert?

Ich will versuchen, in Anlehnung an die in den 70er Jahren herrschenden Vermittlungsformen einige Tendenzen aufzuzeigen.

Die Dimension des Politischen läßt sich, aus der Perspektive des Einzelnen gesehen, nicht mehr vorwiegend an dem eigenen, gesonderten sozialen Status festmachen. Betroffenheit entsteht immer weniger über statusspezifische Benachteiligung. Poltik trifft den Kern menschlicher Existenz. Sie funktioniert zwar nach wie vor (oder eben nicht) als ausdifferenziertes System der Gesellschaft, vom Einzelnen her betrachtet: Als Rolle, in der die Teilhabe an politischen Prozessen als ein Segment der sozialen Existenz organisiert ist. Das Betroffensein von den „res publicae“ jedoch ist total: Angst vor einem Atomkrieg, vor der Zerstörung der Umwelt, das Eindringen der Erfahrung von Strahlengefährdung in den Alltag lassen sich zeitlich, räumlich oder sozial nicht mehr auf Segmente der eigenen Existenz begrenzen. Die Bedrohung des Lebens liegt buchstäblich in der Luft. Sie steckt im Essen, das auf den Tisch kommt; will man sich auch noch die Erfahrung gerade vergangener Jahre noch eingestehen, so begleitet sie uns auch kontinuierlich durch die Zeit. Wir leben immer noch in der „Gnadenfrist“ (vgl. Gerechtigkeit schafft Frieden; Hirtenbrief der Deutschen Bischöfe 1983) welche uns die atomare Abschreckung gewährt. Diese Drohung hat sich nicht entschärft, nur ihre Frist hat sich verkürzt.

Diese Bedrohungen sind objektiv allgemein, aber keineswegs alltäglich. Sie sind eine Wirklichkeit der Möglichkeiten hinter unserer „natürlichen Einstellung“ (Schütz/Luckmann 1979), daß immer alles so weiter geht; hinter der Harmlosigkeit der Waren als unserer „Lebensmittel“, des routinierten Alltags, der ablaufenden Zeit.

Sie sind sinnlich abgesondert. Strahlungen zu messen ist ein hochkomplexes Geschäft von Experten, das offensichtlich auch diese gegenwärtig überfordert. Die Gefahr der atomaren Selbstvernichtung der Menschheit, wirklich in ihrer durch die Verteidigungsanstrengungen der Blöcke sorgsam gepflegten und gehegten Möglichkeit, scheint allein durch gute Absicht gebannt, daß nicht sein darf, was gleichwohl tagtäglich sein kann.

Die Katastrophen lassen sich Zeit. Daß sie eintreten – Überbevölkerung der Erde, Überlastung der Atmosphäre mit Kohlendioxid, Zerstörung der Ozonschicht, um nur einige zu nennen – steht fest, wenn alles beim alten bleibt.

Was heißt, daß die Erfahrungen der Bedrohungen nicht alltäglich sind? Diese Erfahrungen sind keine „Eindrücke" der Wirklichkeit, sondern Ergebnis aktiver Wirklichkeitsverarbeitung. Diese scheint im hohen Maße von Subjektstrukturen abhängig, die alle Ebenen des Handelns umfaßt. Dazu gehören Denkstile, über die Pragmatik der Alltagsbewältigung hinaus Zonen von Ereignissen und Abläufen erschließen können, die erst in der Zukunft, nur als Potentialitäten von Katastrophen konkret faßbar werden. Dazu gehört die Fähigkeit zum Perspektivenwandel, zur Indentifikation mit anderen Lebensformen von Menschen wie von aussterbenden Tier- und Pflanzenarten; Phantasie und Affektivität; eine moralische Ansprechbarkeit und Urteilsfähigkeit, die sich über partielle Bindungen hinaus an Prinzipien orientiert; schließlich eine Subjekthaftigkeit, die über Orientierung an Werten, über Engagements für Werte selbst ein sicheres Gefühl für Einmaligkeit und Selbstwert erreicht (vgl. Nunner-Winkler, Soziale Welt 1985).

Über diese subjektiven Voraussetzungen hinaus bedarf die Erschließung von Gefährdungen unseres Lebens fundamental der Kommunikation mit anderen. Zusammenhänge sind zu entdecken, die Wirklichkeit des Möglichen ist zu deuten, sie ist gegen die Evidenz des Alltags (wir leben doch in Frieden, der Wald ist noch nicht tot und die Beeren schmecken wie letztes Jahr) zu stabilisieren. Die Dimensionen von Erfahrung, in denen unsere Zukunft außerhalb der Subwelten der Experten in unserer alltäglichen Grundwelt (Berger/Luckmann 1969) deutlich werden, bedürfen der dauernden Bekräftigung durch Gruppen. Ihre konstituierenden Momente: Werte, Sichtweisen, Wissen müssen in Lebenswelten verankert sein, sozial geteilt und reproduziert werden.

Die Kommunikationszusammenhänge, die Grundlage und Medium für die Manifestation politischen Engagements in den vielfältigen Initiativen, Aktionsgruppen, Organisationen sind, die zu den „neuen sozialen Bewegungen" zählen, sind weit über die gesellschaftlichen Bereiche hin verstreut. Initiativgruppen für Zukunftspolitik entstehen nicht, wie dies für die politische Thematik der „Verteilung" gilt, im Umfeld von institutioneller Herrschaft und ihrer Gegengewichte, der etablierten politischen Organisationen des Bürgertums und der Arbeiterbewegung. Sie wachsen gleichsam überall, wo existenzielle menschliche Belange überhaupt zum Thema werden können: In den Schulen und Volkshochschulen, in den Betrieben und Kirchgemeinden, in Freizeitzusammenhängen, in und am Rande von Parteien, in Jugendzentren, stadtteilbezogenen Arbeitskreisen, in der Jugendarbeit.

Die sozialen Formen, Ängsten, Widersprüchen, Forderungen Ausdruck zu geben und so das Private mit dem Öffentlichen zu vermitteln, sind dabei äußerst vielfältig, flexibel, spontan, situativ gebunden. Feste Organisationen, Satzungen, Mitgliedsrollen mit ihren sozialen Ein- und Ausgrenzungswirkungen treten zurück zugunsten improvisierter Aktion, Konjunkturen von Engagement und Engagement, einer lockeren Beiordnung der politischen Dimensionen öffentlichen Handelns zu anderen Zielen und Zwecken.

Das politische Handeln selbst ist eher expressiv, symbolisch, appellativ, auf Aufklärung, Einsicht, Betroffenheit zielend, verständigungsorientiert. Der „output" persönlicher Betroffenheit wiegt mehr als ein gezielter „input" ins politische System, der über die institutionaliserten Verfahren von Legitimation und Delegitimation politischer Macht kalkulierte Entwicklungen bewirken könnte. Die Kampagne in Richtung Volksentscheid, Volksabstimmung, wohl die wichtigste Ausdrucksform der Erschütterungen politischer Haltungen, welche die Katastrophe von Tschernobyl hervorgebracht hat, belegt diese Tendenz.

So haben sich auch die sozialen Kategorien von Selbstdarstellung und -attribuierung politischer Betroffenheit entdifferenziert: Frauen, Mütter, Väter, Kinder oder schlicht Bürger, statt: Schüler, Lehrlinge, junge Arbeiter etc. Die zahlreichen professionellen Gruppen (Ärzte, Physiker, Lehrer u.a.) signalisieren die neue Bedeutung, die Wissen zukommt; ein qualitativ neues Element ist auch das Aufkommen eines von der Fürsorge für andere geprägten Motives politischen Handelns.

Welche Strukturen der Lebenslage, der individuellen Kompetenzen ermöglichen oder verbauen Zugänge zur Politik, erlauben privilegierte Zielgruppen für politische Arbeit auszumachen? Bildungsprivilegien, verbunden mit einer – damit nach wie vor im Zusammenhang stehenden – privilegierten familialen Sozialstation? Neue Wertorientierungen? Lebenslagen, die durch handfeste Probleme, sich sozial zu verorten, kennzeichned sind und so zu außergewöhnlichem Denken und Handeln veranlassen?

Daß diese (und andere) Konstellationen Engagement gegen die Bedrohung des Lebens hervorbringen, dafür bietet die Jugendforschung Belege. Jedoch: Auch die Zusammenhänge zwischen Lebenslagen und Handeln haben sich im hohen Maße subjektiviert: Zwischen Verhalten und Verhältnisse sind komplexe, langwierige, oft überraschende Prozesse der Ausarbeitung von Formen der Lebensführung getreten, die Personen und Gruppen kennzeichnen. In diesen Rahmen sind dann auch die vielfältigen Formen öffentlichen Handelns eingebettet.

VII. Wenn die These stimmt, daß die Vermittlungszusammenhänge von persönlicher, alltäglicher Existenz und „Politik" sich entdifferenziert haben, politisches Lernen (fast) überall stattfinden kann, wo das alltägliche Geschäft des Sich-Durch-Wurstelns, die Pragmatik der Alltagsbewältigung (vgl. Thiersch, 1986) überschritten wird, dann ist Jugendarbeit immer schon mitten drin: als ein Stück Lebenswelt von Kindern und Jugendlichen. Die Politik unter dem „Paradigma der Lebensweise" ist zur kirchlichen Jugendarbeit gleichsam ins Haus gekommen. Das soll nicht heißen, nun Jugendarbeit für eine neue Politik von unten her zu vereinnahmen. Jugendarbeit ist in ihrer wesentlichsten Funktion sozialer Raum für Jugendliche, deren alltägliche Bedürfnisse. Sie ist damit freilich auch Rahmen für Lebensformen, die politisch relevante Signale enthalten: Signale, wie man Konflikte löst, miteinander mit den natürlichen Lebensgrundlagen umgeht, Lebensentwürfe entwickelt und praktiziert, Themen aufnimmt oder verdrängt.

Die Themen der „Lebensweise" lassen sich mit diesen alltäglichen Strukturen gewiß leichter verbinden als die Themen gesellschaftlichen Fortschritts mit den Formen kirchlicher Jugendarbeit in den 70er Jahren. Sie sind in die Prozesse alltäglicher Reproduktion eingebaut, unabhängig von gesonderten Institutionen und Rollen.

Diese „Politisierung" der kirchlichen Jugendarbeit ist freilich ambivalent. Der Subjektnähe politischer Themen in den Dimensionen alltäglicher Erfahrung entspricht eine Subjektferne in der Dimension von Macht und Beeinflußbarkeit. Gerade gegenwärtig (im Mai 1986) liegen Erfahrungen von Bedrohung und Ohnmacht nahe beinander, bedingen und verstärken sich. Erfolgreiche Politik im Paradigma der Lebensweise zu machen, bedeutet wohl, epochale Entwicklungslinien der industriellen Gesellschaften umzubiegen oder zu kappen. Die Anstrengungen, die dazu notwendige Macht zu entwickeln und zu erhalten, erscheinen ungleich größer als vergangene Anstrengungen, nur partiell kontroverse, kompromißfähige Projekte durchzusetzen. Politische Konsensbildung über Fragen der Zukunft berührt Bedingungen des alltäglichen Lebens, vor allem den kapitalistisch erzeugten und wohlfahrtsstaatlich geformten Wohlstand und die massiven „Vested Interests", die in seine fortlaufende Produktion involviert sind.

Dieser Widerspruch im Zusammenhang von Politik und Lebensweise: Daß „anders leben" noch lange nicht bedeutet, auch andere Entwicklungstendenzen der Gesellschaft durchzusetzen, ist schwer auszuhalten. Die Formen der Veröffentlichung und Verdichtung einer „Politik der Lebensweise" bis hin zu strukturwirksamen Entscheidungen scheinen erst im Entstehen. Das „Protestpotential" der neuen sozialen Bewegung sucht in und gegenüber einem wesentlich auf die Thematik von Wachstum und Wohlstand ausgerichteten politischen System adäquate und effiziente Formen.

Die Politisierung der Jugendarbeit ist ambivalent: Sie kann in Banalitäten steckenbleiben, wenn man sich mit dem Singen von Friedensliedern, dem Gebrauch von Gütern alternativer Lebensführung, einem warmen sozialen Klima in den Gruppen begnügt. Sie kann sich freilich auch ungehindert und relativ problemlos in Richtung der Formen politischer Artikulation entwickeln, welche die „zweite politische Kultur" in der Bundesrepublik kennzeichnen. Was hindert Jugendgruppen daran, Anschluß an die Friedens-, Ökologie-, Dritte-Welt-Bewegung zu finden, sich selbst im Rahmen der Gemeinden als Teil dieser Bewegungen zu etablieren? Oder anders: Was wäre für eine solche Entwicklung förderlich? Hierzu abschließend zwei Anmerkungen, welche die Veranstalter von Jugendarbeit in personalem und institutionellem Sinn, also Mitarbeiter und Kirche betreffen.

Mitarbeiter unterscheiden sich in ihren potentiellen Bezug zu neuen Themen nicht mehr prinzipiell von Kindern und Jugendlichen, sondern nur noch nach Nuancen der Lebensgeschichte, nach besonderen Fähigkeiten. Als aktiv und passiv betroffene Subjekte einer „Politik der Lebensweise" stehen sie jedoch prinzipiell in der gleichen Situation wie ihr pädagogisches Gegenüber. Das bedeutet, daß ihre subjektiven Formen, zu leben, sich als politische Lebewesen zu interpretieren, zu handeln, eine unabweisbare, exemplarische Bedeutung für die Vermittlungsprozesse zwischen privater Existenz und deren öffentlich-politische Herstellung bekommen, die Jugendarbeit anstrebt. Damit wandelt sich auch der pädagogische Zuschnitt von Jugendarbeit. Sozialpädagogische Geschicklichkeit und methodische Phantasie bleiben für die Praxis gewiß wichtig, als Kern eines professionellen Habitus werden sie entwertet. Der Haupt-, Neben- oder Ehrenamtliche tritt in seiner „Rolle" als Zeitgenosse in den Vordergrund. Ein Prozeß des „coming out" ist angesagt.

In den Entwürfen für eine auf die Arbeitswelt orientierte Jugendarbeit der 70er Jahre war und ist *Kirche* immer wieder angefordert worden, ihr „Proprium" expansiv auszulegen, ihre Traditionen und Fähigkeiten auszuweiten, neue Themen und Adressatengruppen zu erreichen. Die „Kirche für andere" war eingeklagt.

Politik unter dem Paradigma der Lebensweise hat nun Kirche in ihrem ureigenen Feld eingeholt. Weltdeutungen, Werte, Lebensformen, Altersstrukturen, die genau mit dem Glauben zu tun haben, sind auf neue Weise politisch bedeutsam. Die fälligen Konsens- und Dissensprozesse über

Friedenssicherung, industrielle Entwicklung, das „Projekt der Moderne" überhaupt betreffen christliche Überlieferung fundamental. Diese intellektuelle Politisierung wendet sich auch schnell in Praxis (und umgekehrt). Die Kirche ist zum Thema Frieden in weit radikalerer und anspruchsvollerer Weise zu Haltung und Aktivität gefordert als von den gesellschaftspolitischen Kontroversen der 70er Jahre.

Der Zuwachs an öffentlicher Bedeutung und Aufmerksamkeit, den die Kirche dabei erfährt, sollte jedoch nicht vorschnell eingestrichen werden, er ist höchst brisant. Von christlicher Überlieferung sind auch gehaltvolle, d.h. (im Sinne der Logik) diskriminierende Antworten verlangt, von Kirche Beiträge zu politischen Förderungen (oder Abwehr) *konkurrierender* Entwicklungspfade der Gesellschaft und ihrer Teilpolitiken.

In ihrer ureigenen Sache angefragt, können die Kirchen Glaubwürdigkeit gewinnen, ihre Glaubwürdigkeit aber durchaus auch (bei vielen Menschen: vollends) verlieren.

Literatur

Bäumler, Ch./v. Öttingen, A./Schefold, W./ Schmeißer, S./Will, I., Politische Bildungsarbeit der Kirche mit Lehrlingen und Jungen Arbeitern, DJI, München 1974.

Berger, P./Luckann, Th., Die gesellschaftliche Konstruktion der Wirklichkeit, Frankfurt/M. 1969.

Böhnisch, /Schefold, W., Lebensbewältigung. Soziale und pädagogische Verständigungen an den Grenzen der Wohlfahrtsgesellschaft. Weinheim und München 1985.

Brand, K.-W., Neue soziale Bewegungen. Entstehung, Funktion und Perspektive neuer Protestpotentiale, Opladen 1982.

Deutsches Jugendinstitut (Hg.), Die neue Jugenddebatte, München 1982.

Gerechtigkeit schafft Friede. Hirtenbrief der Deutschen Bischöfe 1983.

Habermas, J., Die neue Unübersichtlichkeit. Frankfurt/M. 1986.

Hurrelmann, K./Rosewitz, B./Wolf, H., Lebensphase Jugend. Eine Einführung in die sozialwissenschaftliche Jugendforschung, Weinheim und München 1985.

Kohr, H.-U./Räder, H.-G., Jugend und gesellschaftliche Rationalität, in: Jugendwerk der Deutschen Shell AG (Hg.), Jugend und Erwachsene 85 – Generationen im Vergleich, Leverkusen 1985.

Jugendwerk der Deutschen Shell AG (Hg.), Jugend und Erwachsene 85 – Generationen im Vergleich, Leverkusen 1985.

Leithäuser, Th./Volmerg, Konfliktängste und Sicherheitsbedürfnis
Mannheim, K., Das Problem der Generationen, in: Friedeburg, L.v. (Hg.), Jugend in der modernen Gesellschaft, Köln 1965.
Nunner-Winkler, G., Identität und Individualität, in: Soziale Welt, 1985, Heft 4.
Diess., Identitätskrise ohne Lösung: Wiederholungskrise, Dauerkrise, in: Fey, H.P./Haußer, K. (Hg.), Identität. Ergebnisse sozialwissenschaftlicher Forschung (im Druck).
Olk, Th., Jugend und gesellschaftliche Differenzierung – zur Entstrukturierung der Jugendphase, in: Zeitschrift für Pädagogik, 19. Beiheft, 1986.
Raschke, J., Politik und Wertwandel in den westlichen Demokratien, in: Das Parlament, aus politik und zeitgeschichte, 1980.
Schütz, A./Luckmann, Th., Strukturen der Lebenswelt, Bd. I, Frankfurt/M. 1979.
Sinus-Institut, Die verunsicherte Generation, Leverkusen 1983.
Der Spiegel, 1986, Heft 22.
Thiersch, H., Die Erfahrung der Wirklichkeit. Perspektiven einer alltagsorientierten Sozialarbeit, Weinheim und München 1986.

Wolfgang Steck

Die Eingeborenen und die Zivilisierten

Notizen zum Verhältnis von Jugendlichen und Erwachsenen in der bürgerlichen Gesellschaft

Die Kolonie der Jugend

Von der Welt der Jugendlichen geht eine eigentümliche Faszination aus. Mehr denn je ziehen die Lebensformen, die Verhaltensweisen und Einstellungen der Jugendlichen alle in ihren Bann, die Vorfahren und die Nachkommen wie die Gleichaltrigen. Als bilde das Lebensalter der Jugend das Zentrum der gesellschaftlichen Altersklassen, so rücken die sozialen und kulturellen Formen ihrer Lebenswelt in den Mittelpunkt privater wie öffentlicher Interessen.

Als hätten die Jugendlichen die Ketten kindlicher Abhängigkeit endgültig gesprengt und seien – vom Zwang der Institutionen befreit – eben über die Grenzen der Unfreiheit hinaus in das gelobte Land jugendlicher Freiheiten eingezogen, so betrachten Kinder ihre jüngsten Vorfahren. Und als gäbe es nichts, was das Interesse der Erwachsenen mehr auf sich zu ziehen würdig sei, nichts als das vermeintlich freie Leben der Jugendlichen, so verfolgen Mütter und Väter die in ihrer Phantasie mitunter geradezu abenteuerlichen Wege ihrer Töchter und Söhne, die nicht mehr ihre Kinder, aber auch noch nicht wie sie, die Erwachsenen, sind. Daß sie nicht wie sie, daß sie nicht erwachsen werden, sondern sich all die Charakterzüge der Jugend zu erhalten vermögen, ist der geheime Wunsch von Eltern, nicht nur für ihre Jugendlichen, sondern auch für sich selbst.

„To stay forever young“[1] wird zum Traumbild einer bürgerlichen Generation von Erwachsenen, die nicht sein wollen und nicht sein können, was sie sind, und deshalb in ihren Kindern das Bild erhalten wissen wollen, in dem sie sich selbst so wiederzuerkennen meinen, wie es ihnen nicht vergönnt ist. Nicht wie Kinder zu sein und nicht wie Erwachsene, nicht mehr in unmündiger Abhängigkeit, aber doch auch nicht in gesellschaftlichen Bindungen, nicht im doppelten Geflecht von familiären und gesellschaftlichen Pflichten und Verantwortungen zu leben – dies scheint zum Ideal einer Gesellschaft zu werden, die der Versuchung erliegt, ihre Lebenschancen jenseits ihrer selbst zu suchen, jenseits der konfektionierten Welt, jenseits der Zivilisation, die einem nicht mehr zugesteht als den vorgefertigten Lebenslauf „nach Maß und von derStange"[2].

Das Lebensalter der Jugendlichen ist, was seine historische Genese anbelangt, jünger als das der Kinder. Beide Lebensalter, das des Kindes und das des Jugendlichen, sind nicht selbstverständlich gegeben, biologisch verursacht und auf natürliche Weise vorhanden. Sie sind gesellschaftliche Produkte. Es ist die Gesellschaft, die den Kindern ihre Kindheit gewährt, den Jugendlichen ihre eigene Welt. Sie gesteht den Lebensaltern nicht nur eigene Sphären sozialer Gestaltung zu; sondern sie richtet ihnen ihre Teilwelten auch so ein, wie es der jeweiligen Verfassung der gesellschaftlichen Lebenswelt entspricht.

Liegt die soziale Geburt der Kindheit auch schon im 16. Jahrhundert, so wird erst das 19. Jahrhundert zu der geschichtlichen Epoche, in der das Kind zum Symbol glücklichen Lebens erhoben wie auch in der sozialen Wirklichkeit bürgerlichen Familienlebens in den Mittelpunkt der Lebensinteressen gerückt wird. Im 20. Jahrhundert schließlich wird die Adoleszenz zum gesellschaftlich bevorzugten Lebensalter. „Es hat ganz den Anschein, als entspräche jeder Epoche ein bevorzugtes Alter und eine spezielle Einteilung des menschlichen Lebens."[3] Zum „Helden unseres 20. Jahrhunderts, des Jahrhunderts der Adoleszenz", wurde der „Jüngling". Die Jugend „wird alsbald als zu einem literarischen Thema und zu einem moralischen und politischen Anliegen. Man beginnt, sich ernsthaft zu fragen, was die Jugend denkt, und Untersuchungen über diese Jugend zu veröffentlichen... Es hat den Anschein, als trüge diese Jugend neue Werte in sich, die dazu angetan sind, eine gealterte und verknöcherte Gesellschaft neu zu beleben."[4]

An der Wiege der Jugendzeit als eines sozial verfaßten Lebensalters und einer eigenen sozialen und kulturellen Teilwelt stand also die bürgerliche Gesellschaft selbst Pate. So sehr sich die Jugendbewegung dem Gegensatz zur Erwachsenenwelt und dem Protest gegen die zivilisierte Gesellschaft der Bürger verdankt, die Idee der Jugendbewegung ist Element einer bürgerlichen Ideologie, deren evolutionäres Potential aus einer Kritik ihrer selbst, aus einer spezifisch bürgerlichen Kultur– und Gesellschaftskritik gewonnen wird. Der Struktur dieser bürgerlichen Vorstellung von der Gesellschaft entsprechend, nimmt die Jugend zur Gesellschaft eine abstrakt-negative Beziehung auf. Die Gesellschaft gilt als Urbild alles Unkonkreten, als unüberschaubares und nicht erlebbares Konstrukt von Konstruktionen. Einer Generation, deren Interesse der sinnlich wahrnehmbaren und lebenspraktisch erfahrbaren Realität gilt, erscheint die

Gesellschaft als Abstraktion von Wirklichkeit. Die Gesellschaft wird zum Gegenstand von Ideologiekritik. Und im Zuge der Kritik wird die Gesellschaft selbst, werden ihre kulturellen wie ihre sozialen Lebensformen als ideologische Konstrukte entlarvt.

Der Zusammenhang zwischen Jugend und Gesellschaft erschöpft sich freilich nicht in der ideologischen Kritik. Während die Jugend einen absoluten Gegensatz zu den abstrakt vorgestellten sozialen Konstrukten konstatiert, die in ihrer Gesamtheit als „Gesellschaft" tituliert werden, nimmt sie zu den konkret erlebbaren Sozialformen der Lebenswelt, vor allem zu den als Primärgruppen verfaßten Institutionen, ein in anderer Weise akzentuiertes kritisches Verhältnis ein. „Aus eigener Bestimmung, vor eigener Verantwortung, in innerer Wahrhaftigkeit ihr Leben zu gestalten"[5] – das ist die Formel, in der die Jugendbewegung 1913 auf dem Hohen Meißner Selbstbestimmung und Innerlichkeit auf einen Nenner brachte. Unter Berufung auf den Generalnenner der neuen Welt entstand das Bild des von der Gesellschaft emanzipierten einzelnen, dessen Lebensaufgabe darin besteht, dem Abstraktum einer komplexen Gesellschaft „eine in sich geschlossene Welt der intimen, kleingruppenhaften Sozialgebilde abzuringen und entgegenzustellen, die ihren Mitgliedern in alle Lebensgebiete hinein eine starke Verhaltensformung und damit auch Verhaltenssicherheit gewährt."[6] Das Postulat des elementaren Lebens – „zurück zu einfachen Lebensformen"[7] – entsteht aus der Reaktion gegen die abstrakten Formen der sozialen Lebenswelt. An die Stelle der abstrakten Gesellschaft wird die konkrete Gemeinschaft gesetzt, die die „künstliche Ordnung verdrängen und all ihre negativen Aspekte beseitigen würde."[8] Durch die Verinnerlichung des Veräußerlichten soll die soziale Welt ihrer verfremdeten Gestalt entkleidet werden und so gerade zu sich selbst kommen.

Die Jugend organisiert ihre Welt daher nach dem Ordnungsprinzip der Primärgruppen. Sie tritt damit in ein Konkurrenzverhältnis zur Familie, der die Jugendlichen zwar entwachsen sind, die gleichwohl hinsichtlich ihrer institutionellen Verfassung das die Lebenswelt der Jugendlichen leitende Muster sozialer Ordnung darstellt. Die sozialen Verhältnisse, unter denen sich Jugend als eigene gesellschaftliche Klasse konstituiert, sind deshalb durchaus mit den Bedingungen vergleichbar, unter denen die gesellschaftliche Lebenswelt der Kindheit entstand.

Die Entstehung der Kindheit fällt mit der „Geburt der modernen Familie"[9] zusammen. Sie ist zugleich deren Produkt wie deren Voraussetzung. Dem Bürgertum gilt die neuentstehende „Sphäre des Familienkreises ... als unabhängig, als von allen gesellschaftlichen Bezügen losgelöst, als Bereich der reinen Menschlichkeit", als „Sphäre der intim sich herstellenden Humanität", als „der innerste Hof des Privaten".[10] Im – gegenüber der gesellschaftlichen Öffentlichkeit – privat gehaltenen Hof der

Familie entsteht das intime Verhältnis zwischen Kindern und Erwachsenen. Es wurde zum Urbild der Beziehung beider Altersklassen und fand in seiner pädagogischen Akzentuierung, in der „Liebe zum Kind", seine institutionelle Ausformulierung. Seitdem gilt das Verhältnis von Kindern und Erwachsenen als exemplarische Fassung privater sozialer Beziehung.

Als sei die ontogenetische Aufschichtung der Lebensalter des Menschen in derer phylogenetischer Entstehung präfiguriert, so stellt sich die auf die Entwicklung der Kindheit und aus ihr folgende Entstehung des Jugendalters als eine „zweite soziokulturelle Geburt"[11] dar, als neuerliche Verwirklichung der bürgerlichen Familienidee. Die Neuordnung des Systems gesellschaftlicher Altersklassen besteht freilich nicht in einer bloßen Erweiterung, so als werde dem bisher dreigliedrigen Aufbau der Lebensaltersystematik – Kinder, Erwachsene, Alte – lediglich ein neues Lebensalter hinzugefügt, das letztlich nicht mehr ist als eine verlängerte Kindheit, ein Moratorium, das den Heranwachsenden, dem Nachwuchs der Erwachsenenwelt, eine längere Entwicklungszeit, ein größeres Quantum an Lebenszeit zur Verfügung stellt. Wäre die Jugend dies, so könnte sie nicht den Rang eines eigenen und selbständigen Lebensalters im Zusammenhang der gesellschaftlichen Ordnung beanspruchen. Die Jugend wäre dann ohne weiterreichende Bedeutung für die Gesamtgesellschaft. Sie würde sich in der Pflege ihrer selbst erschöpfen. Die Welt der Jugendlichen wäre lediglich als eine neue Ausstaffierung der Kinderstube, als Installation des Jugendzimmers zu begreifen. Die Jugendbewegung müßte dann schließlich als Illusion einer Zukunft begriffen werden, die mit der Vergangenheit zusammenfällt. Sie wäre ein Element der Repristination jener gesellschaftlichen Konstitution, die aufzuheben sie ausgezogen war.

Daß sie dies nicht ist, daß die Jugendbewegung sich nicht mit der Stabilisierung der privaten Sphäre der Gesellschaft zufriedengibt und daß das gesellschaftliche Lebensalter der Jugend nicht in der Pflege einer bürgerlichen Innenwelt aufgeht, dies eben macht die Bedeutung aus, die der Jugend in der gegenwärtigen Gesellschaft zukommt. Die Kultur der Jugend ist nicht nur eine Gegenwelt. Sie ist zugleich auch Ursprung und Kernzelle einer neuen gesellschaftlichen Ordnung. Denn das gesellschaftliche Alter der Jugend ist nicht nur für die Jugendlichen selbst von Relevanz; es ist auch nicht nur für die privaten Lebensräume von Bedeutung, in der Jugendliche leben. Vielmehr nimmt die Jugend an der Öffentlichkeit Interesse und die Öffentlichkeit an ihr.

Der geradezu missionarische Elan, mit dem die Jugendbewegung die Geltung bürgerlicher Ideale reklamiert, ist der Ausdruck eines Anspruchs, den die Jugend auf die ganze Gesellschaft erhebt. Mit der Entstehung der Jugendzeit als sozialer Formation wird daher das System der Altersklassen revidiert. Die Jugend tritt insofern in den Mittelpunkt der gesellschaftlichen

Lebenswelt, als sie beansprucht, nicht nur die biographische Klammer zwischen dem Kindheitsalter und dem Erwachsenenalter darzustellen, sondern ebenso die soziale Verklammerung von Familie und Gesellschaft, von privater und öffentlicher Sphäre der Gesellschaft zu leisten. Die Welt der Jugend erhält damit nicht nur „den Rang einer Teilkultur". Sie wird darüber hinaus einer der „wichtigsten Kanäle, durch die die zahlreichen Veränderungen in modernen Gesellschaften stattfinden."[12] Die Jugendkultur ist zugleich Subkultur und Avantgarde der Gesellschaft.[13]

Verwirklicht werden die Intentionen der Jugend, realisiert wird der soziale Sinn dieser Altersklasse also erst, indem ihre Ziele nicht nur für sie, sondern für alle gelten. Der Anspruch, den die Jugend auf die Gesellschaft im ganzen erhebt, muß von den Erwachsenen eingelöst werden.

Das Reservat der Jugend

Dem Anspruch, den die Jugendlichen gegenüber den Erwachsenen erheben, entspricht umgekehrt das Interesse, das die Erwachsenen, das die Gesellschaft insgesamt an der Jugend nimmt. Es ist ein Interesse an sich selbst. Denn wenn sich nicht nur die Jugend der Gesellschaft verdankt, sondern wenn umgekehrt die Entwicklung des gesellschaftlichen Lebens von der Jugend ausgeht, die gesellschaftliche Lebenswelt also Produkt der Jugendkultur ist, dann wird die Jugend nicht nur zum Spiegel einer gesellschaftlichen Verfassung, sondern zugleich auch zu deren Motor, zum „Testfall für gesellschaftliche Rationalität"[14] wie zum Ursprung der Erwachsenenwelt. Die Altersklasse der Jugend ist dann nicht allein aus dem Interesse begründet, das die Jugendlichen an ihrer eigenen Welt nehmen. Sie begründet sich vielmehr auch aus dem Interesse, das ihr die Träger der bürgerlichen Gesellschaft, die Erwachsenen wie die gesellschaftlichen Institutionen, entgegenbringen.

Das doppelte Interesse erklärt freilich nicht nur die gesteigerte Aufmerksamkeit, mit der gegenwärtig alles beobachtet und aufgezeichnet wird, was sich in der Welt der Jugend abspielt. Die Koinzidenz beider Interessensrichtungen, des gesellschaftlichen Interesses an der Jugend und des Interesses der Jugend an der Gesellschaft, belegt vielmehr auch die soziale Bedeutung des Jugendalters im Zusammenhang von privater und öffentlicher Sphäre der Gesellschaft. Denn wie einerseits die gesellschaftlichen Institutionen – Politik, Wirtschaft und nicht zuletzt auch die Kirchen – ihr Interesse den privaten Lebensformen der Jugendlichen zuwenden und die Jugendlichen als die exemplarischen Privatpersonen in einer gegenüber der Gesellschaft privatisierten Kolonie betrachten, so gilt andererseits das Interesse der Jugend der Gestaltung des öffentlichen Lebens, das freilich wieder als eine Vergrößerung privater Lebensformen vorgestellt wird, als Umwelt des Privatmenschen.

Das politische Interesse der Jugend, die deutlichste Form eines nicht auf die private Lebenswelt des Menschen begrenzten Lebensinteresses, gilt denn auch vor allem solchen Werten, die in ihrer privaten Fassung zugleich konstitutive Elemente der bürgerlichen Familienidee darstellen. Erfahrungen in der privaten Lebenswelt werden extrapoliert und zu Erkenntnis– wie zu Handlungsmaximen einer humanen politischen Ordnung stilisiert. Der Hausfriede, die Bewältigung von Generationskonflikten im trauten Kreis der Familie, wird als Folie zum Verstehen und zur Lösung weltpolitischer Krisenkonstellationen benutzt. Und nicht nur die bürgerliche Jugend begreift die Welt aus der Perspektive häuslicher Ordnung. Auch bürgerlichen Politikern scheint die Vorstellung plausibel, weltpolitische Konflikte seien besser zu bearbeiten und zu lösen, wenn sich die Exponenten politischer Macht als Repräsentanten der Staatenfamilie auffassen würden, wenn am Konferenztisch eine pseudofamiliäre Atmosphäre herrschte und gewissermaßen von Mensch zu Mensch verhandelt werden könnte. Die Konstruktion der politischen Wirklichkeit nach dem Muster primärer face–to–face–relations auf der Basis gegenseitigen Vertrauens verfolgt jene ideologische Strategie, mit deren Hilfe die Jugendbewegung der ausgehenden Kaiserzeit die Öffentlichkeit zu reprivatisieren trachtete.

In der Folge der Privatisierung der gesellschaftlichen Welt entwickelt sich ein eigentümlich unpolitisches Interesse am Politischen. Die politischen Vorstellungen verlieren ihre präzisen Konturen; sie werden undeutlich und endlich zu Allgemeinplätzen. Das Postulat des Friedens gilt gleichermaßen den gesellschaftlichen wie den natürlichen Lebensverhältnissen. Als Umwelt der Individualität werden weniger die präzise wahrnehmbaren gesellschaftlichen Bedingungen menschlicher Existenz als vielmehr deren elementare natürliche Lebensgrundlagen aufgefaßt. In natürliche, in unversehrte Beziehungen eingebunden zu sein, wird zu der Wunschvorstellung, in der sich die Individualität zu sich selbst zu kommen vorstellt. Dem Geist der Jugendbewegung entsprechend wird die Zivilisation zum Synonym für die Zerstörung der Lebensbedingungen, der Fortschritt der wissenschaftlich–technischen Entwicklung zur Illusion einer Gesellschaft, der nur der Rückweg zu natürlichen Lebensverhältnissen bleibt.

Im ökonomischen System der Gesellschaft schließlich kommt der Zynismus zum Ausdruck, dessen sich die Institutionen bedienen, um im Fokus der Jugend den Zusammenhang zwischen einzelnem und Gesellschaft zu sichern. Mit Hilfe der Reklame, des öffentlichsten aller Medien, gibt die Wirtschaft ihre Interessen für private Bedürfnisse der Jugend aus und verleiht ihren partiellen Interessen damit allgemeine Legitimität.

Nicht einmal die Vermarktung ihrer Embleme in einer Gesellschaft, der der Konsum attraktiver erscheint, wenn nicht nur die Händler, sondern selbst die Waren als „jung", als „dynamisch" und in diesem Sinne als „neu" gelten, nicht einmal der kommerzielle Verbrauch jugendlicher Ideale konnte der Hochschätzung der Jugend und der von ihr ausgehenden Faszination Abbruch tun. Selbst in ihrer Perversion leistet die Entsprechung beider Interessensrichtungen – des Interesses der Jugend und des Interesses an der Jugend – noch, was ihre ursprüngliche Aufgabe darstellt: die Verknüpfung von privater und öffentlicher Lebenssphäre.

Als ambivalent erweist sich auch das Verhältnis, das Jugendliche und Erwachsene nicht im abstrakten Rahmen übergreifender gesellschaftlicher Organisationen, sondern im Zusammenhang ihrer unmittelbaren Lebenspraxis zueinander einnehmen.

Im Lebenszusammenhang der Familie kommt der neuen Altersklasse der Jugend eine relativ undeutliche Rolle zu. Auch wenn sie längst erwachsen sind, bleiben die Jugendlichen im Gegenüber zu den Eltern, was sie schon immer waren; sie bleiben die Kinder. Die Familie gewährt den Jugendlichen, was sie den Kindern einräumt, seit die Gesellschaft das Kind entdeckte und ihm seine eigene familiäre und außerfamiliäre Welt einrichtet. Das Jugendalter wird zu einer – in vielen Zügen freilich eigenständigen – Variante der Kindheit. Die Neugier, mit der Eltern beobachten, wie ihre Kinder den Kinderschuhen entwachsen und selbständig das fortentwickeln, was die Eltern ihnen vorführen, erscheint als die dem Verhältnis zu Jugendlichen angemessene Version jener „gefühlsmäßige(n) Anteilnahme, die man dem Kind als dem lebenden Abbild seiner Eltern"[15] entgegenbringt.

Gerade in der jüngsten Entwicklung des Jugendalters scheint die Gefühlsbeziehung zunehmend zur dominanten Dimension des Verhältnisses von Eltern zu ihren Jugendlichen zu werden. Eltern betrachten ihre Jugendlichen nicht nur mit einem spezifisch bürgerlichen Interesse für die biographische Entwicklung und für persönliche Eigentümlichkeiten; sie bringen vielmehr den schon fast Erwachsenen jene im Gefühl gegründete Achtung und Toleranz entgegen, die das elterliche Ethos, die Kinderliebe, erzeugt. Unter der Bedingung dieser spezifisch bürgerlichen Familienliebe können auch die Eltern hoffen, durch die Beziehung zu ihren Jugendlichen nicht nur die Idee der Familie lebendig zu erhalten, sondern auch an den Segnungen teilzuhaben, die die Gesellschaft und sie selbst den Jugendlichen zukommen lassen. Selbst der Widerstand der Älteren gegen eine zunehmend alles beherrschende Jugend, die Auflehnung der Eltern gegen ihre eigenen Kinder, die sich neuerdings in Couchtisch–Gesprächen, in Feuilletons und in Illustriertenserien populärwissenschaftlichen Zuschnitts formuliert, selbst der Widerspruch gegen den illusionären Charakter der Jugend lebt noch von der Energie, von dem Glanz und dem gesteigerten Selbstbewußtsein, das der Jugend zugeschrieben wird. In ihrer Kritik hoffen die Erwachsenen, sich jener Güter wenigstens leihweise bemächtigen zu können, die sie zuvor der Jugend zur Verfügung stellten.

Indem sich die Gesellschaft der Erwachsenen das dem Jugendalter eigene Interesse der Integration zu eigen macht und es in einer neuen Fassung zum Ethos der Erwachsenenwelt erhebt, nimmt sie dem Jugendalter freilich gerade seine eigenständige Bedeutung im Zusammenhang des sozialen Systems der Altersklassen. „Unter den Händen“[16] der Erwachsenen wurde das biographische Alter der Jugend, seiner eigenen Logik entsprechend „Exil“ aus der Erwachsenenwelt und „Brückenkopf“ der Kindheit in die Welt der Erwachsenen[17], zum Reservat für die Eingeborenen der Zivilisation. Die Familie wird zum sozialen Reservat, in dem die in sie Hineingeborenen jene komfortable Existenz genießen, die ihnen die Eltern, solange es nur geht, reservieren.

Die Jugendlichen sind anders als die Erwachsenen; und sie sollen es nach deren Willen auch sein. Aber die bürgerliche Jugend ist eine zahme Opposition zur bürgerlichen Erwachsenenwelt. Denn die Jugendlichen erobern ihre Welt nicht im Widerstand gegen die Erwachsenen; sondern sie genießen den Applaus, den man ihrer Kritik entgegenbringt. Sie leben von der Lust, mit der die Zivilisierten die aparten Verhaltensweisen der Eingeborenen im Reservat betrachten. „Wenn der einzelne in diese Welt hineingeboren wird, dann ist die Welt zwar für ihn da, es ist aber noch nicht seine Welt. Er muß sie erst ‚begreifen‘.“[18] Die Jugendlichen, die in die Welt der Erwachsenen Hineingeborenen, werden zu Eingeborenen der Zivilisation, indem nicht sie sich einen für sie zutreffenden Begriff ihrer Welt machen, sondern indem sich die Erwachsenen im Spiegel ihrer Jugend einen Begriff von sich selbst zu machen versuchen und dazu die Schaubühne der Jugend ausstaffieren. In der Manege der vorgespielten Jugend gelten dann die Gesetze der Eingeborenen: „In einer primitiven Gesellschaft gibt es natürlich keinen weitverbreiteten Wissensdurst; neue Probleme, wie europäische Themen, langweilen sie offensichtlich.“[19]

Die Religion der Eingeborenen und die Kirchlichkeit der Zivilisierten

Wie die übrigen bürgerlichen Institutionen der Gesellschaft, so nimmt auch die Kirche ein eigenes Interesse an der Jugend. Jugend und Kirche – dies ist ein beherrschendes Thema kirchlicher Verlautbarungen, kirchlicher Organisation und Strategie. Denn die Beziehung von Jugend und Kirche ist so alt wie das Jugendalter selbst. Die Jugendbewegung begriff sich zu großen Teilen als „religiöse Bewegung“[20]; und viele ihrer Ausprägungen entwickelten sich in der Beziehung zur organisierten Religion oder in unmittelbarem Zusammenhang mit den Kirchen. Die evangelischen Kirchen nahmen und nehmen an der Entwicklung einer eigenen kirchlichen Jugendwelt in hervorgehobener Weise teil. Die kirchliche Jugendarbeit, ein breitgefächertes Spektrum kirchlicher Aktivitäten „zwischen Institution, Verband, Bewegung und jugendlichen Individuen"[21], ist sowohl Motor als auch Produkt der Jugendbewegung, der historischen Genese des sozial verfaßten Jugendalters als eigener gesellschaftlicher und nun auch kirchlicher Teilwelt. Daß die Sorge um die Jugend zu den zentralen Aufgaben von Kirchengemeinden und auch zu einer der wichtigsten Aufgaben der kirchlichen Großorganisationen gehöre, wird von den Mitgliedern der Volkskirche ebenso angenommen, wie die Kirchenmitglieder in ihrer Funktion als Bürger des Staates eine intensive Jugendpolitik fordern.

Das kirchliche Interesse an der Jugend geht allerdings über die geradezu selbstverständliche Pflege der kirchlichen Jugendkultur hinaus. Die Sorge formuliert sich wissenschaftlich; sie wird zum Motiv empirisch–soziologischer Untersuchungen über die eigenen Formen von Religion und Kirchlichkeit, die sich im Zusammenhang der Jugendwelt bilden. Gerade das wissenschaftliche Interesse an Teilaspekten der Subkultur Jugendlicher belegt nun aber den selbstreferentiellen Gehalt des als Sorge formulierten praktischen und des als Forschungsinteresse artikulierten theoretischen Motivs. Ganz in den Bahnen der bürgerlichen Institution der Familie, die sich mit der Einrichtung der Kinderstube selbst konstituierte, ganz in der Folge jenes historischen Prozesses, aufgrund dessen sich die Gesellschaft im Fokus der Jugend ständig selbst restituiert, betrachtet auch die Kirche die Sorge um die Jugend und deren wissenschaftliche Formulierung als ein nicht nur legitimes, sondern geradezu notwendiges Interesse der kirchlichen Institution an sich selbst.

Im Rahmen solcher institutioneller Instrumentalisierungen der Jugendwelt legitimiert sich eine neuere Untersuchung über die Erfahrung junger Erwachsener mit der Kirche aus der Feststellung, es sei Aufgabe der kirchlichen Institution, über eine Analyse der Beziehung von Jugend und Kirche „Aufschluß über sich selbst zu gewinnen, d.h. etwas über die gesellschaftlichen Möglichkeitsbedingungen ihrer selbst in der Gegenwart und in der nahen Zukunft zu erfahren."[22] Noch deutlicher wird die spezifische Bestimmung und Begrenzung des Interesses an der Welt der Jugendlichen in der pragmatischen Seite des Forschungsmotivs. Die kirchliche Komponente der allgemeingesellschaftlichen Attitüde „Sorge um die Jugend" lenkt das wissenschaftliche Interesse auf „die Analyse des Alterskurvenverlaufs bei den Kirchenaustritten, die ja – auch heute 1982, noch – zur Hälfte von unter 33jährigen vollzogen werden." Sie lenkt „das Interesse auf jene Lebensaltersphase, die man als die des Jungen Erwachsenendaseins bezeichnen kann."[23]

So legitim das Interesse der Kirche an der Jugend, an ihrer Jugend als dem „Nachwuchs der Volkskirche"[24], genannt werden muß, das kirchliche Interesse begrenzt sich selbst. Denn ansichtig wird die Kirche ihrer Jugend in den Grenzen solcher Untersuchungen vorwiegend im Zusammenhang ihrer eigenen Konstitutionsprobleme. Die Selbständigkeit des Phänomens „Jugend", die Erfahrung der Andersartigkeit Jugendlicher, der gegenüber der Erwachsenenwelt aparte Charakter der Jugendkultur stellt sich der Kirche vorwiegend als Rekrutierungsproblem dar. Die Titelfrage der vielbeachteten EKD–Studie „Wie stabil ist die Kirche?" läßt sich angesichts des durch die distanzierte Einstellung Jugendlicher zur Kirche auftretenden Bildungsproblems als Frage nach dem Erhalt der Institution formulieren: „Wie weit gelingt die Wahrung des Bestandes?"[25] Die Jugend als anders wahrzunehmen, als es die Erwachsenen sind, wird damit zugleich zur Voraussetzung wie zum Gehalt einer Problemanzeige kirchlicher Praxis wie wissenschaftlicher Forschung. Die von der fragenden Kirche und den befragten Jugendlichen geteilte Prämisse besteht dann darin, daß die Kirche offensichtlich eine Kirche der Erwachsenen ist, zu der die Jugendlichen in Distanz leben. Dem Fremdbild, das sich die Jugendlichen von der Kirche machen, entspricht das Fremdbild, das sich die Kirche von den Jugendlichen macht.

Das Bild, das sich die Kirche mittels des Instruments wissenschaftlicher Untersuchungen von der Jugend zu machen vermag, besteht freilich nicht in der präzisen Konturierung jugendspezifischer Frömmigkeitsstile oder in einer genauen Darstellung religiöser Momente der Jugendkultur. Betrachtet man die Ergebnisse der verschiedenen Studien zum Verhältnis von Jugend und Kirche, dann bleibt am Ende nicht mehr als der Eindruck einer unspezifischen Kirchlichkeit Jugendlicher, eine Einstellung zur Kirche, die Hans–Otto Wölber schon vor 25 Jahren eine „Religion ohne Entscheidung" genannt hat, eine Religion „in Form von Unklarheit", „die nicht aufgearbeitete Religion", fromme Andacht am „Altar des unbekannten Gottes".[26] Die befragten Jugendlichen bringen auch in den neuesten Untersuchungen ihre Distanz zu den kirchlichen Ausformulierungen der religiösen Glaubensvorstellungen mit aller Deutlichkeit zum Ausdruck: Spitzensätze dogmatischer Tradition finden wenig Zustimmung. Sprechen Jugendliche von Religion, so sagen sie, daß sie „Trost brauchen; daß es wichtig ist, etwas glauben zu können, einen Halt zu haben."[27] Von der Kirche erwarten Jugendliche „Begleitung ohne doktrinären Herrschaftsanspruch", „Glaubensangebote ohne eiserne Abonnementsverpflichtung", „die orientierende Behandlung von Problemen, die in der Welt, vor allem aber im persönlichen Lebensablauf, augenscheinlich und dringlich sind."[28] Eine Untersuchung, die sich auf die Lebenswelt der Jugend insgesamt bezog und dabei das Verhältnis Jugendlicher zu Religion und Kirche in die

Befragung mit einbezog, stellt fest, konfessionsspezifische Differenzierungen seien „ohne strukturierende Kraft".[29]

Das Verhältnis von Jugend und Kirche belegt damit weniger den Gegensatz von Jugendwelt und Erwachsenenwelt. Es weist vielmehr auf die kulturellen Verbindungen hin, die zwischen den beiden Kolonien der gegenwärtigen Lebenswelt bestehen. Denn daß die Glaubensvorstellungen Jugendlicher konturenlos und ohne deutliches Profil sind, kennzeichnet nicht die Religion der Jugend, indem es sie von der religiösen Vorstellungswelt der Erwachsenen unterscheidet. Die Jugendlichen übertreffen die Erwachsenen lediglich graduell an Undeutlichkeit der religiösen Vorstellungsgehalte und an einem Mangel an intellektueller Profilierung religiöser Aussagen. Was sich die Jugend wünscht, ist die Kirche der Erwachsenen, freilich nicht die der Doktrin, sondern die der Nächstenliebe.

Auch das Verhältnis der Jugend zur Kirche belegt also die Ambivalenz der Beziehung, die die Jugend zur Gesellschaft, zur „Umwelt" der ihr reservierten Welt einnimmt. Sie lebt in Distanz zu den im Fortschritt religiöser Erkenntnis gewonnenen Differenzierungen der Vorstellungen, aber in unmittelbarer Nähe zu den aus der privaten Lebenssphäre gewonnenen emotionalen Obligationen. Wenn als Ergebnis einer Untersuchung über die Kirchlichkeit Junger Erwachsener gesagt werden kann, „daß, im Gegensatz zu dem stark distanzierten Verhältnis der Befragten zu den quasirituellen Verhaltensforderungen, die Nächstenliebe ein Christentumsmerkmal ist, das von vielen akzeptiert und höher bewertet wird", dann drückt sich darin nichts anderes aus, als „das Existieren einer volkskirchlichen Tradition eines bürgerlichen Christentums"[30], das für Jugendliche wie für Erwachsene verpflichtend ist und an dessen Geltung sich beide Generationen gegenseitig erinnern.

Neben dem Element der frommen Gesinnung, in der die religiöse Welt verinnerlicht wird, läßt sich in der Kultur der Jugendlichen eine zweite Dimension von Religion beobachten, in der sich Religion in der Form ihrer sozialen Äußerung dokumentiert. Empirische Untersuchungen sind auf einen Typus jugendlicher Religiosität aufmerksam geworden, der sich zumindest nicht auf den ersten Blick in das Bild bürgerlicher Frömmigkeit einfügt, in der Religion und Moral eine undeutliche Symbiose eingehen. Unter den Befragten findet sich der Typus des „jugendlichen Ritualisten"[31], des Repräsentanten einer Form von Kirchlichkeit, die sich gegenüber der dogmatischen Orthodoxie non-konformistisch verhält, gleichwohl an den rituellen Praktiken der Kirche teilnimmt und darin die Verbindung von persönlicher Frömmigkeit und institutioneller Kirchlichkeit zum Ausdruck bringt. Will man den Frömmigkeitsstil, der nicht auf der Konsistenz religiöser Vorstellungen, sondern auf der rituellen Praxis von Religion aufbaut, nicht als extravaganten Einzelfall, als Erscheinungsform einer nicht sozial gebundenen, einer vagabundierenden Religiosität desavouieren, dann legt es sich nahe, die Erklärung der aparten Erscheinung durch deren Verallgemeinerung zu suchen. Die Betonung der rituellen Dimension von Religion und deren Ausformulierung in einem bestimmten Typus von persönlicher Frömmigkeit bilden denn auch kein spezifisches Kennzeichen gerade der Religion Jugendlicher. Vielmehr sind die jugendlichen Ritualisten Repäsentanten einer typisch protestantischen Frömmigkeitshaltung, in der sich die Undeutlichkeit der religiösen Vorstellungswelt mit der ebenso elementaren wie formalen Dimension von Religion, mit dem Ritualismus, verbindet. „In dem Moment, in dem die Theologie – und das gilt insbesondere für die protestantische Kirche – hergebrachte Orthodoxie überschreitet, erfüllen unter Umständen auch Kirchgänger, die im klassischen Sinn nicht orthodox sind oder sich nicht so vorkommen, die Bedingungen der Institution."[32]

Betrachtet man schließlich die objektiven Bedingungen, unter denen der nichtorthodoxe Ritualismus Jugendlicher entsteht, dann erscheint dieser Typus von praktizierter Religion geradezu als die klassische Form bürgerlicher Frömmigkeit. Die jugendlichen Ritualisten „haben ein religiöses Elternhaus, gehören kirchlichen Gruppen an, haben insbesondere auch eine sehr gute Beziehung zum Pfarrer, also sie schätzen ihn, sie haben viele Bekannte, die zur Kirche gehen, die Institution sehen sie relativ positiv, und sie bezeichnen sich in erstaunlich großer Zahl, obwohl sie nicht im orthodoxen Sinne an Jesus Christus glauben, doch als gläubige Mitglieder ihrer Kirche, die zu ihrer Lehre stehen." Mit anderen Worten: „Hier sind die nicht ganz akzeptierten treuen Mitglieder der Kirche."[33]

Die Verbindung von dogmatischer Indifferenz und ritueller Strenge kennzeichnet also durchaus nicht nur die religiöse Praxis der Subkultur Jugendlicher. Sie bezeichnet vielmehr einen Charakterzug des neuzeitlichen Protestantismus insgesamt, der freilich in seiner Ausformulierung im Zusammenhang der Jugendwelt deutlicher in Erscheinung tritt. Nicht die Ausdifferenzierung ideologischer Systeme, sondern die Rationalität sozialer Strukturen bildet die Grundlage des Verhältnisses, das Jugendliche und Erwachsene zueinander einnehmen. Die Rationalität der bürgerlichen Gesellschaft wird im Spiegel der Jugendwelt als innere Logik des sozialen Verhaltens, die Rationalität der Religion als Prinzip rituellen Verhaltens erkennbar. Das religiöse Gefühl wird in der Frömmigkeit der Jugendwelt nicht in die Abstraktion der Idee gefaßt, sondern in den konkreten Formalismus der ritualisierten Alltagswelt.

Der Prozeß der Ritualisierung des Gefühls ist schon in der Genese der Jugendwelt, in der Jugendbewegung,zu beobachten. „Ursprünglich war dieses religiöse Leben nur im Gefühl da, ehe es Formen ausprägte. Es hat sonderbare und wilde Blüten getrieben. Propheten und Religionsbegründer sind aufgestanden, und es hat Kreuzzüge und Erlösungspredigten gegeben wie im Mittelalter. Manche Gruppen und Bünde griffen bis auf altgermanische und altgriechische Formen zurück in dem Drang, wirklich aus den Quellen zu schöpfen."[34] Und als Quelle der religiösen Erfahrung gilt das Ritual, die dramatische Inszenierung des frommen Gefühls.

Die Dominanz des Rituellen gehört zu den beherrschenden Charakterzügen auch der gegenwärtigen Lebenswelt der Jugendlichen. Sie kennt Speise- und Fastengebräuche, Schulrituale, Gruppenrituale und Familienrituale. Die Jugend pflegt den Tanz im scheinbar profanen Tempel, in den der Türsteher nur die Eingeweihten einläßt. Die Ekstase wird im Rausch gesucht, der sich aus den Drogen der Eingeborenen nährt und durch eine musikalische Ästhetik gesteigert wird, deren rhythmische Grundformen der musikalischen Kultur primitiver Gesellschaften entliehen sind. Die rituellen Szenen werden an geheimen Orten und mit heiligen Geräten zelebriert, die Männer sind Priester, die Frauen Priesterinnen. Und nicht nur in der aus dem alltäglichen Lebensablauf ausgegrenzten Feier wird die Rationalität des Bewußtseins in der rituellen Begehung von Wirklichkeit aufgehoben. Selbst die längst instrumentalisierten und technisierten Züge der Zivilisation werden unter den Händen der Jugendlichen zu Elementen einer Kultur des Spiels und der zweckfreien Darstellung. Das Auto wird zum Vehikel von Begehungen und Ritualen, die Konfektionskleidung zum Ausdruck von Stammeszugehörigkeit, die sich durch aufgestickte Totems ausdrückt.

Die Jugendkultur ist eine expressive Kultur. Sie hebt die Bedeutungsebene der Realität hervor und nimmt das mythische Produkt der expressiven Phantasie als die Realität selbst. Daß sich die bürgerliche Jugend diese Form der Elementarisierung ihrer Lebensführung nicht nur leisten kann, sondern daß sie die Ritualisierung des Lebens zugleich auch vornimmt, um damit zum Ausdruck zu bringen, was sie sich leisten kann, dies verweist wieder auf den ökonomischen Zusammenhang von Jugendkultur und Erwachsenenwelt. Darin kommen allerdings auch die spezifischen Grenzen einer religiösen Lebenspraxis zum Ausdruck, die nicht der Rationalität der religiösen Vorstellungswelt, sondern der Logik ritueller Weltordnung verhaftet ist. Die hochbürgerliche Kultur ist gerade in ihren religiösen Zügen der archaischen Kultur eng verwandt. Es hat den Anschein, „daß die fromme Gewohnheit mit größter Hartnäckigkeit unter jenen Klassen der modernen Gesellschaft fortbesteht, deren Alltagsleben sich fern von den mechanischen Arbeitsprozessen abspielt und die auch in anderer Hinsicht am konservativsten sind." Es scheint, „daß die frommen Sitten in gewissem Ausmaß bei jenen Klassen der modernen Gesellschaft an Umfang und Kompliziertheit gewinnen, die über den größten Reichtum und über die größte Muße verfügen. Hier wie in anderer Beziehung trägt die Institution einer müßigen Klasse dazu bei, den arachaischen Typus der menschlichen Natur wie auch jene Elemente der archaischen Kultur, welche die industrielle Entwicklung auszumerzen trachtet, lebendig zu erhalten, ja geradezu zu rehabilitieren."[35]

So erinnert die Jugend nicht nur die Erwachsenen an ihre biographische Genese, an die lebensgeschichtlichen Entstehungsbedingungen ihrer sozialen, kulturellen und religiösen Welt. Sie erinnert ebenso die bürgerliche Gesellschaft an ihre verdrängten, gleichwohl lebendigen archaischen Grundlagen. Die Rationalität der Lebensführung nicht um den Preis ihrer ursprünglichen und elementaren Formen zu erkaufen und umgekehrt nicht der Blindheit irrationaler Alltagspraxis zu verfallen, bleibt die Aufgabe, die der bürgerlichen Gesellschaft im ganzen, der Welt der Jugend wie der der Erwachsenen, gestellt ist. Sie ist nur im kritischen Diskurs zwischen der Jugend und den Erwachsenen zu lösen.

[1] K. Hartung, Über die langandauernde Jugend im linken Getto; in: Kursbuch 54, 1978; 174.

[2] P.L. Berger, Einladung zur Soziologie, 1971; 64.

[3] Ph. Ariès, Geschichte der Kindheit, [3]1980; 90.

[4] A.a.O., 87f.

[5] H. Schelsky, Die skeptische Generation, 1957; 60. – S.N. Eisenstadt, Von Generation zu Generation, 1966; 100.

[6] Schelsky, a.a.O. 63.

[7] A.a.o., 60.

[8] Eisenstadt, a.a.O., 329.

[9] E. Shorter, Die Geburt der modernen Familie, 1977.

[10] J. Habermas, Strukturwandel der Öffentlichkeit, [5]1971; 63, 65, 67.

[11] D.Claessens, Familie und Wertsystem. Eine Studie zur ‚zweiten soziokulturellen Geburt' des Menschen, 1962.

[12] Eisenstadt, a.a.O., 336.

[13] D. Baacke, Beat – die sprachlose Opposition, 1968; 221.

[14] H.–U. Kohr/H.–G. Räder, Jugend und gesellschaftliche Rationalität, in: A. Fischer u.a. (Hg.), Jugendliche und Erwachsene '85, Bd. 1, 1985; 306.

[15] Ariès, a.a.O., 501.

[16] Im Anklang an die berühmten Eingangssätze des Ersten Buches des Emile von J.–J. Rousseau (Reclam–Ausgabe v.M. Rang, 1963; 107).

[17] L.Clausen, Jugendsoziologie, 1976; 136.

[18] Kohr/Räder, a.a.O., 309.

[19] B. Malinowski, Magie, Wissenschaft und Religion, 1983; 20.

[20] W. Stählin, Der neue Lebensstil, in: W. Kindt (Hg.), Grundschriften der deutschen Jugendbewegung, 1963; 320. – G. Götsch, Jugendbewegung als Volksgewissen, a.a.O.; 491.

[21] Chr. Bäumler, Konzeption und Theorie kirchlicher Jugendarbeit, in: M. Affolderbach/ H. Steinkamp (Hg.), Kirchliche Jugendarbeit in Grundbegriffen, 1985; 228.

[22] A. Feige, Erfahrungen mit Kirche, 1982; XIII.
[23] A.a.O., 5.
[24] Chr. Bäumler, Der Nachwuchs der Volkskirche, in: ThPr 8, 1973; 230–242.
[25] H. Hild (Hg.), Wie stabil ist die Kirche? 1974; 243.
[26] H.O. Wölber, Religion ohne Entscheidung, 1960; 52f.
[27] Feige; a.a.O., 143.
[28] A.a.O., 159.
[28] W. Fuchs, Konfessionelle Milieus und Religiosität, in: Fischer u.a. (Hg.), a.a.O., 268.
[30] D. Stoodt/E. Weber, Volkskirchliches Christentum, in: Feige, a.a.O., 307.
[31] G. Schmidtchen, Gottesdienst in einer rationalen Welt, 1973; 76ff. – G. Schmidtchen, Zwischen Kirche und Gesellschaft, 1972. – K. Forster (Hg.), Befragte Katholiken, 1973. – W. Jetter, Symbol und Ritual, 1978; 13ff.
[32] Schmidtchen, Gottesdienst 78.
[33] A.a.o., 80.
[34] Götsch, a.a.O., 491.
[35] Th. Veblen, Theorie der feinen Leute. Eine ökonomische Untersuchung der Institutionen, 1971; 244f.

Jugendarbeit und gesellschaftliche Praxis

Im Blick auf die Geschichte von Jugendarbeit läßt sich zeigen, daß es bis mindestens 1945 so etwas wie politische Bildung als Anstiftung zu einem auf Autonomie gegründeten politischen Denken und Handeln überhaupt nicht gab. An ihre Stelle trat – im Sinne der Heydornschen Entgegensetzung beider Begriffe – politische Erziehung. *Hermann Gieseke* belegt, daß gerade die durch den gesellschaftlichen Strukturwandel bedingte Zwangsemanzipation der Jugend diese im Zuge ihrer Vergesellschaftung politisch heteronom funktionalisierbar machte. In diesem Prozeß bedeutete politische Erziehung ideologische Rekrutierung und Festigung; dies gilt auch für die quasi–politische Wirkung der Kirchen. Im Grunde wurde diese Erziehungstradition auch nach 1945 nicht verlassen: Die Erziehung zur Demokratie folgte einer Anpassungsstrategie, insofern sie eine weltanschauliche Grundausrichtung vermitteln wollte. Selbst eine progressive politische Bildung unterlag langfristig gesehen einer vergleichbaren Logik. Von der politischen Erziehung kommt man erst dann zu einer wirklichen politischen Bildung, wenn diese die Jugendlichen zur subjektiven wie objektiven Selbstaufklärung befähigt. Dieser pädagogischen Forderung entspricht die theologische Einsicht, daß der Gedanke der Autonomie notwendiges Resultat des Protestantismus und der in ihm zentralen Rechtfertigungslehre ist. Politische Bildung, die auf Realisierung von Freiheit zielt, läßt sich genuin aus dieser Tradition begründen. Um diese Einsicht produktiv zu machen, verweist *Klaus Tanner* selbstkritisch auf die höchst ambivalente Wirkung des Protestantismus: Einerseits begründet die allen Reformatoren gemeinsame Rechtfertigungslehre die prinzipielle Freiheit eines Christenmenschen, andererseits hat die evangelische Kirche – die lutherische mehr als die reformierte – als Folge des landesherrlichen Kirchenregiments die demokratischen Traditionen nicht gerade gefördert. Im Hinblick auf Weimar macht Tanner dies deutlich, wobei er im Durchgang durch die Kirchengeschichte zeigt, daß an den Rändern der Kirche (z.B. Pietismus, freie religiöse Vereinigungen) liberale Traditionen weiterhin lebendig blieben.

Freiheit muß immer erst gewonnen werden, niemand hat sie unmittelbar aus sich. In der Rechtfertigungslehre wird menschliche Freiheit als ein Geschenk Gottes betrachtet, das notwendig zum Handeln anleitet: Geschenkte Freiheit ist immer eine zu realisierende Freiheit, darin liegt die unaufhebbare sozialethische Dimension der reformatorischen Lehre. Wenn aber Freiheit als durch Gott begründet zu denken ist, dann kann sie in jeweiligen Verwirklichungen niemals vollständig aufgehen. Der theologisch gefaßte Freiheitsgedanke hat eine prinzipielle Funktion, die eine affirmative politische Erziehung in der Jugendarbeit ausschließt. Unter protestantischen „Prinzipien" müßte politische Bildung auf die Fähigkeit abzielen, aktiv Freiheitsräume auszubauen und sich für mehr Demokratie einzusetzen.

Wenn man die christliche Freiheit nichtals Besitz des „inneren Menschen" illegitim einschränkt, sondern ihren sozialethischen Impetus für den „äußeren Menschen" berücksichtigt, kommen auch die weiteren sozialen Dimensionen des Freiheitsbegriffs in den Blick. Denn der Freiheitsgedanke legt sich nur im Zusammenhang anderer Begriffe zureichend aus. An einem praktischen Beispiel macht *Gottfried Weber* deutlich, daß realisierte demokratische Freiheit auf soziale Gerechtigkeit und auf Frieden im umfassenden – biblischen – Sinn abzielt. Angesichts zunehmender Ungleichheit in der Verteilung des gesellschaftlichen Reichtums und der Arbeit sind die Möglichkeiten selbstbestimmter Lebensentfaltung drastisch eingeschränkt. Weil dies ein gesamtgesellschaftliches Problem ist, kann es auch in der Jugendarbeit nicht als scheinbar jugendspezifisch behandelt werden: Jugendarbeit ist deshalb in Gemeinwesenarbeit zu integrieren, dazu macht Weber stadtteilbezogene Vorschläge, die auf Selbsthilfe hinauslaufen. Politische Bildung kann eben nicht eine Frage der kognitiven Orientierung sein, sondern muß zur praktischen Selbstverortung von kompetenten Subjektiven in objektiven, aber doch veränderbaren Strukturen anleiten.

Hermann Giesecke

Zur Geschichte der außerschulischen politischen Jugendbildung

Mit der Entstehung des Wandervogels begann um die Jahrundertwende eine Entwicklung, die ich die „Politisierung des Jugendalters" nennen möchte. Jugendliche entziehen sich, zunächst nur zögernd und begrenzt, bis heute aber sehr weitgehend den Einflüssen der traditionellen „Erziehungsmächte" (Familie, Schule, Kirche), um in Gleichaltrigengruppen eine Art von „Selbsterziehung" in ihrer Freizeit zu inszenieren. Man kann auch sagen: Seit dem Beginn des Wandervogels hört das Jugendalter Zug um Zug auf, ein primär *pädagogisch* definierter Status zu sein, der einerseits von den „Verführungen" und „Verfrühungen" der Erwachsenenwelt zu schützen sei (Jugendschutz), dem andererseits aber auch die volle Verantwortung eines Erwachsenen noch nicht zugemutet werden könne. „Politisierung" nenne ich diesen Prozeß deshalb, weil in dem Maße, in dem das Jugendalter das Gehege der Erziehungsmächte verläßt, es *öffentlich zugänglich* wird für die Werbung partikularer Erwachsenengruppen, die die Jugendlichen nun für ihre kulturellen, politischen, wirtschaftlichen und weltanschaulichen Bestrebungen gewinnen wollen und vor allem: die dies nun auch *können*. Die Jugendlichen treten gleichsam auf einen Markt, auf dem die verschiedenen Anbieter einander den Rang abzulaufen trachten. Das wurde schon auf dem Fest auf dem „Hohen Meißner" im Jahre 1913 deutlich, wo Erwachsene die dort versammelten Jugendlichen für ihre kulturkritischen bzw. lebensreformerischen Ziele gewinnen wollten. Nach dem Ersten Weltkrieg wurde daraus eine Massenbewegung; es gab in der Weimarer Zeit kaum eine Erwachsenenorganisation, die nicht einen eigenen Jugendverband hatte oder sich wenigstens bemühte, einen aufzubauen. Die Hitler-Jugend, die zunächst auch nur einer dieser zahlreichen Jugendverbände war, zerschlug bekanntlich 1933 diesen pluralistischen „Jugendmarkt" und suchte sich ein Monopol zu sichern. Nach 1945 knüpfte die Jugendarbeit wieder an die Formen an, die 1933 zerstört worden waren.

Nun lag die Ursache für die „Politisierung" des Jugendalters keineswegs primär in dem Autonomiestreben der Jugendlichen selbst, vielmehr wurde deutlich, daß zunächst Teile der bürgerlichen Jugend, inzwischen praktisch alle Jugendlichen im Hinblick auf ihre berufliche weltanschauliche usw. Zukunft ihre Vergangenheit, die aus ihrer sozialen Herkunft erwächst, nicht einfach fortschreiben konnten; man konnte nicht mehr einfach „in Vaters Fußstapfen treten". Vielmehr boten sich reale Optionen, also Wahlmöglichkeiten an – in der Weimarer Zeit auch schon für aufstiegsorientierte Arbeiterjugendliche – über die *entschieden* werden mußte, und diese Entscheidung mußte der Jugendliche letzten Endes *selbst* fällen, – wie groß unter Umständen die Konflikte mit dem Elternhaus dabei auch sein mochten. Heute ist das alles kaum noch fraglich, aber hinzugekommen ist ein neues Problem in Konsequenz des jugendlichen Politisierungsprozesses: Nachdem wir die Bildungsprivilegien *im Prinzip* beseitigt haben, ist auch der *Entscheidungsdruck* erhöht worden (die Optionen sind kaum noch übersehbar) aber auch der *Leidensdruck*. Damit meine ich folgendes: In der Weimarer Republik hatte fast jeder Jugendliche noch sein festes Herkunftsmilieu (Bildungsbürger, Handwerker, Facharbeiter), an dem er sich zunächst einmal orientieren konnte. Wurde z.B. der junge Arbeiter wie sein Vater ebenfalls Arbeiter, so „war er wer". Gelang ihm darüber hinaus ein sozialer Aufstieg, so konnte dies seinem Selbstbewußtsein nur zugute kommen. Heute dagegen, am Ende der Politisierung des Jugendalters, wozu auch der Abbau der Bildungsprivilegien gehört, muß der Jugendliche nicht nur seine *Chancen* nutzen, sondern sich auch mit seinen *Grenzen* zufrieden geben („zu mehr reicht es eben nicht"). Die gegenwärtige Jugendarbeitslosigkeit verschärft dieses Problem, verunklart es aber auch, weil viele junge Menschen ihre Chancen nicht wahrnehmen können, andererseits aber auch der Notwendigkeit enthoben sind, sich mit ihren Grenzen zu identifizieren.

Nun ist dieser Prozeß der Politisierung – also der heute erreichten vollen Vergesellschaftung des Jugendalters – langsam vor sich gegangen. Aber die modernen Jugendverbände verdanken sich dieser Tatsache. Zugleich haben sie diesen Prozeß über Jahrzehnte dadurch verlangsamt, bzw. gemildert, daß sie die Idee des „Jugendgemäßen" akzeptierten und realisierten, wie sie der Wandervogel in den Grundzügen bereits erfunden hatte. Diese Idee besagte etwa, daß es zum „Wesen" „des" Jugendlichen gehöre, sich Gleichaltrigen zuzugesellen, der Natur nahezustehen, einer bestimmten „Jugendkultur" mit Wandern, Singen usw. zu folgen, auf Distanz zur großstädtischen Freizeit–Zivilisation zu gehen und sexuell enthaltsam zu leben. Schon in der Weimarer Zeit war dies „Jugendgemäße" das fast allen Jugendverbänden gemeinsame Element, worin sie sich auch sonst unterscheiden mochten. Die Kultur des „Jugendgemäßen" verhinderte also für die sie akzeptierenden Jugendlichen eine allzu schroffe Entfremdung, die ja mit dem Prozeß der Politisierung verbunden ist, indem sie Geborgenheit in Kleingruppen anbot; andere suchen diese Geborgenheit außerhalb der Jugendarbeit in Gleichaltrigengruppen.

Die Idee des Jugendgemäßen überdauerte – wenn auch modifiziert – die HJ und verschwand etwa Ende der 50er Jahre allmählich. Darin drückte sich nur aus, daß die Politisierung des Jugendalters sich endgültig durchgesetzt hatte, – zunächst im Freizeit– und Konsumbereich, wo Jugendliche als selbständige Käufer ernstgenommen wurden, später, Ende der 60er Jahre, im Zuge der Studenten–, Schüler– und Lehrlingsbewegung auch auf politischem Gebiet: Jugendliche wurden nun als politische Subjekte akzeptiert, die ihre politischen Interessen selbst vertreten dürfen und diese nicht mehr wie vorher nur über die Stellvertretung durch die Herkunftsfamilie geltend machen können. Die Herabsetzung der Volljährigkeit auf 18 Jahre war nur eine logische Folge dieser Entwicklung. Der Prozeß der Politisierung löste also die Jugendlichen ausihren sozialen Herkunftskontexten heraus und zwang sie zu jeweils *individuellen* Entscheidungen, und diese *radikale Individualisierung* des Jugendalters erhöhte die Probleme des Erwachsenwerdens und damit der Identitätsfindung. Von der subjektiven Seite her gesehen ist also Politisierung der Zwang zur Emanzipation.

Nun läge die Vermutung nahe, daß diesem Prozeß der Politisierung, der Emanzipation vom Herkunftsmilieu und von den Erziehungsmächten auch eine entsprechende politische Aufklärung gerade im Rahmen der Jugendarbeit entsprochen habe. Welche Rolle spielte also „politische Bildung" unter den Angeboten der Jugendarbeit?

Hier muß man unterscheiden zwischen der Arbeiterjugendbewegung und der bürgerlichen Jugendbewegung. Für die Arbeiterjugendbewegung war politisch orientierte „Bildung" von Anfang an ein wichtiges Moment ihres Selbstverständnisses. Zunächst – vor dem Ersten Weltkrieg – verstand sich diese Bildungsarbeit als eine Art von „Gegensozialisation" gegen die in der Schule erworbene bürgerlich–nationalistische, der Arbeiterbewegung feindliche politische Ideologie. Da aber die Arbeiterjugendbewegung damals nicht nur Bildung im Sinne von Aufklärung im Geiste des Sozialismus wollte, sondern auch ihre spezifischen wirtschaftlichen Interessen (als Lehrlinge, als *junge* Arbeiter im Unterschied zu den erwachsenen Arbeitern) selbst vertreten wollte, geriet sie vor dem Ersten Weltkrieg auch in Konflikt mit der Arbeiterbewegung, vor allem mit der Gewerkschaft, die ihr Monopol der wirtschaftlichen Interessenvertretung für *alle* Arbeiter gefährdet sah. Die Erwachsenenverbände – Sozialdemokratie und Gewerkschaft – erklärten nun die Bildung ihres Nachwuchses zum Hauptzweck der Jugendorganisationen, – unter Verzicht auf deren politische Eigenaktivität. Unter dem Aspekt der vorhin erwähnten Politisierung des Jugendalters bedeutet dies, daß „Bildung“ nicht nur oder gar nicht einmal in erster Hinsicht der je individuellen Aufklärung dienen sollte, sondern vor allem der ideologischen Abschottung der „eigenen Schäflein“ gegenüber den Verführungen des nun entstandenen „Weltanschauungsmarktes“, der sich in der Weimarer Zeit voll entfalten konnte. Vom Standpunkt der Organisation her gesehen taten die Verbände der Arbeiterbewegung nichts anderes, als z.B. die Kirchen auch: sie versuchten, den offenen Markt in ihrem Sinne zu kanalisieren. Allerdings interessierte sich immer nur eine Minderheit der Mitglieder für politische Themen, die überwiegende Mehrheit war an den Freizeitangeboten interessiert. Jedenfalls wurde der Versuch, sich als Jugendlicher zum politisch handelnden Subjekt zu erklären, zunächst und für Jahrzehnte unterbunden.

In der bürgerlichen Jugendbewegung spielte bis 1933 politische Bildung keine Rolle. Ihre Absicht war, in Gruppe und Bund *Lebensformen* zu realisieren, die ihrerseits „erzieherisch“ wirken konnten, aber unter weitgehendem Verzicht auf bewußte Aufklärung. Die Emotionalität des „Erlebnisses“ blieb im allgemeinen bestimmend. Gleichwohl kann man z.B. die Bünde der Weimarer Zeit nicht einfach als unpolitisch bezeichnen. Ihre Gründung verdankte sich nämlich entweder antidemokratischen Impulsen oder zumindest einem Mißverständnis demokratischer Formen. Die Techniken der politischen Meinungs- und Willensbildung und deren parlamentarischer Gestaltung, das Agieren von Parteien und von mehr oder weniger „namenlosen“ Politikern in ihnen wurde als Kälte, als Entfremdung, als „undeutsch“ und persönlichkeitsfeindlich empfunden. Die Bünde dagegen sollten das „lebendige“ Gegengewicht dazu bilden, in dem sich Persönlichkeiten entfalten würden, die als Herangereifte ihrem Volk dann zur Verfügung stünden. Da die Bünde sich aber außerhalb des demokratischen Betriebes in Staat und Gesellschaft und überhaupt abseits der modernen gesellschaftlichen Komplexität etablierten, haftete ihnen vom Ansatz an etwas politisch Illusionäres an.

In der HJ schließlich setzte sich die Idee des Bundes fort, nicht die Idee des politisch geschulten Arbeiters, wie sie die Arbeiterjugendbewegung vertreten hatte. Auch die HJ verstand sich als eine Lebensform, verkörpert vor allem im Konzept des „Lagers“, d.h. man wollte das gemeinsame Leben so arrangieren, daß es selbst die gewünschte erzieherische Wirkung erzielte, ohne daß man durch rationale Argumentation dabei nachhelfen müsse. „Erziehend“ sollten die „Formationen“ sein sowie die auf emotionale Identifikationen hin angelegten Arrangements der Aufmärsche, Symbole (Fahne) und Lieder. Der Anti-Intellektualismus der HJ wie der Nazi-Bewegung überhaupt ließ eine politische Bildung im Sinne der rationalen Information und Auseinandersetzung mit politischen Tatsachen und Phänomenen nicht zu. Die Hitlerbewegung wollte gleichsam bewußtlose politische Erziehung unter Verzicht auf politische Bildung. Dabei kam es ihr zustatten, daß sie sich nicht als Partei unter anderen Parteien verstand, sondern als parteienübergreifende nationale Bewegung, weshalb Schirach auch die „Pluralität" der Bünde als historisch überholt erklärte.

Als Zwischenergebnis läßt sich also feststellen, daß es zwischen 1919 und 1945 in der Jugendarbeit keine politische Bildungsarbeit gab, die angemessene Vorstellungen über Staat und Gesellschaft vermittelt bzw. die politische Urteilsfähigkeit gefördert hätte, obwohl – wie erwähnt – die Politisierung des Jugendalters eingesetzt hatte und die Jugend von allen Seiten nicht zuletzt auch *politisch* umworben wurde, also irgend eine Form der politischen Aufklärung zumindest objektiv auf eine entsprechende Betroffenheit hätte stoßen müssen. Aber Politik paßte nicht ins Konzept des „Jugendgemäßen", und offensichtlich entsprach diese Einstellung nicht nur den Vorstellungen der meisten in der Jugendarbeit tätigen Erwachsenen, sondern auch der meisten Jugendlichen, der bürgerlichen zumal, aber auch der überwiegenden Mehrheit der Arbeiterjugendlichen. Nicht politische Aufklärung, sondern im Gegenteil Entpolitisierung des Jugendalters unter dem Leitmotiv des „Jugendgemäßen" war die leitende Vorstellung der Jugendarbeit – einschließlich der HJ – bis etwa zum Ende der 50er Jahre. Nun muß man allerdings hinzufügen, daß dies sinngemäß für die Erwachsenen auch galt. Deren „politische Bildung" blieb zunächst – in der Weimarer Zeit – der Pluralität der politischen Parteien überlassen und deren publizistischer Begleitmusik, bis die Nazis dann auch diese „Aufklärung" in den Massenmedien und im Schulungslager monopolisierten. Gleichwohl muß festgehalten werden, daß dem objektiven gesellschaftlichen Status, in den das Jugendalter nun eintreten mußte, über Jahrzehnte hinweg keine angemessene politisch-pädagogische Reaktion entsprach.

Nach dem Zweiten Weltkrieg setzte sich die Tradition der Bünde und der HJ in der Jugendarbeit insofern fort, als nun politische Erziehung erneut als „Lebensform" propagiert wurde. Im Rahmen der re-education boten die Besatzungsmächte verständlicherweise diejenigen Vorstellungen und Praktiken an, die sie aus ihrem Heimatland kannten. In den USA herrschte damals das pragmatische politische Erziehungskonzept der „Demokratie als Lebensform" vor, wie es unter anderem Dewey propagierte. Nicht intellektuelle Aufklärung über Staat und Gesellschaft stand im Vordergund, sondern die mitbestimmende Teilnahme der Bürger an politisch-gesellschaftlichen Basisaktivitäten. Dieses Prinzip führten die Amerikaner in ihren Jugend- und Kulturhäusern ein und die Engländer verfuhren ähnlich. Im Gegensatz zu den undemokratischen Erfahrungen der Nazizeit sollten junge Menschen nun die Erfahrung machen, daß ihre individuellen Bedürfnisse und Wünsche ernstgenommen und respektiert werden, daß sie gemeinsam mit anderen über die für sie gemachten Programme mitbestimmen können, daß sie zwischen demokratischen Organisationen wählen und nach demokratischen Regeln (z.B. Mehrheitsbildung) Entscheidungen treffen dürfen. Die Jugendlichen sollten sich also eingewöhnen in die neuen demokratischen Lebensformen und sich mit ihnen auf diese Weise identifizieren. In diesen Zusammenhang gehört auch die Breitenwirkung der sogenannten „Gruppenpädagogik", wie sie etwa vom „Haus Schwalbach" propagiert wurde. Politische Bildung im Sinne einer sachorientierten Kunde blieb dagegen unbedeutend. Allerdings zeigte sich bald, daß die deutschen Erwachsenenverbände – insbesondere die Kirchen – selbst Schwierigkeiten mit diesen neuen demokratischen Formen und Regeln hatten. So versuchten sie in ihren Jugendverbänden doch wieder einen mehr oder weniger umfassenden Erziehungsanspruch geltend zu machen, also wie schon in der Weimarer Zeit Pluralität zu kanalisieren. Die Vorstellung war etwa, daß der einzelne Jugendliche erst in einer „weltanschaulichen Grundrichtung" aufwachsen müsse, um dann, persönlich gefestigt, der weltanschaulichen und normativen Pluralität entgegentreten zu können. Die Liberalität der von den westlichen Besatzungsmächten angebotenen „demokratischen Lebensformen" wurde also bald zurückgedrängt zugunsten von eher autoritativ–erzieherischen Formen, weil insbesondere die moralische Autorität der Kirchen, die die Nazizeit unkorrumpiert überstanden zu haben schienen, für ein entsprechendes öffentliches Klima sorgen konnte. So blieb die „Aufarbeitung" der NS–Vergangenheit im wesentlichen ein moralisches Problem. Im übrigen gab die politische Unterdrückung in der SBZ und der jungen DDR Anlaß für eine breite antikommunistische Stimmung in der BRD, die diese als Hort der Freiheit und die „Aufarbeitung" der NS–Vergangenheit als entbehrlich erscheinen lassen konnte; denn schließlich galt der Kommunismus als genauso totalitär wie der zurückliegende Nazismus. Noch immer war politische Bildung ein Thema allenfalls für kleine Minderheiten in der Jugendarbeit.

Das änderte sich erst Ende der 50er Jahre. Hakenkreuzschmierereien von Jugendlichen, die damit weniger eine politische Überzeugung als vielmehr eine allgemeine Provokation zum Ausdruck brachten, riefen die überwunden geglaubte Vergangenheit wieder ins Gedächtnis und brachten die Bundesrepublik im Ausland in Mißkredit. Die FDJ ergriff die „ideologische Offensive" und lud westdeutsche Jugendliche zu politischen Diskussionen ein, denen sie in der Regel nicht gewachsen waren; aber sie brachten „Dokumentationsmaterial" über die Nazi–Vergangenheit führender westdeutscher Politiker mit nach Hause, was allein schon genug Aufregung bei den Politikern verursachte und den Ruf nach einer politischen Bildung im Sinne einer ideologischen „Immunisierung" erschallen ließ.

Die „Politisierung" des Jugendalters und damit seine Emanzipation von den traditionellen Erziehungsmächten verstärkte sich und erreichte in der „Kulturrevolution" Ende der 60er Jahre ihren Höhepunkt. Zudem hatte die Konsumgüterindustrie das Jugendalter als neue, nun durchaus schon zahlungskräftige Käuferschicht entdeckt, und deren Angebote und Werbestrategien hatten keine erzieherische Tendenz („was ist gut für Kinder und Jugendliche?"), sondern eine ökonomische („was kann man an Jugendliche oder über sie verkaufen?"). Nicht zuletzt diese Ausweitung des Freizeitmarktes hat die Emanzipation des Jugendalters vorangetrieben.

Teils also aus politischen Gründen, teils aus der Einsicht, daß Jugendliche schon zu ihrer persönlichen Orientierung politische Aufklärung benötigen, wurde seit Ende der 50er Jahre „politische Bildung" zu einem Schwerpunkt in der außerschulischen Jugendarbeit. Nun flossen auch die öffentlichen Mittel für diesen Zweck, von denen hauptamtliche Jugendbildungsreferenten bezahlt werden konnten sowie nebenamtliche studentische „Teamer"; denn die ehrenamtlichen Mitarbeiter waren mit dieser sachbezogenen Aufgabe in der Regel überfordert; ihre Kompetenz hatten sie vielmehr aus der Idee des Jugendgemäßen bezogen, die keine spezifische Sachkenntnis erforderte. Die neuen Profis hatten im Studium die jungen Sozialwissenschaften kennengelernt – vor allem Politikwissenschaft und Soziologie – die einerseits die notwendige sachliche Fundierung erlaubten, also der politischen Bildungsarbeit ihre „Gegenstände" gaben, andererseits aber auch erst die Entwicklung didaktischer Konzepte ermöglichten.

Frei von schulischer Reglementierung konnten sich nun didaktische Experimente entfalten, die dann auch die Schuldidaktik und die Arbeit der Jugendverbände befruchteten. Zu nennen wären hier unter anderem der Jugendhof Vlotho, der Jugendhof Steinkimmen, das „Haus am Rupenhorn" in Berlin, der Jugendhof Dörnberg und die unter anderem von Helmut Kentler inspirierte politische Jugendbildungsarbeit der IG-Chemie. Als aber die Zeit der Experimente vorbei war und die didaktischen Variationsmöglichkeiten, die ja nicht unbegrenzt sind, im wesentlichen durchgespielt waren, wurde eine Phase der Konsolidierung nötig, in der sich das Problem des professionellen Selbstverständnisses stellen mußte. Es ist bis heute nicht befriedigend gelöst. Die Schwierigkeit besteht unter anderem darin, daß dieses Selbstverständnis sich gleichsam in einem Dreieck entfalten muß: im Rahmen der *Erwartungen des Trägers*, der in der außerschulischen Bildung auch – im Unterschied zur Schule – politisch parteilich sein darf; im bezug auf die Partner und deren (freizeitorientierte) Erwartungen und Bedürfnisse (die können schließlich „mit den Füßen abstimmen"), und schließlich in bezug auf die Erwartungen, die die neuen Hauptamtlichen an sich selbst stellen.

Diese neue Gruppe professioneller Pädagogen, die es vorher in der Jugendarbeit nicht gab, wurde nun zum eigentlichen „Träger" der politischen Bildung in der Jugendarbeit und zum Motor ihrer Ausweitung; denn Ansehen und Status dieser neuen Berufsgruppe hingen nun entscheidend davon ab, daß der politischen Bildung für möglichst alle Jugendlichen eine große öffentliche Bedeutung zugeschrieben wurde. Eine prinzipielle Defizienz an politischer Aufklärung „der anderen" zu unterstellen wurde nun zu einer Frage der eigenen beruflichen Existenz. Je mehr der Prozeß der Politisierung des Jugendalters, also seiner Emanzipation vom Herkunftsmilieu, und damit der Prozeß der Individualisierung fortschritt, um so mehr konnte diese Berufsgruppe mit ihrer Problemdefinition in diese Lücke treten, zumal das *professionelle* Selbstverständnis weitgehend unklar blieb (wofür wird man eigentlich bezahlt?). Politische Bildung geriet so leicht zur Agitation, also zur Werbung für ein bestimmtes politisches Handeln, oder zur Indoktrination, also zum Geltendmachen einseitiger Positionen, weil dieser Berufsgruppe – und erst recht den nebenamtlichen studentischen Mitarbeitern – jene am Partner bzw. an der Sache orientierte Disziplin fehlte, wie sie etwa dem klassischen Schullehrer eigen ist. Diese professionelle Unsicherheit ist bis heute nicht beseitigt und führt nicht nur zur Verwechslung von Bildung und Agitation bzw. Indoktrination, sondern auch zur Unterwerfung unter wechselnden Moden – etwa von der neomarxistischen „Gesellschaftskritik" zur subjektivistischen „Beziehungsarbeit", angesichts derer politisch–gesellschaftliche Objektivationen nur noch lästig erscheinen, wo die „Sache" Politik also aus dem Blick entschwindet.

Wenn meine Beobachtungen richtig sind, scheint sich auf eigentümliche Weise die alte Idee des „Jugendgemäßen" auf neue Art zu etablieren, sicher nicht im Sinne der sexuellen Enthaltsamkeit, aber im Sinne der zivilisationskritischen Distanz, eines subkulturellen Jugendjargons und Jugendstils, ja, sogar einer anti–intellektuellen Attitude. Die „Sache" Politik, ihre Funktionen, Strukturen, Prozesse, das Funktionieren von Institutionen usw., sind aus dem Interesse geraten zugunsten einer „Beziehungsarbeit", die an der unmittelbaren Befindlichkeit ansetzt und sie oft nicht überschreitet. Im Rahmen unseres Themas wäre eine solche Tendenz nicht verwunderlich, denn der beschriebene historische Prozeß der Politisierung und damit der Emanzipation und Individualisierung des Jugendalters ist ja auch ein entfremdender Vorgang, der gleichsam einen Hunger nach Beachtung und Anerkennung der Subjektivität durch „die anderen" verursacht. Aber das epochale Problem der politischen Aufklärung der politisierten Jugendlichen wäre damit ebenso wenig gelöst wie schon zur Zeit der Weimarer Republik.

Unter dem Stichwort „Beziehungsarbeit" läßt sich gegenwärtig das professionelle Selbstverständnis wohl am ehesten charakterisieren, und zwar träger– und verbandsübergreifend wie schon das „Jugendgemäße".

Zusammenfassend läßt sich also etwa folgendes feststellen: Ungefähr mit der Entstehung des Wandervogels beginnt der Prozeß der Auflösung des Jugendalters als einer primär pädagogisch definierten und entsprechend „geschützten" Altersstufe. Das Jugendalter wird „politisiert" bzw. „vergesellschaftet", also dem öffentlichen Zugriff einerseits der Erwachsenenverbände, andererseits der Freizeit- und Konsumindustrie zugänglich. Dieser Prozeß führt zur zunehmenden Individualisierung der Jugendlichen, also zur weitgehenden Ablösung aus den sozialen Herkunftskontexten. Diesem Prozeß müßte eigentlich eine politische Bildung bzw. Aufklärung entsprechen, die auf individuelle Autonomie des Handelns und Urteilens orientiert ist. Dies geschieht jedoch im Grund bis heute nicht. Bis etwa Ende der 50er Jahre waren die Bemühungen der Jugendarbeit im Gegenteil darauf gerichtet, diesen Politisierungsprozeß aufzuhalten oder zumindest zu verlangsamen mit dem Ziel, kollektive soziale Kontexte zu bewahren (Beispiel Arbeiterjugendbewegung) oder neu zu stiften (Beispiel Bünde und HJ), wobei die Idee des „Jugendgemäßen" eine die HJ einschließende Kontinuität abgab. Selbst die Professionalisierung der außerschulischen politischen Bildung etwa seit Anfang der 60er Jahre hat im Hinblick auf die politische Aufklärung keinen einschneidenden Wandel gebracht, weil sie mangels professionellen Selbstbewußtseins zu sehr politischen und pädagogischen Modeströmungen verhaftet blieb und von daher und kaum aus der Perspektive der persönlichen politischen Autonomie ihre Aufgabe definierte. Die politische Bildung in der außerschulischen Jugendarbeit wird erst dann zu einer adäquaten Antwort auf die Politisierung des Jugendalters finden, wenn sie sich einerseits als „Lernhilfe" versteht, andererseits aber auch sich in der Sache kompetent macht, d.h. das Politische als einen objektiven, außersubjektiven Funktions- und Strukturzusammenhang begreift, so daß politische Aufklärung nach beiden Seiten hin erfolgen kann: als Aufklärung über die je subjektiven Bestrebungen, Wünsche, Hoffnungen usw. einerseits, und als Aufklärung über die davon unbeeindruckte „Sache" Politik andererseits; erst diese Differenz ergibt einen Spielraum für produktive politische Lernprozesse.

Literatur

H. Giesecke, Die Jugendarbeit, München[5] 1980.
Ders., Vom Wandervogel bis zur Hitler-Jugend, München 1981.
H. Kentler, Jugendarbeit in der Industriewelt, München[3] 1962.
H. Lessing/M. Liebel, Jugend in der Klassengesellschaft, München 1974.

U. Lüers u.a., Selbsterfahrung und Klassenlage, München 1971.
C.W. Müller u.a., Was ist Jugendarbeit? München 1964.
H.H. Schepp, Offene Jugendarbeit, Weinheim 1963.

Klaus Tanner

Kirchliche Jugendarbeit als demokratische Bildung

Es gehört zu den bemerkenswerten Phänomenen in der Geschichte des neueren deutschen Protestantismus, daß im Zentrum der innerkirchlichen Auseinandersetzungen weniger dogmatische Fragen als vielmehr ethische Probleme stehen. Ein Großteil der innerkirchlichen Kontroversen entzündet sich an politischen Orientierungsproblemen. Für die kirchliche Jugendarbeit gilt dies in besonderem Maße. Im Wechsel der Themen, die jeweils durch die Tagespolitik in den Vordergrund des Interesses rücken, zeigt sich, strukturell gesehen, allerdings eine auffallende Kontinuität. In den politischen Kontroversen, die die Geschichte der EKD seit den frühen fünfziger Jahren prägen, ist immer wieder eine Grundfrage hervorgetreten: Wie verhält sich der deutsche Protestantismus zu den Institutionen der modernen repräsentativen Demokratie? Mit dieser Fragestellung hat der Protestantismus zunächst einmal nur Anteil an einer gerade in einer Demokratie immer wieder neu zu führenden gesamtgesellschaftlichen Diskussion um Leistungsfähigkeit und Grenzen unseres politischen Systems. Durch das Anwachsen der sog. neuen sozialen Bewegungen hat diese Diskussion auch innerhalb der kirchlichen Jugendarbeit erneut an Aktualität gewonnen.

Diese Debatten über das politische System sind durch einen Widerspruch geprägt. Einerseits formulieren Jugendliche und auch hauptamtliche Mitarbeiter, soweit sie politisch interessiert sind, sehr hohe ethische Anforderungen und Erwartungen an das politische System. Andererseits läßt sich ein eigentümlich distanziertes Verhältnis zu jenem politischen Institutionengefüge konstatieren, das den Versuch darstellt, Wege zu eröffnen, auf denen derartige Anforderungen und Erwartungen in konkrete Politik umgesetzt werden können. Dieses distanzierte Verhältnis wird dann auch in der Jugendforschung unter dem Stichwort „Akzeptanzkrise" verhandelt. Es ist damit zu rechnen, „daß ein ausgesprochen positiv

– affirmatives Verhältnis zum Staatund seinen Institutionen auch auf eine relativ kleine Gruppe, etwa 15% beschränkt ist. Die ganze überwiegende Mehrheit der Jugendlichen schwankt zwischen Resignation, Gleichgültigkeit und einem bewußt selektiven Umgang mit staatlichen Institutionen."[1]

Auf dem Hintergrund dieser Entwicklung ist auch die kirchliche Jugendarbeit, als gesellschaftliche Institution, in ihrer Bildungsarbeit wie in ihrer verbandspolitischen Dimension gefragt, ob und wie sie ihre eigene Funktion im Rahmen des politischen Systems bestimmt. Es reicht daher nicht mehr, so wichtig das ist, kirchliche Jugendarbeit ausschließlich in einer binnenkirchlichen Perspektive zu thematisieren, sei es allein unter dem Vorzeichen eines „missionarischen Auftrages" oder auch im Sinne einer Interessenvertretung der Jugend. Einer gesellschaftspolitisch reflektierten Bestimmung kirchlicher Praxis muß es immer auch um die Frage gehen, welchen möglichen Beitrag sie zur humanen und demokratischen Gestaltung von Gesellschaft und Staat zu leisten vermag.

Besonders die kirchliche Jugendarbeit wird dabei mit der Erwartung konfrontiert, einen Beitrag zur Integration der Jugendlichen in die Gesellschaft und damit zur Legitimation des politischen Systems zu leisten.

Diese Erwartung wird nicht zufällig besonders vehement im Rahmen einer liberalen Demokratie formuliert. Gerade die liberale Demokratie hat einen besonders hohen Legitimitätsbedarf. Insofern ist die Frage nach der Integrationskraft von Jugendverbänden nur ein Teil der sehr viel umfassenderen Frage nach den gesellschaftlichen Institutionen, die in immer neuer Weise den Legitimitätsbedarf einer Demokratie decken. Dies wird offensichtlich, wie die Geschichte der BRD zeigt, umso schwieriger, je weniger diese Legitimation politischer Strukturen über die Verheißung materiellen Gewinnzuwachses erfolgen kann. Nach demokratischem Verständnis sind staatliche Institutionen im Hinblick auf die Beschaffung von Legitimität keine „Selbstversorger". Deshalb ist gerade der demokratische Staat auf Legitimation und Akzeptanz aus der Gesellschaft heraus angewiesen. Aus inneren Gründen bedarf er deshalb eines freien Verbandswesens bzw. der institutionellen Repäsentanz des gesellschaftlichen Pluralismus. Die Konfrontation mit dieser Erwartung hat sich in der Theoriedebatte der Jugendarbeit niedergeschlagen in den Auseinandersetzungen um Emanzipation und Integration als Zielformulierungen für die Jugendarbeit.

Sich zu diesem Problem der Legitimation als Jugendverband konstruktiv zu verhalten, bedeutet gerade in einer Demokratie alles andere als kritiklose Anpassungsleistungen zu erbringen. Das Verhältnis von Emanzipation und Integration läßt sich weder aus der Perspektive des demokratischen Staates, der Kritik in Gestalt der Opposition institutionalisiert hat, noch auch aus der Perpektive des Individuums im Sinne einer sich ausschließenden Alternative beschreiben. Aus der Perspektive des Individuums impliziert das Interesse an der Ermöglichung von Emanzipation immer die Frage, was der Jugendliche „unter den Bedingungen seiner sozialen Lage und seiner Sozialisationsgeschichte jeweils zu lernen hat und auf welche Weise er es am besten lernt."[2] Im Hinblick auf das politsche System bedeutet dies: Was muß der Jugendliche lernen über das politsche System und im Umgang mit ihm, damit er die Fähigkeit erwirbt, sich sinnvoll am Prozeß der politischen Willensbildung zu beteiligen, und der Anspruch auf Emanzipation nicht nur ein theoretisches Postulat bleibt, das an der gesellschaftlichen und politischen Realität einfach abprallt und zerschellt.

Wo kirchliche Jugendarbeit sich dieser Herausforderung stellt, leistet sie nicht nur einen Beitrag zur „Assimilation" der Jugendlichen an die Gesellschaft und damit zur Legitimation des politischen Systems. Sie stellt sich damit auch einer Aufgabe, der sich die evangelische Kirche als eine wichtige gesellschaftliche Kraft in entscheidenden Phasen der deutschen Geschichte verweigert hat.

In der Weimarer Republik hat sich der deutsche Protestantismus mit großer Mehrheit der parlamentarischen Demokratie programmatisch verweigert. Der protestantische Theologe Ernst Troeltsch hat 1919 prognostiziert, daß die Demokratie in Deutschland keine Chance haben werde, wenn das weithin autoritäre, obrigkeitsstaatlich orientierte und sozialpolitisch reaktionäre Luthertum sich nicht den Gedanken von politischer Aufklärung und westlicher Demokratie zu öffnen vermöge. So hat Troeltsch schon 1919 die protestantische Kirche Preußens davor gewarnt, zur „konservativen Gegenburg gegen den Staat der Revolution" zu werden.[3] In der Tat: In Weimar ist die evangelische Kirche eine der wichtigsten gesellschaftlichen Kräfte gewesen, die den aus der Revolution von 1918/19 geborenen demokratischen Staat aggressiv bekämpfte oder ihm zumindest die Anerkenntnis verweigerte. Gerade auf diesem historischen Hintergrund stellt sich die Frage nach einem möglichen konstruktiven Verhältnis des Protestantismus zur Demokratie mit besonderem Gewicht.

Bei dieser Frage kann es nicht darum gehen, den christlichen Glauben in irgendeiner Weise auf den politischen Status quo hin zu funktionalisieren. Es ist weder historisch zulässig noch auch der Sache dienlich, d.h. der Demokratie angemessen, die Demokratie rein aus christlichen Traditionen zu legitimieren, abzuleiten oder kritiklos zu affirmieren. Sowohl historisch als auch prinzipiell gibt es vielfältige Spannungen zwischen Kirche und Demokratie.

An der Herausbildung dieser Staatsform waren unterschiedliche Traditionen beteiligt und ihr „Wesen" ist es gerade, Mechanismen und Verfahren bereitzustellen, die es erlauben, mit einer Pluralität von weltanschaulichen – religiösen Überzeugungen umzugehen. Eine einseitige Ideologisierung oder Genetisierung würde die Erfüllung dieser Aufgabe verhindern. Und auch umgekehrt gilt: Religion und Glaube sind mehr als eine bloße Funktion der Gesellschaft. Das Zentrum des Glaubens liegt nicht darin, Legitimationspotentiale für politische Systeme bereitzuhalten. Gerade in der Eigenständigkeit und Selbständigkeit von Religion und Glauben liegt eine wichtige Voraussetzung dafür, daß überhaupt sinnvoll über eine konstruktive Beziehung zum Bereich des Politischen nachgedacht werden kann. Falsch wäre es auch, sich über die Spannungen zwischen christlichem Glauben und Demokratie hinwegzutäuschen. Das Verhältnis läßt sich also weder als bloße Affirmation des bestehenden politischen Systems zureichend begreifen, noch auch als eine alle Unterschiede vergleichgültigende Distanz zum „schmutzigen Geschäft" der Politik. K. Barth sprach in seiner Schrift „Christengemeinde und Bürgergemeinde" (1946) von der „Gleichnisfähigkeit und Gleichnisbedürftigkeit des politischen Wesens. Das politische Wesen kann weder eine Wiederholung der Kirche noch eine Vorwegnahme des Reiches Gottes sein."[4] In der Denkschrift der EKD „Der Staat des Grundgesetzes als Angebot und Aufgabe" wird dieses Verhältnis, das Miteinander von Akzeptanz und Kritik als „kritische Solidarität" beschrieben.[5]

Inhaltlich zuspitzen läßt sich die Frage nach dem Verhältnis von christlichem Glauben und demokratischen Strukturen auf die Frage: Gibt es für den Gedanken der Freiheit – in seinem Doppelaspekt als Unverfügbarkeit und Unantastbarkeit des Menschen, juristisch formuliert als Aufgabe des Schutzes der Menschenwürde einerseits, als Recht auf Mitbestimmung und Mitbeteiligung bei der Gestaltung der Lebensverhältnisse, durch das Freiheit lebenspraktisch konkret werden kann andererseits – gibt es für diesen Gedanken der Freiheit in diesem doppelten Sinne eine Entsprechung zu zentralen Inhalten des christlichen Glaubens?

Allerdings ergibt sich sofort eine weitere Frage: Hat sich die neuzeitliche Freiheitsgeschichte nicht selbst gerade über weite Strecken als Gegenbewegung und Befreiung aus der kirchlichen Autoritätskultur verstanden? Diese Frage ist insoweit historisch berechtigt, als es viele Anhaltspunkte dafür gibt, daß der Gedanke der Freiheit sich oft gegen die Kirchen als Institution durchsetzen mußte. Aber die entscheidende Frage ist, ob in dieser Gegenbewegung gegen kirchlich-konservatives, ja oft reaktionäres Denken sich nicht wichtige Motive des christlichen Glaubens selbst neu Geltung verschafft haben. Eine positive Beziehung zwischen christlichem Glauben und freiheitlich demokratischen Traditionen läßt sich nur dann herstellen, wenn in den Kirchen selbst der Unterschied zwischen Kirche und Christentum anerkannt wird. Damit relativiert die Kirche sich selbst, indem sie nicht alles Gute ausschließlich an sich und ihre Geschichte bindet. Sie wird frei zur Selbstkritik im Hinblickauf ihre eigene Geschichte und anerkennt die Vielzahl von Entwicklungslinien im Zusammenhang der eigenen Tradition.

Für den Protestantismus läßt sich dieser Zusammenhang von Christentum und Freiheitsgedanke besonders prägnant an der Theologie der Reformatoren verdeutlichen. Der reformatorische Rechtfertigungsglaube zielt in seinem Kern auf ein religiöses Verständnis menschlicher Freiheit.

Dieses religiöse Verständnis menschlicher Freiheit soll in vier Aspekten kurz skizziert werden.

a) In religiöser Hinsicht gilt: Der Mensch läßt sich nicht zureichend aus innerweltlichen, rein sozialen Beziehungen verstehen. Ein angemessenes Verständnis des Menschen gibt es vielmehr nur im Horizont seiner Beziehung zu Gott. Der Mensch läßt sich also nicht allein von der empirischen Welt her zureichend erfassen. Die religiöse Definition des Menschen macht somit eine prinzipielle Unterscheidung zwischen Welt und der menschlichen Individualität geltend. Auf der sozialen Ebene bedeutet diese Unterscheidung: Der Mensch geht nicht im Vorhandenen auf, weder im Netz seiner sozialen Beziehungen, noch in seinen Erfolgen und Mißerfolgen. Die religiöse Unterscheidung von Individuum und Welt läßt sich als elementarste Formulierung menschlicher Freiheit verstehen: Sie macht eine prinzipielle Unverfügbarkeit des einzelnen, des Zentrums seiner Person gegenüber allen innerweltlichen Ansprüchen geltend. Diese Unverfügbarkeit begründet eine Würde des Menschen, deren klassische Formulierung die Rede vom Geschöpfsein des Menschen war. Im Glauben an Gott wird, das zeigt z.B. Luthers Auslegung des ersten Artikels, zugleich eine Würdigung des Menschen in seiner Individualität vollzogen: „Ich glaube, daß mich Gott geschaffen hat..."[6]

b) Diese über den Glauben vermittelte Würde und Unverfügbarkeit gilt nun für alle Menschen gleichermaßen. Diese egalitäre Tendenz ist bei Luther selbst formuliert in seiner Auffassung vom Priestertum aller Gläubigen, mit der er die Fundamente der auf hierarchischen Differenzierungen aufbauenden katholischen Kirche seiner Zeit erschütterte. Ausgangspunkt seiner Auffassung ist dabei die Taufe. Von der dort begründeten prinzipiellen Gleichheit her gewinnt er die Freiheit zu einem Denken und Handeln, in dem er gleichsam ideologiekritisch die Versuche der religiösen Überlegitimation von Herrschaftsansprüchen als „Erdichtung und Trug" entlarven kann: „Man hats erfunden, daß Papst, Bischöfe, Priester und Klostervolk der geistliche Stand genannt werden, Fürsten, Herrn, Handwerks– und Ackerleute der weltliche Stand. Das ist eine sehr feine Erdichtung und Trug. Doch soll niemand deswegen schüchtern werden, und das aus dem Grund: alle Christen sind wahrhaftig geistlichen Standes und ist unter ihnen kein Unterschied außer allein des Amtes halber ... Das alles macht, daß wir eine Taufe, ein Evanglium, einen Glauben haben und auf gleiche Weise Christen sind ... Demnach werden wir allesamt durch die

Taufe zu Priestern geweiht wie Petrus (1. Petr 2) sagt: „Ihr seid ein königliches Priestertum und ein priesterliches Königreich."

c) Das religiöse Verständnis menschlicher Freiheit zielt auf die Ermöglichung einer sinnvollen, d.h. den menschlichen Möglichkeiten angemessenen Praxis der Lebensführung. In ihr geht es nicht, wie in der Geschichte immer wieder behauptet wurde, um die Rechtfertigung des Rückzuges aus der Welt auf eine bloße „Innerlichkeit". Im Gegenteil: Weil der Mensch sich im Innersten befreit wissen darf von der Sorge um sich selbst, kann er frei zur Orientierung am Mitmenschen werden. Luther hat in seiner Freiheitsschrift diesen Zusammenhang zwischen Freiheit und Liebe, die sich in den „Dienst" am Nächsten stellt, programmatisch an den Anfang gestellt in der Doppelthese:

„Ein Christenmensch ist ein freier Herr über alle Dinge und niemand untertan.

Ein Christenmensch ist ein dienstbarer Knecht aller Dinge und jedermann untertan."[8]

d) Weil dieses religiöse Verständnis menschlicher Freiheit konsequent orientiert bleibt an der Beziehung Mensch–Gott, tritt in ihm der Charakter *menschlicher, endlicher* Freiheit deutlich hervor: Der Mensch ist nicht Schöpfer, sondern Geschöpf. Er kann seine Freiheit mißbrauchen, verkehren. Er ist auch zum Bösen fähig. Die Ambivalenz menschlicher Freiheit ist unter dem Stichwort „Sünde" ein weiteres zentrales Element dieses religiösen Freiheitsverständnisses. Die Sündenlehre thematisiert die menschliche Wirklichkeit in der spannungsreichen Beziehung zwischen menschlicher Bestimmung zu Würde und Freiheit und der faktischen Fehlerhaftigkeit des individuellen Lebensvollzuges. Sie zielt dabei auf einen konstruktiven, lebensdienlichen Umgang mit den eigenen Grenzen und Möglichkeiten. Im Hinblick auf uns selbst, die Beziehungen zu anderen Menschen und das Gefüge der Institutionen, in denen wir leben, gilt es dieser Ambivalenz menschlicher Freiheit Rechnung zu tragen, in Gestalt einer realistischen Einschätzung menschlichen Strebens und der Ermöglichung von Umkehr und Revidierbarkeit von Programmen und Entscheidungen. Trotz aller negativen Auswirkungen der Sündenlehre durch ihren Mißbrauch, jegliche Form gerade des politischen Handelns als Ausflüsse menschlicher Hybris und übersteigerten Gestaltungswillens zu sehen, liegt in ihr doch ein Schlüssel zur Aufarbeitung der Entfremdungserfahrungen, die gerade auch durch das menschliche Freiheitsstreben hervorgerufen und produziert wurden.

Die in der Reformation erneut zur Geltung gebrachte religiöse Definition des Menschen steht zwar zur politischen Definition des Menschen in Spannung, ist aber alles andere als politisch folgenlos: Das religiöse Freiheitsverständnis beinhaltet eine kritische Begrenzung politischer Herrschaft.

Die prinzipielle, unaufhebbare, weil durch den Menschen selbst nicht hervorgebrachte Eigenständigkeit und Würde des Individuums durch seine Gottesbeziehung – dies bezeichnet den Kern des reformatorischen Rechtfertigungsglaubens. Nicht nur innerhalb der protestantischen Theologie und der der evangelischen Kirche ist deshalb immer wieder darauf hingewiesen worden, daß die Reformation des 16. Jahrhunderts ein grundlegendes Datum der neuzeitlichen Freiheitsgeschichte darstellt.

Vor allem das Eigenrecht der frommen Innerlichkeit und die auf ihm sich gründende ethische Praxis stellen die für die gesamte Neuzeit folgenreiche, grundlegende Bestimmung menschlicher Freiheit dar. Mit diesem Eigenrecht wurde das Fundament gelegt für das Einklagen eines Raumes der Unverfügbarkeit und Freiheit gegenüber allen Ansprüchen äußerer Autoritäten und Institutionen. Wenn auch von der Reformation kein direkter Weg zur politschen Demokratie führt, so führen doch viele Wege von der Reformation zu zwei spezifisch neuzeitlichen Ideen: Zur Idee von vorstaatlichen Freiheitsrechten des einzelnen einerseits, an denen die Verfügungsgewalt politischer Macht ihre Grenze findet, und zum Pathos von Praxis und aktiver Weltgestaltung andererseits.

Dabei zeigt die Geschichte des Christentums, daß viele Implikationen der reformatorischen Einsichten sich erst allmählich entfalteten und oft gerade außerhalb des Luthertums, z.B. im Calvinismus und in den im Gefolge der Reformation sich bildenden Freikirchen. Bezieht man diese Wirkungsgeschichte mit ein, dann kann man sagen: „Die Demokratie ist ein Kind der Reformation, aber nicht der Reformatoren."[9] Dies gilt zunächst ganz elementar in dem Sinne, daß das hinter dieser politischen Form stehende Menschenbild den fundamentalen Einsichten der religiösen Interpretation menschlicher Freiheit Rechnung trägt in Gestalt der Anerkennung der Würde des Menschen, seiner Freiheit zu verantwortlichem Mitgestalten und der Einsicht in die Ambivalenz menschlichen Freiheitsstrebens. Reinhold Niebuhr hat diesen Zusammenhang auf die Formel gebracht: „Des Menschen Sinn für Gerechtigkeit macht Demokratie möglich, seine Neigung zur Ungerechtigkeit aber macht Demokratie notwendig."[10]

Innerhalb des Protestantismus gibt es denn auch eine lange Wirkungsgeschichte einer politischen Reformationsdeutung, welche an den produktiven Folgewirkungen der Reformation für die Durchsetzung einer neuzeitlichen, demokratischen politschen Kultur orientiert gewesen ist. Wenn auch die Folgen der Reformation in der politischen Theorie und der Verfassungsgeschichte der angelsächsischen Länder klarer zu Tage liegen – z.B. in Gestalt der Bedeutung des Puritanismus für die Ausbildung der amerikanischen Demokratie –, so lassen sich doch auch in Deutschland Spuren einer solchen Traditon finden, die allerdings erst noch der Aufarbeitung bedarf. Im folgenden sollen exemplarisch einige Punkte kurz beleuchtet werden.

In neuer und verwandelter Gestalt zeigen sich Grundelemente des reformatorischen Denkens im Pietismus. Speners „Pia Desideria" aus dem Jahre 1675 stellt zunächst ein ausdrückliches Reformprogramm der Kirche dar, das sich selbst verstanden wissen will als eine ausdrückliche Weiterführung und Vollendung der Reformation.

Reformation wird hier nicht mehr verstanden als ein historisch abgeschlossener Zeitabschnitt, sondern als religiöses Grundprinzip der immer wieder geforderten Veränderung und Erneuerung. Die Aufgabe von Theologie und Kirche wird im Pietismus nicht in der Ausbildung von Lehre und Dogmatik gesehen, sondern in der Ermutigung zu einer dem christlichen Glauben gemäßen Lebenspraxis im Vertrauen darauf, daß Verbesserung möglich ist. Mit diesem Reformanspruch und der damit verbundenen Kirchenkritik wird erneut die Selbständigkeit der religiösen Innerlichkeit gegenüber den Herrschaftsanprüchen von autoritärer Obrigkeit und der ihr weitgehend gleichgeschalteten Kirche eingeklagt. Sozialgeschichtlich folgenreich ist dann die konkrete Umsetzung dieses Reformprogramms geworden. Spener fordert, daß in der Kirche nicht nur die Fürsten und Pfarrer, die beiden Oberstände, ein Recht zur Mitsprache enthalten, sondern auch der dritte Stand, das Bürgertum, da ihm unter dem Vorzeichen des Priestertums aller Gläubigen prinzipiell gleiche Rechte zukommen. Die Anhänger Speners organisierten sich selbständig neben der Amtskirche und trafen sich in kleinen Gruppen meistens in Privathäusern. Diese „collegia pietatis" waren ein wichtiger Schritt auf dem Weg zur Herausbildung einer selbständigen bürgerlichen Öffentlichkeit, die sich bewußt von Staat und Kirche unterschied und Möglichkeiten freier, selbständiger und kritischer Diskussion eröffneten.

In diese Traditionslinie eines an Emanzipation und Partizipation orientierten Denkens gehört als entscheidende Epoche die Aufklärung. Gerade das neu entstehende Bürgertum lebte aus diesem geistigen Hintergrund, den es für Deutschland weitgehend in Übereinstimmung wußte mit Grundeinsichten des christlichen Glaubens. Kants Philosophie weiß sich Übereinstimmung mit reformatorischem Denken ebenso wie die Philosophie Hegels. Alle Programme sind zentriert um den Gedanken der Autonomie des Menschen, einem Begriff, in dem in gewandelter Gestalt die Vorstellung von der „Würde" des Menschen vernünftig ausgearbeitet wird.

In diesen Philophien der Aufklärung und des deutschen Idealismus wird eines sehr klar gesehen und immer wieder thematisiert: Individuelle Freiheit, die Möglichkeit zu sittlicher Selbstbestimmung gibt es nur, wenn die Verfassung und Struktur der politisch–sozialen Welt dementsprechend eingerichtet und gestaltet ist: Individuelle Freiheit ist nur möglich, wo es

Institutionen der Freiheit gibt, d.h. Freiheit und Institution werden gerade nicht, wie das heute oft geschieht, schon von vorneherein als sich ausschließende Alternativen fixiert. Die erste dieser Instituionen der Freiheit ist das Recht. Rechtsphilosophie und Verfassungsfragen bekommen deshalb im aufgeklärten Denken einen hohen Stellenwert. Das Recht stellt einen Regelzusammenhang dar, der es erlaubt, Zielsetzungen und Willensbestimmungen der Individuen so zu vermitteln, daß die Freiheit des einen nicht zur Bedrohung der Freiheit des anderen wird. Für Kant ist das Recht „der Inbegriff der Bedingungen, unter denen die Willkür des einen mit der Willkür des andern nach einem allgemeinen Gesetze der Freiheit zusammen vereinigt werden kann."[11] Und für ihn ist es das „Heiligste, was Gott auf Erden hat, das Recht des Menschen zu verwalten", dieses Recht, das für ihn der „Augapfel Gottes"[12] ist.

Die bürgerlich liberale Opposition zu Beginn des 19. Jahrhunderts ist ein weiteres Beispiel für eine Bewegung, die an den produktiven Folgewirkungen der Reformation für die Durchsetzung einer demokratischen politischen Kultur orientiert gewesen ist.

Nach den Befreiungskriegen und dem Wiener Kongreß, mit dem viele nationale und liberale Hoffnungen enttäuscht wurden,formierte sich in Deutschland eine bürgerlich–nationale Oppositionsbewegung, die zur Legitimation ihrer Forderungen nach Verwirklichung der liberalen, bürgerlichen Grundrechte – wie Versammlungs–, Meinungs– und Pressefreiheit – und des Einklagens von politischen Mitspracherechten über eine Volksvertretung ausdrücklich auf Luther und reformatorisches Denken, wie auch auf die Aufklärung als einer konstruktiven Weiterführung reformatorischer Anliegen zurückgriff. Im Jahr 1818 veröffentlichte der protestantische Berliner Theologe und Schleiermacherschüler Wilhelm Martin Leberecht de Wette im „Reformationsalmanach" einen Aufsatz mit dem Titel: „Über den sittlichen Geist der Reformation in Beziehung auf unsere Zeit." Dort heißt es: „Wer hat euch das Recht gegeben, das Wort und die Schrift zu fesseln? ... Wagt ihr Richter zu sein über die Regung des Geistes, die ihr selbst vonihm getragen und beherrscht seid? ... Wollt ihr die Künste des Pabstthums üben? so fesselt auch das göttliche Wort! Da ihr dies nicht wagt, so laßt auch das menschliche frei, welches dessen Diener ist. Die Feier der Reformation ist noch nicht ganz aufrichtig gewesen, wenn im protestantischen Deutschland noch nicht allgemein die Freiheit der Presse anerkannt ist ... der Geist des Protestantismus bringt notwendig einen Geist der Freiheit und Selbständigkeit unter das Volk, die evangelische Freiheit wird notwendig zur politischen. Wenn der Christ in Glaubenssachen keinen Richter über sich erkennt, wieviel weniger in Sachen der Vernunft, die ein jeglicher zu begreifen sich zutraut."[13]

Schließlich seien noch jene Protestanten erwähnt, die sich im Umfeld der Revolution von 1848 nicht nur für eine freie Organisation der religiösen Gemeinden, sondern auch für eine demokratische Verfassung einsetzten. Sie formulierten dabei ausdrücklich den Zusammenhang zwischen politischer und religiöser Freiheit. So konnte man etwa 1850 in einem Publikationsorgan der freireligiösen Gemeinden lesen:

„Es handelt sich ja in Politik und Religion gleichermaßen um Freiheit oder Unfreiheit des Menschen, Unterthänigkeit unter eine Autorität im Glauben und im Leben oder Selbstdenken und Selbstbestimmung – das ist ja die Frage und der große Streit, das sind ja die entgegengesetzten Prinzipien, die miteinander ringen in Politik wie in Religion. Wer den Menschen für befähigt, berufen und berechtigt hält, die Wahrheit über Welt und Menschennatur selbst zu suchen und zu finden und dadurch sein Privatleben zu ordnen, der wird ihn meistens auch für befähigt halten, seine öffentlichen gemeinsamen Verhältnisse selbst zu ordnen, sich selbst zu regieren."[14]

Und auf einer Provinzialsynode der Deutschkatholiken des Jahres 1849 wurde ausdrücklich ein Bekenntnis zu den Grundsätzen der sozialen Demokratie abgelegt:

„... die Grundsätze der Demokratie finden allerdings in unserem Streben eine Förderung und Heiligung, weil die Selbstbestimmung der Menschen, weil die Freiheit des menschlichen Willens nach unserer Anschauung unzertrennlich ist von der Würde des Menschen."[15]

Der skizzenhafte Aufweis von Affinitäten zwischen christlichem Denken und politischer Freiheitsgeschichte kann aber nur so verstanden werden, als ginge es darum, diese neuzeitliche Freiheitsgeschichte allein für den Protestantismus zu vereinnahmen. Dies gilt erst recht im Hinblick auf das deutsche Luthertum. Viele demokratische Errungenschaften mußten sich tatsächlich gegen die konfessionellen Kirchentümer und hier insbesondere das eng mit den traditionellen feudalen Obrigkeiten verbundene Luthertum durchsetzen. Der Calvinismus hat insgesamt sehr viel mehr zur Ausbildung und Durchsetzung einer demokratischen Kultur beigetragen.

Für den deutschen Kontext gilt, daß vor allem bewußt an die Aufklärung ankämpfende liberale Theologen republikanische und demokratische Ideale vertraten und theologisch artikuliert haben. Gerade diese Theologen sind im Rahmen einer pauschalen theologischen Aburteilung aufgeklärten Denkens aus der offiziellen Theologiegeschichte verdrängt worden.

Zur demokratischen Bildung wird es deshalb gehören müssen, eine Neuorientierung des historischen Bewußtseins zu vollziehen: Im Interesse der Stärkung einer demokratischen Kultur sind insbesondere in der Kirche drei historische Defizite zu korrigieren:

– Die Blindheit gegenüber dem angelsächsichen, liberalen politischen Denken, welches wesentlich vom Calvinismus, Puritanismus und andern freikirchlichen Traditionen geprägt ist.
– Die Abwendung von der Aufklärung des 18. Jahrhunderts, obgleich in Deutschland die Aufklärung, im Gegensatz etwa zu Frankreich, kein generell christentumskritisches Phänomen gewesen ist und die große Mehrheit der deutschen Aufklärer sich als Repräsentanten eines unfanatischen, ethischen Christentums verstanden haben.
– Die Verdrängung demokratischer Traditionen aus der Theologiegeschichte des 19. und 20. Jahrhunderts.

Das Gegenspiel dazu bilden jene protestantischen Theologen, die bewußt an die Traditionen der Aufklärung anknüpften und die sich aktiv für den Aufbau und den Erhalt der Weimarer Republik einsetzten: E. Troeltsch, M. Rade, O. Baumgarten, H. Mulet u.a. Sie haben sich ausnahmslos darum bemüht, die ethischen Implikationen von demokratischen politischen Systemen theologisch zu analysieren. In diesem Sinne formuliert E. Troeltsch 1922 eine Aufgabe, die an Aktualität noch nichts verloren hat: „Aber die Jüngeren und die Träger der Zukunft stehen vor der Aufgabe einer auch gefühlsmäßigen Entscheidung und Einsetzung für die Republik." Er kritisiert die „heute so übliche Gewohnheit anzudeuten, daß man ja eigentlich von der Republik nicht viel halte und die Demokratie geringschätze, aber formell dem bestehenden Recht loyal sich fügen wolle." Er fordert, „die Republik innerlich (zu) bejahen. Nicht die gegenwärtige Verfassung in ihren Einzelheiten, aber die demokratische Republik im Grundsatz." Dies kann nach Troeltsch aber nur gelingen, wenn eine Aufgabe ernsthaft in Angriff genommen wird: „Das Wesen der großen demokratischen Verfassungsbildungen der Neuzeit und die Technik ihrer Arbeitsweise müßte zu diesem Zweck von uns viel tiefer studiert und gekannt werden als das bisher zu geschehen pflegt."[16]

E. Troeltsch visierte in seinen Analysen ein, wie W.D. Marsch es nannte, „pragmatisches Demokratieverständnis" an, dessen „Hintergrund" in der „reformatorischen Rechtfertigungsfrömmigkeit" liegt, „die nicht bis zum Tage X einer eschatologisch verwirklichten Demokratie wartet und sich jeglicher Vermittlung mit einer noch undemokratischen Gegenwart versagt, sondern sich mit den heute realisierbaren Annäherungen im rechtsstaatlichen und pluralistischen System zufrieden gibt, um diesen Rahmen möglichst freiheitlich auszuschöpfen und eine Veränderung nicht nur von veränderten Strukturen, sondern vor allem von den sie ausfüllenden und gestaltenden Personen zu erhoffen."[17]

Zu solch einem pragmatischen Demokratieverständnis aus dem christlichen Glauben heraus bekannte sich auch K. Barth in seiner Schrift „Christengemeinde und Bürgergemeinde": „Es ist darum doch nicht zu übersehen und zu leugnen, daß das christlich–politische Unterscheiden, Urteilen, Wählen, Wollen, Sicheinsetzen auf der ganzen Linie eine Tendenz auf die Gestalt des Staates hat, die in den sog. Demokratien wenn nicht verwirklicht, so doch mehr oder weniger ehrlich und deutlich gemeint und angestrebt ist. Man muß, wenn man alles überblickt, schon sagen: es hat jedenfalls eine stärkere Tendenz nach dieser als nach irgendeiner anderen Seite. Es gibt schon eine Affinität zwischen der Christengemeinde und der Bürgergemeinde der freien Völker!"[18]

Politischer Kompetenzgewinn und Demokratiefähigkeit sind nicht gleichbedeutend mit der Fähigkeit, über alles und jedes mitreden zu können. Es bedeutet vielmehr zunächst einmal die im Lauf der Geschichte gewachsene innere Rationalität grundlegender demokratischer Strukturelemente zu begreifen. In der Kirche wird bis heute gern und undifferenziert von „dem Staat" gesprochen, aber im Hinblick auf Strukturfragen der Verfassung und den in einer solchen Verfassung sich manifestierenden Grundüberzeugungen herrscht häufig der Zustand einer eigentümlich unwissenden Unschuld.

Fähigkeit zur Demokratie – d.h. vor allem auch die Fähigkeit zur Anerkenntnis des pluralistischen Charakters unserer Gesellschaft, der ja selbst nur eine Folge der Durchsetzung der neuzeitlichen Freiheitsideale ist. Wer dies anerkennt, muß aber zugleich den Konfliktcharakter alles Politischen anerkennen: Politik ist nicht die völlige Abschaffung, sondern zuerst der Versuch eines friedlichen Umgangs mit Konflikten. Dies fordert aber auch: gegen die Faszination der Eindeutigkeit den ethischen Wert des Kompromisses schätzen zu lernen. Dem an einer gemeinsamen Zukunft orientierten, friedlichen Umgang mit Konflikten und mit heterogenen Interessen dienen das Recht und die in einer Verfassung niedergelegten Regeln und in ihre definierten politischen Institutionen.

Recht und dessen Konkretion in politschen Institutionen sind der immer wieder verbesserungsbedürftige Versuch, zwei Aufgaben zugleich gerecht zu werden: Die Freiheit individueller Entscheidungen zu gewähren und zugleich einen Weg zur Formulierung eines gemeinsamen politischen Willens zu eröffnen. Die neue Denkschrift der EKD hat deshalb den rechtlichen Verfahrensregeln des modernen demokratischen Verfassungsstaates eine eigene ethische Qualität zuerkannt. Die Anerkennung solcher Regeln „bedeutet mehr als die Beachtung einer Verfahrenstechnik. Sie gibt der Sachentscheidung ihren Rang und ist zugleich Ausdruck des Respekts zwischen allen Beteiligten. Sich an Regeln zu halten, ist für den Christen innerhalb und außerhalb der Kirche eine Form von Nächstenliebe."[19]

Demokratische Strukturen repräsentieren den Versuch, einen politischen Gestaltungsprozeß zu ermöglichen, der offen ist für die Realisierung neuer Lebensmöglichkeiten unter Anerkennung faktischer Interessengegensätze, der die Möglichkeiten zur Kritik ausdrücklich anerkennt und zugleich durch den Zwang zur Vermittlung mit anderen verhindern will, daß sich absolute Ansprüche und Interessen einzelner Menschen und Gruppen durchsetzen.

Gleichermaßen theologisch wie politisch naiv wäre es, wollte man bestreiten, daß kirchliche Jugendarbeit auf dem Boden des reformatorischen Christentums immer auch ein politisches Mandat hat. Es wäre freilich auch naiv, den politischen Charakter kirchlicher Jugendarbeit nur vom Pathos der Teilnahme an den jeweils aktuellen Kontroversen über eine humane Gestaltung der Zukunft her zu bestimmen. In einem effizienten Sinn politisch wird kirchliche Jugendarbeit erst in dem Maße, in dem sie politische Kompetenz zu vermitteln vermag. Eine entscheidende Komponente politischer Kompetenz läßt sich elementar beschreiben als die Fähigkeit zur Einsicht in die innere Rationalität rechtlicher Konfliktregelungsmechanismen, wie sie im Rahmen des modernen demokratischen Verfassungsstaates institutionalisiert sind. Wer hier Kompetenzgewinn fördert, steigert Partizipationschanchen. Insofern muß kirchliche Jugendarbeit, die den Jugendlichen Hilfestellung auf dem Weg zu einer aktiven politischen Wahrnehmung ihrer Interessen geben will, demokratische Bildung leisten. In genau dem Maße, in dem evangelische Jugendarbeit diesen Auftrag ernst nimmt, macht sie zugleich ernst mit den freiheitlichen Traditionen des Protestantismus.

[1] T. Schmieder (Hg.), Jung sein und evangelisch, Stuttgart 1984, (aej-Studienband 8), S. 38.
Zum Problem der Entfremdung zwischen Jugendlichen und dem politischen System vgl. Chr. Böhr/E. Busch, Politischer Protest und parlamentarische Bewältigung. Zu den Beratungen und Ergebnissen der Enquete-Komission „Jugendprotest im demokratischen Staat", Baden-Baden 1984.

[2] Chr. Bäumler, Unterwegs zu einer Praxistheorie, Gesammelte Aufsätze zur kirchlichen Jugendarbeit, München 1977, S. 102.

[3] E. Troeltsch, Spektator-Briefe, Aufsätze über die deutsche Revolution und die Weltpolitik 1918/22. mit einem Geleitwort von F. Meinecke. Zusammengestellt und hg. von H. Baron, Tübingen 1924, S. 81.

[4] K. Barth, Christengemeinde und Bürgergemeinde, Zürich 1946. Hier zitiert nach dem Wiederabdruck in: Kirche und moderne Demokratie, hg. v. Th. Strohm und H. D. Wendland, Darmstadt 1973, (Wege der Forschung Bd. CCV), S. 33.

[5] Evangelische Kirche und freiheitliche Demokratie. Der Staat des Grundgesetzes als Angebot und Aufgabe. Eine Denkschrift der Evangelischen Kirche in Deutschland, Gütersloh 1985, S. 17.

[6] M. Luther, Auslegung des ersten Artikels im Kleinen Katechismus, zitiert nach den Bekenntnisschriften der evangelisch-lutherischen Kirche, Göttingen 1976, S. 510.

[7] M. Luther, An den christlichen Adel deutscher Nation von des christlichen Standes Besserung (1520), WA 6, 407.

[8] M. Luther, Von der Freiheit eines Christenmenschen (1520), WA 7, 20.

[9] G. P. Gooch, zitiert nach J. C. Benett, Besteht eine besondere Verwandtschaft zwischen Christentum und Demokratie?, in: ZEE 1 (1957), S. 212.

[10] R. Niebuhr, Die Kinder des Lichts und die Kinder der Finsternis. Eine Rechtfertigung der Demokratie und eine Kritik ihrer herkömmlichen Verteidigung, New York 1945, deutsch München 1947, S. 8.

[11] I. Kant, Metaphysik der Sitten, Rechtslehre, A 32.

[12] I. Kant, Zum ewigen Frieden, Ein philosophischer Entwurf, zitiert nach: Kleine Schriften zur Geschichtsphilosophie, Ethik und Politik hg. v. K. Vorländer, Hamburg 1973, S. 129.

[13] W. M. L. de Wette, Über den sittlichen Geist der Reformation in Beziehung auf unsere Zeit, Reformations Almanach 1819, zitiert nach H. H. Brandhorst, Lutherrezeption und bürgerliche Emanzipation, Göttingen 1981, S. 39.

[14] G. A. Wisclenius, Sind die Freien Gemeinden politische Gemeinden? (1850), zitiert nach: J. Brederlow, „Lichtfreunde" und „Freie Gemeinden", Religiöser Protest und Freiheitsbewegung im Vormärz und in der Revolution von 1848/49, München-Wien 1976, S. 87.

[15] Erklärung des Provinzialvorstandes der deutschkatholischen Gemeinden Schlesiens vom 15.9.1849, zitiert nach Brederlow, S. 98. Zum Deutschkatholizismus vgl. auch *F. W. Graf*, Die Politisierung des religiösen Bewußtseins. Die bürgerlichen Religionsparteien im deutschen Vormärz: Das Beispiel des Deutschkatholizismus, Stuttgart-Bad Cannstatt 1978.

[16] E. Troeltsch, Die Republik, Berliner Brief, in: Kunstwart und Kulturwart, Hg. v. F. Avenarius, 35. Jg. (1922), S. 108.

[17] W. D. Marsch, Demokratie als christlich-ethisches Prinzip, zitiert nach: Kirche und moderne Demokratie, S. 456

[18] K. Barth, Christengemeinde und Bürgergemeinde, a.a.O., S. 47.

[19] Evangelische Kirche und freiheitliche Demokratie, a.a.O., S. 24.

Gottfried Weber

Jugend – Arbeit – Zukunft

Zur Aufgabe der Jugendarbeit in der Sozialpolitik

Zur Lage

Wir stehen vor einer bisher nicht dagewesenen Herausforderung für eine an demokratischer Kultur orientierte Sozialpolitik. Alle politischen Entscheidungen treffen in einem bisher unvorstellbaren Ausmaß in ihren Auswirkungen die kommenden Generationen. So muß, wer über Jugendarbeit nachdenkt, einbeziehen bzw. davon ausgehen, daß wir langfristig (permanente) Arbeitslosigkeit und in ihrer Folge Armut haben werden bei möglicherweisen gleichzeitiger – vorübergehender – Zunahme an Produktivität und Reichtum. Ließen sich alle bisherigen „Berge" und quantitativen Herausforderungen durch Ausweitung von Jugendhilfe und (Aus-) Bildungskapazitäten bewältigen, stellt sich jetzt die Frage der Arbeit für Millionen, die am Anfang ihres Erwerbslebens stehen. Konnte der Staat durch eigene Maßnahmen in den vergangenen Jahren reagieren, so steht er jetzt vor einer brisanten, komplexen wirtschafts–, arbeits–, markt– und sozialpolitischen Belastungsprobe erster Ordnung.

Angesichts der schwer kalkulierbaren technologischen Entwicklungssprünge in Produktion und Dienstleistung kann auf Vorerfahrungen nicht zurückgegriffen werden. Ratlosigkeit greift um sich. Man spricht von der ein-Drittel/zwei-Drittel-Gesellschaft, d.h. etwa ein Drittel der Bevölkerung wird an der Armutsgrenze leben, ohne im bisherigen Sinn lohnabhängige Arbeit zu bekommen. Die „soziale Marginalisierung" der heute schon Armen und Arbeitslosen wird als „soziale Vererbung der Notlagen an die Kinder" weitergegeben.

Einige Zahlen:
Von den im September 1984 gemeldeten 2 143 000 Arbeitslosen gaben 34,9% an, daß Kinder in ihrem Haushalt leben. In absoluten Zahlen waren

das insgesamt 1 296 026, von denen 380 998 unter 6 Jahren waren, 421 836 in die Altersgruppe 6 bis unter 15 Jahren gehörten und 493 192 15 Jahre und älter waren.

Im Vergleich zur Wohnbevölkerung in der Bundesrepublik (April '82) hatten damit im September 1984 6,7% aller Kinder einen arbeitslosen Elternteil. (1)

„Waren 1980 noch weniger als 20% der 20 bis 25jährigen länger als ein halbes Jahr arbeitslos, so stieg der Anteil der Langfrist–Arbeitslosen in dieser Altersgruppe auf 37% (1983) bzw. 40% (1984). (2)

Bei den arbeitslosen Sozialhilfe-Empfängern finden sich überproportional jüngere Arbeitslose der Altersgruppe 16 bis 35 Jahre (66 %). (3).

Sind Jugendliche bis 25 unter den Erwerbspersonen insgesamt mit 20 % vertreten, so sind sie unter den Erwerbspersonen mit Arbeitslosigkeitserfahrung 1983 mit 33 % und unter den Nicht-Leistungsbeziehern mit 45 % vertreten. (4)

Das herkömmliche System sozialer Versorgung und gesellschaftlicher Existenzsicherung ist dieser Entwicklung politisch–ideologisch, strukturell, organisatorisch und finanziell nicht gewachsen. Es werden Löcher geflickt, die gröbsten Auswüchse gelindert, Hilfen, die Jugendlichen Perspektiven eröffnen, auf die hin es sich lohnt, Initiative zu entwickeln, fehlen.

Partikulares Denken in Wissenschaft, Technik, Administration, Politik, aber auch in den Kirchen und in der Jugendarbeit verhindert, die Fragen zu stellen, ohne deren Beantwortung Lösungen für die Zukunft und damit für die nachkommenden Generationen nicht zu finden sind, z.B.:

die Frage nach der Sozialverträglichkeit neuer Technologieentwicklung,
die Frage nach dem Ende des Wachstums angesichts der Endlichkeit unseres Planeten und seiner für das Überleben der Menschheit begrenzten Ressourcen,
die Frage nach den Konsequenzen für die soziale und politische Kultur, wenn von Wachstum nicht weiter ausgegangen werden kann,
und eben die Frage nach der Eröffnung von Zukunftsperspektiven für die nachwachsenden Generationen unter Einbezug der genannten Einschränkungen.

Vom Ende der Jugendarbeit als Jugendarbeit

Ich denke, daß angesichts der geschilderten Situation Jugendarbeit als auf bestimmte Altersgruppen zielende Spezialaufgabe an ihr Ende gekommen ist. Ganzheitliches Denken ist gefragt. Jugendliche leben in sozialen Netzen, sie haben keine spezifischen Jugendlichen–Probleme. Psycho–physische, schulische oder soziale Schwierigkeiten von Jugendlichen stehen in Zusammenhang mit der sozialen Lage ihrer Eltern und diese wieder im Kontext gesamtgesellschaftlicher Entwicklungen.

„Waren 1975 bereits 64% der arbeitslosen Jugendlichen auf finanzielle Unterstützung ihrer Eltern angewiesen, so dürfte der Anteil heute noch höher liegen. Als Folge dieser finanziellen Abhängigkeit werden die Jugendlichen in einer unselbständigen Lebenssituation gehalten oder sogar in diese zurückgeworfen. Die Versagung eines ausreichenden eigenen Einkommens kann unmittelbar auf die psycho–soziale Befindlichkeit der Jugendlichen wirken, insofern ‚sich die Wettbewerbsfähigkeit im Freundeskreis verringert und die Möglichkeit der Teilnahme an Handlungssystemen' eingeschränkt wird. (3)

Unsere Untersuchung der Zentralen Anlaufstelle gegen die Obdachlosigkeit in München (ZASt) hat den vermuteten Zusammenhang von Arbeitslosigkeit und Obdachlosigkeit bestätigt. Arbeitslosigkeit führt häufig zum Zusammenbruch des Familienhaushalts. Z.B. Zahlungsunfähigkeit für Miet– und Mietnebenkosten führt zur Exmittierung in Unterkünfte oder in Pensionen und damit zum Verlust des sozialen Umfelds. Alle sind gemeinsam betroffen von Symptomen der Entmutigung und der Resignation, von Angst vor der Zukunft und vor sozialer Isolation.

Jugendarbeit als Gemeinwesenarbeit

Noch einmal: Es gibt keine speziellen Jugendprobleme. Probleme, unter denen Jugendliche leiden, können nicht wirksam jugendspezifisch angegangen werden. Jugendarbeit, die versucht, auf einzelne Symptome helfend, unterstützend zu reagieren, ist unwirksam, sie verzettelt sich in der Fülle der Einzelprobleme. Was nützt einem Jugendlichen, dem Arbeits– und Berufs– und damit in unserer Gesellschaft Lebensperspektiven überhaupt fehlen, ein noch so gut organisierter und pädagogisch geleiteter Jugendclub. „Der Sinn des Lebens erfüllt sich nicht allein in Arbeit" – na schön, aber wo wird darüber auch nur nachgedacht, geschweige denn, wo gibt es Modelle, in denen man ausprobieren kann, was denn noch den Sinn des Lebens ausmacht, und wo bekommt man dafür seine Existenzsicherung. Lohn dafür, daß man ausprobiert, wie man ohne lohnabhängige Arbeit ein sinnvolles Leben führen kann – das wäre etwas!

Ich will versuchen, Aspekte der Gemeinwesenarbeit auf diesem Hintergrund zu entwickeln.

Ausgangslage
Ein Jugendclub auf der Grenze zwischen einem Unterkunftsgebiet und Sozialwohnungen mit dem Hauptmerkmal von hoher und schon die zweite Generation erreichender Arbeitslosigkeit.

Einige Probleme, die immer wieder in Gesprächen genannt werden:

Der Alte geht mir einfach auf den Geist, den ganzen Tag hockt er rum, wenn ich ihn schon sehe, wird mir übel, in alles mischt er sich rein.

Früher, wenn mein Alter nach Hause kam, hat er schon mal was mit uns gemacht, Fußball gespielt oder so; seit er immer zu Hause sitzt, geht nichts mehr, er wird immer aggressiver, meine kleine Schwester und meine Mutter werden immer häufiger verdroschen wegen gar nichts, bei mir traut er sich nicht mehr, ich würde zurückschlagen.

Am besten, du haust ab, auch wenn er genau wissen will, wohin du gehst.

Was mir am meisten auf den Geist geht, ist, daß du dir nichts mehr leisten kannst, für nichts ist Geld da, meine Mutter traut sich kaum noch raus, weil sie nur noch altes Zeug trägt „so kann man sich doch nicht sehen lassen, da wissen die Leute gleich, daß man arbeitslos ist".

Dieses alles aussprechen können, hat seinen Sinn, ist besser, als es nicht zu tun, ist Jugendarbeit im klassischen Sinn und gar keine schlechte, denn, daß Jugendliche darüber reden, ist nicht selbstverständlich. Die Pädagogen verstehen offenbar ihr Geschäft. Aber ändert es was an der Situation? Stiftet es Sinn, Perspektiven, auf die hin es sich zu leben lohnt? Jugendarbeit als Gemeinwesenarbeit jedenfalls muß zwei Zielrichtungen parallel verfolgen.

Einmal sind ganzheitliche stadtteilorientierte Angebote zu entwickeln, die sich an Problemen, nicht am Alter der Stadtteilbevölkerung orientieren.

Für den beispielhaft genannten Stadtteil bedeutet dies den Ausbau eines Bürgerzentrums, das u.a. folgenden Problemen gerecht wird:

der durch Arbeitslosigkeit, ökonomischen Druck, Raumnot verschärften familiären Situation durch das Angebot von Fluchtmöglichkeiten, vor allem für Kinder und Frauen, auch über Nacht; d.h. es muß ein Konzept entwickelt werden, das Leerbetten vorhält. Die pädagogische Aufgabe besteht darin, die Flucht zum Anlaß zu nehmen, mit der gesamten Familie so zu arbeiten, daß die Rückkehr möglich wird;

der Aggressivität der Väter, die aus Minderwertigkeitsgefühlen, Untätigsein, aus dem Brachliegen von Fähigkeiten resultiert, durch das Angebot von Werkstätten, in denen nicht gebastelt, sondern handwerklich gearbeitet werden kann: Reparaturen, Herstellung von Gebrauchsgegenständen, Sanierung der Wohnung (Materiallager) bis hin zu Anlern– oder Ausbildungsverhältnissen für Söhne/Töchter;

der bei zunehmender Verarmung immer einseitigeren Ernährung durch einen Restaurationsbetrieb, in dem Bewohner für sich und andere, möglicherweise unter Anleitung, kochen können zu Preisen, die auch für unterste Einkommen erschwinglich sind.

Zum anderen muß Jugendarbeit als Gemeinwesenarbeit sich politisch verstehen, weniger im Sinne gesellschaftskritischer Auseinandersetzung wie in den 60er Jahren, sondern in der Entwicklung und politischen Durchsetzung konkreter Modelle in den Bereichen:

soziale Sicherung
Verzahnung unterschiedlicher finanzieller Ressourcen
Schaffung von ‚Entwicklungsfreiräumen' für neue innovative Maßnahmen und Projekte
Entwicklung solcher innovativer Maßnahmen und Projekte.

Zur sozialen Sicherung

Zu suchen ist nach Wegen und sozialen Utopien, in denen soziale Versorgung und Arbeit anders als bisher definiert und organisiert sind. Dabei ist es produktiv, die gegenwärtige Krise auf die in ihr enthaltenen Chancen hin zu untersuchen. Panik und Angst lähmen die Phantasie, führen zu reaktivem (reaktionärem) Verhalten. Dies gilt für die Sozialpolitik insgesamt wie für den einzelnen in eine Krise geratenen Jugendlichen. Not macht eben nicht erfinderisch, sie lähmt und fixiert auf Folgen, statt Ursachen anzugehen. Zu fragen ist, wieviel Sicherheit braucht der Mensch und was muß ihm gesichert werden, damit er produktiv mit der Situation, ohne herkömmliche bezahlte Arbeit auskommen zu müssen, umgehen kann.

Unter der Voraussetzung, daß es um die Erhaltung der demokratischen und sozialen Kultur in unserer Gesellschaft geht, formuliere ich vier 'Grundrechte', die für jedermann gesichert werden müssen:

a) Das Recht auf Wohnung
Wohnung, unabhängig von ihrer Größe, Ausstattung und Lage, ist Hort der Sicherheit, Rückzugsmöglichkeit, aber auch Basis für Kontaktaufnahme, Ausgangsort für Wege in die Gesellschaft. Sie ist die Bedingung der Möglichkeit zur Teilhabe an außerfamiliärer Kommunikation wie Nachbarschaft, Vereinsleben, Freundeskreis.

Schon jetzt besteht das Hauptproblem langfristig Arbeitsloser darin, die Wohnung zu erhalten. Dies gilt für den Sozialmieter ebenso wie für den arbeitslos gewordenen Ingenieur, der die Hypotheken seines Hauses bezahlen muß. Der Mehrheit der Arbeitslosen gelingt der Erhalt ihrer Wohnung nicht.

Die Wohnung als Aktionsbasis, Freiheitsraum und Fluchtburg erscheint uns als eine Voraussetzung für Kreativität und Selbstbestimmung. Sie gilt es, als Grundrecht für jedermann zu sichern.

Für Jugendliche besteht unter den gegenwärtigen Bedingungen überhaupt keine Chance, zu einer eigenen Wohnung als Aktionsbasis zu kommen. Ihnen diese zu garantieren, ohne diskriminierende Bedingungen wie Heimordnungen, Unterkunftsordnung, Vergabekriterien für irgendwelche Unterstützungen, ist Aufgabe einer Jugendpolitik.

b) Das Recht auf ‚Lebensmittel'
Darunter verstehen wir nicht nur Nahrung und Kleidung, sondern auch die Möglichkeit zur Teilhabe am politischen, kulturellen und öffentlichen Leben, die Verfügung über Entfaltungsraum und Selbständigkeit, Spielraum für Sinnentfaltung, Kommunikation und Zukunftsentwürfe. In diesem Sinne definieren wir das Grundrecht auf ‚Lebensmittel'.

c) Das Recht auf Bildung
Mit dem herkömmlichen Bildungssystem wird man nicht weit kommen, wenn man für eine Gesellschaft ohne lohnabhängige Arbeit vorbereiten will. In Anknüpfung an bereits vorhandene Bildungs- und Schulmodelle (Landschulheimbewegung, Waldorfschulen) gilt es, ein Bildungssystem zu entwickeln, das zur Selbsttätigkeit und Kreativität befähigt, Kommunikation, soziale Sensibilität und Solidarität ermöglicht und das an Lösungen für die Zukunft mit der jeweils heranwachsenden Generation arbeitet. Dies macht erforderlich: den Abbau bürokratischer Kontrolle, den Wegfall vereinheitlichter Lehrpläne zugunsten von Vielfalt, die Befreiung aus dem Gefängnis partikularen, analytischen Denkens zugunsten eines ganzheitlichen, an Zusammenhängen orientierten Verständnisses.

Bildung als vielfältiges Angebot zur Förderung vielfältiger und sehr unterschiedlicher Begabungen formulieren wir als ein weiteres Grundrecht.

d) Das Recht auf Gesundheit
Hier geht es um die Rückgewinnung der Eigenkompetenz der Menschen für ihre Gesundheit, es geht um eine Medizin, die ganzheitlich denkt, die mit den Eigenkräften der Menschen rechnet, die Langzeitwirkungen ihrer Forschung berücksichtigt. Es geht um ein Gesundheitsverständnis, das Tod und Krankheit nicht leugnet, sondern einbezieht. Nicht Abwesenheit von Krankheit ist Gesundheit, sondern die Fähigkeit, mit Störungen, mit Widerständen angemessen unzugehen.

Zur Verzahnung unterschiedlicher finanzieller Ressourcen

Die volkswirtschaftlichen Kosten der Arbeitslosigkeit sind hoch. Hierzu einige Zahlen:

Für die sechs Jahre von 1983 bis 1989 werden DM 300 Milliarden veranschlagt. Bei knapper Rechnung dürften die Kosten der Arbeitslosigkeit für 1986 DM 50 Milliarden betragen. Davon fallen 20% für die Zielgruppe der unter 25jährigen Arbeitslosen an. Bei 650 000 Arbeitslosen in dieser Altersgruppe kostet jeder einzelne Arbeitslose DM 17 000 in 1986. (In diesen Kostenangaben sind die beträchtlichen Verwaltungskosten der beteiligten Bürokratie und die Kosten für Sozialhilfe nicht enthalten).

Berücksichtigt man ferner, daß sich inzwischen die Kosten einer Arbeitsbeschaffungsmaßnahme – 1985 im Durchschnitt DM 36 000 – pro Jahr zu 96% refinanzieren, d.h. die Gesamtentlastung öffentlicher Haushalte pro Stelle bereits DM 34 600 (96%) beträgt, läßt sich die Einschätzung ableiten, daß eine wirkungsvolle Bekämpfung der altersspezifischen Arbeitslosigkeit nicht in erster Linie an finanziellen Problemen scheitert, sondern an verkrusteten bürokratischen, z.T. gesetzlich festgelegten Vergabestrukturen.

Zu denken wäre deshalb an die – zunächst modellhafte – Einrichtung von stadtteilorientierten Sozialfonds, in die alle Ansprüche der (jugendlichen) Bewohner von der Sozialhilfe bis zum Arbeitslosengeld, von der Mietbeihilfe bis zum Bafög, aber auch Zuschüsse der Kommunen, des Landes und der Kirchen für Jugendarbeit einfließen.

Selbstverständlich sind dabei die rechtlichen Probleme zu berücksichtigen: Da gibt es die gesetzlich geregelten Leistungen, deren Vergabe an bestimmte überprüfbare Bedingungen geknüpft sind, da gibt es tiefverwurzeltes Ressort–Denken, es gibt Besitzstände der einzelnen Verwaltungen. Der erste Schritt eines gemeinwesenorientierten Ansatzes zur Fond–Bildung muß deshalb sein, alle beteiligten Ressorts, Verbände und Institutionen an einen Tisch zu bringen, um über eine modellhafte Lösung einer kooperativen Finanzierung zunächst auf einen Stadtteil begrenzt zu beraten.

Aus dem so zu bildenden Fonds werden Jugendliche des Stadtteils langfristig, d.h. mindestens fünf Jahre (5), und unbürokratisch finanziell so abgesichert, daß sie für die oben definierten Grundrechte in eigener finanzieller Verantwortung aufkommen können. An diese finanzielle Sicherung sind keine Bedingungen geknüpft, aber sie muß begleitet werden von der Schaffung von Entwicklungsräumen, die den Jugendlichen Beteiligungsmöglichkeiten anbieten, ihre Kreativität wecken und sie initiativ werden lassen.

Zur Schaffung von Entwicklungsräumen für neue innovative Maßnahmen und Projekte

Es zeichnen sich derzeit, ausgehend von den Intentionen bestehender Ausbildungs– und Qualifizierungsprojekte folgende Arbeitsfelder (–branchen) ab:

Umweltschutz, –sanierung und –gestaltung
ökologische Lebensmittelproduktion
(ökologische) Sanierung und Renovierung von Altbauten und Neubausiedlungen aus der Nachkriegszeit
Energieeinsparungs– und –gewinnungsmaßnahmen
ambulante soziale Dienstleistungen.

In diesen Bereichen gibt es zwei Möglichkeiten, die Grundfinanzierung der Jugendlichen durch – ihre Initiative anregende – Projekte zu begleiten.

Es werden neue Betriebe gegründet unter folgenden Rahmenbedingungen:

Die Verknüpfung unterschiedlicher, kurzzeitiger Ressourcen (s.o.) zur Gehaltssubventionierung oder die zeitliche Ausweitung bestehender Möglichkeiten (z.B. ABM) bis zu einer Förderdauer von mindestens fünf Jahren. Dabei sind Modelle denkbar, wie etwa bei älteren Arbeitslosen, die dreijährige ABM–Förderung mit anschließenden, degressiv verlaufenden Gehaltskostenzuschüssen (70% bis 30%) verbinden.

Betriebsberatung im weitesten Sinne von der rechtlichen und finanziellen Gründungsphase des Betriebes über ‚Marktanalysen' (Produktentwicklung) bis zu betriebswirtschaftlich organisierter Produktions– und Dienstleistung. Dabei sind u.a. zu berücksichtigen:

Neue Beratungsformen und deren Förderung, z.B. nicht monopolisierte Beratung von ‚oben', sondern Förderung und Qualifizierung betriebseigener Selbstberatungskapazitäten,

reguläre Etatansätze für Beratung in allen Projekten/Betrieben anstelle zentraler, meist staatlich geleiteter Konzentration und Einsatzplanung von Beratungsmitteln und –kapazitäten.

Jugendliche, die sich für dieses Angebot entscheiden, sich also am Aufbau solcher Betriebe beteiligen, erhalten ihre fünfjährige Gehaltsgarantie durch den Betrieb, den sie selbst mitentwickeln.

Die zweite Möglichkeit: Das oben beschriebene Bürgerhaus bietet unter fachkundiger Leitung Ausbildungsgruppen zu den genannten Arbeitsfeldern an. Die Jugendlichen, deren Finanzierung gesichert ist, haben die

Möglichkeit sowohl solche Ausbildungskurse mitzuentwickeln als auch durch die Entrichtung von Gebühren mitzufinanzieren.

Über diese beiden Angebote hinaus gibt es ein soziales Lernangebot: Es werden Wohnmöglichkeiten für Wohngemeinschaften (WG) geschaffen, sei es durch Sanierung von Altwohnbeständen (s.o.), sei es durch Anmietung geeigneten Wohnraums zunächst durch den Fonds. Jugendliche, die sich einer solchen WG anschließen, führen 50% ihres Grundgehaltes an die Gruppe ab, die diesen Betrag gemeinsam verwaltet. Da in unserer Gesellschaft niemand gelernt hat, mit den dabei notwendig auftretenden Konflikten umzugehen, erhält jede WG einen Berater von außen (arbeitsloser Sozialarbeiter, –pädagoge etc.), der aus dem Gesamttopf der WG bezahlt wird. Dieser Berater hat kein Stimmrecht in der WG–Versammlung.

Die WG–Versammlung entscheidet über die Verwendung des Budgets: Miete, Urlaub, Beteiligung an der Entwicklung eines Betriebes oder an Ausbildungsgruppen etc.

Zusammenfassung

Jugendarbeit, die in der Regel von politisch und ökonomisch potenten Trägern wie Kirchen, Verbänden, Gewerkschaften, Kommunen getragen wird, hat angesichts der geschilderten Lage der Jugend nur dann eine Existenzberechtigung, wenn sie mit der Jugend gemeinsam offensiv auf allen politischen Ebenen Lösungen vorantreibt, die

Alternativen zur bisherigen lohnabhängigen Arbeit beinhalten, etwa nach dem Motto: Die entfremdende Arbeit geht aus, es lebe die selbstbestimmte Arbeit,

Grundrechte wie Wohnung, Lebensmittel, Bildung und Gesundheit sichern und damit

Langzeitperspektiven für Jugendliche eröffnen und Lebenssinn sinnlich erfahrbar machen.

(1) Mitteilungen aus der Arbeitsmarkt– und Berufsforschung 2/85.
(2) W. Beywel, ‚Jugendarbeitslosigkeit', Politik und Zeitgeschichte, B. 38/85 Seite 16ff.
(3) Ebd.
(4) Ch.F. Büchtemann, ‚Soziale Sicherung bei Arbeitslosigkeit und Sozialhilfebedürftigkeit', Mitteilungen aus der Arbeitsmarkt– und Berufsforschung, 4/85.
(5) Der 5–Jahreszeitraum scheint uns aus zwei Gründen notwendig zu sein:

Nach allen Erfahrungen ist es der Minimalzeitraum für die Entwicklung und Erprobung von sozialen/gesellschaftlich innovativen Ansätzen, Projekten und Alternativen.
Er bietet den betroffenen Arbeitslosen eine materiell ausreichend gesicherte Phase, in der die Folgen von Arbeitslosigkeit „aufgearbeitet" und neue berufliche Orientierungen sowie Qualifikationen erworben werden können.

Jugend im Gemeindeprozeß

Struktur und Zielbestimmung kirchlicher Jugendarbeit sind Funktionen des zugrundeliegenden Verständnisses von Gemeinde. Wenn Jugendliche sich als kompetente, handlungs– und reflexionsfähige Subjekte entwikkeln können sollen, dann ist das nur möglich, wenn Gemeinde sich selbst als Subjekt und als solche wiederum als Diskursgemeinschaft von Subjektivitäten versteht. Ein solches Verständnis wächst aus dem genuin protestantischen und daher ursprünglich kontroverstheologisch hoch besetzten Gedanken vom allgemeinen Priestertum aller Getauften. Mit ihm griffen die Reformatoren allerdings auf eine Grundvorstellung des neuen Testaments selbst zurück, so daß es nicht verwundert, wenn zunehmend auch im katholischen Bereich wieder verstärkt auf das „Prinzip Gemeinde" reflektiert wird. Welche Konsequenz das für die Jugendarbeit hat, zeigt *Norbert Mette* exemplarisch an Äußerungen der lateinamerikanischen Bischofskonferenz. Allerdings wird dabei auch deutlich, daß sich kirchliche Rekrutierungsabsichten hier mit Überlegungen zu einer Beteiligungskirche mischen. Diese Uneindeutigkeit schleicht sich auch durch die Konnotative des Begriffs Diakonie ein, der hier Verwendung findet. In der klassischen, allerdings von seiten einer Gesellschaftsdiakonie heftig umstrittenen Vorstellung, wird der andere stets als ein defizitäres, nicht kompetentes Wesen verstanden, dem von außen her Hilfe zukommt. Angemessener wäre der urgemeindliche Begriff von der Koinonia, der Gemeinschaft von Gleichen mit Gleichwertigen, wenn auch unterschiedlichen Kompetenzen und Bedürfnissen.

Die Widersprüchlichkeit der lateinamerikanischen Dokumente zeigen kein spezifisch katholisches Problem, auch wenn sie durch ein entsprechendes Amts– und Kirchenverständnis verschärft wird. Solange sich die evangelische Kirche primär als Pastorenkirche und solchermaßen wiederum als Betreuungskirche strukturell darstellt, wird sie auch bei besten pädagogischen Einsichten aus dieser Zweideutigkeit nicht herauskommen. Vielmehr wird sie in der Gefahr stehen, Jugendarbeit als Vereinnahmungs– und Anpassungsstrategie mißzuverstehen. Neuorientierung der kirchlichen Jugendarbeit ist insofern mehr als nur methodisch–taktisches Kalkül. Sie kann Folge oder Medium für die Gewinnung eines neuen gemeindlichen Selbstverständnisses werden.

Voneinander lernen, miteinander leben, gemeinsam glauben – das bedeutet auch, den anderen in seiner spezifischen, lebenszyklischen Eigenart zu akzeptieren und diese Andersartigkeit als Gewinn zu betrachten–. Deshalb wendet sich *Hans J. Fraas* gegen sekundäre Funktionalisierung der Kinderarbeit, indem er für das Eigenrecht der Kindheit und ihrer besonderen Probleme eintritt. Diese bündelt sich in der lebensgeschichtlichen Frage nach dem Gelingen von Identität. Als konvergierende theologische Kategorie und sozialpsychologisch zu interpretierenden Identitätsbegriff entfaltet er den Gedanken der Rechtfertigung. Rechtfertigung als bedingungsloses Angenommensein durch Gott stellt die transzendental begründete Bedingung der Möglichkeit für das Gelingen von Identität dar. Damit diese Möglichkeit zur Wirklichkeit wird, braucht das Kind personal vermittelte, symbolische Darstellungen von gelingender Identität, die sich als Folge des im Glauben ratifizierten Bewußtseins von der Rechtfertigung durch Gott auslebt. An diesen Modellen kann das Kind zunächst via Identifikation personale und soziale (als Wir–Bewußtsein) Identität erlernen. Indem das Kind in symbolisch vermittelten Grunderfahrungen des Glaubens Angebote für die eigene Identitätsbildung erlebt, wird dieses Erlebnis und damit Kinderarbeit – ihm zum Selbstzweck. Gerade im Ausagieren und Finden einer kindgemäßen Identität liegt die Fruchtbarkeit der Kinderarbeit für den Prozeß Gemeinde und damit auch ihr Gewinn für die Jugendarbeit. Die Einheit in ihrer Unterschiedenheit ist in der die Gesamtbiographie eines Individuums in Unverwechselbarkeit konstituierenden Grunderfahrung von der Rechtfertigung zu suchen, deren symbolische Präsentation durch die Aktivitäten der Gemeinde darzustellen sind. Alle drei Beiträge machen deutlich, daß der Prozeß Gemeinde nur dann gelingt, wenn die Besonderheit der daran beteiligten nicht eingeebnet, sondern kommunikativ in die Allgemeinheit der Gemeinde vermittelt wird. Daraus erwächst ein inklusives Verständnis von Gemeinde, das auf Toleranz und Pluralität gründet.

Dieser Prozeß könnte mit dem neuerdings verstärkt in die Diskussion gebrachten Begriff „Gemeindepädagogik“ anvisiert sein. Zunächst allerdings riecht das Stichwort „Gemeindepädagogik“ nach pädagogischen Nachstellungs– und Aufsaugstrategien. *Karl Foitzik* zeigt indessen, daß unter einem konziliaren Verständnis als Prozeß von Gemeinde Jugendliche in ihren authentischen Bedürfnissen ihren eigenen Ort finden können.

Gemeinde ist dabei zu verstehen als Prozeß eines gemeinsamen Lernens, Lebens und Glaubens. Der weiteren gemeindepädagogischen Debatte wird es überlassen sein, den grundlegenden Lernbegriff so zu explizieren, daß aus ihm *selbst* die Offenheit und Voraussetzungslosigkeit des intendierten Kommunikationsprozesses sichtbar wird. Zunächst legt die Tradition dieses Begriffs ein solches Verständnis nicht unmittelbar nahe. Sodann wäre noch zu zeigen, a) worin die grundlegenden Unterschiede zum klassischen, aber gescheiterten Konzept des Gesamtkatechumenats (vgl. Fraas) liegen; b) welche Strukturen Jugend– und Gemeindearbeit dann annehmen müßten sowie c) was für die Subjektwerdung der Gemeinde als pluraler Diskurs–Gemeinschaft durch dies Konzept gewonnen würde. Mit seinem Beitrag will Foitzik Denkanstöße für diese Diskussion geben, die eine Isolation der Jugendarbeit vermeiden will. Daß dies in der Praxis oft der Fall ist, dürfte augenscheinlich sein. Den Aktivitäten der Gemeindejugend steht eine Großzahl der Gemeindeglieder abwartend bis skeptisch gegenüber; den Anspruch an sich von der Jugend etwas zu lernen, erhebt kaum einer. Vielmehr soll zumeist die Jugend etwas lernen, nämlich die vorausgesetzten Spielregeln des traditionellen Gemeindelebens anzupassen; sie soll „eingemeindet" werden. Vor dieser einseitigen Perspektive warnt Foitzik. Damit präsentiert sich Gemeindepädagogik als Innovationsstrategie nicht nur für die Jugendarbeit.

Norbert Mette

„Vorrangige Option für die Jugendlichen"

Ekklesiologische und pastorale Konkretionen einer Kirche der Jugend – eine lateinamerikanische Herausforderung.

„Die Kirche vertraut auf die Jugend ... Sie ist die Hoffnung der Kirche. Die Kirche sieht in der Jugend Lateinamerikas ein wirkliches Potential ihrer Evangelisierung in der Gegenwart und der Zukunft. Da die Jugend das gesellschaftliche und insbesondere das kirchliche Gefüge mit echter Lebenskraft erfüllt, tritt die Kirche vorrangig für die Jugendlichen hinsichtlich ihrer evangelisatorischen Sendung auf dem Kontinent ein." (P. 1186)

Eine solche Option, die beinhaltet, die jungen Menschen als Subjekte der Evangelisation – im Sinne eines prophetischen und befreienden Handelns der Kirche in der Gesellschaft – ernstzunehmen, mutet im Hinblick auf die hiesige Situation befremdlich an; sie erscheint wie eine Utopie, wie eine irreale Vision. Ratlosigkeit und Resignation sind weit verbreitet: Kaum jemand weiß, wie der immer breiter und tiefer werdende kommunikative Graben zwischen Kirche (vorab in ihrer institutionellen Verkörperung) und Jugend überbrückt werden kann; manche bezweifeln, daß er sich überhaupt noch überbrücken läßt.

Ob demgegenüber in Lateinamerika das Verhältnis zwischen Kirche und Jugend so problemfrei ist, wie es bisweilen dargestellt wird, mag dahingestellt bleiben. Gleichwohl hat sich dort – wie das obige Zitat zeigt, bis in kirchenamtliche Dokumente hinein – die fundamentale Einsicht durchgesetzt, daß die Frage nach einer angemessenen Jugendpastoral keineswegs bloß als ein methodisch–taktisches Problem angesehen werden darf und sich auch nicht nur auf diesen besonderen Bereich erstreckt, sondern daß sie unausweichlich mit dem Selbstverständnis von Kirche insgesamt zusammenhängt und deshalb zur Reflexion darüber nötigt. Diesem Vorgang muß eine paradigmatische Bedeutung beigemessen werden, die auch für die hiesige Situation relevant ist, wie die folgende Interpretation der entsprechenden kirchenamtlichen Verlautbarungen aufzeigen soll.[1]

Jugend als Zeichen der Hoffnung und Kraft sozialer Erneuerung

Sicherlich bedingt allein die Tatsache, daß jeder fünfte Bewohner des lateinamerikanischen Kontinents zwischen 15 und 24 Jahre alt ist, eine verstärkte Aufmerksamkeit für die Jugend. Jedoch wird betont, daß es unzulänglich sei, lediglich eine bestimmte Altersphase als Merkmal für Jugend anzuführen. Damit verbinde sich vielmehr eine von diesem Übergang vom Kind zum Erwachsenen geprägte Haltung dem Leben gegenüber, die insbesondere in folgenden Charakteristika ihren Ausdruck finde: „Nonkonformismus, der alles in Frage stellt; Risikofreude, die zu radikalen Verpflichtungen und Situationen führt; schöpferische Kraft mit neuen Antworten auf die sich verändernde Welt, die die Jugend als Zeichen der Hoffnung ständig verbessern will. Ihre spontanste und stärkste persönliche Bestrebung gilt der Freiheit, die sich jeder äußeren Vormundschaft entzieht. Die Jugend ist das Zeichen für Freude und Glück. Sie ist sensibel gegenüber gesellschaftlichen Problemen. Sie fordert Echtheit und Einfachheit und lehnt rebellisch eine Gesellschaft ab, die von Heuchelei und Fehlwerten gekennzeichnet ist." (P. 1168; vgl. M. 11) Erwartungsvoll wird von der Jugend als einer „sozialen Bewegung" gesprochen, in der sich nicht nur Schüler und Studenten engagieren, sondern in der auch der Einfluß der jungen Arbeiter zunimmt und „deren Ziel die Veränderung und Umwandlung der Gesellschaft ist" (J. 17).

Jugend als Symbol der Kirche

„In der so verstandenen Jugend entdeckt auch die Kirche ein Zeichen ihrer selbst." (M. 12) Sie sieht in ihr „eine große Kraft der Erneuerung, die Symbol der Kirche selbst ist" (P. 1178). Begründet wird dies damit, daß dem christlichen Glauben das Element der ständigen Erneuerung bzw. der unablässigen Verjüngung jedes einzelnen sowie der Menschheit insgesamt innewohnt. Sieht er doch vom Ostergeheinmis her „dem Weg des Menschen einen österlichen Sinn eingeprägt, der sich in der Umwandlung seiner Situation gemäß dem Willen des Vaters zu erfüllen hat" (J. 45).

Diese Identifikation von Jugend und Glaube wäre mißverstanden, hielte man ihr vor, die Kirche versuchte auf diese Weise sublim, die Jugendlichen zu vereinnahmen. Vielmehr wird durch die Jugend und ihr Engagement die Kirche nachhaltig an die ihr aufgetragene Berufung erinnert; was umgekehrt bedeutet, daß eine Kirche, die sich von den Jugendlichen entfernt, Gefahr läuft, ihre Berufung zu vergessen. Eine Distanz zwischen Jugend und Kirche bedeutet demnach für die Kirche ein bedrohliches Signal, daß sie sich möglicherweise im Bestehenden dermaßen eingerichtet hat, daß sie

weder sich selbst noch andere zu verändern in der Lage ist. Diese Erfahrung hat die Kirche Lateinamerikas in den letzten Jahren machen können: Wo sie sich in Situationen der Gewalt und Unterdrückung als „Raum der Freiheit" zeigt (vgl. J. 40), „wo ihre Entscheidung für die Armen und die Jugend mit ihrem Tun übereinstimmt" (ebd. 41), wird sie in wachsendem Maße gerade von jungen Leuten aufgesucht. Selbstkritisch wird eingestanden, daß auf diesem Gebiet Versäumnisse und Fehler zu verzeichnen sind (vgl. P. 1178–1181. 1184f; J. 38ff).
Aber auch das muß festgehalten werden: Nicht die Jugend ist es, zu der sich die Kirche immer neu zu bekehren hat; sie stellt für sie vielmehr eine Mahnung dar, sich auf den zu besinnen, der Grund und Ziel jeglicher Erneuerung ist: Jesus Christus. Als einer, der sie in ihrem Engagement begleitet und bei dem sie dafür die verläßlichste Orientierung zu gewinnen vermögen, ist er auch den Jugendlichen nahezubringen:„Die Jugend geht, ohne sich dessen bewußt zu sein, auf die Begegnung mit einem Messias, Christus, zu, der seinerseitsauf die jungen Menschen zugeht . . . Nur er macht den jungen Menschen in Wahrheit frei. Dies ist der Christus, der der Jugend als der umfassende Befreier dargestellt werden muß. . . Der Jugendliche muß Christus als persönlichen Freunderfahren, der nie enttäuscht, der der Weg der völligen Selbstverwirklichung ist." (P. 1183, Vgl. P. 1166. 1194)

Die Situation der Jugend als „Zeichen der Zeit"

Die beiden vom lateinamerikanischen Episkopat getroffenen vordringlichen Optionen für die Armen und für die Jugendlichen stehen nicht einfach nebeneinander, sondern, so wird betont, sind eng miteinander verschränkt. Sie stellen die aufgrund der momentanen gesellschaftlichen Herausforderungen sich nahelegende pastorale Antwort dar: „Die Zeichen der Zeit vom Evanglium her gedeutet, zeigen an, daß sich die Tätigkeit der Kirche vorzüglich auf die Armen und auf die Jugend richten muß. Sie zeigt sich uns als eine arme Kirche der Armen und deshalb als prophetische und befreiende Kirche. Für die Mehrheit der Jugendlichen des Kontinents ist die Entscheidung (der Kirche) für die Armen und für die Jugend ein und dieselbe Option unter dem Gesichtspunkt der Motivation und des Sich–Einlassens mit der Wirklichkeit, in der sie lebt. Ihr drängendes Anliegen ist es also, den Menschen, besonders den Jugendlichen, aus diesem Kontext des Elends, der Entfremdung und der Ausnutzung zu retten." (J. 50f)

Wenn der Jugend aufgrund ihrer Begabung, kreativ Erneuerungsprozesse in Richtung auf eine Gesellschaft und Kirche zu initiieren, die den

Menschen eine humanere Existenzweise gestatten, eine besondere Nähe zur Osterbotschaft bescheinigt wird, dann drängt sich in einer gesellschaftlichen Situation, in der die Jugend aufgrund der vorherrschenden ökonomischen „Gesetzmäßigkeiten" entweder zur Anpassung an die bestehenden Verhältnisse genötigt oder in eine marginalisierte Position abgedrängt wird und damit – in beiden Fällen – ihrer entscheidenden Merkmale beraubt zu werden droht, eine solche Option für sie auf: Es geht darum, den jungen Menschen zu ermöglichen, ihre für die Gesellschaft und Kirche unverzichtbaren Fähigkeiten auch einbringen zu können. Klar werden darum die „Todeszeichen" angeprangert, die sich aufgrund von politischen Manipulationen, ökonomisch–kommerziellen Interessen sowie ideologischen Zielsetzungen unter Jugendlichen ausbreiten (vgl. J. 16ff). Das Ostergeheinmis, das darauf vertrauen läßt, daß der Tod nicht das letzte Wort behält, sondern in ihm sich eine Auferstehung zu neuem Leben ankündigt, läßt aufmerksam werden für die zahlreichen hoffnungsvollen „Lebenszeichen", die die Jugendlichen trotz ihrer Bedrohungen an den Tag legen (vgl. ebd. 20f), und hält die Kirche dazu an, diese zu stärken, sich mit ihnen zu solidarisieren. Denn darin erblickt sie etwas von jenem Geist Jesu Christi, der eine neuartige Welt beginnen läßt, „in der die Lüge, Elend und Tränen, Schmerz und Tod einem neuen Wort und neuem Leben Platz machen müssen" (ebd. 46).

Kritische Auseinandersetzung mit zeitgenössischen „Erlösungsversprechen"

Wer für die Jugend optiert und sich mit ihr solidarisiert, kommt nicht daran vorbei, sich mit jenen ideologischen Systemen kritisch auseinanderzusetzen, die zwar an die Jugendlichen verführerische „Erlösungsversprechungen" richten, sie letztlich jedoch für ihre Zwecke dienstbar zu machen versuchen. Schonungslos werden in dem Dokument „Jugend, Kirche und Veränderung" der „kapitalistische Liberalismus" sowie die mit ihm eng verknüpfte „Doktrin der Nationalen Sicherheit" anlysiert und angeprangert, sie würden der Jugend „irrige Wege der Selbstverwirklichung" (ebd. 36) zeigen bzw. sie grundlegend in ihrer Entfaltung behindern. Dem „marxistischen Kollektivismus" wird vorgehalten, er weise die Jugendlichen in einen „unvollständigen Weg zu ihrer Selbstverwirklichung" (ebd.).

Offen wird eingestanden, daß die Kirche nicht selten der Versuchung erlegen ist, sich mit solchen Ideologien zu verbünden. Dieser Gefahr vermag sie nur zu entgehen, wenn sie ernst nimmt, was es heißt, daß sie nicht Sebstzweck ist, daß sie keine eigenen Interessen zu vertreten hat, sondern daß ihr aufgetragen ist, „Hoffnungszeichen" jener neuen Welt zu sein, wie sie in Jesus Christus, dem „einzigen Erlöser" (P. 1166), begonnen hat (vgl. J. 50–55). Von dem Kommen seines Reiches tatkräftig Zeugnis abzulegen, dazu sind die Jugendlichen selbst eingeladen und anzuspornen, was konkret bedeutet: „jede Sünde und Ungerechtigkeit prophetisch anzuprangern; der falschen Sicherheit, die individueller oder Klassenegoismus bieten, zu entsagen; die Verkehrung der Werte anzuklagen und das Glück der Armen, der Bedrängten, derer, die nur auf Gott vertrauen und Gerechtigkeit und Frieden suchen, zu verkünden, da ihre Zeit gekommen ist; uns durch Verzicht vorzubereiten, damit wir als Jünger dienstbereit werden; alle einzuladen, als Kinder am Reich Gottes teilzuhaben, indem wir die heilbringende Gerechtigkeit üben, die Solidarität; mit reinem Herzen in den Leidenden Gott zu schauen und sie zu trösten; obwohl Haß, Beleidigung und falsche Propaganda ertragend, Bauleute des Friedens zu sein, damit wir wie Jesus eine lebendige Offenbarung der befreienden Gerechtigkeit Gottes in einer Welt werden, die von Unterdrükkung, Ungerechtigkeit und Sünde gekennzeichnet ist" (J. 46ff).

Der Beitrag der Jugendpastoral zum Aufbau einer „Zivilisation der Liebe"

Soll diese „Utopie" vom Reich Gottes verbindlicher Maßstab der Jugendpastoral werden, ist – so wird betont – es „notwendig, einen Veränderungsprozeß einzuleiten in Richtung auf den Bau einer ‚Zivilisation der Liebe'" (J. 69) als der konkreten Erscheinungsform des „Reiches Gottes heute" und die Jugendpastoral organisch darin zu verorten, indem ihr besonders die „Evangelisierung der Jugendkultur" (ebd.) übertragen wird.

Was im einzelnen dieser Begriff „Zivilisation der Liebe", wie er ausführlich vor allem im Dokument „Jugend, Kirche und Veränderung" entfaltet wird (vgl. ebd., bes. 55–82), beinhaltet, kann hier nicht dargelegt, die damit verbundene Problematik nicht kritisch erörtert werden. Vor Augen schwebt eine Umformung der Kultur im Geist des Evangeliums, die getragen und begleitet wird von der persönlichen Umkehr des einzelnen (vgl. P. 395). Als vordringliche Schwerpunkte werden angeführt: zum einen die Lockerung von erstarrten Strukturen, die einer Veränderung zum Besseren im Wege stehen; zum anderen die gemeinsame schöpferische Suche nach neuen Wegen zur Lösung der anstehenden Probleme (vgl. J. 74).

Bemerkenswert ist, wie gerade die Jugendlichen als „Vorkämpfer dieser Umwandlung" (J. 72) gewürdigt werden und wie der von ihnen gelebten „Gegen–Kultur" bescheinigt wird, daß sie auf dem Grundgesetz der Liebe basiert – im Umgang mit sich selbst, mit den Mitmenschen, mit der Natur, im Einsatz für ein Weniger an Not, Gewalt und Unfreiheit und ein Mehr an Gerechtigkeit und Frieden, eine Kultur, in der auch überzeugende neue religiöse Ausdrucksformen sich bilden.

Jugendliche in der Kirche – Gemeinsamkeit und Teilhabe

Konsequent wird darauf hingewiesen, daß der Appell zum Aufbau einer solchen „Zivilisation der Liebe" eine besondere Verpflichtung für die Kirche selbst beinhaltet, insofern in ihren eigenen Reihen erfahrbar werden muß, wofür sie eintritt. In erster Linie bedeutet das, daß die Jugendlichen als Subjekte der Kirche ernstgenommen werden müssen. „Die jungen Menschen müssen fühlen, daß sie die Kirche sind, indem sie die Kirche als Stätte der Gemeinschaft und Mitwirkung (besser: Gemeinsamkeit und Teilhabe, N.M.) erfahren." (P. 1184) Sie müssen in der Kirche sich aktiv beteiligen und ihr „evangelisatorisches Potential" zur Geltung bringen können. Die Kirche muß sich also bemühen, für die Jugend ein erfahrbarer Raum und Vorbild für ein Zusammenleben zu sein, „innerhalb dessen es möglich ist, Freiheit und Solidarität zu vereinen, wo die Autorität im Geist des Guten Hirten ausgeübt wird, wo man dem Reichtum gegenüber eine andere Haltung einnimmt, wo Formen der Organisation und Strukturen der Mitbeteiligung entwickelt werden, die den Weg zu einer humaneren Gesellschaft eröffnen können, und wo vor allem unzweideutig sichtbar wird, daß ohne eine allumfassende Gemeinschaft mit Gott in Jesus Christus jegliche andere Form der rein menschlichen Gemeinschaft schließlich doch unfähig ist zu bestehen und sich am Ende unausweichlich gegen den Menschen selbst richtet" (P. 273). Folgerungen für die verschiedenen Handlungsebenen der Jugendpastoral sowie „Elemente für die Praxis" werden im Dokument „Jugend, Kirche und Veränderung" konkretisiert (vgl. ebd. 91–104; im Anschluß an P. 1188–1205).

Kirche der Jugend – eine prophetische und diakonische Kirche

Die hier vorgelegte Interpretation darf nicht übersehen lassen, daß es in den herangezogenen Dokumenten auch Brüche gibt, insbesondere dort, wo tendenziell wieder die herkömmliche Perspektive zum Vorschein kommt, nämlich die Jugendlichen als Objekt kirchlich–pastoraler Bemühungen anzusehen. Im ganzen beeindruckt jedoch, wie radikal hier jene Bedingungen einzulösen versucht werden, die eine wirkliche Kommunikation zwischen Kirche und Jugend überhaupt erst zustandekommen lassen. Zuallererst gehört dazu der deutliche Verzicht, den anderen für eigene Zwecke zu vereinnahmen, ihn – und sei es noch so sublim – in die gehabte Ordnung zu integrieren. Positiv gewendet bedeutet das die Bereitschaft, den anderen als gleichberechtigten Partner zu akzeptieren in der Erwartung, von ihm lernen zu können, und das Risiko eigener Veränderung nicht zu scheuen.

Die lateinamerikanische Kirche gibt zu verstehen, wie sie nicht zuletzt in einer solchen offenen Begegnung mit der Jugend neu die Reich–Gottes–Botschaft zu vernehmen gelernt hat und wie dadurch ihr Handeln eine veränderte Perspektive gewonnen und angenommen hat: Leidenschaftlich tritt sie für eine „umfassende Befreiung des Menschen und der Gesellschaft" (P. 1166) ein und erklärt sich damit solidarisch mit gesellschaftlichen Gruppierungen und Bewegungen, die sich einer ähnlichen Option verpflichtet haben, zu denen sie bislang jedoch in Distanz gestanden hatte. Kirchliches Handeln wird dadurch unweigerlich parteilich, was sich u.a. – wie aufgezeigt – bis in die konzeptionelle Bestimmung des Jugendbegriffs hinein auswirkt: Nicht jeder Erscheinungsform von „Jugend" fühlt die Kirche sich gleich nahe verbunden; sehr wohl setzt sie sich jedoch dafür ein, daß die gesellschaftlichen und kirchlichen Voraussetzungen so beschaffen sind, daß die Jugendlichen nicht länger „Opfer der Selbstentfremdung" (J. 17) werden.

Innerhalb dieses optionalen Bezugsrahmens treten zwei Merkmale der Kirche besonders in den Vordergrund: zum einen ihr *prophetisches*, zum andern ihr *diakonisches* Element, wobei beide in einem deutlich gegenseitig sich bedingenden Bezug zueinander stehen.

Prophetisch wird die Kirche dort, wo sie sich nicht länger lediglich um ihre eigenen Probleme kümmert, sondern sich den gesellschaftlichen und strukturellen Problemen zuwendet und sich selbst davon in ihrem Umgang mit den Betroffenen davon betreffen läßt.[2] Das setzt allerdings voraus, daß sie ihre privilegierte Position in der Gesellschaft verläßt und sich mit denen solidarisiert, die die Auswirkungen der krisenhaften sozioökonomischen Entwicklung besonders leidvoll – sei es seelisch oder materiell – zu spüren bekommen. Sie als Subjekte in die gemeindlichen und kirchlichen Beziehungsgeflechte aufzunehmen, mit ihnen gemeinsam die Verursachungszusammenhänge von Reichtum und Elend, von Gewalt und Unfreiheit, von militärischer Aufrüstung und Ungerechtigkeit in der Welt zu besprechen und dagegen zu protestieren sowie in den eigenen Reihen alternative Kommunikationsformen eines versöhnenden Umgangs miteinander zu erproben, läßt die Kirche zugleich *diakonisch* werden – im Sinne einer Diakonie, die nicht die Betroffenen betreut und verwaltet, sondern Prozesse der Selbstorganisation anregt und fördert.

Die herangezogenen lateinamerikanischen Dokumente zeigen eindrucksvoll auf, wie notwendig Kirche angesichts der sich verschärfenden Problemlagen der Jugend sein kann – eine Kirche allerdings, die den jungen Leuten nicht als fertiges Lehrsystem übergestülpt wird, sondern in der immer neu und gemeinsam darum gerungen wird, wie das Evangelium zu einer wirklich befreienden Botschaft für die Menschen werden kann; eine Kirche, in der Partizipationsmöglichkeiten für alle – auch für die

Jugendlichen – offen stehen, die sich als Raum versteht, in dem Erfahrungen ausgetauscht, Probleme offen erörtert werden können, wo auch Fragen und Zweifel zugelassen sind. Es kann nicht als bloße Schwärmerei abgetan werden, wenn Jugendliche hierzulande sich stark von einer solchen Kirche angezogen fühlen, weil sie dort in für sie glaubwürdiger Weise den christlichen Glauben bezeugt und gelebt finden.[3]

[1] Herangezogen werden: Die Kirche in der gegenwärtigen Umwandlung Lateinamerikas im Lichte des Konzils. Sämtliche Beschlüsse der II. Generalversammlung des Lateinamerikanischen Episkopates in Medellin 1968, bes. Dokument 5: Jugend, in: Die Kirche Lateinamerikas (Stimmen der Weltkirche 8), Bonnu.J., 56–61 (im folgenden abgekürzt: M. mit jeweiliger Text–Nummer).
Die Evangelisierung Lateinamerikas in Gegenwart und Zukunft. Dokument der III. Generalkonferenz des Lateinamerikanischen Episkopates in Puebla 1979, in: ebd. 135–355,bes. 332–337 (im folgenden abgekürzt: P. mit jeweiliger Text–Nummer).
Jugend, Kirche und Veränderung, hg. vom Lateinamerikanischen Bischofsrat – Sachbereich Jugend, Bogt 1984 (= Dokumente/Projekte 30), Essen 1985 (im folgenden abgekürzt: J. mit Seitenzahl).

[2] Vgl. dazu auch J. Grand'Maison, Ein modernes Beispiel prophetischer Inspiration: Die Herauforderung der Jugendlichen, in: Concilium 21 (1985) 374–381; O. Fuchs, Die prophetische Kraft der Jugend, Freiburg 1986.

[3] Vgl. ergänzend vom Verf., Jugend – Hoffnung der Kirche? Kirche – Hoffnung der Jugend?, in: M. Albus/P.M. Zulehner (Hg.), Nur der Geist macht lebendig, Mainz 1985, 53–64.

Karl Foitzik

Jugendarbeit – ein Teilbereich der Gemeindepädagogik

Seit Mitte des letzten Jahrzehnts ist Gemeindepädagogik ein zentraler Begriff der religionspädagogischen Diskussion. Er umfaßt einerseits die wissenschaftliche Durchdringung des Verhältnisses von Theologie und Pädagogik, andererseits die Integration der theologisch–pädagogischen Handlungsfelder am didaktischen Ort Gemeinde.[1] Jugendarbeit ist auf beiden Ebenen betroffen, in der gemeindepädagogischen Diskussion in der Bunderepublik noch mehr als beispielsweise in der DDR, weil diese von Anfang an stark von dem Verhältnis der religionspädagogischen Lernprozesse in der Schule zu denen im Kontext der Gemeinde bestimmt war.[2] Zu diesen Lernprozessen im Kontext der Gemeinde gehören vor allem die verschiedenen Bereiche der Jugendarbeit.

Jahrzehntelang hatte sich die Religionspädagogik fast ausschließlich auf den Religionsunterricht konzentriert. Jugendarbeit kam bestenfalls am Rande vor. Doch die Chancen des Religionsunterrichts wurden weithin überschätzt, die der Gemeinde unterschätzt. Nicht zuletzt die Defizite des Religionsunterrichts trugen dazu bei, daß Gemeinde als Lernfeld wieder entdeckt wurde. Unabhängig voneinander wurde in verschiedenen Ländern und Kirchen gleichzeitig der Ruf nach Gemeindepädagogik laut.[3] Damit war auch die Jugendarbeit und ihre Vernetzungen im Lernfeld Gemeinde vermehrt zum Gegenstand der Forschung geworden.

Im Rahmen dieses Beitrags kann die gemeindepädagogische Diskussion auch nicht annähernd nachgezeichnet werden. Die Ergebnisse sind bisher weithin noch fragmentarisch. Einige grundlegende Einsichten haben sich aber als konsensfähig erwiesen. Sie möchte ich aufgreifen, um mit ihrer Hilfe die aktuelle Situation der Jugendarbeit zu beleuchten und Elemente für eine Praxistheorie der Jugendarbeit zu gewinnen.

Die erste und grundlegende Einsicht betrifft den Zusammenhang von Glauben, Leben und Lernen.

Dieser Zusammenhang spielt sicher in der Jugendarbeit eine bedeutendere Rolle als im Religionsunterricht. Eine undifferenzierte Gegenüberstellung beider führt aber nicht weiter. Jugendarbeit und Religionsunterricht sind keine Alternativen. Zwar ist es richtig, daß im Religionsunterricht das Leben nur in einem schmalen, durch die Bedingungen der Schule begrenzten Sektor unmittelbar zugänglich ist. Oft handelt es sich um eine Laborsituation, die davon bedroht ist, daß die biblische Botschaft lediglich den Kopf erreicht. Glaube kann hier nur bedingt Gestalt gewinnen. Der Religionslehrer kann zunehmend seltener bei Kindern und Jugendlichen an Glaubenserfahrungen in deren Alltag anknüpfen. Ist es verwunderlich, daß das Gelernte oft vergessen wird wie alles andere, das im Leben der Schüler keine Haftpunkte findet und deshalb nicht mit Erfahrungen verbunden werden kann?

Der Glaube betrifft das ganze Leben. Er will im Leben Gestalt gewinnen. Die Jugendarbeit bietet hierfür gute Voraussetzungen. Die Kinder und Jugendlichen kommen freiwillig. Leistungsdruck und Notenangst entfallen. Gemeinsam gestalten die Gruppen ihre Freizeit. Ein guter Nährboden, auf dem Erlebtes reflektiert[4] und vom Glauben her gedeutet und gestaltet werden kann. Doch so wie es verkehrt wäre, setzten die Kirchen weiterhin einseitig auf den Religionsunterricht[5], so würde es wenig helfen, einseitig die Jugendarbeit zu fördern. Der überwiegende Teil der Heranwachsenden würde in unserer volkskirchlichen Situation von der christlichen Botschaft kaum mehr erreicht. Es ist deshalb nötig, am Religionsunterricht festzuhalten. Der verbliebene schmale Sektor muß in einem erfahrungsorientierten Religionsunterricht bestmöglich genutzt werden. Die Erfahrungsfelder, die die Schülerarbeit im Umfeld des Religionsunterrichts anbietet, sind durch eine personelle und finanzielle Aufstockung dringend zu fördern. So könnte auch der Religionsunterricht in der öffentlichen Schule helfen, daß junge Menschen ihr „Leben durch Glauben erschließen".[6] Geht es allerdings darum, daß beginnender oder vorhandener Glaube sich im Leben bewähren soll, so ist dies außerhalb der Schule umfassender möglich.[7] Das ist die Chance der Jugendarbeit.

Welche gemeindepädagogischen Kriterien müßten die Jugendarbeit bestimmen, damit diese Chance von möglichst vielen ergriffen werden kann? An der Entfaltung der gemeindepädagogischen Grundeinsicht vom Zusammenhang von Glauben, Leben und Lernen sollen die Kriterien verdeutlicht werden.

Gemeinsam glauben und leben lernen

Jeder Mensch entwickelt in seiner Kindheit eine bestimmte Erfahrungsperspektive, mit der er dann seine Umwelt wahrnimmt. In der Regel übernimmt das Kind die Perspektive der Eltern und erfährt dabei die Familie als soziale Stütze. Weil von nun an alles aus dieser Perspektive wahrgenommen wird, findet sie ständig neue Bestätigung und gewinnt an Stabilität.

Wird in der Begegnung mit dem christlichen Glauben eine neue Perspektive eröffnet, so kann diese die überkommene auf Dauer nur dann verdrängen, wenn auch sie sozial gestützt wird. Wir brauchen die Bestätigung von Menschen, die die Welt so wie wir sehen. Eine Jugendgruppe kann für Jugendliche eine solche soziale Stütze sein, wenn in ihr weder der Glaube noch die Konflikte des täglichen Lebens ausgeklammert werden. Da heute viele Kinder erst im Schulalter dem christlichen Glauben begegnen und zu Hause kaum darüber sprechen können, gewinnt die Jugendarbeit an Bedeutung. In einem repressionsfreien Raum bietet sie den Jugendlichen Gelegenheiten, von sich zu erzählen, auf andere zu hören und unterstützt von Mitarbeitern die eigene Geschichte und die der anderen auf die Geschichte Gottes mit uns Menschen zu beziehen. Der in der Gemeindepädagogik beschriebene enge Zusammenhang von persönlicher Biographie, geistlichem Geschehen und pädagogischen Vollzügen, könnte hier verwirklicht werden. In dem amerikanischen Bibelkurs „Word and Witness" wird dies dadurch angestrebt, daß „my story", „your story" und „His story" aufeinander bezogen werden.[8] In der Jugendarbeit wird nicht selten eine der drei „stories" ausgeblendet. Es wäre reizvoll, die verschiedenen Organisations– und Erscheinungsformen evangelischer Jugendarbeit einmal daraufhin zu untersuchen, welche „story" berücksichtigt und welche vernachlässigt wird: Neben Gruppen, die sich ausschließlich auf „His story" konzentrieren und dabei die eigene Geschichte und vor allem die anderer ausklammern, stünden solche, die sich nur auf sich selbst besinnen, und solche, deren Aktionen nur auf andere zielen, ohne die eigene Biographie oder gar „His story" mitzubedenken. Gemeindepädagogik ruft die evangelische Jugendarbeit auf, in gemeinsamer Suchbewegung dem Zusammenhang von Alltags–, Grund– und Glaubenserfahrungen nachzuspüren[9], ob im traditionellen Bibelgespräch oder in punktueller „situativer Verkündigung"[10] ist dabei ohne Belang.

Mit Andersgeprägten in der Gemeinde glauben und leben lernen

Die gemeinsame Suchbewegung versandet, wenn es nichts mehr zu finden gibt, weil angeblich alles bereits entdeckt ist. Wer weiß, wo es lang geht, und überzeugt ist, zur besseren Orientierung auf andere nicht angewiesen zu sein, läuft Gefahr zu erstarren. Wo nur Menschen mit gleicher Erfahrungsperspektive miteinander kommunizieren, werden sie sich zwar wechselseitig darin bestärken, daß sie alles richtig sehen, ihr Blickwinkel wird aber oft recht eng.

Die Geschichte der kirchlichen Jugendarbeit ist die Geschichte von Verbänden und Vereinen Gleichgesinnter und Gleichgestimmter. Im Dritten Reich führte der politische Druck die unterschiedlichen Gruppierungen unter dem einen Dach der Gemeinde und Kirche zusammen. Nach dem Krieg knüpften zwar fast alle wieder am geprägten Eigenleben der Vergangenheit an, arbeiteten aber in den landeskirchlichen Jugendwerken, in den Jugendkammern und –ausschüssen – und nicht zuletzt in der Arbeitsgemeinschaft der Evangelischen Jugend auf Bundesebene weiter zusammen. Diese Organisationsstrukturen hätten den Rahmen dafür bilden können, sich wechselseitig zu befragen und in gemeinsamer Suchbewegung starre Fronten zu überwinden. Doch jeder wollte Recht behalten, und so wurde aus dem Gespräch eine zermürbende „Polarisierungsdebatte".[11] Um den Bruch zu vermeiden, hat man sich arrangiert. Kontroverse Themen wurden zurückgestellt. Auf regionaler Ebene blieb man zwar auch unter dem gleichen organisatorischen Dach, verweigerte aber zum Beispiel in den Jugendkonventen das Gespräch oder blieb den Konventen ganz fern. In den Mitarbeiterkreisen war man sowieso unter sich, da jeder Verband eigene Aus– und Fortbildungen durchführt, und die Mitarbeiter vor Ort schon zeitlich nicht in der Lage sind, sich sowohl in verbandsinternen als auch in gemeindlichen Mitarbeiterkreisen zu engagieren.

So ist die Versäulung der Jugendarbeit nur auf dem Papier überwunden. In Jugendringen und Jugendkammern wird zusammengearbeitet, doch auf das Wagnis einer konziliaren Lerngemeinschaft lassen sich nur wenige ein. Konziliare Lernprozesse[12] können nicht einfach organisiert oder gefordert werden. Sie sind selbst Ergebnis eines Lernweges, zu dem Gemeindepädagogik ermutigt. Dieser Prozeß beginnt damit, daß die Beteiligten auf Gemeinsames sehen, nach „Symbolen der Einheit"[13] suchen. In der Vergangenheit waren örtliche und regionale Jugendtage und gemeinsame Jugendgottesdienste solche „Symbole der Einheit". Heute geht es darum neue zu entdecken, Möglichkeiten, die zum Gespräch einladen. Gespräche mit Gleichgesinnten sind zur Stabilisierung nötig. Gespräche mit Andersgeprägten nötigen dazu, sich zu äußern, aus sich herauszugehen, sich auf andere und ihre Art einzulassen und so in Rollendistanz und Empathie in einer gemeinsamen Suchbewegung stets die je eigene Identität neu zu finden.[14]

P. Kliemann hat in einer empirischen Studie gezeigt, welche Bedeutung dabei die Aus– und Fortbildung der Mitarbeiter haben kann, wenn sie zur kritischen Reflexion der Wirklichkeit, zu Rollendistanz und Empathie befähigt und die Angst vor der konziliaren Weggenossenschaft nimmt. Solange ehrenamtliche und hauptberufliche Mitarbeiter in gruppen– und verbandsinternen Selektionsprozessen rekrutiert und gruppen– und verbandskonform ausgebildet werden, können sie kaum zu einem grenzüberschreitenden Lernen in der Gemeinde anleiten.[15] Doch „wir müssen lernen, Kirche nicht nur *für* andere, sondern auch *mit* anderen zu sein, gerade mit den anderen in ihrer Distanziertheit und Fremdheit".[16]

Generationsübergreifendes Lernen in der Gemeinde

Als 1980 südafrikanische Theologen Gemeinden in Oberhausen visitierten, waren sie betroffen über die Apartheid von Jung und Alt in den Gemeinden.[17] Das war nicht immer so. Die traditionelle Jugendarbeit war „von Erwachsenen nach deren Normen und inhaltlichen und methodischen Entscheidungen für junge Menschen veranstaltet" worden.[18] Als sich die Jugendlichen gegen diesen „pädagogischen Imperialismus"[19] dadurch wehrten, daß sie sich aus den „von Erwachsenen kontrollierten weltanschaulichen Jugendverbänden" weitgehend zurückzogen, um sich zunehmend nur noch „in informellen Gruppen von Gleichaltrigen" zu treffen und „sich in ihren Handlungen nach den ‚peers' zu richten",[20] reagierten die Verantwortlichen in den Jugendverbänden. Meistens wurde den Jugendlichen jedoch nur eine „taktische Beteiligung"[21] zugestanden. Nach außen konnte der Eindruck entstehen, als würden die Jugendlichen selbst auf der Bühne agieren, tatsächlich aber wurden sie von Erwachsenen hinter den Kulissen gelenkt.[22]

Jugendarbeit, die auf Einübung und Einordnung ausgerichtet ist, hilft nicht zur Identitätsfindung. Der Rückzug in die Gruppe der Gleichaltrigen allein ist aber nach H. Schelsky auch nicht die jugendgemäße Sozialisationsform, da die Konfrontation erspart bleibt.[23] Partnerschaft und Wechselseitigkeit sollten die wesentlichen Kategorien der Jugendarbeit sein[24] und das Verhältnis der Generationen zueinander bestimmen. Dieses Verhältnis ist nur äußerlich durch den Altersunterschied definiert. Wichtiger als dieser sind die in den Generationen eingeschliffenen unterschiedlichen Erfahrungsperspektiven, die Wahrnehmungen und Verhalten prägen. Auch in der Gemeinde ist das Verhältnis der Generationen vor allem deshalb gestört, weil die unterschiedlichen Erfahrungsperspektiven tabuisiert werden. Die Generationen sind dadurch so auf ihre Wahrnehmungsgewohnheiten fixiert, daß sie die Perspektive der je anderen als falsch ablehnen. Sie bleiben unter sich. Altershomogene Gruppen in den Gemeinden sind nicht zuletzt ein Ausdruck von Hilflosigkeit und fehlender Lernbereitschaft.

Doch die Generationen sind aufeinander angewiesen. Die brennenden Probleme der Gegenwart können nur gemeinsam gelöst werden. Welcher Generation dabei ein Erfahrungs– und welcher ein Betroffenheitsvorsprung eingeräumt wird, ist belanglos.[25] Wo aber soll der „intergenerationelle Kontakt" gelernt und geübt werden, wenn nicht im Rahmen der Gemeinde, der Kontakt, „der gesamtgesellschaftlich so prekär geworden ist und in der Lebenslaufphase, die wir Jugend nennen, heute so weitgehend reduziert wird, daß darunter eben das künftige Verhältnis der Generationsgruppen zueinander immer mehr zu leiden droht"?[26]

Chr. Bäumler hat vor 20 Jahren geschrieben: „Eine als Experimentierfeld der Gemeinde verstandene und durchgeführt offene Jugendarbeit könnte ... den weithin stagnierenden Generationsprozeß in unseren Gemeinden wieder in Gang bringen und so dazu helfen, daß erwachsene und heranwachsende Gemeindeglieder miteinander der Verheißung Gottes auf eine glaubwürdige Weise in unserer gesellschaftlichen Wirklichkeit zu entsprechen versuchen."[27] Er hat in diesem Zusammenhang die Vorstellung der „Exodusgemeinde" aufgegriffen, die sich von gewohnten Einstellungen nicht fesseln läßt, der Bequemlichkeit nicht huldigt, bereit ist, „Fleischtöpfe" hinter sich zu lassen. Diese Gemeinde braucht auf ihrem Weg Rastplätze, „Treffpunkte", an denen alte und junge Weggenossen innehalten, sich austauschen, Bilanz ziehen und gemeinsam die nächsten Schritte planen. Dieses Anliegen ist in der gemeindepädagogischen Diskussion inzwischen immer wieder entfaltet worden.[28] Eine Reihe solcher Treffpunkte wurden eingerichtet: In größeren Gemeinden zählen beispielsweise die Jugendausschüsse dazu, auch die regelmäßigen Gespräche von Kirchenvorstehern mit jugendlichen Mitarbeitern. Eine gute Chance wird dort aufgegriffen, wo ältere ehemalige Mitarbeiter junge Mitarbeiter begleiten, sofern sie auf einseitige Beeinflussung verzichten. Am intensivsten ist der Austausch wohl in den Projektgruppen, in denen gleiche Betroffenheit die Generationen zur Suche nach dem angemessenen Ziel und zu gemeinsamen Aktionen zusammenführt. Dabei fehlt aber meistens die Generation derer, die heute Verantwortung tragen und Entscheidungen treffen müssen. Das ist keineswegs nur eine Frage der fehlenden Zeit, sondern vielmehr eine Frage der fehlenden Freiheit für alternatives Denken.

Alle sind auf konziliare Lernprozesse angewiesen. Alle müssen sich heute in vielen Lebensbereichen fast ohne überlieferte Deute- und Verhaltensmuster zurechtfinden. Die überkommenen Perspektiven helfen oft nicht mehr weiter. Keiner hat allein die Wahrheit. Gemeinsam müssen wir darum ringen. Die Gemeinde bietet sich als Lernfeld an. Sie würde mit Sicherheit „gerade für junge Menschen an Anziehungskraft gewinnen", wenn bei den Zusammenkünften „von dem Kampf um die Wahrheit etwas mehr zu spüren wäre".[29] Die Kirchentage sind dafür ein gutes Beispiel. Sie haben aber auch den Vorzug, daß sie keinem hierarchischen Gefüge eingeordnet sind. In der Gemeinde ist dies anders. Konziliarität aber hat nur dort eine Chance, wo Machtstrukturen und wirkliche Absichten offengelegt werden. Sonst entartet Konziliarität schnell zum Harmonieversuch und wird Schmieröl für nicht gewollte Verhältnisse. Dennoch gibt es im Raum der christlichen Gemeinde letztlich zur Konziliarität keine vernünftige Alternative.

Glauben und leben lernen – auch außerhalb des direkten pädagogischen Feldes

Die bisherigen Ausführungen könnten den Eindruck erwecken, als zielten gemeindepädagogische Impulse nur – oder in erster Linie – auf organisierte, zielgerichtete Lernprozesse, in unserem Fall also auf Jugendarbeit in Form von Gruppenarbeit. Es gehört aber zu den gemeindepädagogischen Grundeinsichten, daß der Zusammenhang von Leben, Glauben und Lernen gerade auch in informellen Lernprozessen deutlich werden soll.[30]

Unter gemeindepädagogischen Gesichtspunkten ist die Spannung zwischen Offener Jugendarbeit und Gruppenarbeit als „Spannung von Verbindlichkeit im Sinne von Dazugehörigkeit und Offenheit"[31] unbedingt durchzuhalten. 1962 hat der Deutsche Bundesjugendring in St. Martin die Offene Jugendarbeit als gleichberechtigte Form der Jugendarbeit anerkannt. Dennoch steht sie bis heute im Schatten der Gruppenarbeit. Ein „personales Angebot"[32] und entsprechene finanzielle Mittel wären nötig, damit auch in der Offenen Jugendarbeit Oasen im Sinne der von Bäumler beschriebenen Treffpunkte entstehen, die auch nichtorganisierte Jugendliche zur Reflexion des Erlebten einladen. Jugendarbeit in einer offenen Gemeinde wird sich nicht mit denen begnügen, die in Gruppen zusammenkommen. Wenn die anderen unerreichbar zu sein scheinen, so ist dies erst in zweiter Linie eine Frage an die Jugendarbeit. In erster Linie ist es eine Frage an die Gemeinde und an ihre Bereitschaft, Jugendliche als Subjekte zu akzeptieren, auf die sich die Gemeinde einläßt, ohne sie vereinnahmen zu wollen. Die gemeindepädagogischen Impulse für die Jugendarbeit wirken so auf die Gemeinde selbst zurück. Sie muß bereit sein zu Veränderungen, bereit zu neuen Lernprozessen. Jugendliche brauchen Partnerschaft. Die Gemeinde könnte Lernfelder anbieten. Doch schon 1963 wurde im Studiendokument der lutherischen Generalsynode zum Thema „Kirche und Jugend" festgestellt, daß die Gemeinschaftsformen der christlichen Gemeinde nicht so attraktiv sind, daß der Jugendliche selbstverständlich in sie hineinfinden könnte.[33] Ob sich seitdem viel geändert hat?

[1] Vgl. J. Henkys, Was ist Gemeindepädagogik? in: Die Christenlehre 33, 1980, 258–293; G. Adam, Gemeindepädagogik. Erwägungen zu einem Defizit Praktischer Theologie, in: WuPKG 67, 1978, 332–344.

[2] E. Rosenboom, Gemeindepädagogik, in: Der Evang. Erzieher 26, 1974, 25–40; ders., Gemeindepädagogik – eine Herausforderung an die Kirche, in: H. Kratzert (Red.), Leben und Erziehen durch Glauben, Gütersloh 1978, 55–71.

[3] Außer der bereits genannten Literatur vor allem: Zusammenhang von Leben, Glauben und Lernen. Empfehlungen zur Gemeindepädagogik, vorgelegt von der Kammer der EKD für Bildung und Erziehung, Gütersloh 1982; K.E. Nipkow, Grundfragen der Religionspädagogik, Band 3: Gemeinsam leben und glauben lernen. Gütersloh 1982; G. Czell, Lernfeld Gemeinde. Sozialisation durch Jugendarbeit, Stuttgart 1982; M. Affolderbach / H.–U. Kirchhoff (Hg.), Miteinander leben lernen. Zum Gespräch der Generationen in der christlichen Gemeinde, Gütersloh 1985.

[4] Zur „reflektierten Gruppe" vgl. H. Steinkamp, Jugendarbeit als soziales Lernen, München–Mainz 1977, 16ff.

[5] K. Foitzik, Zu lange einseitig aufs falsche Pferd gesetzt? Argumente für eine verstärkte Kinderarbeit in den Kirchen, in: Katechetische Blätter 1982, 580–586.

[6] G. Baudler, Korrelationsdidaktik: Leben durch Glauben erschließen, Paderborn 1984.

[7] Hier kann „Glauben durch Leben erschlossen" werden; vgl. G. Baudler, a.a.O., 62.

[8] „Word and Witness" wird in deutscher Sprache angeboten: Wort und Antwort. Ein Intensivkurs zum Leben mit der Bibel. Vgl. K. Lorenz / H. Reller, Alternative: Glauben, Gütersloh 1985.

[9] K.E. Nipkow, a.a.O., 79ff.

[10] H. Steinkamp, a.a.O., 40ff.

[11] Vgl. J. Jürgensen, Vom Jünglingsverein zur Aktionsgruppe. Kleine Geschichte der evangelischen Jugendarbeit, Güterloh 1980, 137ff; M. Affolderbach (Hg.) Grundsatztexte zur evangelischen Jugendarbeit, Gelnhausen[2] 1982 2, 121ff.

[12] Vgl. W. Lück, Praxis: Kirchengemeinde, Stuttgart 1978, 83ff; vgl. dazu auch die Arbeitshilfe der Kammer der EKD für Bildung und Erziehung: Ökumenisches Lernen, Gütersloh 1985.

[13] A. Felten, Nicht so weit entrückt. Gemeindejugendarbeit in der Stadt, in: Jugendnachrichten. Zeitschrift des Bayerischen Jugendrings, Nr. 8/9, 1985, 4.

[14] Vgl. P. Kliemann, Ehrenamtliche Mitarbeiter. Zur Identität von Gruppenleitern in der kirchlichen Jugendarbeit, Stuttgart 1983, 29ff; K.E. Nipkow, Grundfragen der Religionspädagogik, Band 2, Gütersloh 1975, 101ff; K. Foitzik / E. Goßmann,Gemeinde leben, Gütersloh 1986, 107ff.

[15] P. Kliemann, a.a.O., 18ff.

[16] K. Engelhardt, Wie findet die evangelische Jugendarbeit zur geistlichen Dimension ihrer Arbeit und wie kann sie von daher die Kirche beleben?, in: M. Affolderbach / H.–U. Kirchhoff, a.a.O., 117.

[17] C. Möller, Gemeinde, in: TRE 12, 327.

[18] H. Giesecke, Die Jugendarbeit, München 1971, 12.

[19] H. Kupfer, Die Jugendkrise als Krise des pädagogischen Denkens, in: deutsche jugend Nr. 7, 1972, 356.

[20] H. Kreutz, Soziologie der Jugend, in: D. Claessens (Hg.), Grundfragen der Soziologie, München 1974, 12f; zitiert nach G. Czell, a.a.O., 202.

[21] K. Mollenhauer u.a., Evangelische Jugendarbeit in Deutschland, München 1969, 225.

[22] H. Kreutz, a.a.O., 62.

[23] H. Schelsky, Eine Soziologie der deutschen Jugend, Düsseldorf–Köln 1957, 97.

[24] G. Czell, a.a.O., 338f.

[25] Gewöhnlich wird der älteren Generation ein Erfahrungs– und der jüngeren ein Betroffenheitsvorsprung eingeräumt. So zuletzt von der Jugendkammer der EKD in: M. Affolderbach /H.–U. Kirchhoff, a.a.O., 20. Anders argumentiert in der gleichen Veröffentlichung E. Cherdron, a.a.O., 20; vgl. auch K. Goßmann in: Comenius Institut (Hg.), Bildung und Kirche, Münster 1985, 95.

[26] J. Matthes, Kirche und Jugend in der Bundesrepublik, in: M. Affolderbach / H.–U. Kirchhoff, a.a.O., 112.

[27] Chr. Bäumler, Treffpunkt Gemeinde. Jugend im Gemeindeaufbau, München 1965, 7.

[28] So zuletzt von Chr. Bäumler, Kommunikative Gemeindepraxis, München 1984; M. Affolderbach / H.–U. Kirchhoff (Hg.), Miteinander leben lernen, Gütersloh 1985; K. Foitzik / E. Goßmann, Gemeinde leben, Gütersloh 1986.

[29] Chr. Bäumler, Treffpunkt Gemeinde, München 1965, 7.

[30] Vgl. die Empfehlungen zur Gemeindepädagogik der EKD, a.a.O., 11ff.

[31] A. Felten, a.a.O., 5.

[32] H. Steinkamp, a.a.O., 48ff.

[33] Zitiert nach G. Czell, a.a.O., 41.

Hans-Jürgen Fraas

Kinderarbeit – Nachwuchs für Jugendarbeit?

Eine Verhältnis-Bestimmung von kirchlicher Kinderarbeit und Jugendarbeit schließt von vorneherein diejenige mögliche Auffassung aus, die sich in der Überschrift dieses Beitrags in der Formulierung von „Nachwuchs für" andeutet. Bei der Kinderarbeit kann es nicht darum gehen, die „schwindenden Teilnehmerzahlen" der Jugendarbeit von unten her aufzubessern und die Heranwachsenden in einer noch relativ unproblematischen Phase für eine „kirchliche Karriere" zu gewinnen. Damit würde die Kindheit als Durchgangsphase, die Kinderarbeit als Durchgangs-Einrichtung im Sinne der Vorläufigkeit des kindlichen Lebensalters abgewertet; eine solche Abwertung fiele schließlich auf die Jugendarbeit selbst zurück, die dann im Dienst des nächsthöheren Lebensalters und der ihm entsprechenden Gemeindearbeit stünde usf.

Vorläufigkeit kann sich auch aus dem in der gegenwärtigen religionspädagogischen Diskussion verbreiteten Begriff der Glaubens-Stufen ableiten. Damit scheint jede Stufe zur Vorstufe der nächsthöheren zu werden und den Eindruck einer Aufwärts-Bewegung zu suggerieren, die den Lebenslauf in den Dienst der höchsten Stufe stellt und damit generell als vorläufig abwertet, ungeachtet dessen, daß die meisten Menschen diese höchste Stufe überhaupt nicht erreichen. Von Stufen kann sinnvoll nur die Rede sein, wenn die irreversible Abfolge von Strukturmodellen beschrieben wird, nach denen der einzelne seine Umweltbeziehung kognitiv gestaltet (F. Oser). Jedoch handelt es sich dann nicht um Entwicklungsstufen des Glaubens, sondern um solche der kognitiven Struktur der Weltauffassung und damit der Glaubens-Vorstellungen, was einen erheblichen Unterschied ausmacht. Ohne daß die Dynamik und eschatologische Ausrichtung des Lebens geleugnet werden soll, ist deutlich , daß der Gedanke der Vorstufe in jedem Fall zu einer unangemessenen Verzweckung des betreffenden Lebensalters führt, die die Frage nach dem Sinn des Menschseins in eine letztendlich nebulose Zukunft verweist, anstatt eben diesen Sinn gerade konkret in der jeweiligen Lebenssituation des Menschen zu entdecken.

Die Abweisung des Verzweckungsgedankens gilt auch im Blick auf den Gemeindeaufbau. Zu Recht schreibt Th. Strohm: „Nicht die Selbsterhaltung der Kirche ist die Absicht der Jugendarbeit, sondern, daß junge Menschen im gestörten Prozeß der Sozialisation Vertrauen gewinnen, Gottvertrauen, Vertrauen in die eigene Lebensmöglichkeit, Vertrauen in die Umwelt“[1]. Das gleiche läßt sich auch für die Kinderarbeit sagen.

Der Sinn eines jeden Lebensalters liegt in diesem selbst. Es ist eine Selbstverständlichkeit biblischer Anthropologie, die Bedeutung einer jeden Lebensphase in der Unmittelbarkeit des Menschen zu Gott zu finden und damit in den entsprechenden Arbeitsformen sich ganz auf den konkreten Menschen zu konzentrieren, ohne sich durch Blicke in die Vergangenheit oder in die Zukunft so ablenken zu lassen, daß sie der Gegenwart gegenüber dominant würden. Der Eigenwert des jeweiligen Lebensalters ist für den Menschen evident, wie denn W. Neidhart im Verlassen einer jeglichen biographischen Stufe nicht nur einen Gewinn, sondern zugleich einen Verlust empfindet[2].

Um dieser Überlegungen willen erscheint es als sinnvoll, den Begriff der Stufe grundsätzlich durch den der Phase zu ersetzen, in dem die Zweckfreiheit eines jeden Lebensabschnittes besser zum Ausdruck zu kommen vermag, die Eigenbedeutung des Humanum, das sich zwar verschieden, aber immer mit dem Anspruch auf Vollgültigkeit realisiert.

Diese Vorüberlegungen schließen aber nun überhaupt nicht aus, daß der Lebenslauf in einer Abfolge eben von Phasen sich vollzieht, die durch höchst unterschiedliche Fähigkeiten und Bedürfnisse (im Zusammenhang funktionaler Reifeprozesse und in unterschiedlichen Rollenkonstellationen) des Menschen gekennzeichnet sind. Im Blick auf dieses Lebensganze ist natürlich von Nachwuchs zu sprechen, aber eben nicht als „Nachwuchs für“ irgendeinen wie auch immer gearteten Zweck, sondern als „Nachwuchs von“, nämlich Nachwuchs von Menschen, die auf Vorgaben, Hilfestellungen, Erziehung und Sozialisation angewiesen sind, für die die jeweils Älteren Verantwortung tragen und die sie von einer Phase zur anderen einander an die Hand geben. Dabei ist die Doppelrolle nicht zu übersehen, die einen jeden in ein Geflecht von Beziehungen verknüpft, indem der in einer Hinsicht Ältere zugleich ein in anderer Hinsicht Jüngerer ist, gleichzeitig gebend und nehmend, gleichzeitig Sozialisator und Sozialisand, gleichzeitig Spender und Empfänger in einem als ganzheitlich verstandenen Lebenszusammenhang. Ungeachtet bestimmter Sachkompetenz (im Bereich von Unterricht in einzelnen Sachgebieten) verläuft Erziehung also nicht so, daß der Ältere, aus der Fülle schöpfend, dem Jüngeren mitteilt, sondern vielmehr so, daß er in der Solidarität der Lernenden den Jüngeren an die Hand nimmt und ein Stück weit begleitet.

Damit ist die Frage nach Ziel und Aufgabe der kirchlichen Kinderarbeit ebenso wie der Jugendarbeit berührt. Unterscheidet sich die Zielsetzung beider Bereiche? Das wird erst später zu beantworten sein. Zumindest zeigt die Diskussion in beiden Arbeitsfeldern die gleiche Polarisierung von missionarischem und diakonischem Auftrag. Sie erwiese sich dann als gegenstandslos, wenn beide Ansätze im Sinne des Heilswillens Gottes für den Menschen, wie er sich im Rechtfertigungsgeschehen vollzieht, radikalisiert würden. In der üblichen, eher vordergründigen Betrachtungsweise erweist sich allerdings die missionarische Argumentationsfigur im Sinn der oben angedeuteten Indienstnahme des Menschen als Fremdbestimmung. Wenn denn jedes Lebensalter, jede biographische Phase ihren Zweck und Sinn in sich selbst trägt, dann besteht das angemessene Handeln der Kirche im sozialpädagogisch–diakonischen Angebot an den Menschen, das ihn in der jeweiligen situativen Einbindung sich selbst finden und damit seiner Bestimmung gerecht werden läßt. Wenn aber die jeweilige Phase eingebettet ist in die Gesamtbiographie, dann kann andererseits dieses Angebot nicht in punktueller Lebenshilfe sich erschöpfen, sondern muß nach den Bedingungen dieser Gesamtbiographie fragen und ihr Verständnis von Hilfe von dort her ansetzen.

Die Einheit des Menschen ist als im jeweiligen Modus erfülltes Menschsein, als personale Integration oder Ich–Identität zu beschreiben. Ich–Identität verwirklicht sich, mehr oder weniger gelingend, in sozialen Lebensbezügen, unterliegt also den Kriterien psychologischer bzw. soziologischer Analyse. Die Möglichkeit ihrer Verwirklichung aber verdankt sie einer in den sozialen Bezügen vorausgesetzten Beziehungshaftigkeit des Lebens, die der Glaube als das Ins–Leben–Gerufensein durch Gott, als Sich–Gegebensein versteht. Das heißt, daß identitätsförderndes Handeln in einer bestimmten kommunikativen Praxis sich vollzieht, in der alle Beteiligten als freie und anerkannte Subjekte agieren[3].

Das sozialpädagogisch–diakonische Angebot der Kirche als Gemeinde Christi ist noch nicht in der Mitte seines Selbstverständnisses, wenn es sich auf den Versuch entsprechender sozialer Verwirklichung von Identität beschränkt. Wenn die soziale Praxis der christlichen Gemeinde im Vollzug des Rechtfertigungsglaubens besteht, so erweist sich dieses als eine spezifische Kommunikationspraxis in dem Sinn, daß ihr ihre Bedingstheitsstruktur in Symbolen und symbolischen Handlungselementen präsent ist[4]. Einander anzunehmen, „wie Christus uns angenommen hat", bedeutet , das Annehmen nicht als Forderung zu erfahren, sondern als Konsequenz des als geschenkt empfangenen und geglaubten Angenommenseins von Gott. Der sozialpädagogisch–diakonische Auftrag der Christen bzw. der Gemeinde kommt erst dort voll zum Tragen, wo dieser Aspekt des Lebens erkennbar und mitvollziehbar wird, wo der Rechtfertigungsglaube so vollzogen wird, daß der andere bedingungslos angenommen wird und zugleich in der damit neu gesetzten Sozialstruktur die Herkunft dieses Angenommenseins bzw. dieses Sichannehmenkönnens symbolisch präsent ist. Im Glauben gelingende Identität besteht dann darin, sein Angenommensein anzunehmen und in gleichzeitig sozialer und symbolischer Interaktion zu realisieren. In dieser Einheit erst wird der Adressat in seiner jeweiligen Situation voll angenommen und ernstgenommen.

Diese Einheit kommunikativ–symbolischen Handelns ist neuzeitlich ein Problem. Die Trennung der Aspekte, auf der einenSeite das soziale Handeln um Jesu willen, auf der anderen Seite die Vermittlung christlicher Lehre für Interessenten, Insider oder wen auch immer, ist Ausdruck neuzeitlicher Desymbolisierung (A. Lorenzer), das heißt des Zerfalls symbolischer Interaktion in klischeehafte soziale Handlungformen einerseits, sinnentleerte Verbalismen andererseits. Gerade dieser Desymbolisierung als einer Fehlentwicklung scheint die Polarisierung in katechetisches und diakonisches Handeln bzw. in den therapeutisch-sozialen und den missionarischen Auftrag der Gemeinde zu entsprechen.

Wenn das gemeindliche Handeln sich nicht im punktuellen Angebot sozialer Bezüge erschöpfen soll, so sehr dies oftmals zunächst die jeweils einzige Möglichkeit der Kontaktaufnahme und des Eingehens auf akute Notsituationen sein mag, sondern die Beziehungshaftigkeit des menschlichen Lebens bzw. den Ermöglichungszusammenhang von Subjektivität und damit die Bedingungs–Struktur von deren Einheit im ganzen im Auge haben soll, dann ist nach dem solche biographische Einheit erlebbar machenden Integrationsprinzip zu fragen.

Dieses Integrationsprinzip wurde herkömmlicherweise im Begriff des Gesamtkatechumenats (G. v. Zezschwitz) gefunden. Der Gesamtkatechumenat meint das einheitliche Handeln der Kirche bzw. der Gemeinde am Heranwachsenden. Hier gilt die Kirche als handelndes Subjekt, die Einheit der Sozialisation des Heranwachsenden ist durch die Einheit der Sozialisationsinstanz, eben der Kirche vorgegeben. Der Mensch wächst damit unmittelbar in ein integratives Sozialgefüge hinein, die Zielvorstellungen liegen im Bereich der Übernahme von Lebensformen oder Glaubensvorstellungen eines Lebens in und mit der Gemeinde, in der kirchlichen Tradition, unter dem Wort Gottes usw. Das ist logisch auf dem Hintergrund einer (im weitesten Sinn) sich als christlich verstehenden Gesellschaft. Die Identität des einzelnen ist hier durch vorgegebene Ordnungsgefüge im Sinne einer Gruppenidentität abgestützt.

Zwar ist die Idee eines Gesamtkatechumenates immer wieder aufgenommen worden (ihre Explikation blieb praktisch auf die Religionspädagogik als Lehre der christlichen Unterweisung oder des Religionsunterrichtes, also einen Teilbereich beschränkt), konnte aber angesichts der damals bereits weithin ausdifferenzierten Gesellschaft schon im 19. Jh. der Vielschichtigkeit des sozialen Gefüges nicht genügen. Um so mehr erhebt sich die Frage, wie in heutigen Lebensverhältnissen die für den einzelnen notwendige Integrationsfunktion zu gewährleisten ist.

Nun ist auf der einen Seite eine interdependente Theoriebildung der verschiedenen Aktivitäten der Kirche im sozialisatorischen Bereich zu wünschen bzw. zu fordern; es wäre sinnvoll, wenn die unterschiedlichen Arbeitsfelder vom Gesamtrahmen her jeweils spezifische Aufgabenbereiche übernähmen und im inhaltlichen und methodischen Bereich sich einander zuarbeiteten, statt in den aktuellen Fragen des jeweiligen Diskussionsstandes ständig miteinander zu konkurrieren (anhand von Textplänen des Kindergottesdienstes einerseits, Inhalten des Religionsunterrichts an der Grundschule andererseits oder anhand bestimmter kreativer Methoden oder gruppenpädagogischer Elemente in ihrer modischen Anwendung quer durch alle Praxisfelder ließe sich dieses Konkurrieren leicht aufzeigen).

Unabhängig davon ist aber zu konstatieren, daß der Begriff des Gesamtkatechumenates der gegenwärtigen gesellschaftlichen Situation deshalb nicht gerecht wird, weil der Heranwachsende nicht nur kirchlich geprägten, sondern sehr unterschiedlichen sozialisatorischen Elementen ausgesetzt ist, demgegenüber das kirchliche Handeln als soziologischer Faktor (selbst wenn es im eben genannten Sinn in seinen einzelnen Initiativen sich ergänzend aufeinander bezogen wäre) dann aber nur einen Teilaspekt umfaßt, nämlich den der Summe der kirchlichen Maßnahmen, und damit gerade nicht die integrative Funktion für den einzelnen erfüllt.

Die spezifisch neuzeitliche Identitätsproblematik (und damit das, was die Einzelaktivitäten wie Kinderarbeit, Kindergarten, Sonntagsschule, Jugendarbeit, Altenarbeit usw. seit dem neunzehnten Jahrhundert in zunehmendem Maß nötig gemacht hat) besteht darin, daß die Integration der Biographie nicht durch einen institutionellen Rahmen vorgegeben ist, sondern vom Subjekt selbst geleistet werden muß. Darin hat sich eine kopernikanische Wende vollzogen, daß der intersubjektiv vorgegebene Rahmen einer biographischen Synthese durch die intrasubjektive Konstitution der Biographie ersetzt worden ist. Insofern ist dann durchaus nach einer Gesamttheorie der die Persönlichkeit konstituierenden Lernprozesse, nach einer Gesamttheorie der (religiösen) Sozialisation zu fragen; aber diese Theorie kann keine Theorie der Institutionen, sondern muß eine Theorie des Subjektes, eine Theorie der Persönlichkeit sein.

Der Mensch muß die vormals institutionell vorgegebene Interpretation seiner Biographie selbst übernehmen – damit verstärkt sich nun allerdings der Eindruck, daß die in den sozialen Prozessen sich vollziehende Identität, wenn schon in Gegenseitigkeit (der Mensch wird frei, indem er als Freier, als Gleichberechtigter angesprochen wird), als vom Menschen zu verantwortende menschliche Leistung sei. In diesem Eindruck gründet der Vorwurf G. Schneider–Flumes gegen die Erikson–Rezeption durch die Theologie und Religionspädagogik. Demnach „verdichtet sich in der Identitätstheorie, möglicherweise ohne Wissen ihrer Entdecker, die allenthalben lebendige Selbstverwirklichungstendenz, so wie die als normative Lebensgeschichte wirksame Identitätstheorie wiederum alle Selbstverwirklichungsbestrebungen begründet und bestärkt"[5]. Zu Recht kritisiert Schneider–Flume die Tendenz, Religion auf eine Hilfsfunktion im Identitätsprozeß zu reduzieren und den Glauben im Dienst des Identitätsgeschehens zu funktionalisieren.

Nun ist der Vorwurf der Fremdbestimmung des Glaubens als im Dienst der Identität stehend dann als Mißverständnis zurückzuweisen, wenn Identität selbst für die Theologie kein sachfremdes Kriterium oder modisches Interpretament ist, dem religiöse Erziehung/Bildung/Sozialisation sekundär zugeordnet würden, sondern der Explikationsrahmen für das eigentliche Thema des christlichen Glaubens, den Rechtfertigungsglauben selbst[6]. Eriksons Identitätsverständnis erweist sich selbstverständlich als nicht genuin theologisch, andererseits aber auch nicht als widertheologisch, sondern, theologisch gesprochen, als „unter dem Gesetz" stehend, mithinals das, was eine sozialpsychologische Theorie leisten kann. Gerade darin, daß „Erikson durchaus mit unterschiedlichen Ideologien bzw. Symbolsystemen rechnet, die im Laufe der Entwicklung an die Stelle der primären Mutter–Kind–Beziehung treten können"[7], daß er zwar strukturell die Offenheit seines Identitätsbegriffes zum theologischen Verständnis hin darstellt, dieses Verständnis dann aber von seinen Voraussetzungen her gar nicht anders denn als Möglichkeit menschlicher Realisierung und damit eben unter dem Vorzeichen des Gesetzes verstehen kann, erweist sich seine Relevanz für die Theologie. Theologisch gesehen läßt sich die Aufgabe der Identität im Sinne der Theorie Eriksons oder L. Krappmanns und anderer sozialpsychologischer Denkansätze als Leben unter dem Gesetz beschreiben. Es ist unbezweifelbar so, daß Leben unter dem Gesetz zunächst einmal Leben ist, wie denn Identitätsbalance und damit je und dann gelingende Identität sich auch außerhalb des Glaubens vollzieht. Der springende Punkt besteht darin, daß dieses Leben im Hinblick auf seine Gesamtheit, in der Frage also nach seiner Rechtfertigung, unweigerlich seiner Krise, seinem Gericht entgegengeht. Im Scheitern der sich herstellenden Identität wird dies offen für die Erkenntnis ihres Geschenk–Charakters, ihres Sich–Verdanktseins. Dieses Sich–Verdanktsein als transzendentales Element der zwischenmenschlichen Erfahrung läßt sich nicht gegenständlich–innerweltlich, sondern nur symbolisch vermitteln.

Damit ist der Anknüpfungspunkt an die obige Argumentation gegeben: Das dem Menschen seine Identität zusprechende und eröffnende Rechtfertigungsgeschehen vermittelt sich dem einzelnen in einer solchen kommunikativen Praxis, der ihr Bedingungshorizont symbolisch präsent ist. Das Angenommensein anzunehmen und damit seine Identität zu realisieren bleibt die Aufgabe des Subjektes; die Solidarität der Glaubenden vermag aber den einzelnen gemeinschaftlich zu begleiten, in den gemeinschaftlichen Prozeß hineinzunehmen und damit ihm Hilfestellung zu geben, die Einheit dieser Biographie zu gewinnen. Auf diesem Hintergrund kann nun konkreter nach dem Zusammenhang zwischen Kinderarbeit und Jugendarbeit gefragt werden.

Rahmen der biographischen Interpretation ist die religiöse Sozialisation als das Zu–Sich–Selbstkommen des einzelnen. Im Sinn der Sozialität menschlichen Lebens kommt der einzelne im anderen zu sich selbst. Das heißt, er bedarf der Begleitung, einer Kette von Menschen, die ihn einander an die Hand geben. Dabei sind die fließenden Übergänge wichtig, wie sie z.B. an der Grenze zwischen Kindergarten und Grundschule heute in besonderem Maß propagiert werden. Fließende Übergänge können nur gewährleistet werden, wenn Eltern, Erzieherin, Kindergottesdienst–Helfer, Gruppenleiter, Grundschul–Lehrer nach Möglichkeit zusammenarbeiten und in der Theoriebildung in ihren Beziehungen reflektiert werden.

Fließende Übergänge von der einen Phase in die andere, von der einen gruppenspezifischen Aktivität der Gemeinde in die andere werden dadurch möglich, daß Aktivitäten, daß die Phasen partiell nebeneinander herlaufen und ineinander verklammert sind. Diese Verklammerung geschieht durch die auf der einen Seite mehr, auf der anderen Seite weniger institutionalisierte Form der Arbeit, auf der einen Seite Jungschar, Kinderarbeit, Kindergottesdienst, auf der anderen Seite Kindergarten, Grundschule, oder wiederum auf der einen Seite Jugendarbeit, freies Gottesdienstangebot usw., auf der anderen Seite Vorkonfirmandenunterricht, Konfirmandenunterricht, Religionsunterricht.

Das Entscheidende ist aber nicht das institutionelle, sondern das personale Element. Die Verzahnung und Brückenfunktion wird nur funktionsfähig sein, wenn sie personal dargestellt wird. Die heute verbreitete Erscheinung, daß aus der Jugendarbeit Gruppenleiter für Kindergruppen oder Kindergottesdiensthelfer hervorgehen und damit sich familiennahe personale Verklammerungen ergeben, in denen etwa die älteren Geschwister in der Jugendarbeit schon Aufgaben an den jüngeren übernehmen, dürfte eine der wichtigsten und konstruktivsten Beschreibungen des Zusammenhangs zwischen Kinderarbeit und Jugendarbeit sein. Anstelle des institutionell vorgegebenen Rahmens (Gesamtkatechumenat) tritt hier der personale Rahmen, die personale Übernahme von Verantwortung in ihrem Vorbild – oder Modellcharakter. Es ist charakteristisch, daß die Vierzehn– bis Siebzehnjährigen am häufigsten für Kindergottesdienst– oder Kindergruppenarbeit zu gewinnen sind. Dabei spielt das Modell–Lernen eine erhebliche Rolle. Heranwachsende orientieren sich an Modellen und bedürfen solcher Modelle, wobei die Näherstehenden, also die nächste Altersstufe einen höheren Modell–Charakter darstellen, als die im Alter Fernstehenden. Der nächsthöhere Modus, in den man unmittelbar hineinwächst, wirkt am attraktivsten. Das Mitgenommenwerden in gelebte Praxis einer Bezugsgruppe oder Bezugsperson führt über die behavioristische Weise des Modell–Lernens hinaus. Denn im Verhaltensstil des „Wir" wird der Bereich der äußeren Gewöhnung überschritten auf bewußt akzeptierte Gewohnheiten hin. Akzeptierte Gewohnheit entsteht dort, wo Einsicht aufgezeigt wird, wo zur Frage ermuntert wird, Fragen beantwortet werden, Eigenaktivitäten des Nachwachsenden in das gemeinsame Handeln einbezogen werden. Dieses Mitgenommenwerden in gelebte Praxis kann auch für Erwachsene orientierend wirken. Es entstehen Gewohnheiten, Lebensformen gerade von dem starken Ritualisierungs– und Symbolisierungsbedürfnis der Jüngeren her, die das Miteinander zu prägen vermögen. Denn der Wiederholungsdrang, die Suche nach ordnenden und strukturierenden Lebenselementen ist bei den Jüngeren deutlicher ausgeprägt als bei den Älteren. Gerade das Nachahmungsverhalten führt dazu, daß die der Kinderarbeit Entwachsenden wiederum Funktionen gegenüber den Kleineren zu übernehmen bereit sind. So bleibt Kinderarbeit nicht Anhängsel der Jugendarbeit, sondern wird zu einem eigenen konstitutiven Element der Gemeindepraxis, das seinerseits befruchtend auf die anderen Bereiche bis hin zur Altenarbeit einzuwirken vermag. Zugleich wird durch die Arbeit mit den Jüngeren die Motivation des eigenen Engagements geklärt, wie denn jeder Erwachsene, der sich den Fragen von Kindern zu stellen bereit ist, zur konsequenten Klärung seiner eigenen Wert– bzw. Glaubenshaltung genötigt wird. Es ist das von K. E. Nipkow propagierte Prinzip der Gemeindepädagogik, „gemeinsam leben und glauben zu lernen"[8].

Nach dem oben Gesagten reicht aber das personale bzw. soziale Beziehungsgeflecht im Hinblick auf seine Brüchigkeit, seine schicksals– und schuldhafte Relativierung nicht aus, wenn ihm seine Bedingungsstruktur, sein Ermöglichungsgrund nicht symbolisch präsent ist. Noch einmal: Wenn die Einheit der Biographie in Gott bzw. im Angenommensein durch Gott gründet, dann kann der einzelne dieser Einheit sich so vergewissern, daß er an der – gewiß sozial vermittelten – symbolischen Darstellung dieser Einheit partizipiert, daß er auf Grundsymbole des Glaubens zurückgreifen kann, die in seiner Biographie kontinuierlich wiederkehren.

„Daraus resultiert die zentrale Frage an die Theorie kirchlicher Jugendarbeit, was in den christlichen Traditionsbeständen geeignet ist, heute Sinn zu konstituieren. Dabei geht es um die Frage, ob und wie christliche Sinngehalte lebenspraktisch wirksam werden können, und das Ganze spitzt sich zu auf die Frage nach den Bedingungen sinnstiftender Kommunikation über religiöse Symbole in unserer gegenwärtigen Gesellschaft"[9]. Der logische Ort dieser Vermittlung der Glaubenssymbole ist das darstellende Handeln der Gemeinde, der Gottesdienst, als „eine ritualisierte Form des Umgangs mit dem Gott, der nach dem Bekenntnis die Gemeinde konstiutiert, ihr Zukunft gibt und sie durch gegenwärtiges Heilshandeln erneuert"[10].

Wenn vom logischen Ort die Rede war, so soll nicht der Gemeindegottesdienst bzw. die Teilnahme an ihm jeweils als Zentrum der Kinder– bzw. Jugendarbeit gesehen werden, nicht zum Kriterium werden für eine an ihr „Proprium" gelangende entsprechende Aktivität. Angesichts der verbreiteten Gottesdienstpraxis und der Entfremdung der Kinder und Jugendlichen vom Gottesdienst wäre das ein bedeutungsloses Postulat und würde breite Bereiche dieser Arbeitsgebiete von vornherein abschreiben. Die Frage nach den „Bedingungen sinnstiftender Kommunikation über religiöse Symbole in unserer gegenwärtigen Gesellschaft" (Deresch) ist als kritische Anfrage an die Praxis ständig präsent zu halten.

Zugleich ist aber davon auszugehen, daß das Kind möglichst frühzeitig Gelegenheit haben muß, mit Symbolen des Glaubens zu kommunizieren, vertraut zu sein, sich darin wiederzufinden, seine Lebensproblematik darin aufgehoben zu sehen, und daß diese einzelnen Symbole oder rituellen Elementarformen in der Biographie eine Konstante darstellen sollten, also vom evangelischen Kindergarten her vertraut in der Kinderarbeit, der Jugendarbeit, dem Konfirmandenunterricht, späteren Arbeitskreisen in der Gemeinde und gemeindlichen Angeboten bis hin zur Altenarbeit wiederkehren. Es müssen dies Elemente sein, die auch in den Kasualien in Erscheinung treten und damit die Verknüpfung des persönlichen Lebens mit den die Gemeinde konstituierenden Symbolen vollziehen. Mit Recht ist darauf hingewiesen worden, daß angesichts der Kleinfamilie der einzelne Kasualien nur noch sehr selten erlebt, im Vergleich zu früher, also deren sozialisatorische Wirkung sehr geschmälert ist. Um so mehr kommt es darauf an, ihm jeweils punktuell, gegebenenfalls auch über größere Strecken der individuellen Abstinenz hinweg die Möglichkeit des Wiederentdeckens, Wiedererkennens bestimmter Elemente des das Glaubensleben konstituierenden christlichen Symbolsystems zu eröffnen. Das kann in bleibendem Liedgut geschehen, das zwar kindgemäß sein muß, ohne aber kindlich zu sein, das heißt ohne auf ein bestimmtes Lebensalter beschränkt zu sein und mit diesem abgelegt zu werden. Das kann im spielerischen oder feiernden Umgang mit Symbolen geschehen, in der räumlichen Repräsentanz entsprechender Symbole (Zimmerschmuck, Wandschmuck, Ausgestaltung von Räumen), in der Benutzung bestimmter symbolischer Formen, um Geburtstage oder andere Feste zu begehen, konzentriert dann in der Feier von Kinder– und Jugendabendmahl, die bei aller altersspezifischen Variabilität die Wiederentdeckung, das Wiedererkennen einzelner Elemente auch in anderen Zusammenhängen im späteren Leben ermöglichen müssen. Weiter ist an die Ausgestaltung von Familiengottesdiensten zu denken. Hier ergibt sich eine mehrfach verkoppelte Beziehung zwischen Kinderarbeit und Jugendarbeit bzw. anderen Gruppen der Gemeinde.

Man mag dann auch vom „Nachwuchs" für die Jugendarbeit sprechen, aber nicht in dem Sinn, daß der Zweck in der Funktionsfähigkeit der Jugendarbeit liegt, sondern vielmehr so, daß der Heranwachsende als „Selbstzweck" vom einen Bereich in den anderen hineinwächst, getragen durch das soziale Netz personaler Verklammerungen und orientiert an den die Gesamtbiographie durchziehenden Grundsymbolen des Glaubens. „Wo wir die Notwendigkeit akzeptieren, für die Kinder den Platz in der Kirche und in der Gesellschaft zu verteidigen, und versuchen, von ihnen zu lernen, kann unsere Frage nicht länger sein ‚wie können wir unsere Kinder zu Christen machen?' Vielmehr muß die Frage lauten ‚wie können wir zusammen mit unseren Kindern auf dem Weg des Glaubens sein?' Auf diese Frage eine Antwort zu geben, löst eine radikale Veränderung in der christlichen Erziehung und in unseren Gemeinden aus"[11]. Die wechselseitige Befruchtung macht die Nachwuchsfrage zu einer zentralen Lebensfrage der Gemeinde als der Chance neuen unabhängigen Lebens, das nicht der Reglementierung bedarf, wohl aber der Hilfe zur Selbstfindung.

[1] Th. Strohm, Jugend und Kirche, in: Themen der Praktischen Theologie. Theologia Practica 1981, 314, 92ff.

[2] W. Neidhart, Die Glaubensstufen von James W. Fowler und die Bedürfnislage der Religionspädagogen, in: H.–J. Fraas,H.–G. Heimbrock, (Hg.), Religiöse Erziehung und Glaubensentwicklung. Göttingen 1986, 120ff.

[3] G. Czell, Lernfeld Gemeinde. Sozialisation durch Jugendarbeit, Stuttgart 1982.

[4] E. Herms, Explikationsprobleme des Rechtfertigungsthemas und die Prinzipien des wissenschaftlichen Dialogs zwischen protestantischer und römisch–katholischer Theologie, in: Kerygma und Dogma 1975, 277ff.

[5] G. Schneider–Flume, Die Identität des Sünders. Eine Auseinandersetzung theologischer Anthropologie mit dem Konzept der psychosozialen Identität Erik H. Eriksons, Göttingen 1985, 61.

[6] E. Herms, a.a.O., 297.

[7] M. Josuttis, Glauben heißt lernen, in: JRP 1 Neukirchen 1985, 227.

[8] Vgl. dazu auch K.–E. Nipkow, Grundfragen der Religionspädagogik Bd. 2, Gütersloh 1975, 101.

[9] W. Deresch, Sozialisation, religiöse, in: M. Affolderbach/H. Steinkamp (Hg.), Kirchliche Jugendarbeit in Grundbegriffen. Stichworte zu einer ökumenischen Bilanz, Düsseldorf/München 1985, 333.

[10] K.–F. Daiber, Der Gottesdienst als Mitte der Gemeindearbeit, in: WPKG 1980, 74–90; vgl. auch W. Lück, Praxis: Kirchengemeinde 1978.

[11] Entschließung der Sektion 3.

Identität, Bildung und Rechtfertigung

Seit langem ist an die Stelle von Bildung Bildungskritik getreten; die Erziehungswissenschaft hat den Begriff, die Gesellschaft die damit gesetzte Sache verdrängt. Deshalb erscheint es unzeitgemäß und unmodern, gerade von hierher Jugendarbeit begründen zu wollen. So ist es wohl nicht Zufall, daß die hier vertretenen Pädagogen auf den Begriff verzichten. Aber der kritische Bildungsbegriff gehört zu den genuin theologischen Elementen und der pädagogischen Tradition. Im Gedanken der Imago Dei ist eine Erinnerung gespeichert an die pädagogische Vorstellung vom aufrechten Gang eines selbstbewußten Menschen, der sich weder durch natürliche Um– noch durch soziale Zustände knechten läßt. Der Mensch als Ebenbild Gottes, das ist der freie, verantwortliche und sozietäre Mensch. Darin liegt seine Bestimmung, die er in seiner geschichtlich gesellschaftlichen Existenz zu realisieren hat.

Die priesterschriftliche Aussage, daß er als solcher von Gott geschaffen wurde, will illustrieren, daß diese Bestimmung des Menschen apriori ist; sie ist ihm von Gott zugesagt und deshalb unaufhebbar. Vergleichbares ist auch hinsichtlich des Grundanliegens der paulinisch–lutherischen Rechtfertigungslehre zu sagen: Die rechtfertigende, alle bisherigen Irrwege aufhebende Zusage Gottes setzt den Menschen als potentiell kompetente Subjektivität. Weil diese Zusage nicht nur dem inneren Menschen gilt, sondern auch für den äußeren Konsequenz haben soll, muß die durch Gott gesetzte Bestimmung umschlagen in eine konkrete, lebensgeschichtlich erfaßbare Bestimmtheit des Menschen. Der Zuspruch Gottes wird zum Anspruch in der Wirklichkeit. Dem in den theologischen Vorstellungen von der Imago Dei und der Rechtfertigung intendierten anthropologischen Sachverhalt entspricht psychologisch der Gedanke von der Identität, genauer der von der Ich–Identität des Menschen. Auf Grundlage eines ursprünglich gewonnen Ur–Vertrauens entwickelt sich später Identität als Kern eines handlungsfähigen und flexiblen Ichs (vgl. den Beitrag von W. Deresch). Analog ist ebenfalls die Einsicht in den Prozeßcharakter von Ich–Identität. Gelingende Ich–Identität bedarf deshalb der Bildung als Geburtshelfer.

Wenn Bildung als Prozeß zu beschreiben ist, dann kann man Bildung nicht wie eine Ware haben. Bildung ist ein prinzipiell offener Prozeß, in dem durch kritisches Begreifen von Gegenwart und Vergangenheit erfüllte Zukunft anvisiert wird. Die auf Bildungsgüter reduzierte affirmative Bildung demaskiert sich als Halbbildung, weil sie Identität ausschließlich mit vergangenen Entwürfen meint realisieren zu können. Wahre Bildung erweist sich im Bewußtsein der eigenen Bildungsbedürftigkeit, denn sie rechnet mit der Möglichkeit der eigenen Veränderung. Ein gebildetes Ich ist deshalb nie eine starre, sondern eine flexible Identität. Soll Jugendarbeit als Bildungsarbeit gelingen, dann muß sie mit der Selbstbildung des Pädagogen beginnen. Nicht aus Zufall steht deshalb der Beitrag von *Helmut Kentler* an erster Stelle. Wenn Bildung tatsächlich ein prinzipiell offener Prozeß sein will, dann muß sich der Pädagoge in seinem Tun immer auch als Lernender verstehen; darin liegt gerade seine Ich–Stärke. Die Vorliebe für ich–schwache Jugendliche demaskiert Kentler als Schwäche des pädagogischen Profis und sein abstraktes Helfen–wollen als Herrschen–wollen. Die Fähigkeit, sich in Frage stellen zu lassen, eröffnet neue Bildungserlebnisse, die primär dem Pädagogen und sekundär dem Zögling zugute kommen. Nur ein erfahrungshungriger, bildungsbereiter Pädagoge kann Bildungsarbeiter sein. Soll Bildung nicht affirmativ sein, dann kann sie – anders als das durch Nitzsche gegeißelte Bildungsphilistertum – nicht in der Aneignung von Kultur aufgehen. Mehr als Enkulturation wird Bildung, wenn sie zur authentischen Ausbildung einer von autonomen Subjekten getragenen Kultur als Lebensstilsuche wird. *Hellmut Lessing* zeigt an historischen Modellen zwei Entfaltungsmöglichkeiten: Entweder wird der Lebenszusammenhang der Jugend selbst als Kultur stilisiert, oder die vorgegebene Kultur wird jugendgemäß umgestaltet. Während letztes als Domestizierung der Jugendkultur affirmative Tendenzen aufweist, radikalisiert ersteres eine jugendspezifische Ästhetik, die allerdings auch nicht vor Verdinglichung geschützt ist. Die von K. Mollenhauer betonte Raum–Zeit–Dimension von Bildung gilt auch für die Lebensstilsuche, zunächst aber in jenem negativen Sinne, daß eben Zeit und Raum nicht mehr zur Verfügung stehen, Zukunft mithin bereits verbraucht zu sein scheint. Das befreit und belastet Jugendliche gleichermaßen. Jugendarbeit, die nicht sozialisieren und funktionalisieren, sondern im emphatischen Sinne bilden will, ist aufgerufen, bei dieser ambivalenten Lebensstilsuche mit– und vorzudenken sowie Bewegungsräume des Suchens und Zeiträume des Findens freizuhalten.

Unter dem Stichwort „Un–Sinn zulassen“ nimmt *Ingo Holzapfel* diesen Gedanken auf, wobei hier offensichtlich Un–Sinn als individuelle Lebensstilsuche gegenüber gesellschaftlich normierten Sinnvorgaben zu verstehen ist. Wenn Bildung die Fähigkeit zur Distanzierung von Unmittelbarkeit bedeutet, dann muß sie mehr sein als Erlebnis und platte Bedürfnisbefriedigung. Identität ist eben nicht auf dem Markt als Ware wohlfeil, sondern muß gegen Vermarktungsstrategien erkämpft werden. Diesen kritischen Begriff von Bildung und Identität macht Holzapfel durch den Hinweis auf die Tradition von Rechtfertigungslehre und Imago–Dei–Vorstellung plausibel. Was Holzapfel hinsichtlich der Rechtfertigungslehre andeutet, führt *Brigitte Feiks* aus, indem sie jene als Begründungsort für eine Praxistheorie kirchlicher Jugendarbeit entfaltet. In einer spezifisch theologischen Begründung und nicht in einer habitualisierten Praxis manifestiert sich das, was man traditionell das Proprium evangelischer Jugendarbeit nennt. Wenn Theologie sich als kritische Interpretation von Wirklichkeit zum Zwecke ihrer Innovation erweist, dann werden pädagogische Theorien, die sich auf eben dieselbe Wirklichkeit beziehen, mit theologischen (Ziel–)Vorstellungen konvergierbar: Die Pädagogik wird zur Realisierungstheorie für die genuin theologisch begründete Zielvorstellung evangelischer Jugendarbeit, nämlich die Ausbildung einer autonomen praxisfähigen Subjektivität von sozietärer Struktur. Dieser Prozeß ist als Bildung zu qualifizieren, die in der Vergangenheit mögliche Zukunftsimpulse entschlüsselt, damit gegebene Gegenwart transzendiert und befreite Zukunft eröffnet.

Was H. Lessing hinsichtlich der Kultur entfaltet hat, gilt auch in bezug auf den religiösen Bereich: Soll Identität gelingen, darf sie nicht auf Anpassung, sondern muß auf einem selbständigen Lebensentwurf unter kritisch–konstruktiver Auseinandersetzung mit der Tradition beruhen. Denn die überkommene Kultur ist in eine Legitimationskrise geraten, die den Jugendlichen im pubertären Prozeß der Identitätssuche lebensgeschichtlich existentiell erfahrbar wird. *Wolfgang Deresch* zeigt, daß gesellschaftlich bedingt Modelle von Ich–Stärke ausgefallen und deshalb die Jugendlichen zur Regression auf sich selbst gezwungen sind; sekundärer Narzißmus gerinnt zum Lebensstil. Die damit verbundene Identitätskrise vermag kirchliche Jugendarbeit dann aufzuheben, wenn sie progressive, identitätsfördernde Impulse vermittelt. Als transzendentale Tiefendimensionen menschlicher Existenz können die religiösen Symbole zur Selbstinterpretation von Jugendlichen förderlich sein. Allerdings nicht, wenn sie abstrakt vermittelt, sondern erlebt werden. Die Rückgewinnung der religiösen Dimension kompensiert gesellschaftliche Defiziterfahrungen; ob allerdings der problematische Begriff der „Nacherziehung“ glücklich ist, mag dahingestellt sein. Die damit gemeinte Sache jedoch ist eindeutig: Zur Stärkung von Ich–Identität müssen gesellschaftlich determinierte Sozialisationsergebnisse reversibel gemacht werden. Die erlebte Konfrontation mit christlichen Symbolen kann befreien, mit ihnen kann man lebensgeschichtlich gegebene vermeintliche Grenzen überschreiten.

Während W. Deresch für eine emotionale (therapeutische) Auseinandersetzung mit den in Symbolen erfaßten Gehalten der christlichen Tradition plädiert, fordert *Falk Wagner* eine primär kognitive, weil nur dadurch dem Projektionsvorwurf der Religionskritik begegnet werden kann. In theologie– und sozialgeschichtlicher Perspektive zeigt er dabei zunächst, daß mit dem Begriff Religion – in welcher Spielart auch immer – der Gedanke von Subjektivität als Transzendierung individueller natürlicher Beschränktheit mitgesetzt ist; allerdings so, daß beide der Gefahr ihrer Privatisierung unterliegen. Immer dann, wenn die kritisch–konstruktive Auseinandersetzung mit Objektivität nicht vollzogen, sie nicht gedanklich aufgearbeitet wird, verkommt Religion zu schlechten Subjektivismen, die in pluralistische Beliebigkeit zerfallen. Wagner fordert zur Korrektur einer einseitig auf individuelle Subjektivität aufgebauten Religionstheorie auf. Denn wenn individuelle Subjektivität im religiösen Bewußtsein meint, sich auf eine absolute Subjektivität zu beziehen, dann wird diese zum Schein. Denn als Individuum gewußtes Absolutes bleibt es dessen Konstrukt; Gott bleibt eine Äußerung des Menschen. Soll Gott tatsächlich als transzendentaler Grund erhalten werden, dann muß der Mensch sich nicht äußern, sondern sich gerade ent–äußern. Tendenziell stimmt Wagner damit der Barthschen Religionskritik zu, zugleich versucht er deren Abstraktheit aufzulösen. Im Begriff der absoluten Subjektivität selbst ist seine Aufschließbarkeit für individuelles Bewußtsein als Selbstvermittlung zu denken. Deshalb ist die absolute Subjektivität Gottes nur in ihrer trinitarischen Struktur explizierbar. Die praktischen Konsequenzen dieser systematisch–theologischen Überlegungen können durchaus mit dem Stichwort „Grenzüberschreitung" versehen werden: Individuelles Bewußtsein muß sich ent–äußern, über seine Unmittelbarkeit hinauskommen, um letztlich zu sich selbst als in einem absoluten Grund gegründete besondere Subjektivität zu kommen. Dies geschieht in der Auseinandersetzung mit theologischen Gehalten. Insofern Transzendierung von Unmittelbarkeit durch Ent–äußerung Grundstruktur des Bildungsprozesses ist, wäre im Sinne Wagners religiöse Bildung als Element von Jugendarbeit zu fordern. Dies nicht als Rekrutierungsstrategie einer Institution, sondern gerade um der gelingenden Subjektivität von Individuen, mithin um deren Identität willen.

In der pädagogischen und sozialpsychologischen Diskussion um den Identitätsbegriff wiederholt sich manches, was in der philosophischen Tradition schon längst – und oftmals präziser – vorgedacht wurde. Sie erinnert uns daran, daß Identität nur um den Preis der Vermittlung durch

Nicht-Identität zu haben und daß das Loblied abstrakter Identität zur Ideologie verkommen ist. Fortschritt gelingt nur dort, wo einmal gewonnene Identität aufgehoben, d.h. weiterentwickelt wird.

Einmal als An–sich–Sein fixiert, wird Identität zur Lüge; geschlossene (Schein–)Identität ist immer schon ihr Verlust. Auf diesem Hintergrund plädiert *Rolf Hanusch* für Grenz– und Selbstüberschreitung. Wer nicht in neues Land vorstößt, wird auch im alten sich selbst nicht finden, denn die unmittelbare, zufällige Bestimmtheit behauptet sich als Totalität und wird totalitär. Einem Individuum, das sich aufmacht, sich selbst zu suchen, werden Grenzen zu Einladungen für neue Erfahrungen. Derartige Erfahrungen anzustiften, ist Aufgabe grenzüberschreitender und – verletzender Jugendarbeit. Insofern sie sich als Bildung versteht, bewegt sie sich in allen drei Zeitdimensionen und eröffnet neue Räume. Als kritische Erinnerung überschreitet sie die Grenze nach hinten, um die nach vorne aufzubrechen; als Untersuchungsarbeit vermißt sie gegebene Gegenwart neu. Im Diskurs negiert im Sinn bestimmter Negation Raumgrenzen zwischen Menschen, als Partizipation jene Grenzziehungen, die sich Kompetenzverteilungen nennen, missionierend fallen die Schlagbäume zwischen Christen– und Bürgergemeinde. Doch der Ausflug in die terra incognita hat etwas Momenthaftes, Augenblickliches, wenn er nicht zur Identitätsdiffusion führen soll. Grenzüberschreitungen müssen reflektiert und integriert werden, wenn der Mensch nicht zum Fliegenden Holländer werden soll. Auch im anderen, im jenseits der Grenze, muß der Mensch bei sich selbst sein können, sonst wird die gesellschaftliche Zersplitterung der Wirklichkeit im Individuum ratifiziert.

Der Beitrag von *Gerd Otto* verbindet abschließend grundsätzliche Überlegungen zu den Begriffen „Jugend" und „Kirche" mit den empirischen Erhebungen zu den Strukturbedingungen der Kirche auf längere Sicht der entsprechenden Planungkomission der EKD. Die kritische Aufnahme dieser Hochrechnungen und der bemühten praktisch-kirchlichen Strategien in Reaktion darauf führen Otto zu einem engagierten Plädoyer für eine neue, erweiterte Kommunikationfähigkeit in der sich neue Inhalte erschließen. Es geht um die Frage, ob Kirche zum Konventikel wird oder ob sie in der Lage ist, sich in neuer Weise am gesellschaftlichen Diskurs zu beteiligen. Insbesondere von den Reformerfahrungen des Religionsunterrichtes, aber auch von der Konfirmanden– und Jugendarbeit her werden die Perspektiven mit einem weiten Begriff von Religion, verstanden als Sammelbegriff für die Thematisierung von Sinn– und Existenzfragen und deren Bearbeitung, entwickelt. Kirche insgesamt, gerade auch im Arbeitsfeld der Jugendarbeit ist dann ein institutionalisierter Ort, das Angebot eines institutionalisierten Forums, für den religiösen Dialog in der Gesellschaft. Dieser Dialog erfordert Subjekte mit voll entfalteter Subjektivität.

Jugendarbeit, Religionsunterricht und Konfirmandenarbeit sind so zu entwickeln, daß in dieser Praxis die Widersprüchlichkeit der Gesellschaft als Existenzfrage von Jugendlichen reflektiert und gestaltet werden kann. Ohne weiterreichende praktische Folgerungen aufzuzeigen, eröffnet Otto eine Perspektive für Jugend und Kirche, in der viele der Bruchstücke einer Theorie kirchlicher Jugendarbeit in diesem Band ihren Ortfinden können.

Helmut Kentler

Vom Lernen der Pädagogen

Pädagoge – paid–agogos – Knabenführer. Ich sehe ein Bild: voran der Führer, ihm nach die Knaben . . . Aber das ist ja der Rattenfänger von Hameln!

Sooft ich auch über die Bedeutung des Wortes Pädagoge nachgedacht habe, immer erschien vor meinem geistigen Auge schließlich der Rattenfänger und schreckte mich ab. Ich war als Junge genug Charismatikern begegnet, um jede Erziehung abzulehnen, die als Fundament die Bindung einer Gefolgschaft an den Führer voraussetzt und als Medium Begeisterung braucht. Ich wollte niemanden an mich binden, weil ich mir sicher war, daß ich als Beispiel und Vorbild gänzlich ungeeignet sei. Und ich wollte nicht begeistern, nicht einmal überzeugen, weil mir das zu sehr wie Gehirnvernebelung vorkam. Ich wollte aufklären und zur eigenen Entscheidung befähigen.

Was muß ich tun, damit ich andere Menschen nicht mitreiße, begeistere, an mich binde? In den pädagogischen Lehrbüchern und in den Werken der Pädagogen fand ich kluge Überlegungen darüber, wie der Zögling, welcher der Erziehung bedarf, zu erziehen sei. Immer ist der Zögling der Lernende. Immer ist der Pädagoge der Lehrende; er erzieht, indem er dem Zögling gibt aus der Fülle seines Könnens und Wissens. Notwendigerweise (weil der Pädagoge so überlegen ist) muß der Zögling zum Pädagogen aufschauen und schon erscheint der Pädagoge über ihm, er wird ihm zum Vorbild, zu einem Bild *vor* ihm, das sich zwischen ihn und die Wirklichkeit schiebt, schließlich entsteht Abhängigkeit, Bindung.

Wenn ich meine eigenen Erfahrungen auswerte, muß ich bekennen, daß ich nur eine einzige Chance sehe, um ohne Begeisterung auszukommen und am Ende nicht doch wieder den Zögling zu binden: Der Pädagoge muß sich solche Zöglinge aussuchen, die ihm gewachsen sind, und sie sind ihm dann gewachsen, wenn er von ihnen etwas lernen kann; dazu aber müssen sie nur etwas verkörpern und darstellen, das auf Mängel, Fehler, Schwierigkeiten bei ihm aufmerksam macht und ihm hilft, sich zu ändern, Lösungen für seine Probleme zu finden, sich zu verbessern.

Mit einigen Beispielen will ich zu zeigen versuchen, wie unterschiedlich die Lernangebote der Zöglinge an den Pädagogen sein können. Entsprechend können auch die Lernprozesse, in die der Pädagoge verwickelt wird, sehr verschieden sein.

Mit 10– bis 14jährigen Jungen mache ich, gerade 18jährig, ein Zeltlager. Auch einige ältere Jungen sind dabei; sie bilden mit mir das Leitungsteam. Einer von ihnen, Fred, 17 Jahre, fasziniert mich, weil er genauso ist, wie ich schon immer gern gewesen wäre: groß, schlank, drahtig, sehr feinnervig, schlagfertig und ein glänzender Sportler.

Eines morgens komme ich dazu, wie er mit einigen Jungen Seilklettern übt. Dazu hat er ein Seil hoch oben am Ast einer Buche befestigt. Einer der Jungen fordert ihn heraus: „Kommst du auch mit *einer* Hand hoch?" Schon macht er es vor. Fred lacht: Das ist ihm zu wenig. Er beugt sich vor, ergreift das Seilende ganz unten und macht einen Handstand: so, den Kopf nach unten, den Körper parallel zum Seil hochgestreckt, stemmt er sich Handgriff um Handgriff nach oben. Als sein Kopf in der Höhe meines Kopfes ist, sieht er mich und ruft mir zu: „Halt mal unten das Seil straff, daß es nicht so rumschlingert!" Ich gehorche, schaue nach oben, sehe sein rotes, angestrengtes Gesicht. Plötzlich denke ich: „Wenn bloß nicht das Seil reißt!" Ich will ihm zurufen: „Hör' auf, komm' runter!" Ich verbeiße es mir. Aber wenigstens warnen muß ich ihn doch: „Sei vorsichtig! Nicht, daß du abstürzt!" Ich schweige; denn blitzartig ist mir der Gedanke gekommen, daß ich genauso zu werden drohe wie mein Vater, der mich immer mit seinen Warnungen und guten Ratschlägen einschränkte und zurückhielt. „Du darfst nicht sein Vater werden! Laß ihn frei!" – „Aber wenn er stürzt?" Ich halte weiter das Seil straff und versetze gleichzeitig meinen Körper in Bereitschaft, um Fred, der schon zwei Körperlängen über mir ist, aufzufangen, wenn etwas schiefgeht. Da höre ich oben ein schleifendes Geräusch. Ich ahne: Der Knoten lockert sich, löst sich auf. Fred schreit. Schon fällt er, mit dem Kopf voran. Ich kann ihn nicht auffangen, kriege aber eine Hand zu fassen und kann den Körper so herumreißen, daß Fred auf den Hintern fällt.

In der kurzen Zeit, als ich dastand und das Seil hielt und dann in Freds Sturz eingriff, und danach beim Überdenken des Geschehens habe ich Einsichten gewonnen, die ich erst allmählich zu realisieren vermochte. Damals entstanden die Ansätze zu einem Verhaltenskonzept, das dem zu Hause übernommenen widersprach. Ich lernte, daß mein Drang, jemand bemuttern und bevatern zu müssen, die feine Tarnung meines Bedürfnisses, andere zu beherrschen, war. Ich begriff, daß Pädagogik nicht heißt, für andere die Verantwortung zu übernehmen, für andere zu wissen, was für sie gut und richtig ist, und daraus Verhaltensvorschriften für sie abzuleiten, sondern daß Pädagogik immer damit anfangen muß, den Zögling freizustellen, so daß er zu sich finden und mit sich einig werden kann. Weil das risikovoll ist, muß der Pädagoge gleichzeitig eine Auffangstellung vorbereiten.

Der Lernprozeß, den Fred bei mir auslöste, ist heute, vierzig Jahre danach, immer noch nicht ganz abgeschlossen. Ich mußte einsehen: Nur *der* Pädagoge kann seinen Zögling freigeben, der sein Selbstbewußtsein nicht aus Überlegenheitsgefühlen gegenüber dem Zögling aufbauen muß. Ich habe lange gebraucht, bis mein Ich so stark war, daß ich ich–starken Zöglingen gewachsen war.

Ich bin 26 Jahre und verbringe die Sommerferien am Genfer See. Eine einheimische Jungenbande hat des „Kontikifloß" nachgebaut. Ich werde eingeladen mitzufahren.

Ich sitze am Rand des Floßes, neben mir der Jüngste der Bande, der 10jährige Victor. Unsere Beine baumeln im sonnendurchwärmten Wasser. Victor erzählt und erzählt. Ich höre aufmerksam zu, denn mich interessiert, was er aus seinem Leben erzählt. Seine Eltern sind Kunstmaler, er geht auf ein Eliteinternat. Er gibt mit Einblicke in eine Welt, die mir nicht nur fremd ist, von der ich nicht einmal eine Ahnung habe.

Plötzlich stockt Victor. Dann sagt er: „Schau mal her!" Ich sehe ihn an. Er studiert mein Gesicht sehr genau und stellt dann fest (im Ton einer sehr sachlichen Feststellung): „Du hast wunderschöne Zuhörohren!"

Victor konnte nicht ahnen, was er mir mit diesem Ausruf schenkte. Bis dahin – von klein auf – hatte ich gelitten unter meinen so entsetzlich abstehenden Ohren. Wie oft war ich ihretwegen gehänselt worden! Lange Jahre hatte ich nachts ein Band um den Kopf getragen in der Hoffnung, die Ohren würden sich allmählich etwas mehr anlegen. Jetzt, auf einmal, hatten meine Ohren eine positive Bedeutung bekommen; daß sie so abstanden, hatte einen Sinn: Sie waren für gutes Zuhören gebaut! Statt sie durch eine Operation zu korrigieren oder – was ich neuerdings tat – sie unter langen Haaren zu verbergen, konnte ich etwas aus ihnen machen! Meine Ohren waren so gewachsen, weil sich mich darauf aufmerksam machen wollten: Du sollst ein guter Zuhörer sein! Gelänge mir diese Selbsterziehung, könnte ich mich mit meinen Ohren versöhnen, und nicht nur Victor würde sie dann „wunderschön" finden.

In meinem vierundvierzigsten Lebensjahr kam ich mit Jens zusammen. Er lebte in einer befreundeten Wohngruppe, aber seine Mitbewohner kamen mit ihm nicht zurecht. Er stand fast ständig unter Alkohol, arbeitete schon lange nicht mehr, gab dennoch seine Miete und sein Kostgeld ab, niemand wußte, wie er an das Geld kam. Die Mitbewohner meiner Wohngruppe waren in Urlaub gefahren, Platz genug war da – ich hatte mich angeboten, Jens für vier Wochen aufzunehmen. Ich hoffte, er würde einen neuen Anfang finden, und inzwischen konnten sich die Beziehungen zu seiner Wohngruppe entschärfen.

Als er kam, war er erstaunlicherweise nüchtern, er stank nur aus allen Hautporen nach schalem Bier und kaltem Zigarettenrauch. Ich zeigte ihm sein Zimmer, half ihm beim Einräumen, dann lud ich ihn zu einem „Begrüßungsessen" in unser Stammlokal ein. Auf dem Nachhauseweg sagte er plötzlich, er würde mich gern etwas fragen, ich dürfe aber nicht böse werden – dann druckste er herum. Erst kurz vor der Haustür rückte er mit seinem Wunsch heraus: Ob er nicht bei mir schlafen dürfe, ich hätte doch so ein breites

Bett, er würde mich schon nicht stören, aber er sei es so leid, immer allein zu sein. Einen Augenblick dachte ich, ob ich wohl den Gestank, den er aussandte, vertragen würde, aber dann tat er mir gleich so leid, daß ich nachgab.

Beim Ausziehen sah ich, daß sein Körper, von den Knien bis zu den Schultern, mit lauter Disney–Figuren tätowiert war. Ich hatte schon viele großartige, aber auch stümperhafte Tätowierungen gesehen: Schlangen, die sich um ein Bein schlingen und mit dem Kopf im Hintern zu verschwinden scheinen, Henker auf der Brust, Adler auf dem Rücken, die bei tiefem Durchatmen ihre Schwingen bewegen. Aber dies hier, Dagobert und Donald Duck und all die Micky–Mäuse, das war neu. Mich durchzuckte der Gedanke: „Wie wenig muß sich dieser Mensch ernst nehmen, wenn er sich nur solche Witzfiguren tätowieren läßt!"

Jens muß wohl meinen erstaunten Blick und mein fragendes Hinstarren bemerkt haben, jedenfalls fragte er: „Findest du meine Tätowierungen schlimm?" Er tat mir schon wieder so leid, daß ich viel zu rasch antwortete, um ehrlich zu klingen: „Nein, das macht mir gar nichts!"

In dieser Nacht sagte er kein Wort mehr. Er drehte mir den Rücken zu und schlief gleich ein. Am Morgen aber, beim Frühstück, brach er plötzlich sein Schweigen: „Du, ich habe so gehofft, daß du anders bist als all die andern, daß du mir nichts vormachst! Bitte, sage es mir: Meine Tätowierungen machen dir doch etwas?"

Am liebsten wäre ich weggerannt, weil ich mich so schämte. Dann aber dachte ich: Jetzt hast du die letzte Chance, ehrlich zu sein. Er will sich auf mich verlassen können. Er braucht meine Hand. Er will mich nicht als Caritas.

Seitdem glaube ich: Es gibt nichts Bedrückenderes für einen Menschen, als wenn ihm nur aus Mitleid begegnet wird. Das Mitleid erdrückt ihn. Noch der ärmste Teufel will etwas zurückgeben für das, was er bekommt. Er will das Gefühl haben, daß er, auch er und gerade er, ein bißchen gebraucht wird.

Ich wußte schon immer, daß die Lüge eine schlechte Grundlage für Beziehungen ist. Aber Schonung und Handeln aus Mitleid oder nur dem andern zu Liebe ist fast noch schrecklicher. Das hat mir Jens beigebracht. Von da an habe ich nie wieder einem Menschen zu helfen versucht, wenn es mir nicht zuvor gelungen war herauszufinden, was er mir bedeutet, was er mir geben kann, was ich von ihm erwarte. Ich glaube, gerade für pädagogische Beziehungen ist es wichtig, daß zwischen Zögling und Pädagogen geklärt ist, was einer dem andern geben kann.

Zwischen Kai und mir wurde das sehr schnell nach unserem Kennenlernen klar. Daß er es mit mir bisher am weitesten von allen gebracht hat, liegt allein daran, daß er mir mehr als alle gegeben hat und daß er mir immer genau das gab, was ich brauchte. Als ich ihn kennenlernte, war er zwar mit seinen 14 Jahren der Jüngste von allen, mit denen ich damals arbeitete, aber er war der Frechste. Er tat alles, was mir in seinem Alter verboten war, er tat sogar manches, was man mir gar nicht zu verbieten brauchte, weil ich ganz von mir aus viel zu viel Angst davor hatte, es zu tun. Indem ich mich mit ihm identifizierte, indem ich ihn erzählen ließ und so intensiv zuhörte, daß ich in meinen Träumen seine Berichte als eigene Erlebnisse noch einmal durchmachte, holte ich meine durch den Krieg verdorbene und verstümmelte Jugend nach. Auf ihn aber wirkte mein Zuhören, Fragen,

Miterleben wie eine Analyse zu therapeutischen Zwecken. Er wurde ruhiger, selbstsicherer, ausdauernd, und er entwickelte geistige Interessen. Unser gegenseitiges Geben und Nehmen hat er selbst sehr genau erkannt und treffend formuliert. Als er seine Gesellenprüfung bestanden hatte, sagte er: „Ich weiß, warum alles so gut geklappt hat! Jeder von uns hat dem andern genau das gegeben, was er konnte: Du deinen Geist und ich meine Lebendigkeit."

Ich habe lange gebraucht, bis ich meinen Zöglingen sagen konnte, was sie mir bedeuteten, was sie mir gaben. Ich fand dabei heraus, daß ich sehr konkret und präzise angeben mußte, was ich von ihnen bekam, sonst glaubten sie mir nicht, wehrten meine Angaben als Gerede ab und witterten sogar einen psychologischen Trick.

Es hat auch junge Menschen gegeben, die weit über unsere persönliche Beziehung hinaus für mich wichtig geworden sind; machmal haben sie Überlegungen bei mir ausgelöst, die mich seitdem nicht mehr loslassen und immer wieder intensiv beschäftigen. Ich bedauere dann sehr, daß ich diesen Anregern nicht mehr begegnen kann, weil ich sie aus den Augen verlor und oft nicht einmal ihren Namen weiß. Es tut mir leid, daß sie selbst gar nichts davon hatten, was sie mich lehrten.

Ende der sechziger Jahre war ich zu einer Fortbildung für Leiter von Gewerkschaftsjugendgruppen eingeladen. Einer der Teilnehmer hatte an seiner Jacke eine Plakette stecken, die damals nicht einmal sehr linke Leute in der Öffentlichkeit zu tragen wagten: auf rotem Grund die golden leuchtenden Profile von Marx, Engels, Lenin, Mao. Der junge Kollege berichtete, wie oft er wegen dieser Plakette angepöbelt werde, einige hätten ihm sogar schon Prügel angedroht, und dann kriege er doch Angst. Ich sagte ihm, was mir zu seinem Bericht eingefallen war: „Warum trägst du nur dieses Abzeichen, wo du doch ganz genau weißt, welche Aggressionen du dadurch auf dich lenkst. Du mußt schon ein ziemlicher Masochist sein, um dies immer wieder zu provozieren!" Er antwortete direkt, er brauchte kaum zu überlegen: „Ich – ein Masochist? Gut. Und was bist du? Du bist doch Beamter. Ist dir schon aufgefallen, wieviel Sinnloses du an jedem Tag tun mußt? Doch, du weißt es. Und doch kehrst du jeden Morgen wieder an deinen Schreibtisch zurück. Du mußt ein ungeheurer Masochist sein!"

Ich kam mir wie ein geschlagener Boxer vor, und bis zum heutigen Tag beunruhigen mich seine Worte. Sie haben mich manches Mal hellsichtiger gemacht, und ich wagte dann, mir einzugestehen, daß ich Sinnloses vorhatte oder bereits tat, und einige Male hatte ich dann den Mut, es bleiben zu lassen. Manchmal ist mir immer noch so, als schaute der junge Kollege mir über die Schulter.

In den siebziger Jahren arbeitete ich mit einer Gruppe strafgefangener Jugendlicher in Plötzensee. Es kam vor, daß ich auch von Jungen, die nicht in meiner Gruppe waren, zu Rate gezogen wurde, manchmal baten auch die Sozialarbeiter und Psychologen um meine Hilfe. So lernte ich Mannie kennen.

Er war 17, sah aber aus wie 14. In Mädchenkleidern wäre er nicht aufgefallen: Sein ganzes Aussehen war fein, zart, weich, und er bewegte sich sehr mädchenhaft – verstärkt wurde dieser Eindruck noch durch seine schulterlangen blonden Haare. Er war neu in der Anstalt. Er hatte eine 70jährige Frau mit 15 Messerstichen getötet.

„Sehen Sie ihn sich bitte mal an", hatte der für ihn zuständige Vollzugsleiter mir gesagt. „Wir sind ratlos. Ich meine, er gehört in eine Heilanstalt, aber nicht ins Gefängnis." Ich erfuhr folgendes:

Mannie behauptete, jeden Abend, nach dem Einschluß, wenn er schlafen wolle, erscheine die Frau, die er getötet hatte, an seiner Zellentür. Sie sei plötzlich da und sehe traurig zu ihm hin. Mannie sagte, er habe dann furchtbare Angst, auch wenn sie endlich weg sei, könne er nicht einschlafen – erst gegen Morgen werfe ihn die Erschöpfung um. Zuerst hatte sich einer der Sozialarbeiter um ihn gekümmert. Dann war er eingehend psychologisch und psychiatrisch untersucht worden. Man vermutete Schizophrenie. Zuletzt war der Anstaltspfarrer eingeschaltet worden, und der hatte sogar eine Ausführung durchgesetzt. Er war mit Mannie auf den Friedhof gegangen und hatte ihm das Grab der Ermordeten gezeigt: „Da liegt sie. Sie ist tot und begraben. Sie kann nicht zu dir kommen." Es hatte nichts genützt. Jetzt fragten sich einige der Verantwortlichen, ob Mannie nicht ein ganz abgefeimter Simulant sei.

Ich las, ehe ich ihn besuchte, die Akten. In einem geradezu wahnsinnigen Ausbruch von Gewalt und Grausamkeit muß er die Frau umgebracht haben. Aber nachdem ich auch die Vorgeschichte gelesen hatte, war das für mich nicht mehr rätselhaft. Sein Vater war ein zu Gewalttaten neigender Trinker. Mit sechs Jahren hatte Mannie erlebt, wie er die Mutter zu Boden geschlagen, wieder hochgerissen und ihre rechte Hand an die Küchentür genagelt hatte, damit sie nicht wieder umfallen konnte. Von Kameraden wurde er als Muttersöhnchen geschildert: ängstlich, scheu, am liebsten in der Nähe der Mutter. Die Mutter behütete und umsorgte ihn, nahm ihm jede Selbständigkeit und überforderte ihn völlig, indem sie ihn als „Ersatzmann" nahm: Bis zu seinem 16. Lebensjahr schlief er in ihren Armen ein (sie holte ihn jeden Abend ins Ehebett, und er blieb dort, bis der Vater – meist betrunken – endlich nach Hause kam). Mit 16 brach er plötzlich aus. Er hatte eine Bäckerlehre angefangen und wohnte in der Familie seines Meisters. Die Frau, die er tötete, wohnte im selben Haus. Sie wurde rasch seine zweite Mutter. Fast jeden Abend war er bei ihr, sie sahen zusammen fern, sie gab ihm zu essen, sorgte für seine Wäsche. Blieb er einmal aus, klagte sie ihn an: Er sei unzuverlässig, undankbar, denke nur an sich selbst. Er kam nicht frei von den Müttern. Der Mord – da war ich mir ziemlich sicher – war ein Befreiungsversuch.

Ich besuchte ihn an einem Sonntag Morgen in seiner Zelle. Er sah übernächtigt aus. Die Hand, in der er eine Zigarette hielt, zitterte. Stockend, manchmal auch etwas stotternd schilderte er seine „Erscheinungen". Als er geendet hatte, sah er mich erwartungsvoll an. Ich sagte: „Wenn ich einen Menschen so grausam umgebracht hätte, ich bin sicher, ich hätte genauso große Angst wie du." – „Aber die Frau, die Frau, die immer wiederkommt!" – „Sie will bestimmt was von dir." – „Aber sie redet ja nicht!" – „Dann mußt du sie eben fragen." – „Die sagen alle, ich sei verrückt." – „Du bist ganz normal. Dich machen nur deine wahnsinnigen Schuldgefühle fertig ... Und deine Schuld ist ja auch unerträglich."

Ich hatte damals schon gelernt, daß es ein pädagogischer Kunstfehler ist, wenn man Menschen auszureden versucht, was sie für wahr halten. Darum versuchte ich gar nicht erst, ihm seine Erscheinungen auszureden. Aber ich ahnte nicht, auf was für einen langen Weg des Nachdenkens mich Mannie schicken würde.

Ich nahm ihn also ernst. Für mich war er kein Verrückter, sondern ein Mensch, der an seiner Schuld leidet, und ein Mensch, der seine Schuld sühnen will. Als dieser Mensch paßte er natürlich in kein Gefängnis. Unsere Gefängnisse sind dazu da, die Gesetzesbrecher zu bestrafen und – gleichzeitig damit – zu „resozialisieren". Niemand will hier davon etwas wissen, daß Menschen ihre Würde verlieren, wenn sie unter ihrer Schuld nicht leiden dürfen und wenn ihnen keine Chance gegeben wird, ihre Schuld zu sühnen.

Mannie und ich machten aus, daß er die Frau mit lauter Stimme fragen sollte, was sie von ihm wolle. Ich versprach ihm, ihn vorläufig jeden Tag zu besuchen.

Er brauchte fast eine Woche, bis er sie anzusprechen wagte. Ich übte mit ihm, zunächst seine Frage „Was willst du von mir?" nur in Gedanken zu sprechen, dann leise zu flüstern. Endlich traute er sich. „Und was hat sie geantwortet?" fragte ich – „Sie hat gefragt: Warum hast du das getan?" – „Und was hast du geantwortet?" – „Nichts. Ich weiß es doch nicht!"

Lange Gespräche schlossen sich an. Mannie lernte, sich mit seinem bisherigen Leben auseinanderzusetzen. Die Ergebnisse seiner Überlegungen teilte er seiner „Erscheinung" – so nannten wir jetzt die Frau – mit. Eines Nachts sagte er ihr: „Ich glaube, ich wollte gar nicht dich, ich wollte meine Mutter umbringen." Sie soll gesagt haben: „Es ist gut!" und gleich verschwunden sein. Sie ist nie wiedergekommen.

In meinen Gesprächen mit Mannie mußte ich mir ein ganz neues Bild von unseren gesellschaftlichen Zuständen erarbeiten. Es gibt – so wurde mir klar – mitten in unserer Gesellschaft Zivilisationsbrüche und dadurch „Zivilisationsdifferenziale". Der Zivilisationsprozeß der letzten dreihundert Jahre, der zu einer früher ganz und gar unmöglichen Triebkontrolle und Gefühlsaskese, zum Aufbau einer Gewissensinstanz, zu Leistungsnormen, zum Umbau des Körpers von einem Lust- und Leidorgan zu einem Arbeitsinstrument führte, hat nicht alle Gruppierungen unserer Gesellschaft gleichmäßig erfaßt. Es gibt Minderheiten, die – wenn schon nicht in ihrer Gesamtpersönlichkeit, so doch zumindest in Teilbereichen ihrer Existenz – noch immer so leben wie die Menschen vor drei- oder fünfhundert Jahren. Zu ihnen gehörte Mannie.

Er hatte kein Gewissen ausgebildet. Er verfügte nicht über eine innere Instanz, mit der er Zwiesprache hätte führen können, er besaß keinen Kompaß, der ihn moralisch-ethisch auf Kurs hielt. Was ich mit meinem Gewissen abmache, besprach er mit einer Außeninstanz, er setzte sich auseinander mit der Frau, die ihm erschien. Auch seine Schuldgefühle nahm er nicht als von innen, sondern von außen kommend wahr: Die Frau, die er getötet hatte, machte ihm Angst, bedrückte ihn, verfolgte ihn.

Ich habe Mannie erst richtig verstanden, als ich kürzlich die Prozeßakten der Jungfrau von Orléans las. Johanna hörte Stimmen, und niemand bezweifelte, daß sie Stimmen hörte. Die Inquisitoren versuchten lediglich herauszufinden, ob sie – wie sie behauptete – die Stimmen von Heiligen hörte oder ob sie nicht vielmehr der Stimme des Teufels verfallen war. Niemand fiel ein, Johanna nach der inneren Stimme ihres Gewissens zu fragen; es konnte so nicht gefragt werden, weil niemand ein Gewissen hatte. Erst Luther konnte sagen: „Hier stehe ich. Ich kann nicht anders." Sein Gewissen hatte gesprochen.

Zu versuchen, bei Mannie ein Gewissen nachzuerziehen, nachzusozialisieren, wäre sicher vergeblich gewesen. Es fehlten alle Bedingungen, die der Prozeß der Gewissensbildung braucht. Ich erinnerte mich aber, daß das Wort „Gewissen" eine sehr wörtliche Übersetzung des lateinischen Begriffes „conscientia" ist, und daß „conscientia" wiederum sehr genau den griechischen Begriff „syneidesis" wiedergibt. Kein Zweifel: „Gewissen" meint ursprünglich „Mitwissenschaft", also ein Wissen, das man mit anderen teilt und das aus einer gegenseitigen Fühlungnahme entsteht. Wenn Martin Buber meinte, Gewissen zu haben, heiße, immer schon den andern zum Mitunterredner bei den eigenen Entscheidungen zu machen, dann ist hier der ursprüngliche Sinn des Wortes „Gewissen" gemeint.

Damit konnte Mannie etwas anfangen. Er verstand, daß er nicht allein lebt und daß er Unheil anrichtet, wenn er nur seinen eigenen Bedürfnissen und Interessen folgt. Wir übten, vor dem Handeln zu denken (Freud hat Denken „Probehandeln" genannt) und dabei die Bedürfnisse und Interessen der von unserem Handeln Betroffenen „mitreden" zu lassen. Ich glaube, daß Mannie ein sehr gut funktionierendes Gewissen entwickelte, und ich hoffe, daß es zuverlässiger arbeitet als das traditionelle Gewissen, das durch die Verinnerlichung herrschender Normen entstanden ist und darum viel Überholtes, Widerstreitendes und vor allem störend Patriarchalisches mitschleppt.

Doch ich habe von Mannie nicht berichtet, um einen Beitrag zur Problematik der Gewissenslenkung zu leisten. Ich wollte vielmehr darauf aufmerksam machen, wie problematisch es ist, wenn Pädagogen nur ihre eigene Weltauffassung und ihr eigenes Menschenbild gelten lassen, und wenn sie sich für die Fachleute zur Beurteilung von Lebensläufen und Bestimmung von Lebenszielen halten. Wäre ich nicht bereit gewesen, Mannie völlig voraussetzungslos und offen zu begegnen, so, als käme er aus einer fremden Kultur, dann wäre er wohl in eine Heilanstalt eingeliefert worden und würde heute als geisteskrank verkannt; auf jeden Fall hätte er nie die Chance bekommen, seine Tat zu sühnen und mit seinem Leben noch einmal neu anzufangen. Mit seinem Neuanfang aber habe auch ich neue Sichtweisen entwickelt, und so konnte ich Tatsachen und Zusammenhänge erkennen, für die ich zuvor kein Auge hatte.

Pädagoge zu sein ist für mich der schönste aller Berufe, und zwar aus zwei Gründen: Der Pädagoge ist auf keine Werkzeuge angewiesen, er selbst ist das Werkzeug, mit dem er arbeitet (wenn er nackt auf eine Insel geschwemmt wird und Menschen da sind, kann er loslegen), und er ist durch seinen Beruf gezwungen, selbstkritisch zu sein, an sich zu arbeiten, sich zu verändern, besser zu werden (was könnte interessanter sein als diese ständige Selbsterziehung?): Solange ich Zöglinge finde, die mich in Frage stellen, und bisher verborgene Fähigkeiten aus mir hervorlocken, solange meine Zöglinge mich vor Routine bewahren, indem sie mich vor Probleme stellen, für die ich keine Lösungen bereit habe, solange will ich dem Beruf des Pädagogen gern treu bleiben. Meine Erfahrungen aber lehren mich, daß meine Pädagogik auch nur solange wirksam und legitim sein kann, wie diese Voraussetzungen gegeben sind.

Hellmut Lessing

Die Zukunft ist schon verbraucht – Lebensstilsuche in der Krisenzeit

Die Suche nach Lebensstil ist ein Prozeß der Aneignung von Zukunft in der Gegenwart; sie setzt die Differenz von zwei Zeiträumen voraus, vermutlich sogar eine Krise im Übergang zur Zukunft. Wenn wir uns, wofür manches spricht, am Ende einer gesellschaftlichen Entwicklungsphase befinden, die an der instrumentellen Vernunft, die der Natur aufgezwungen wurde, scheitert, wirkt die Zunkunft dunkel und verschlossen. In dieser Zeit wird die Lebensstilsuche radikalisiert. Im Blick auf die Jugendarbeit möchte ich dieser Vermutung aus zwei Beweggründen nachgehen. Zum einen kann Jugendarbeit den Raum und die Zeit für Lebensstilsuche bieten, wenn sie sich auf die Probleme einläßt, die wir heute vorfinden. Von ihrer Geschichte her gesehen, ist sie nicht gut darauf vorbereitet. Sie konnte sich solange als Ort kultureller Vermittlung und als Raum der Kultivierung des Lebensstils begreifen, wie sie gesellschaftlich in einen fast selbstverständlich wirkenden Reproduktionsprozeß sozialer Lagen von Jugendlichen integriert war. Die Lebensstilsuche der Angehörigen einer kirchlichen oder einer gewerkschaftlichen Jugendgruppe um 1960 setzte die Fähigkeit der (männlichen) Jugendlichen voraus, sich in absehbarer Zeit materiell reproduzieren zu können und die jeweilige Herkunftskultur zu tradieren und zu modifizieren. Diese Voraussetzungen der Jugendarbeit sind heute abstrakt, da weder Arbeiter– noch Mittelschichtkultur entsprechende Überlebensmuster bereithalten. Das Konzept der Kultivierung ist nicht länger tradierbar. Zum anderen verbinden Traditionen die Zukunft mit der Gegenwart. Jugendarbeit verbindet zwei Generationen; sie konnte sich solange als Ort der Reifung verstehen, wie das Erwachsenwerden für Jugendliche vorgedacht werden konnte. Inzwischen haben aber die älteren Generationen die Zukunft verbraucht und Strukturen hinterlassen, die das Leben zum Existenzrisiko machen. Lebensstilsuche meint heute eine Problematik, die die ganze Person umfaßt, die Lebensbasis ebenso wie Lebenssinn und Überleben. Jugendarbeit, die die heutigen Verhältnisse und die Suchbewegungen Jugendlicher ernst nimmt, kann nicht nach Belieben Produktdiversifikation betreiben (für die einen Kultur–, für die anderen Sozialarbeit), sondern muß sich auf alle Probleme einlassen, so wie sie sich im Jugendleben stellen.

Die Konkretisierung dieser Überlegungen erfolgt auf drei Ebenen. Zunächst geht es um einen Rückblick auf die Entwicklung der Jugendkultur. Dies geschieht nicht nur aufgrund der Einsicht, daß wir ihrer Entstehung und Bewegung den Begriff des Lebensstils verdanken, sondern auch in der Hoffnung, die Dynamik seiner Veränderung, seiner Radikalisierung zu verstehen. Daran schließen sich Überlegungen zur räumlichen und zeitlichen Strukturierung des Jugendlebens in der Erwartung an, einigen Problemen in der Innenausstattung des Lebensstils nahezukommen. Die Hoffnung ist, zu einem Verständnis der Jugendarbeit zu gelangen, die Jugendlichen bei der Erweiterung ihrer Lebensmöglichkeiten hilft. Es geht nicht um den wiederholten Versuch, Lebensbilder und Lebensstile von Jugendlichen neu zu interpretieren, sie in den postmodernen oder neokonservativen Zeitgeist zu integrieren, sondern um ein Verstehen der Voraussetzungen, die die Lebensstilsuche zur Existenzfrage machen.

Szenen der Jugendkultur

Im Frühsommer 1929 bestiegen mehrere, meist männliche Jugendliche im Berlin–Stettiner Bahnhof die Vorortbahn. Sie drängten den Schaffner beiseite, es gab einige Aufregung, aber schließlich hatten die elf Personen den Waggon für sich. Sie fuhren bis nach Oranienburg. Dort rannten sie, um dem Aufsichtsbeamten zu entgehen, ins Freie und wanderten in Richtung Norden. Ähnlich auffällig, wie schon während der Fahrt, wirkten sie auch in dem Städtchen. Alle, auch die Mädchen, trugen einen Rucksack, Wadenstutzen, kurze Leder– oder Stoffhosen, die reich mit Edelweiß und anderen Emblemen bestickt waren, runde Hutköpfe ohne Rand von bunten Bändern durchzogen, viele waren mit Ohrringen geschmückt und zeigten auffallende Tätowierungen. Einer trug eine große Fahne, kunstvoll bestickt auf grünem Grund, ein anderer hatte eine Teufelsgeige auf dem Affen geschnallt, wieder ein anderer trug eine Pauke, und, solange sie noch durch den Ort zogen, sangen und lärmten sie. „Die Cliquen sind wieder unterwegs", hieß es im Ort; sie selbst nannten sich „Tartarenblut".

Vor dem Ort wurde es ruhiger und erst als die Jugendlichen ein paar Stunden später an einen See kamen, entwickelte sich wieder eine lebhafte Stimmung. Schließlich entschied der Fahnenträger: „Hier bleiben wir", und schnell entstand um einen Feuerplatz eine kleine Zeltstadt. Die Mädchen begannen zu kochen, und die Jungen tranken Bier. Einige wurden losgeschickt, um bei dem nächsten Bauern und im nächsten Dorf noch etwas Eßbares zu organisieren; die meisten kamen erfolgreich zurück. – In den folgenden Wochen blieb die Zeltstadt bestehen. Die Bewohner der umliegenden Dörfer waren den Jugendlichen gegenüber gespalten, aber letztendlich wurden sie geduldet.

Die „Wilden Cliquen" stellten in ihrer Zeit eine bei allen Seiten der Öffentlichkeit ungeliebte Jugendkultur dar, die Elemente der ehemals wandernden Zünfte, der bürgerlichen und der proletarischen Jugendbewegung vermittelten. Zugleich lösten sie mit ihren Wanderungen und Zeltdörfern Probleme, die aus dem großstädtischen Milieu der Armut und der Enge stammten. Allgemein formuliert, sie bearbeiteten in der Clique „das Rohmaterial ihrer sozialen und materiellen Existenz" und verliehen „ihren sozialen und materiellen Lebenserfahrungen Ausdrucksform". (Clarke et al. 1979, S. 40 f.)

Bleiben wir noch einen Moment bei der „Wilden Clique Tartarenblut" und verfolgen wir ihre Auseinandersetzung mit einigen „Wandervögeln", die der Schriftsteller Albin Stuebs beobachtet. Diese kamen, so berichtet er, „in losen Gruppen am Ufer entlanggezogen, eine Schar Burschen und Mädchen, eine wandernde Gesellschaft, sichtbar nicht weniger auf Natur erpicht als die Tartarenblütigen, und dennoch von anderer Art. Ihr mehrstimmiger Gesang schallte vom anderen Ufer wider:

– daß die Berge,
daß die Täler erklingen.
Das hörte des Kaisers Töchterlein
in ihrem stillen Schlafkämmerlein.
Mit den Sängern, da möcht' ich wohl reisen,
denn das Singen, das ist meine Freude. –

Zwei von ihnen hatten Lauten umgehängt und griffen wohltönende Akkorde. Sie kamen gezogen, eine buntfarbige Schar, in blauen, braunen, grünen Kitteln. Die Mädchen mit Zöpfen oder strenggeschnittenen Tituskröpfen, in Kleidern, die wie Gewänder wirkten. Sie wurden an der Lagerstelle Tartarenbluts mit Hallo empfangen.

Die Wandervögel unterbrachen ihren Gesang und versuchten, die Stelle ruhig zu passieren. Schinderhannes, der durchaus zu seinem Krawall kommen wollte, vertrat ihnen den Weg. Sie gingen gelassen um ihn herum. Ihre Ruhe reizte die Mutwilligen, sie stürzten sich schreiend in die Gruppe der Mädchen, die auseinandergescheucht in weitem Bogen um den Zeltplatz flüchtete. Schinderhannes war toll geworden. Der Bulle ließ ihn austoben. Es gab keine Schlägerei. Den Bunten lag nichts am Prügeln. Sie befreiten das Mädchen und zogen weiter. Schinderhannes vollbrachte seine letzte Heldentat; er riß einem Burschen einen Fußball vom Rucksack und trug ihn triumphierend ins Lager ... Die Wandervögel kämpften nicht handgreiflich um ihren Fußball. Sie kamen am Nachmittag mit dem Landjäger. Selbst dieses Beginnen verlief fruchtlos. Die Horde stellte sich unwissend und entrüstet, wies ihren eigenen Ball vor, natürlich nicht den gesuchten. Von einem Krawall wollte keiner etwas gesehen haben. Sie behaupteten schließlich, die Wandervögel wären an ihrem Lager nicht vorübergekommen, und ihre Gruppe wäre ja nicht die einzige am See. Schinderhannes zeigte sich nicht unter ihnen. Die Burschen zogen schließlich mit dem Gendarm wieder ab. Eine Stunde später weihte Tartarenblut den Ball mit einem Fußballspiel ein." (Stuebs 1947, S. 16 f.)

Beide Jugendkulturen repräsentieren sehr verschiedene soziale Lagen Jugendlicher. Trotz dieser Differenz wirken sie als Jugendbewegung oder als Bewegung der Jugendkultur geeint. Dieses Verständnis ist möglich geworden, seitdem Jugendliche sich selbst als Alterskultur definiert hatten. Gustav Wyneken hatte es der Erwachsenenkultur verständlich zu machen versucht: Die Jugend kommt „im Familienleben gemeiniglich nicht zu ihrem Recht", so daß „irgendeine Veranstaltung nötig" ist, „die der Jugend gestattet, jung zu sein." (Wyneken 1919, S. 123) Jugendkultur meint daher „eine neue Lebensgestaltung, einen neuen Lebensstil der Jugend, der ihr gibt: lebendigen Zusammenhang mit der Kultur ihrer Zeit, die Möglichkeit natürlicher, der Jugend angemessener Lebensführung und Geselligkeit und endlich eine Tätigkeit, die ihr selber wichtig, ja heilig ist." (S. 103)

Mit dieser Interpretation war etwas Bemerkenswertes geschehen. Jugendkultur meint nicht die Radikalisierung der Jugendfrage, sondern die radikale Ästhetisierung, die jugendzentrierte Entfaltung der Kultur. In diesem Sinn wirkt vielfach noch heute der Jugendstil als Inbegriff einer generationsspezifischen Innovation nach. Es scheint, als könne es der Jugend gelingen, im Lebensstil das zu vereinen, was gesellschaftlich bereits damals zerfallen war: Arbeit und Freizeit, Stadt und Land, Natur und Technik, Öffentlichkeit und Privatsphäre. Wenn wir jetzt auf das eingangs geschildete Szenarium zurückblicken, so wird über das Handlungsgeschehen hinaus verständlich, daß in den beiden Jugendkulturen mehr die sozialen Differenzen im Jugendalter als die Gemeinsamkeit einer Jugendlage zum Ausdruck kommt. Zudem verweist es auf zwei Kulturbegriffe. Dennoch ist es dem eher ästhetischen Kulturbegriff zu verdanken, Jugendliche emphatisch unter der Idee der Jugendkultur zu vereinen.

Dieser Rückblick erlaubt eine vorläufige Schlußfolgerung. Indem die Jugendbewegung die Lebensstilsuche thematisierte, entwickelte sie zwei

Traditionen: Einmal wird die Entfaltung des Lebenszusammenhanges als kulturelle Praxis begriffen, im anderen Fall steht die jugendmäßige Kultivierung des Lebenszusammenhanges im Vordergrund. Es entspricht der pädagogischen Tradition, die gerade im Umfeld der bürgerlichen Jugendbewegung entstand, daß sie in der Domestizierung der Jugendkultur ein reiches Betätigungsfeld fand, das bis heute in die Gruppen der Jugendarbeit und der Jugendverbände hineinwirkt; die Kultivierung hat über die Radikalisierung der Ästhetik gesiegt.

Beide Traditionen haben bis heute eine Entsprechung in der Theorie. Innerhalb der Birminghamer Schule, die sich dem jugendkulturellen Widerstand gewidmet hat und deren Verdienst gerade darin besteht, gegenüber der hegemonialen bürgerlichen Kultur die widerständige Lebenspraxis als eigene kulturelle Form untersucht zu haben, hat mittlerweile die Stilfrage eine ganz eigene und teilweise verselbständigte Bedeutung erlangt. „Bricolage" und „Homologie" meinen in diesem Kontext die „Neuordnung und Rekontextualisierung von Objekten, um neue Bedeutungen zu kommunizieren" (Clarke 1979, S. 136) sowie die Untersuchung der Beziehung zwischen symbolischen Objekten und der jugendkulturellen Gruppensituation hinsichtlich ihrer Einheit und/oder Brüchigkeit. Das Problem liegt weniger im Elektrizismus eines struktualistischen Vorgehens als in der Entwicklung einer jugendkulturellen Wirklichkeit, die nur einer semiotischen Betrachtung zugänglich scheint: Die Inszenierung der Jugendkulturen in Form ihrer Mystifizierung durch die Medien hat die Wertbedeutung der Zeichen von der Lebensstilsuche getrennt. Die Zeichen können immer radikaler werden, aber ihre Botschaft ist verstummt. Dennoch bleibt die Frage, ob diese Verdinglichung nur theoretisch reproduziert oder ob sie transzendiert wird. Mit Lefèbvre wäre zu untersuchen, inwieweit auch die ästhetische Praxis in der Jugendkultur eine Tätigkeit ist, die auf den gesamten Lebenszusammenhang gerichtet ist. (Vgl. Lefèbvre 1972, S. 273 ff.)

Wir stehen vor dem Problem, daß mit der modernen gesellschaftlichen Entwicklung sich die Dominanz eines Jugendbildes durchsetzt, das seine klassenspezifische Herkunft im Bürgertum nicht verleugnen kann. Diese Tradition kam in der Praxis zum Ausdruck, sich über die eigene Lebensbasis hinwegzusetzen, sie stillschweigend vorauszusetzen und sich in der Form zu verallgemeinern. Dabei mag es als Ironie der Geschichte wirken, daß, wie im folgenden deutlich wird, neben der ästhetischen Radikalisierung von jugendkulturellen Ausdrucksformen, die Lebensstilsuche selbst radikalisiert wurde. Mit anderen Worten: die bürgerliche Form hat alle ergriffen, aber die Lebensbasis, die sie voraussetzte, ist allen verlorengegangen.

Um wieder konkret zu werden, sei auf zwei sehr bekannte Jugendkulturen verwiesen, die die Lebensstilfrage extrem praktizierten und sie in der doppelbödigen Form von gesellschaftlicher Ausgrenzung und subkultureller Selbstausgrenzung zugespitzt haben, die Hippies und die Punks. In ihrem Vergleich wird eine weitere Entwicklungslinie deutlich, die über die provozierende Ästhetik beider Gruppierungen hinaus, den Inhalt ihrer Radikalität offenlegt: Zum Lebensstil beider Kulturen gehört es, nicht regelmäßig zu arbeiten. Ihre Praxis war sowohl auf die Herausbildung eines Lebenszusammenhanges in seiner Totalität gerichtet, wie sie zugleich auch eine in toto ästhetische Lebensweise führten.

Entfernte Lebenszeit

Die Hippies bildeten (von den Lebensreformern der 20er Jahre hier abgesehen) die erste Jugendkultur, die, indem sie geläufige Arbeitsvorstellungen störten und unterwanderten, der Zeitstruktur moderner Gesellschaften entgegenlebten. Bis zu ihrer Genese hatte die Dynamik der Lebensstilentwicklung die Arbeits– und Zeitperspektive nicht berührt. Ohne daß es bewußt werden mußte, hatten sich die Jugendkulturen als Alterskulturen begrenzt und das herrschende Generationsverhältnis nicht in Frage gestellt. Die Hippies radikalisierten die Lebensstilfrage grundsätzlich. „Die Industriegesellschaft ist abhängig von einer sorgfältigen, konsistenten und folgerichtigen Zeiteinteilung. Das zuverlässige Messen und Kontrollieren der Zeit ist das Rückgrat der kapitalistischen Organisation: die Zeit ist das Mittel, das diese erkennen läßt, was sie tut, und das Medium, in dem sie den Mehrwert gewinnt. Auf der Relativität der Zeit zu bestehen, auf deren Beziehung zur subjektiven Befindlichkeit, auf deren unendlicher philosophischer Variierbarkeit, auf ihrer Irrelevanz bezüglich der natürlichen, zyklischen oder industriellen Routine, heißt, die rationale Organisation und die kapitalistische Profitberechung in Verwirrung bringen. Daß die Hippies ablehnten zu arbeiten, war zum Teil auch eine Ablehnung des gesamten Zeitrahmens, der der Arbeit einen Sinn gab und deren bewegliche Teile regelte." (Willis 1981, S. 218)
Die kulturelle Leistung der Hippies, so läßt sich von heute aus sagen, besteht in der Antizipation einer Lebensweise, die die Erwerbstätigkeit nicht ins Zentrum rückt. Die Punks, die diese jugendkulturelle Tradition fortsetzten, signalisieren in der aggressiven Radikalisierung ihres Lebensstils bereits die gesellschaftliche Verschärfung des Arbeitsthemas, sie inszenieren die Zuspitzung als Berechnung des Lebenszusammenhanges der anderen. Sie selbst sind auch – anders als bei den Hippies – nicht mehr Jugendliche einer bestimmten sozialen Lage, sondern Menschen, die sich genau *dieser* Lage entziehen: es könnte jeder sein. In der Radikalisierung des Lebensstils entziehen sie sich dem Diskurs der Generationen (Stil als

Bricolage) und ziehen durch ihren Gruppenstil den Haß der anderen auf sich (Stil als Homologie).

„Alle haben sich schwarze große Plaketten mit der Aufschrift „Schwarzfahrer" angesteckt. Als der Zug einläuft, stürmen alle in ein Abteil. R. klettert sofort in ein Gepäcknetz, wo er liegend eine Bierdose öffnet. Obwohl es ein bißchen spritzt, beschwert sich keiner der unter ihm sitzenden Fahrgäste. G. läuft über die Armstützen und turnt an den überhöhten Rückstützen an den Türen rum: Ansätze einer Barrenkür. Die Fahrgäste auf den Plätzen zum Mittelgang ziehen ihre Arme weg, zeigen außer skeptischen Blicken aber keine Reaktion. Auf der anderen Seite des Abteils malt P. von hinten an die Tür zugewandte Rückenlehne – mit kindlich verstellter Stimme: „Guck mal, was ich hier schönes male!" Ich gehe zu ihm und sehe, daß er ein RAF–Symbol gemalt: „Wenn das den Leuten keine Angst macht!" S. reißt den neben der Tür angeklebten Kasten für Werbeprospekte ab und klebt, halb auf die Tür, halb auf die Wand, den Zugang zum Dienstraum zu. Schon lange bevor die nächste Station erreicht, drängen sich Fahrgäste an der Türe. Als der Zug hält, klemmen G. und R. die durch Druckluft verschlossene Tür der dem Bahnsteig gegenüberliegenden Tür auf. A. springt heraus. Alle anderen verlassen den Zug mit den herausstürzenden Fahrgästen auf der richtigen Stelle. P., dessen Hosenknopf abgerissen ist, läuft mit halbherunterhängenden Hose über den Bahnsteig. Die anderen lästern: „Ex hi! Spanner!" (May 1986, S. 130)

Wenn wir Arbeit, Zeitperspektive und Erwachsenengeneration zusammenfassend als Verkörperung von Zukunft begreifen, so wird die Dynamik der Lebensstilfrage sinnlich faßbar. Ihre Radikalisierung folgt dem Schritt für Schritt größer werdenden Zukunftsverlust. Mittelbare und unmittelbare Aneignung des Lebenszusammenhanges können nur noch in der Totalität einer anderen Welt entworfen werden. Dies ist kein Grund für futuristischen Jubel. Es ist von bestürzender Aktualität, wenn uns Willis am Ende seiner Untersuchungen über die Hippies mit ihrer Verzweiflung und mit dem Tod konfrontiert:

„Wenn man zum Beispiel den zentralen Bereich Arbeit und Einstellung zum Produktionsprozeß betrachtet, kann man feststellen, daß die Hippies tatsächlich die bestehenden Einstellungen und die Praxis ablehnten: sie arbeiten nicht. Aber sogar hier wurde Arbeit nicht grundsätzlich angegriffen, es gab keine Auseinandersetzung mit den Definitionen von Arbeit von innen her. Die Kultur hatte einen eigenen Zeitrhythmus und ein eigenes Zeitgefühl, die eine gründliche Bloßstellung und Kritik der industriellen Zeit darstellten, doch sie ging damit nicht nach außen, um die

Stechkarte und die Regelzeit dort in Frage zu stellen, wo sie zu Hause war: in Fabriken und Ämtern. Ihren kritischen Blick erwarben sich die Hippies um den Preis des Rückzugs, und ihre Einsichten waren nur für die Eingeweihten. Tatsächlich beruhte ihre Kultur auf einem bestimmten Maß an Ausschließung. Diese Beschränkung des eigenen Einflußbereichs ließ der Kultur nur noch eine immer kleiner werdende Landenge, ohne Plan, wie man die Fluten zurückdrängen sollte, die sie zu verschlingen drohten – ein solcher Plan existierte nur in ihrer Phantasie." (Willies 1981, S. 223 f.)

Wir verlassen jetzt die jugendkulturelle Argumentationsebene, die im vorliegenden Kontext als Bearbeitungsprozeß der Lebensstilproblematik und als ihr Medium verstanden wurden. Ich konzentriere mich jetzt auf einige Schnittstellen, in denen sich Zukunft und Gegenwart berühren. Es geht dabei um den Versuch, verschiedene der Fragen zu konkretisieren, die in der Lebensstilsuche zusammengesetzt werden. Wesentliches Merkmal für die Verlängerung von Kindheit und Jugend ist ihre Separation vom Produktionsprozeß; erst unter dieser Voraussetzung konnte in Jugendkulturen eine Alternative zur Arbeitsgesellschaft vorgedacht und gelebt werden. Unser Gedankengang zielt auf eine weitere Konsequenz. Die Trennung des Kinder– und Jugendlebens vom unmittelbaren Verwertungszwang ermöglicht ihnen die Entwicklung eines Zeitbedarf–Systems, das nicht mit der herrschenden Zeitordnung identisch ist. Diese bereits historische Erscheinung erhält nun eine verwirrende Verstärkung: Kindheit und Jugend stehen im Zeichen gesellschaftlich–zeitlicher Desintegration und einer zunehmenden Entkoppelung zwischen gesellschaftlich normierten Lebensplänen und individuellen Lebensentwürfen. Die Erwartungen, die Menschen von ihrer Zukunft haben, waren noch während meiner Kindheit und Jugend vor 30 bis 40 Jahren vollständig von den Bildern geprägt, die meine Eltern und die Generationen vor ihnen hatten. Diese Bilder umfaßten den gesamten Lebenszyklus und gaben jeder Station ihren tradierten Sinn, sie reichten von dem Beginn der Sauberkeitserziehung über die Dauer der Schul– und Ausbildungszeit bis hin zum Zeitpunkt der Eheschließung, dem Altersabstand und der Zahl der zukünftigen Kinder, um nur einige wenige Beispiele zu benennen.

Allgemein formuliert können wir gegenwärtig den Integrationsverlust der abstrakten Zeit beobachten: Kinder und Jugendliche werden von normierten Lebensplänen befreit. Die Ursache dafür liegt einmal in der Erosion der Gesellschaftsform, die den Lebensplan um die Lohnarbeit zentrierte und daraus eine Hierarchie ableitete, die als Zeitordnung bezeichnet werden kann. Zum anderen wirkt Zukunftsverlust befreiend auf tradierte Planungen. Dennoch ist die Verstärkung dieses nicht–erwachsenen Zeitbedarf–Systems verwirrend, weil es für Jugendliche auch die zeitliche Ordnung von Problemen und erwartbaren Lösungen aufgehoben hat: Alles ist gleichwertig, gleichzeitig; die Zukunftskatastrophe radikalisiert die Frage nach dem Sinn der Jetzt–Zeit ebenso wie die Entscheidung, zur Schule zu gehen oder nicht. Die Befreiung der Zeit ist freilich nur die eine Seite der Entwicklung. Obwohl die Zukunft jetzt schon verbraucht ist und die Normen der Gegenwart verschlissen sind, herrscht immer noch die abstrakte Zeit. Der Kampf zwischen den Generationen ist über die Verwendung von Zeit entfacht; das Nichtbefolgen der herrschenden Zeitordnung wird unerbittlich als sozial oder mental abweichend definiert. In diesem Prozeß ist nicht zu übersehen, daß gegenwärtig die Auseinandersetzung um die Zeit mit Hilfe der Sozialwissenschaften modernisiert wird, indem die Durchsetzung der herrschenden Zeitordnung von einer zunehmenden Detailorganisation der Zeit begleitet wird. So ist der menschliche Differenzierungsprozeß beim Aufwachsen von einer zunehmenden Genauigkeit darüber bestimmt, welcher Lernschritt bis zu welcher Zeit vollzogen sein muß. Die Verwissenschaftlichung von Lern– und Erziehungsprozessen ist von dem Dilemma begleitet, daß das erweiterte Wissen über Kinder und Jugendliche neue Normen der Lebenszeit entfaltet und die Bedeutung der abstrakten Zeitordnung als Leistungsordnung erhöht hat. Das, was als Befreiung von Tradition, Macht, Zwang und Ungleichheit angelegt sein könnte, als Entkoppelung von Lebenszeit und Norm, verkehrt sich in die neue Form; es vollzieht sich weniger eine Befreiung als eine Modernisierung der Zeitordnung, es entsteht die Strukturierung von Zeit.

Die Entkoppelung von gesellschaftlich vermittelter Erwartung, individuellem Lebensverlauf und Lebensentwurf wird in ihrer Zwiespältigkeit sehr gut bei einem Autor nachvollziehbar, dessen Verdienst gerade darin bestand, die gesellschaftliche Vermitteltheit der Kinder– und Jugendzeit herausgearbeitet zu haben. Ich meine hier die wichtigen Untersuchungen Eriksons. Er hat mit dem Konzept der sich herausbildenden Ich–Identität vom Kind und Jugendlichen zum Erwachsenen einen „spezifischen Zuwachs an Persönlichkeitsreife" bezeichnet. (Erikson 1973, S. 123) Dabei entstand das Bild von Stadien der Persönlichkeitsentwicklung, die jeweils in einer Krise münden, die wiederum neues Wachstum und eine neue Bewußtheit zum Ziel hat, und der eine Verschiebung der Triebenergie einhergeht. Auf welche Probleme diese Überlegungen stoßen, wenn sie nicht als Interpretationshilfe, sondern als Entwurf neuer Normen für die gesunde Persönlichkeit verstanden werden, machen seine Ausführungen über die „Diffusion der Zeitperspektive" deutlich:

„In extremen Fällen verzögerter und verlängerter Adoleszenz tritt eine außergewöhnliche Form einer Störung im Zeiterleben auf, die in ihrer milderen Form der Psychopathologie der alltäglichen Reifezeit zugehört. Sie besteht in einem Gefühl großer Dringlichkeit und doch auch aus dem Verlust der Rücksichtnahme auf die Zeit als einer Dimension des Lebens. Der junge Mensch kann sich gleichzeitig sehr jung, ja säuglingshaft fühlen und doch alt über alle Verjüngungsmöglichkeit hinaus. Häufig hört man von unseren Patienten Klagen über versäumte Größe und den vorzeitigen verhängnisvollen Verlust nutzbarer Möglichkeiten – es sind die gleichen Klagen, die man üblicherweise auch unter Jugendlichen in Kulturen hört, die derartige Proteste für romantisch halten. Ihre Gefährlichkeit aber besteht in dem entschiedenen Unglauben an die Möglichkeit, daß die Zeit eine Veränderung bringen könnte und doch auch einer leidenschaftlichen Angst, daß sie es täte. Dieser Widerspruch kommt oft in einer allgemeinen Verlangsamung zum Ausdruck, die den Patienten innerhalb der Routine seiner Betätigungen und seiner Therapie sich verhalten läßt, als bewege er sich in Sirup. Es ist für ihn schwierig ins Bett zu gehen und sich dem Übergang in den Schlafzustand zu stellen, und es ist ebenso schwierig für ihn, aufzustehen und sich der Notwendigkeit der Wiederherstellung der Wachheit zu stellen; es ist schwierig, zur therapeutischen Verabredung zu kommen, und schwierig, wieder fort zu gehen. Klagende Bemerkungen wie „ich weiß nicht", „ich geb's auf", „ich verschwinde" sind keineswegs bloß gewohnheitsmäßige Feststellungen, die eine leichte Depression anzeigen; häufig sind sie ein Ausdruck der Art von Verzweiflung, wie Edward Bibring (1953) sie als Wunsch des Ichs darstellt, „sich selbst sterben zu lassen". Die Vorstellung, daß sich das Leben tatsächlich mit dem Ende der Reifezeit oder an versuchsweise vorgeplanten späteren Verfallsdaten beenden ließe,ist keineswegs ganz unwillkommen, ja kann zur einzigen Bedingung werden, auf der sich der Versuch eines Neubeginns errichten läßt." (Erikson 1981, S. 174)

Erikson beschrieb dieses Verhalten vor mehr als 30 Jahren und dennoch ist die Bedeutung seiner Empirie überraschend aktuell. Das Interpretationsproblem, das seine Ausführungen aufwirft, besteht heute in der Verkehrung der gemeinten Absicht. Damals wollte Erikson eine verständnisvolle Deutung ermöglichen, heute bewirkt er eher die Fetischisierung von Zeit. Die Pathologie zeitlich abweichenden Verhaltens wird zum Problem ihrer Normen. Zeitlich abgestufte Stadien der Persönlichkeitsentwicklung setzen gesellschaftlich unumstrittene und individuell realisierbare Lebenspläne voraus. Sind diese Bedingungen gestört, gerät das Verstehen der zeitlichen Diffusion zum Entwurf einer Norm, die im Blick auf Normalität und Gesundheit sozial selektiert; die frei gewordenen Bereiche der zeitlichen Verfügung werden entwertet.

Die Modernisierung der Zeitordnungen meint eine Strukturierung der Zeit, die für jede Gelegenheit bereits einen Verwendungszweck aufdrängt.

Dies ist für die Lebensstilsuche von großer Bedeutung, da die Notwendigkeit sich ständig zwischen gleichwertigen Alternativen entscheiden zu müssen, das Gefühl des Verlusts hinterläßt, da in der Gleichzeitigkeit der Probleme die Zeit zum Leben ungeheuer knapp wird. Die Angst vor der verbrauchten Zukunft findet ihre reale Basis in einer Gegenwart, die auch schon verbraucht ist. In diesen Wirrungen einen Lebensstil zu finden kann nur in Versuchen bestehen, Gegenwart *und* Zukunft selbstbestimmt und neu anzueignen und der Versuchung zu entgehen, im Entwurf einer anderen Welt das „Jetzt oder nie" zu fetischisieren. Das heißt für die Jugendarbeit nicht vorzudenken, sondern mitzudenken und einzugreifen bei der Entfaltung von Existenz und Sinn.

Ohne dies hier im einzelnen ausführen zu können, besteht in der räumlichen Entwicklung einer Analogie zur Modernisierung der Zeit, die ebenfalls als Strukturierung bezeichnet werden kann. In diesem Kontext wird ein weiterer Aspekt der Lebensstilproblematik deutlich: Es fehlt nicht nur die Zeit, es fehlt auch der Raum für die menschliche Entwicklung. Der Zerfall der Städte und die Landschaftsvernichtung offenbaren den Widersinn einer zunehmenden Enteignung des Raumes. Strukturierung meint dabei einen Prozeß, der gegenwärtig in seiner Bedeutung gerade für Heranwachsende eine ähnlich wichtige historische Zäsur darstellen dürfte, wie es einmal der Zwang war, der zur Seßhaftmachung der letzten nomadischen Stämme angewendet wurde (eine Entwicklung, die beispielsweise in der Türkei erst vor einigen Jahrzehnten gewaltsam abgeschlossen wurde). Das Weideland der umherziehenden Nomaden wurde durch die Seßhaften immer mehr verknappt bis sie vor dem Nichts und dem Tod standen. Das Land war besetzt und in Grundeigentum verwandelt – die Umherziehenden waren die Todfeinde von Besitz und Ordnung, sie wurden vertrieben und getötet. Inzwischen ist auch in der Türkei das Land ebenso aufgeteilt wie die Stadt. In Mitteleuropa aber ist diese Entwicklung auf erweiteter Ebene fortgesetzt. Nach der Besitzverteilung des Raumes ist hier bereits der Prozeß, Raum eine ganz bestimmte gesellschaftliche Funktion zuzuweisen, praktisch abgeschlossen. Die letzten Nischen wurden vernichtet oder als Militär– und Landschaftsschutzgebiet oder als Abenteuerspielplatz eingegrenzt. Die Logik dieser Entwicklung ist gesellschaftlich–politisch von dem Denken bestimmt, jedem Raum einen spezifischen und nur diesen Zweck zu erlauben. Die monofunktionale Nutzung des Raumes gilt als das Idealbild des Besitz– und Verwaltungshandelns und hat zur immer stärker werdenden räumlichen Zergliederung und zur Vernichtung von vielseitig verfügbarem Raum beigetragen. Die Gewalt dieses Prozesses ist nicht geringer geworden, sondern unsichtbarer; sie ist in den sich gegenseitig ausschließenden Nutzungszwecken strukturiert. Es geht um die Bewegungsfreiheit. Die Städte sind immer größer geworden, der

Freiraum wird aber immer geringer. Auch die Mobilität ist größer geworden, aber es gibt kaum noch Ziele, die es zu erreichen lohnt. Die Enteignung des Raumes spiegelt den Entfremdungsprozeß von der Natur wider. Im radioaktiven fall–out, der selbst das Grün auf dem Balkon in unendliche Ferne rückt, kommt dieser Prozeß zur zerstörerischen Vollendung. Zum Lebensstil gehören Zeit und Raum. Die Radikalität der Suchbewegung stößt auf die Einöde verbrauchter Regionen und Zeiten, sie stößt auf die modernen Verbotsschilder im Denken und Handeln. Das Nutzungsverbot wird argumentativ nicht durchbrochen werden können. Eine Steppe wird vom guten Zureden nicht wieder grün und wir müssen uns fragen, ob nicht die Territorien tödlicher Gifte und Strahlen, die Räume, die für Herstellung, Entsorgung und Verbrauch notwendig sind, uns bereits eingekreist haben. Es könnte sein, daß die Radikalisierung der Lebensstilsuche zur Triebkraft wird gegen die Enge, die uns zu umgeben droht.

Literatur

J. Clarke, Stil. In: John Clarke et al., Jugendkulturen als Widerstand, Frankfurt/M. 1979, S. 133–157.

Ders. und St. Hall, T. Jefferson, B. Roberts, Subkulturen, Kulturen und Klasse. In: J. Clarke u.a., Jugendkultur und Widerstand, Frankfurt/M. 1979, S. 39–131.

E.H. Erikson, Identität und Lebenszyklus, Frankfurt/M. 1973.

Ders., Jugend und Krise. Die Psychodynamik im sozialen Wandel, Frankfurt, Berlin, Wien 1981.

H. Lefèbre, Das Alltagsleben in der modernen Welt, Frankfurt/M. 1972.

M. May, Provokation Punk. Versuch einer Neufassung des Stilbegriffs in der Jugendforschung, Frankfurt/M. 1986.

A. Stuebs, Romantisches Vorspiel, Berlin 1947.

P. Willis, „Profane Culture". Rocker, Hippies: Subversive Stile der Jugendkultur, Frankfurt/M. 1981.

G. Wyneken, Der Kampf für die Jugend, Jena 1919.

Ingo Holzapfel

Bildung – kein Erlebnis

Bemerkungen zum Problem der Bildung in der Jugendarbeit

In einem Beitrag zum Verhältnis von Evangelium und Bildung hat Christof Bäumler auf entsprechende Äußerungen von Karl Barth und Heinz Joachim Heydorn hingewiesen und dabei die Weiterarbeit an zwei problematischen Differenzen erwogen: An der Frage nach dem Subjekt des Bildungsprozesses und an der Wahrheitsfrage im Bildungs– bzw. Bekenntnisprozeß. Deshalb wird in den folgenden Überlegungen gefragt, wie die im Bildungsprozeß befaßten Menschen als Subjekte zur Geltung zu bringen wären und wie die christliche Wahrheit Wirklichkeit so erschließt, daß sie Möglichkeiten des Bildungsprozesses freisetzt.[1]

Evangelium und die Prinzipien von Bildungsarbeit

Der von Barth gegebene Hinweis auf Jesus Christus als den einzig gebildeten Menschen geschieht in Aufnahme eines paulinischen Gedankens, der die alttestamentliche Auffassung von der Bestimmung des Menschen zur Gottesebenbildlichkeit, präzisiert. Nach dem Schöpfungsauftrag nimmt der Mensch die Entsprechung zu seinem Herrn so wahr, daß er als Mensch mit dem Mitmenschen gemeinsam Herrschaft über die Welt ausübt. An der Gottesebenbildlichkeit, die Jesus Christus ist, bekommt der Mensch Anteil, weil er als Mitmensch dieses Jesus Christus ansprechbar ist. Theologisch – anthropologisch geurteilt ist der Mensch primär und vor jeder Selbstaussage das von Gott angesprochene Wesen. Die Ansprechbarkeit des Menschen auf ein ihn von seinen Werken freisprechendes Gegenüber resultiert aus dem Vorgang der Rechtfertigung, die den Zusammenhang von Person und Werk nicht aufhebt, wohl aber die Herrschaft des Werks über die Person. Damit aber ist eine verurteilende Festlegung auf das bisherige Handeln des Menschen überwunden und Vergessen möglich geworden. Vergessen–können, nicht aber Verdrängung, ist ein Kennzeichen wahrer Bildung und Erfahrung[2]. Als Konsequenz für den Bildungsbegriff: Bildung wäre weniger dadurch konstituiert, daß ein enger Theorie–Praxis–Zusammenhang Konstruktionsprinzip wird, als vielmehr durch die Möglichkeit, diesen Zusammenhang gerade aufzubrechen. Es müßte dies sowohl am Begriff der Erfahrung, die konstitutiv für Bildung wäre, zu erweisen sein, als auch an den Möglichkeiten, die dadurch einem neuen Verständnis von Bildungsarbeit eröffnet werden. Der Bildungsprozeß wäre überdies so anzulegen, daß er als Dienst am Mitmenschen den Herrschaftsauftrag als gemeinsamen Auftrag begreifen lernt.

Das Verhältnis von Glaube und Bildung wird noch pointierter hervortreten, wenn man es unter dem Aspekt der Wahrheitsfrage begreift. Dann nämlich geht es um das Verhältnis von Bekenntnis und Bildung, das eine schlichte Identifikation der Begriffe zwar ausschließt, aber auf einen inneren Zusammenhang verweist. Bekenntnis ist Hinweis auf eine Wahrheit, die als vollendete ans Licht getreten ist, Bildung ist Suche nach der Wahrheit. Dem Bekenntnis in seiner fixierten und schließlich institutionell gesicherten Form geht das persönliche Zeugnis und Wagnis des Bekenners voran. Sein existentieller Anspruch muß notwendig mit dem institutionellen Anspruch des Bekenntnisses in Konflikt geraten, Zeugnis wird in aller Machtlosigkeit vor der Macht abgelegt, ist aber als Zeugnis einer höheren Macht nicht einfach ohnmächtig. Damit erhält der Begriff der Konfession über den des Bekenners ein Element der Bewegung, das das Bekenntnis der bloßen institutionellen Objektivierung enthebt, wie die frühe Kirche und die reformatorischen Glaubensbewegungen erkennen lassen.

Das Bekenntnis des Glaubens setzt die Ich–Form des Glaubens voraus. Wahrheit läßt sich nur durch die Identifikation mit der Person bezeugen. Während der Bekenner so die tradierte Wahrheit relativiert, verbürgt er doch gleichzeitig die Möglichkeit ihrer fortdauernden Neuerzeugung. Nur angemerkt werden kann hier, daß der Protestantismus nicht nur einen neuen und andauernden Wahrheitsursprung über das persönliche Verhältnis des Menschen zur Schrift gewonnen hatte, sondern dem einzelnen Menschen und der durch ihn vertretenen Wahrheit damit eine Würde verliehen hatte, die Toleranz und Bildungsgedanke notwenig mit einschloß. Der Bekenner stört mit seinem Hinweis auf eine andere Wahrheit den reibungslosen Ablauf, den bloßen Pragmatismus und Positivismus, das Verharren in der Bewußtlosigkeit.

Ein Paradox wird damit formuliert: Der Christ, der in den status confessionis gerufen wird, tritt einer Gemeinschaft von Bekennenden, einer Tradition des Bekenntnisses gegenüber. Diese paradoxe Situation, die nicht beliebig herbeiführbar oder wählbar ist, ist die der Nachfolge. Die Paradoxie dieser Situation findet sich in jedem Bildungsprozeß wieder. Die Mittler im Bildungsprozeß sind in eine Bewegung hineingestellt, die ihnen nicht als Forderung angetragen werden kann, da sie einen existentiellen Schritt voraussetzt. Die Person, die von der Gesellschaft um ihrer eigenen Erhaltung willen mit der Vermittlung von Bildung beauftragt wurde, kann um des im Bildungsbegriff gesetzten Wahrheitsanspruchs willen in die Situation geführt werden, eben diese Gesellschaft bewußt wieder aufheben zu wollen. Bis zu diesem Punkt wird er notwendig das Hineinführen in die Freiheit nur über das Bewußtsein als sprachliche Vorwegnahme des Zeugnisses erfahrbar machen können. Die Mittelbarkeit seiner Aufgabe wird dort aufgehoben, wo er selbst mit Person und Werk von der Wahrheit Zeugnis ablegt und damit die Wirklichkeit seiner Freiheit unter Beweis stellt.

Dem Begriff der Bildung, umgangssprachlich Synonym für Abstraktheit, Verkopfung, Rationalität, Kälte, Lebensferne, wird gängigerweise entgegengestellt dem der Erfahrung als Inbegriff von Lebensnähe, Unmittelbarkeit, Ganzheitlichkeit, Konkretheit. Der explizite Vorwurf gegenüber der Bildungsarbeit ist der, sie trage mit ihrem bestenfalls analytisch–kritischen Instrumentarium nur zur weiteren Verunsicherung einer ohnehin verängstigten Generation bei, sie schaffe es nicht, Jugendlichen Sinn und Orientierung zu vermitteln, sie könne keine konkreten Handlungsangebote machen. Das im Gegenzug dazu gemachte Angebot lebendiger Erfahrung ist freilich Ideologie. Dies soll erläutert werden, bevor genauer auf die dem Bildungsbegriff abgesprochenen Möglichkeiten eingegangen wird.

Von Erfahrung im emphatischen Sinne kann unter der Bedingung kapitalistischer Produktion, die tendenziell gesellschaftliche Bewegung sowohl wie Denken und Handeln des einzelnen der Abstraktion unterwirft, nicht mehr gesprochen werden.[3] Das Fortschreiten der gesellschaftlichen Entwicklung von der handwerklichen zur kapitalistischen Produktionsweise hat zur Auflösung der der Erfahrung eigenen Voraussetzungen geführt: Übung, Kontinuität, Tradition; die Entwicklung bestimmter Handgriffe, die ein Leben lang aufeinander aufbauend vervollkommnet werden; die Erzählung, die auf einen individuellen Fundus von Erfahrung zurückgreifen konnte, der in Korrespondenz mit dem der gemeinsamen Tradition stand. Mit der kapitalistischen Produktionsweise und der industriellen Fertigung, der Zerlegung von Arbeitsschritten und der Zuordnung immer gleicher Arbeitsvorgänge an der Maschine, wird der Erfahrungsraum verdichtet auf das punktuelle Erlebnis, für das der Tendenz nach zwar eine genaue Raum–Zeit–Koordinate angegeben werden könne, das aber abgedichtet ist gegenüber genauso bewußt registrierten und fixierten Erlebnissen davor und danach. Das Erlebnis wäre somit von der Erfahrung kategorial zu unterscheiden. (W. Benjamin)

Eine kritische Analyse der Erlebnispädagogik zeigt, daß die besonderen Erlebnisse, so handfest und konkret sie auch sein mögen, zwar zur Verunsicherung von Einstellungen und Verhaltensweisen führen können, aber keine Hilfestellung für die Fortführung einmal angestoßener Lernprozesse bieten. Das Pikante dieser Vorstellung liegt darin, daß die aus der Lebensreformbewegung stammende Erlebnispädagogik zunächst einmal angetreten war gegen die Dressur der Schule mit der Parole der Einzigartigkeit und Fremdartigkeit des bildenden Erlebnisses. Obwohl sie genau das Gegenteil wollte, hat sie sich unter der Hand faktisch dem Charakter der industriellen Produktion angepaßt. Im Grunde genommen liegt die bildungsfeindliche Tendenz auch der heutigen Erlebnispädagogik viel weniger in ihrem expliziten Antiintellektualismus als vielmehr in ihrem impliziten positivistisch–lerntheoretischen, am Reiz–Reaktion–Schema orientierten Modell. Dies muß angesichts ihrer Konjunktur in der Jugendarbeit hervorgehoben werden.

Bildungsarbeit wird von dem Wunsch nach Erfahrung nicht unberührt bleiben können; sie wird das Bedürfnis, das sich in diesem Wunsch ausspricht, sehr ernst nehmen müssen. Drei Erfahrungen sind es, die die Bildungsarbeit zu konstitutiven Überlegungen machen müßte.

1. Das, was Bildung einmal umschloß, die Frage nach der Bewältigung des Lebens und der Gestaltung der Wirklichkeit, ist nicht einfach weg, sondern ist Angelegenheit eines der realen Lebenspraxis scheinbar enthobenen akademischen Gettos. Dort werden diese Fragen sehr differenziert behandelt, aber der Zusammenhang mit jenen Problemen, die die einzelnen Menschen wirklich und unmittelbar bedrücken, ist nicht mehr selbstverständlich. Diese gegenseitige Entfremdung, die auf der einen Seite eine Sterilität des Wissens, auf der Seite des Lebensalltages Besinnungslosigkeit erzeugt, ist die eine Erfahrung, der sich Bildungsarbeit zu stellen hat.

2. Das, was an Bildungsarbeit als enttäuschend erfahren wird, ist eine Erfahrung, die sie mit Seelsorge oder therapeutischen Konzepten teilt. Für individuelle Probleme werden allgemeine Lösungen angeboten, d.h. erteilt werden Antworten aus einem bewährten und verbürgten Bestand, die von dem individuellen Problem gar nicht gefordert waren. Es ist das Konzept, das darüber entscheidet, was der Hilfe bedarf, es sind feste Standards, durch die Probleme entsprechend zubereitet erscheinen. Soweit Bildungsarbeit durch diese Unterwerfungs– und Bearbeitungsverhältnisse mitbestimmt ist, muß sie mit Verstimmung rechnen. Wo Menschen diese Verhältnisse als solche erleben und dadurch enttäuscht werden, wird sie nicht einfach zur Tagesordnung schreiten können.

3. Ablehnung erfährt der Anwendungskomplex der Bildungsarbeit. Das gilt sowohl für die Methode, insofern sie sich doch als Therapie gibt, in der

ein notwendiges funktionales Gefälle herrschen muß – der eine ist Helfer, der andere Patient –, als auch für die Inhalte, sofern sie sich als fertig zubereitete Theorien zur Anwendung auf konkrete Fälle ausgeben wollen. Dagegen geht es in der Bildungsarbeit um den Versuch, Probleme produktiv mitzudenken. Bildungsarbeit wäre der Ort, wo der Jugendliche seine Probleme bearbeiten kann, ohne daß er selbst bearbeitet wird. Bildungsarbeit bewegt sich im Medium des philosophischen und theologischen Dialogs, sie ist freies vernünftiges Gespräch.

Glaube, Bildung und die Kompetenz des Bildungsarbeiters

Der christliche Glaube verdankt sich dem Wort Gottes. Deshalb muß die Bildungsarbeit der Kirche begründet sein als Glauben schaffende Sprachhandlung. Kirche wird also Sorge dafür zu tragen haben, daß auch im „unwissenschaftlichen" Alltag Orte des Nach– und Vordenkens geschaffen werden. Sie wird in ihrer Bildungsarbeit zu reflektieren haben, daß Bildung nach neuzeitlichem Verständnis Erziehung zur Freiheit ist, und deshalb die notwendige Unterscheidung von Glaube und Bildung so zur Geltung bringen, daß nicht ein ideologisches Freiheits–, genauer: Herrschaftsverständnis als Bearbeitungsverhältnis vorausgesetzt, sondern problematisiert wird. Die biblisch–christliche Tradition kann nicht dauernd als Problemlösungspotential, Schlüsseltheorie für alle Fragen dieser Welt in Anspruch genommen werden. Evangelische Freiheit erwiese ihre Kraft vielmehr in Kritik, in der Sorge dafür, daß Fragen überhaupt noch gestellt bzw. wieder gestellt und daß das scheinbar Selbstverständliche zum Problem gemacht wird.

In den Debatten um die Professionalisierung der Jugendarbeit wurde mit Recht darauf verwiesen, daß die Riege der Hauptamtlichen (und oft auch die der ihnen folgenden Ehrenamtlichen) ganz erstaunliche Fähigkeiten in sogenannten formalen Prozeßkompetenzen entwickelte, die ihnen erlaubten, pädagogische Gruppen zu sammeln und zu steuern, daß aber die Sache, um die sich der Gruppenprozeß zentrieren sollte, nicht durch gleiche Kompetenzen abgedeckt würde. Es soll das Verdienst der Pädagogen damit nicht geschmälert werden, aber es gibt ein deutliches Defizit an sachlichem Profil in der Jugendarbeit. Wobei dem Mißstand noch nicht abgeholfen wäre, wenn Biologen, Politologen, Juristen oder Soziologen die Pädagogen ablösten. Was fehlt, sind Menschen, die durch ihr Sprechen und Handeln etwas vom Ergriffensein durch den Gegenstand, den sie behandeln, erkennen lassen, weil nur über das Individuum abstrakte Begriffe (nicht zuletzt der der Bildung) Realität erhalten, vermittelt werden können.

Damit ist auch auf die Tendenz verwiesen, sich allzusehr den pädagogischen Prozessen zu überlassen und sich den Sachfragen nicht zu stellen. Die gruppendynamischen Instrumentarien und die auf der Psychologie gründenden Methoden haben ihre Grenzen. Sie können außerhalb der therapeutischen Prozesse wichtige Hilfsmittel sein, aber Bildungsprozesse nicht ersetzen. Ganz im Gegensatz zu ihrer eigenen Begrenztheit sind sie aber in der Bildungsarbeit in aller Regel strategisch zur Begrenzung, wenn nicht gar zur Verhinderung von Bildungsprozessen eingesetzt worden, sei es um gerade diesen Prozeß, der Terminologie und Technik der verwendeten Methoden selbst zur Diskussion stellen wollte zu verhindern, sei es aufgrund der Tatsache, daß Terminologie und Technik in den Rang von Begriffen und Ideologie gehoben werden, die Bedingungen und Selektion von vorneherein setzten.

Zur Zukunft kirchlicher Bildungsarbeit

Die Konnotation des Begriffs Bildung hat der Bildungsarbeit von vornherein den Charakter einer in die Freizeit verlängerten Schulzeit zugeschrieben. Mit Bildung werden eher Begriffe wie Abitur, Reifeprüfung, Studierfähigkeit verbunden, als Begriffe wie Mündigkeit, Lebensfähigkeit, Autonomie. Dabei verheißt der Begriff auch nicht mehr die Gratifikation der formalen Teilhabe an einem Privileg oder der Partizipation an sozialem Prestige. Außerschulische Bildungsarbeit, wiewohl gerade im Gegenüber zu dem schulischen Bildungsbegriff entworfen, bleibt von dieser abwertenden Tendenz nicht unberührt: Bildung verbürgt weder narzistischen noch gesellschaftlichen Gewinn.

Für die Kirchen spielt die Bildungsarbeit als Teil der Jugendarbeit eine verschwindend geringe Rolle. Dies schlägt sich in der finanziellen und personellen Ausstattung nieder, die noch nie üppig oder gar dem Sachstand angemessen war. So muß vermerkt werden, daß die Attraktivität von Bildungsarbeit allein deshalb deutlich zurückgegangen ist, weil die Bedingungen für ihre Realisierung ungleich schwieriger geworden sind: Die Erwartungen der Klientel sind gestiegen und werden z.T. durch qualifizierte Angebote vor Ort abgedeckt oder von dem expandierenden Markt der Kulturindustrie aufgesogen. Gegenüber diesen Tendenzen sind im Anschluß an grundsätzliche Erwägungen zu Anthropologie und Bekenntnis gerade Möglichkeiten der Bildungsarbeit geltend zu machen, so bescheiden sie auch sein mögen.

Bildungsarbeit hat die Möglichkeit, sich als freies Gespräch zu konstituieren, d.h. sie hat keine Einsichten zu verabreichen, sie verordnet keine theologischen Lehrsätze, sie schert sich nicht um Systeme, sie konstruiert auch keine, sondern sie setzt Denken in Bewegung. Bildungsarbeit kann es also nicht darum gehen, approbierte Gedanken ‚an den Mann zu bringen', sie hat nicht zu agitieren und nicht zu indoktrinieren. Das, was Gegenstand der Bildungsarbeit jeweils ist, ist nicht so sehr Objekt, das durch methodisches Geschick und bombastisches Medienaufgebot dem anderen anvermittelt werden muß, sondern der Gegenstand muß sich selbst der Bewährungsprobe der Fragenden aussetzen. Damit ist natürlich der Bildungsarbeiter wesentlich selbst gefordert; das Ausweichen auf Tradition oder Theorie wäre genau der falsche Weg, die Flucht gar in Methode verheerend. Bildungsarbeit hat als solche die Möglichkeit, aus dem Konkreten heraus zu denken, sie muß sich nicht im Allgemeinen verlieren. Setzt man bei einem konkreten Problem – sei es ethischer oder religiöser Natur –, so geht es nicht darum, etwa den kategorischen Imperativ oder das Dogma der Auferstehung genau zu erläutern und zur gefälligen Nutzanwendung weiterzureichen, sondern darum, die „leibhaftige" Gestalt des Problems als solches wahrzunehmen, das unter der Voraussetzung allgemeiner Vernünftigkeitserwartung als Physiognomie der besonderen Vernunft entziffert werden kann.

Bildungsarbeit fordert zunächst Bedürfnisse aufzuklären. Anlaß, sich auf den Besuch von Bildungsveranstaltungen einzulassen, ist oft die Erfahrung, sich mit seinen Einsichten im Kreis zu bewegen oder bei Problemen nicht weiterzukommen, sie aber auch nicht einfach loszuwerden. Das Kreisen in sich selbst, Apathie, Lebens–Verstimmung, Langeweile und Interessenlosigkeit, lassen darauf schließen, daß ungeklärte Bedürfnisse sich indirekt wieder anmelden. Dabei handelt es sich allzuoft nur um einen Mangel an Denk–Erlebnissen, die innere Erregbarkeit erwecken, weshalb das, was intensives Interesse, Anteilnahme und Lebendigkeit erwecken könnte, schlicht unbekannt bleibt.

Bildungsarbeit hat die Möglichkeit, vermeintlichen Un–Sinn zu lassen. Diese wird erst dann verständlich, wenn man diesen Satz als Kommentar zu der entgegengesetzten These versteht, die selbst wesentlich mit dazu beigetragen hat, daß die Erwartungen an Bildung sich ins Unangemessene und Irrealistische steigern, der These nämlich, daß Bildungsarbeit als Sinn– und Orientierungsmittlerin zu fungieren habe. Die Unangemessenheit dieser Forderung wird dann deutlich, wenn man den Begriff Sinn durch ein Synonym ersetzte, an dem direkt zu erkennen ist, daß es durch keine organisatorische Anstrengung zu konstruieren ist: Glück. Was realistischerweise als Zumutung an Bildungsarbeit herangetragen werden könnte, wäre also nur die Forderung, Unsinn zu lassen. Die Schwierigkeiten der gegenwärtigen Sinn– und Orientierungslosigkeit liegen nicht so sehr im Sinnverlust als vielmehr in der unangemessenen Forderung der Sinnessteigerung.

Kirchliche Bildungsarbeit, sowie sie sich dem kritischen Anspruch eines christlichen Wahrheitsbewußtseins verpflichtet weiß, paßt sich nicht einer gesellschaftlichen Bedürfnislage an; sie verweigert sich vielmehr der Zumutung, den an sie herangetragenen „Bedarf" zu decken. Wie eine dem Trost–Bedarf und Beruhigungs–Bedürfnis entgegenkommende Religionsvermarktung ausgerechnet das vertuscht, was immer noch ein ungesättigtes Interesse an Religion rechtfertigt, wie eine dem vorhandenen Geschmack gefällige kulturindustriell perfekte Bedarfs–Kunst zum Widerschein des Falschen wird, so würde auch der Bildungsgedanke sich selbst verraten, verkäme er zum Konformismus von bedarfsgerechten Denk– und Auskunftsangeboten. Statt die Bedürfnisse, die ihr entgegenkommen, umstandslos im angefragten Sinne zu bedienen, muß sich Bildungsarbeit gerade als deren gründlichste Kritik erweisen. Der Bedarf kann nur so aufgenommen werden, daß er weiterentwickelt wird. Bildung bedeutet Kultivierung der Bedürfnisse. Allenfalls mit schon der Warenform angeglichenen Bildungsgütern ließe sich noch Bedarf decken. Bildung erweist sich als Frage, nicht als apriorische Lösung und abzurufend Bescheid.

[1] Chr. Bäumler, Evangelium und Bildung in der Geschichte der BK. In: Evangelische Schülerarbeit in 100 Jahren. Hg. v. E. Warns, Wuppertal 1983, S. 327–338.

[2] Statt weiterer Literaturangaben wird im folgenden nur eine Liste der Autoren wiedergegeben, auf die sich der Autor dieses Aufsatzes dankbar bezogen hat:
Gerd B. Achenbach, Theodor W. Adorno, Karl Barth, Oswald Bayer, Walter Benjamin, Josef Bühler, Hermann Giesecke, Heinz-Joachim Heydorn, Eberhard Jüngel, Joachim Liß, Odo Marquard, Reiner Strunk.

Brigitte Feiks

Proprium und Ziele von kirchlicher Jugendarbeit

Daß das Verhältnis der Jugend zur Gesellschaft krisenhaft erschüttert ist, ist ein altbekanntes Phänomen, ebenso wie die Ansicht, daß Jugendliche Probleme *machen*. In den letzten Jahren allerdings werden Jugendprobleme zunehmend diskutiert als solche, die Jugendliche *haben*, da die verursachenden Strukturprobleme nicht länger verleugnet werden können: Beispielsweise vermag die angestrengte Beschaffung von Ausbildungsplätzen die Jugendarbeitslosigkeit allenfalls zu kaschieren, nicht aber zu beseitigen. In diesem Zusammenhang erfährt die Jugendarbeit einen Erwartungsdruck, der sich nicht zuletzt daran aufzeigen läßt, daß sie der wohl einzige Bereich expandierender sozialer und sozialpädagogischer Arbeit ist. Die allgemeinen gesellschaftlichen Struktur- und Sinnprobleme, die die Jugendlichen in die Jugendarbeit hineintragen, können allerdings kaum mehr zu bloßen individuellen Verhaltens- und Einstellungsschwierigkeiten von Jugendlichen selbst umgemünzt werden. Die Langeweile bei Jugendlichen, mit der sich Jugendarbeit oft unmittelbar konfrontiert sieht und die sich als Erlebnisarmut, innere Gleichgültigkeit, Unausgefülltheit, aber auch als Gewaltbereitschaft äußert, mag zwar den Schluß nahelegen, die Ursache ihrer Probleme bei ihnen allein zu suchen. Vielfach ist aber diese Langeweile schon zur Grundbefindlichkeit geworden; denn heutige Jugendliche „wachsen sowohl in einer Werten gegenüber gleichgültigen Konsumwelt auf als auch in einer Welt, in der es uneinsichtige und unverrückbare Gebote und Verbote für sie gibt, als auch in einer Welt, die ihnen autonome eigene Handlungsräume immer weniger zugesteht."(1) Um den mehr oder weniger apathischen Katastrophenvisionen Einhalt zu gebieten, soll nun Jugendarbeit nach gängiger Auffassung Optimismus, Hoffnung und Sinn vermitteln. In Analogie dazu schwankt die Praxis zwischen Resignation und hektischem Aktivismus; Rat- und Hilflosigkeit sowie Überforderung von Jugendarbeitern/innen sind allenthalben festzuzustellen. Kirchliche Jugendarbeit ist gleichwohl mit dem skizzierten Problemzusammenhang konfrontiert und mag sich besonders herausgefordert fühlen, Orientierung und Sinnhaftigkeit zu vermitteln.

Bemerkungen zu einer Praxistheorie kirchlicher Jugendarbeit

Auf einer Analyse der gesellschaftlichen Wirklichkeit kann keine Praxistheorie von Jugendarbeit verzichten, denn sie ist einerseits in deren Verwertungszusammenhang eingebunden und andererseits prägt und bestimmt sie die Alltagserfahrungen der Jugendlichen. Als Unterscheidungskriterium für den Anspruch, den Ausgang bei der Situation und den Bedürfnissen der Jugendlichen zu nehmen, mag gelten, in welchem Ausmaß, und mit welchen Konsequenzen für die Aufgabenstellung von Jugendarbeit die gesellschaftlich vermittelten Zwänge, Abhängigkeiten, Interessen, aber auch Chancen und die jeweiligen sozioökonomischen Verhältnisse berücksichtigt werden, die das Denken, Handeln und Erleben von Jugendlichen beeinflussen und beschränken. Die Analyse des gesellschaftlichen Bedingungszusammenhanges wird je nachdem unterschiedlich ausfallen, ob nun – in grober Unterteilung – ein kritisches oder ein affirmativ–funktionales Interesse erkenntnisleitend ist. Letzteres wird zwar die gesellschaftlich–strukturelle Verursachung und Bedingtheit von Jugendproblemen anerkennen, sich aber auf das Individuum an sich konzentrieren und die Aufgabe von Jugendarbeit etwa darin sehen, diesem eine allumfassende Sinndeutungskompetenz zu vermitteln. Hierbei soll jedoch auf eine Gefahr aufmerksam gemacht werden: Erweisen sich nämlich Verhältnisse als keiner sinnhaften und –vollen Erfahrung (mehr) zugänglich, dann wird es zu einem höchst problematischen Unterfangen, jene quasi mit Hilfe von sekundären Sinnkonstruktionen und –stiftungen wieder anzureichern oder auf die ‚rein' zwischenmenschliche Beziehungsebene als dem Bereich auszuweichen, in dem objektive Strukturprobleme psychologisierend zur Aufgabe des individuellen Bewältigungsverhaltens umgedeutet werden können. Jeder Versuch aber, sinnhaft zu interpretieren, was als sinnentleert erfahren wird, ist der Ideologie verdächtig und sollte der theologischen (Selbst)Kritik unterzogen werden. Zudem erhebt sich die Frage, ob in der Befähigung zur Sinngebung die Erfahrungen der Jugendlichen von Sinnlosigkeit auch als solche wirklich ernst genommen werden.

Ein kritisches erkenntnisleitendes Interesse müßte demgegenüber die Bedingungs– und Verwertungszusammenhänge berücksichtigen und thematisieren. Der Praxistheorie von Jugendarbeit wird es somit zur Aufgabe gemacht, schon ihr eigenes Verhältnis zu Wirklichkeit zu reflektieren – und ebenso den Stellenwert und die Bedeutung der christlichen Tradition.

Denn Gesellschaft stellt zwar den Raum und das Medium theologisch verantworteten Denkens und Handelns dar, nicht aber deren Grund; dieser liegt vielmehr in der christlichen Überlieferung, deren Intentionen und Impulsen, die als Kriterien gegenwärtigen Denkens und Handelns aufzunehmen sind. Daraus ergibt sich auch, daß Theologie (als Praxistheorie) den gesellschaftlichen Bereich ihrer personalen, existentialen und transzendenten Orientierung gegenüber nicht vernachlässigen kann. Denn: „Gerade um die Existenz zu treffen, kann heute nicht rein existentiell gesprochen werden."(2) Gerade die Ermöglichung von Praxis wird zum Maßstab für die Wahrhaftigkeit von Theologie. Dabei wird es unumgänglich, die gesellschaftskritische Funktion christlicher Tradition zur Geltung zu bringen, die wiederum ein emanzipatorisches Erkenntnisinteresse freizusetzen vermag. Eine Praxistheorie von JA muß nachweisen können, daß sie selbständig die vorfindliche Wirklichkeit analytisch-kritisch zu erfassen und konstruktiv-kritische Innovationsstrategien zu entwickeln vermag. Kann sie das nicht, dann wäre sie auf eine positionell bestimmte und darin affirmative Übernahme etwa soziologischer, psychologischer und pädagogischer Feststellungen allein verwiesen. Neben die theologische Verantwortung tritt – mit dieser zu verschränken – die pädagogische: theologische Aussagen und Inhalte müssen sich für die Jugendarbeit immer auch pädagogisch qualifizieren lassen.

Zusammengefaßt läßt sich die Aufgabe einer kritisch–konstruktiv verfahrenden Praxistheorie kirchlicher Jugendarbeit so beschreiben: Sie hat den Veränderungsimpetus der biblisch–christlichen Tradition für die Gegenwart in Ausrichtung auf eine andere, ‚bessere' Zukunft zum Tragen zu bringen; dies geschieht in der pädagogischen Vermittlung theologischer Gehalte mit der Lebenssituation und –praxis von Jugendlichen und mit der darin festgestellten bestimmenden Wirklichkeit. Das emanzipatorische Erkenntnisinteresse, das induktiv vorgeht, versucht, die Impulse der christlichen Tradition als Herausforderungen gegen widerständige Verhältnisse zu formulieren und zur Geltung zu bringen. In der Umsetzung dieses Anspruchs wird die Praxis von Jugendarbeit immer wieder mit ihrem Scheitern konfrontiert sein, das vielschichtige Ursachen haben kann. Scheitern wie auch Gelingen als Möglichkeiten von Praxis zu begreifen und beides in die theoretische Reflexion aufzunehmen, legt sich nahe, um die Praxis vor Illusions– bzw. Frustrationsüberladung zu schützen; darüber hinaus stellt die Behandlung dieser Praxismomente eine Selbstanwendung analytisch–kritischer Wirklichkeitserfassung dar. – Ging es bislang um die Konstitution einer kritisch–konstruktiven Praxistheorie kirchlicher Jugendarbeit, so muß nunmehr aufgezeigt werden, von welchem genuin theologischen Ort her sich eine solche Praxistheorie zu entwerfen vermag. Damit ist zugleich die Propriumsfrage gestellt.

Zum Proprium kirchlicher Jugendarbeit

Die Frage nach dem Proprium, dem Eigenen und Unverwechselbaren wird innerhalb der kirchlichen Jugendarbeit oftmals mit traditionellen Zielsetzungen wie Verkündigung, Bibelarbeit, Glaubensbildung, Einbindung ins Gemeindeleben beantwortet. Andere Konzeptionen, die emanzipatorisch, gesellschaftskritisch oder antikapitalistisch ausgerichtet sind, stehen angesichts jener festgelegten Propriumsinhalte unter einem gewissen Legitimationsdruck. Umgekehrt läßt sich jedoch auch fragen, ob nicht jener Propriumsbegriff zu eng gefaßt ist und sich nicht zu sehr an die biblische Theologie als hauptsächlicher Bezugsdisziplin anlehnt; der Bezug auf die Praktische Theologie z.B. erschöpft sich dann mehr oder weniger in der Übernahme religionspädagogischer Möglichkeiten zur Glaubensvermittlung. Gegenüber dem enggefaßten Verkündigungsbegriff hat bereits Chr. Bäumler ein erweitertes Verständnis geltend gemacht und damit die spezifische Aufgabe evangelischer Jugendarbeit als „Vermittlung der Tradition der Verheißungsgeschichte mit der Situation junger Menschen in der Gesellschaft im Vollzug der Mitmenschlichkeit" definiert. (3) In diesem Begriff von Verkündigung sind systematisch–theologische Überlegungen in praktisch–theologischer Reflexion zum Tragen gebracht. –

Das Profil von Jugendarbeit wird hier an ihren praktischen Vollzug gebunden. Damit läuft man Gefahr, angesichts der Möglichkeit bzw. des Faktums von scheiternder Praxis auch das jeweilige Proprium verabschieden zu müssen. Im Verhältnis zu pädagogischen Konzeptionen läßt sich der Charakter des unverwechselbar Eigenen auch nicht mehr durchgängig in den Zielsetzungen wiederfinden. Er kann sich dagegen in der theologischen Grundlegung und Konstituierung der Praxistheorie kirchlicher Jugendarbeit bewahren und ausweisen. *Die Propriumsfrage wird also als die Frage nach dem theologischen Ort gestellt, aus dem sich eine Praxistheorie begründen läßt* und aus dem sie ihr kritisch–konstruktives Potential gewinnt. Kirchliche Jugendarbeit stellt sich demnach dar als Ausdruck christlicher Theologie, die sich als Wirklichkeitswissenschaft begreift, als praktisch–theologische Konsequenz aus den zentralen Aussagen des christlichen Glaubens.

Damit kann gleichwohl dem oftmals berechtigten Vorwurf von K. Mollenhauer begegnet werden, der die theologischen Begründungen evangelischer Jugendarbeit als nachträgliche Rechtfertigung pädagogischer Handlungsmuster bezeichnet hat. (4) Vielmehr geht es jetzt um die umgekehrte Ausgangslage: Die bereits theologisch begründeten Zielsetzungen sind auch als pädagogisch verantwortbar und vermittelbar zu erweisen: So hat z.B. die theologische Aussage, daß der Mensch immer schon Person ist, für die pädagogische Arbeit zur Folge, den Jugendlichen stets als Subjekt zu begreifen und sein Eigenrecht anzuerkennen. Der theologische Ort nun, von dem her sich eine kritisch–konstruktive Praxistheorie entwerfen kann, ist die *Rechtfertigungslehre* als zentrale dogmatische Aussage des Protestantismus. Denn sie stellt nicht nur die Bedingung der Möglichkeit von Praxis und darin die Notwendigkeit von deren Reflexion dar, sondern beinhaltet auch ein Potential, von dem her Praxis inhaltlich qualifiziert werden kann.

Das „Gesetz des Geistes" (Röm 8,2) zielt auf Lebensvollzug in Freiheit und Autonomie (Gal 5,1), welche gegen den Zwang der Geschichte und die Widerständigkeit gegenwärtiger Verhältnisse Möglichkeiten „guten Lebens" und „besserer Gerechtigkeit" (Mt 5,20) zu realisieren suchen. „Wirksam ... wird die ‚promissio' (evangelii) nicht allein in verbaler dogmatischer Verkündigung, sondern nur dort, wo sie vollmächtig ist, d.h. wo sie Aufnehmen in eine Kommunikation christlicher Praxis ist, die auf die Annahme, die in der ‚Gottesgerechtigkeit in Christus' bezeugt wird, verweist. Ihr profanes Analogon aber hat diese Annahme in dem ganzen Komplex gegenwärtiger Einsichten in die Bedingungen der Sozialisation." (5) Die Bedeutung der Rechtfertigung für die kritisch–konstruktive Praxistheorie kann treffend so beschrieben werden: Die Rechtfertigung als „antizipierende Heilsgewißheit ermöglicht einen gelösten Gebrauch der natürlichen Vernunft in der menschlichen Praxis, erlaubt weltliches Handeln mit aufgerichtetem Gewissen auch angesichts der Unübersehbarkeit der Bedingungen und Folgen menschlicher Praxis in dieser Welt." (6) Sie beinhaltet also neben dem Moment der Ermöglichung von Praxis auch den Aspekt der Ermächtigung zu Praxis in Anerkennung ihrer Defizite und ihres Scheiterns; sie bringt damit aber auch zum Ausdruck, Praxis als Anspruch zu begreifen. Eine Praxistheorie, die sich auf das Prinzip Rechtfertigung gründet, vermag rationale, humane Kritik am Bestehenden zu üben, weil sie sich verpflichtet weiß, die durch das Rechtfertigungsgeschehen ausgedrückten Bestimmungen des Menschen zur Geltung zu bringen.

Was also leistet die Rechtfertigungslehre für die inhaltliche Bestimmung einer Praxis von Jugendarbeit, mithin für die Jugendlichen, deren lebensweltlicher Situation und Problematik? „Der Rechtfertigungsglaube ist als Werk Gottes die Freisetzung menschlicher Spontaneität. Und dementsprechend genau die Verfassung personalen Seins, das seiner geschöpflichen Bestimmung nur entspricht, indem es sich sinnhaft wählend, also frei zu ihr verhält." (7) Diese Befreiung äußert sich als Befreiung zum adäquaten Handeln, somit als Inanspruchnahme und Aufforderung dazu, in eben dieser Freiheit zu bestehen. Die so begründete christliche Freiheit stellt die Praxistheorie kirchlicher Jugendarbeit vor die Aufgabe, diese in Bewußtsein, Realisierung und Vollzug umzusetzen. Die individuelle Freiheitsgeschichte im Gefüge gesellschaftlicher und mitmenschlicher Interaktionen wird von daher in den Mittelpunkt rücken, weil darin Individualität und

Sozialität in ihrer gegenseitigen Bezogenheit aufeinander berücksichtigt werden – eine Notwendigkeit, die schon Luther in seinen paradox anmutenden Thesen über die Freiheit eines Christenmenschen geltend gemacht hat. Der christliche Freiheitsbegriff ist zwar nicht identisch mit den konkreten politischen, sozialen und gesellschaftlichen Freiheiten, aber dies bedeutet keineswegs deren Exklusivität, sondern vielmehr den Hinweis auf die Unabgegoltenheit und Unerreichtheit von Freiheit: Er fungiert als kritisches Potential für jede Konstruktion von Freiheit und deren Realisierung und als kritische Dysfunktionalität, welche ihre Werte und Verhaltensnormen aus der Humanität menschlicher Existenz gewinnt – dies hinsichtlich der Lebensbereiche von Jugendlichen wie auch für die Berufspraxis von Jugendarbeitern/innen. In diesen Zusammenhang gehört auch die Relativierung von Leistung aufgrund des Gebrauchs einer humanen Vernunft, die den Sinn und Zweck von Leistungsanforderungen hinterfragt und die Bewertung des Menschen nach Funktionalität und Brauchbarkeit kritisiert. (Luther hat z.B. in den Ablaßthesen 43 und 45 von dieser humanen Vernunft Gebrauch gemacht.) Die Relativierung von Leistung erstreckt sich zudem darauf, daß (scheiternde) Jugendarbeit nicht unter Erfolgs– und Ergebnisdruck gezwungen wird. Ihre positiven wie negativen Erfahrungen sind im Sinne von Erkenntniszuwachs aufzuarbeiten und zu reflektieren, gleichwohl wie dieser es ermöglicht, Alternativen zu entwerfen, Kreativität auszuschöpfen, Veränderungen zu planen.

Im Ergreifen solcher Möglichkeiten wird der Bezug der Rechtfertigung auf Zukunft als qualitativem Impuls im Sinne der Reich–Gottes–Vorstellung zum Tragen gebracht. Indem die Rechtfertigung eine qualitativ andere Zukunft zu eröffnen vermag, ist mit ihr ein Veränderungsprozeß ermöglicht und intendiert. Im Blick darauf verliert dann die Vergangenheit ihren Stellenwert als die Gegenwart festlegende und bestimmende Größe. Ihre Bedeutung ergibt sich nunmehr daraus, daß in ihr schon Elemente von qualitativer Zukunft enthalten sind und Hoffnungsinhalte aufscheinen, die gerade auch im Unheil und Leiden vergangenen Lebens vermittelt sind. Geschichte zu betrachten heißt das Bewußtsein des Unabgegoltenen, des Scheiterns und des partiellen Gelingens und Durchbrechens von Determinationen und Zwängen wachhalten, damit sie nicht zum Umsonst erstarren. Zukunft und Vergangenheit sind gleichsam in der Dialektik von Erreichtem und Unerreichtem ineinander verschränkt. Die eschatologische Spannung zwischen dem ‚Schon' und dem ‚Noch nicht' hält dies allgemein für die Welt fest wie Luthers Aussage, daß der Mensch „simul iustus et peccator" ist, für den einzelnen. Von jener Verfaßtheit her qualifiziert sich die Gegenwart als Herausforderung zur Veränderung im Blick auf die eröffnete Zukunft und zur Lösung von geschichtlichen Zwängen, die Freiheit und Gerechtigkeit verstellen. Hierin gibt es keine theologische Selbstbeschränkung oder Kompensation, und Emanzipation wird zum Ausrufezeichen. Die Betonung liegt auf der Befreiung zur Praxis der Freiheit, welche „nicht eigentlich *im* Bewußtsein, sondern *als* Bewußtsein wirklich" ist (J.B. Metz). Das Gewordensein (des Zusammenhanges) der gesellschaftlichen wie der Sozialisationsbedingungen zu erfassen wird damit zur unabdingbaren Aufgabe der Praxistheorie von Jugendarbeit und zum Aufklärungsprozeß der Jugendlichen selbst – läßt sich doch erst dadurch Erreichtes und Unerreichtes entdecken und ausschöpfen.

Ziele kirchlicher Jugendarbeit

Wurde als Proprium kirchlicher Jugendarbeit der Sachverhalt bezeichnet, daß sich deren Praxistheorie auf die Rechtfertigungslehre bezieht und die Rechtfertigung als Grundlegung der eigenen Praxis begreift, so sind mit der inhaltlichen Darlegung bereits deren Ziele mitgesetzt. Sie bedürfen allerdings noch einer adäquaten pädagogischen Konkretisierung, um unmittelbar Bedeutung für die Jugendlichen erlangen zu können. Das emanzipatorische Erkenntnisinteresse, das auf den von der Rechtfertigung her begründeten Veränderungsprozeß zielt, sucht den historisch, gesellschaftlich und sozialisationsbedingten Ort der Jugendlichen zu erfassen, um von den dort bewußt oder unbewußt wahrgenommenen Erlebnissen von Abhängigkeit, Macht und Ohnmacht, Isolation und Integration, Recht und Unrecht, Leiden und Glück einen Emanzipationsprozeß anzuregen. Die Unmittelbarkeit von Erlebnissen und Erfahrungen zu transzendieren wird zunächst wohl nicht durch den Aufweis existential–onotolgischer Strukturen geleistet, die auf harmonisierende Sinnvergewisserung über die konkrete, widersprüchliche Wirklichkeit hinwegzielen. (8) Genauso wenig wie eine religiöse Versöhnung mit dem „beschädigten Leben" (Adorno) vermag allerdings die Bildung (gesellschafts)kritizistisches, vielleicht sogar zynischen Denkens und eines dementsprechend distanzierten Bewußtseins Ziel kirchlicher Jugendarbeit zu sein. Beides widerspräche dem Angebot und Anspruch der christlichen Freiheit, die in praktischer Auseinandersetzung erfahren wird.

Rechtfertigung und christliche Freiheit erfordern für die Zielbestimmung die doppelte Ausrichtung auf Individualität und Sozialität, auf die individuellen wie die strukturellen Verfaßtheiten. Ohne das gesellschaftskritische Potential und die umfassende Ermöglichung einer neuen Praxis und Zukunft eskamotieren zu wollen, liegt der Akzent auf der ‚Ermächtigung' des Individuums zu Freiheit und Autonomie. Als Ziel kirchlicher Jugendarbeit wird deshalb formuliert: Unterstützung und Förderung der Bildung von Ich–Identität als Konkretisierung und Aktualität der Rechtfertigung;

wobei jener doppelte Anspruch durch die folgende Definition eingeholt wird: „Ich–Identität ist hier der Gegenbegriff zur Entfremdung durch die Zwänge des Marktes und des Konsums, der Gegenbegriff aber auch zu all jenen Mächten, die das Ich ins bloße Gelebtwerden hineinziehen und es daran hindern, sich selbst als Quelle seiner Zustände und seines Handelns – als Subjekt – zu erfahren." (9)

Wichtiger Indikator (nicht schon Ziel) zur Bildung von Ich–Identität ist eine analytisch–kritische Reflexionsfähigkeit, die der Erweiterung des Wirklichkeitsverständnisses dient. Dies geschieht aber nicht allein durch kognitiven Erkenntniszuwachs, sondern stets im Dialog mit bisher Erlebtem und neu zu Erlebendem. Weitere Indikatoren sind folglich einmal das Verständnis für das Gewordensein des eigenen Selbstverständnisses aufgrund von Erfahrungen der eigenen Geschichtlichkeit und Bedingtheit und zum anderen Erfahrungsfähigkeit, die eine Offenheit dafür meint, neue, andere Erfahrungen im personalen, interpersonalen und gesellschaftlich–institutionellen Handlungsraum in ihrer Neuheit und Andersheit zuzulassen und in Bewußtheit und Selbsterkenntnis zu reflektieren. Jener Erweiterung des Wirklichkeitsverständnisses korrespondiert die des Wirklichkeitsverhältnisses. Diese kann aufgrund des christlichen Freiheitsverständnisses so gefaßt werden, daß das eigene Freisein nur im beständigen und wesentlichen Mitsein mit anderen freien Subjekten, in (existentieller) Kommunikation erfahren wird. Wenn dem so ist, dann kann kirchliche Jugendarbeit ihren im Rechtfertigungsgedanken begründeten Dienst am Jugendlichen nur erfüllen, wenn sie auch ihren Jugendleitern Freiheit eröffnet und nicht versucht, diese – wie auch immer – zu gängeln. In dieser Doppeltperspektive erwiese sie sich im Bereich der Jugendarbeit dann tatsächlich als „Institution der Freiheit". Kirchliche Jugendarbeit wird in all dem zum Handlungsfeld der Jugendlichen selbst, das nicht zugestanden, sondern eröffnet ist.

[1] So B. Müller, Jugendarbeit und Langeweile. Wie kann es in Jugendhäusern weitergehen?, in: deutsche jugend 9/85, 33.Jg., 387.

[2] J.B. Metz, Zur Theologie der Welt, Mainz/München 2 1969, 119.

[3] Chr. Bäumler, Unterwegs zu einer Praxistheorie, München 1977, 179.

[4] So erneut aufgegriffen bei: Chr. Bäumler, Konzeption und Theorie kirchlicher Jugendarbeit, in: M. Affolderbach/H. Steinkamp (Hg.), Kirchliche Jugendarbeit in Grundbegriffen, Düsseldorf/München 1985, 237.

[5] W. Lohff, Rechtfertigung und Anthropologie, in: ders./Chr. Walther (Hg.), Rechtfertigung im neuzeitlichen Lebenszusammenhang. Studien zur Interpretation der Rechtfertigungslehre, Gütersloh 1974, 139.

[6] W. Lohff, a.a.O., 130.

[7] W. Härle/E. Herms, Rechtfertigung. Das Wirklichkeitsverständnis des christlichen Glaubens, Göttingen 1980, 95f.

[8] Diese Aussage ist im Zusammenhang mit folgender Feststellung zu verstehen: „Das Ich beweist seine ‚Ich–Stärke', wenn es darauf verzichten kann, die gestalthafte Sinnganzheit des Lebens – womöglich mit Hilfe totalitärer Ideologien –zu erzwingen; es ist um so ichstärker, je weniger es darauf angewiesen ist, Erfahrungen und Lebensumstände um der Sinnganzheit des Lebens willen zu verleugnen oder umzufälschen." (J. Werbick, Identitätsfindung als Leitfaden einer elementaren Theologie, in: Religionspädagogische Beiträge 6/1980, 130) Die Formel ‚simul iustus et peccator' anerkennt sehr wohl die ambivalenten und widersprüchlichen Erfahrungen im endlichen Sein in einer noch nicht erlösten Welt.

[9] J. Werbick, a.a.O., 101 (die Unterstreichungen im Original wurden weggelassen).

Wolfgang Deresch

Kirchliche Jugendarbeit als Anstiftung zur Identitätsfindung

„Das Ideal der bürgerlichen Kultur hieß immer: Individuum, Persönlichkeit, Ausformung eines autonomen Ichs. Das hat er gelebt. Ein Leben lang war er immer nur an der Entfaltung und Erziehung seines Ichs interessiert. Die ganzen sechsundfünfzig Jahre: alles nur Reifungsphasen seiner Persönlichkeit. Nur –? Ich behaupte: Die bürgerliche Persönlichkeit, die er so exemplarisch lebte, ist immer noch die schönste Blüte der Weltkultur, die die Geschichte hervorbrachte. Was wäre danach denn noch nennenswert?" (H. Krüger, Goethe in Weimar in: Tiefer deutscher Traum, 1983)

Mit derselben schönen Selbstverständlichkeit, mit der Horst Krüger hier von der Individualität und Persönlichkeit als den schönsten Blüten der Weltkultur spricht, mit eben dieser Selbstverständlichkeit haben große Teile der Religionspädagogik in den vergangenen Jahren sich angewöhnt, die Identität als den Leitbegriff ihres Tuns zu betrachten. Mit dem vor allem von dem Sozialpsychologen E.H. Erikson in die Diskussion eingeführten Begriff der Identität handelt es sich offenbar um ein theoretisches Konstrukt von großer Plausibilität zur Interpretation der sozialen und psychischen Abläufe im Jugendalter. Nach Erikson findet im Jugendalter die fünfte psychosoziale Reifungskrise statt. In ihr werden alle vorausgegangenen Konflikte der Kindheit noch einmal wiederholt. Zugleich werden auch die Konflikte des Erwachsenenalters schon vorweggenommen. Es geht dabei um nichts geringeres als um Identität oder Identitätsdiffusion. Deshalb kommt dieser Phase eine so herausragende Bedeutung zu. Der positive Ausgang der Konflikte führt nach Erikson zur Ausbildung von so etwas wie Ich–Identität, worunter er das angesammelte Vertrauen darauf versteht, „daß der Einheitlichkeit und Kontinuität, die man in den Augen anderer hat, eine Fähigkeit entspricht, eine innere Einheitlichkeit und Kontinuität (also das Ich im Sinne der Psychologie) aufrechtzuerhalten."[1] Damit ist ein Ziel abgesteckt, mit dessen Hilfe man Kriterien für eine gelingende Lösung der sich in dieser Phase stellenden Entwicklungsaufgaben gewinnt. Diese Aufgaben sind, grob formuliert, etwa die folgenden:

1. Das Akzeptieren der eigenen körperlichen Erscheinung und die effektive Nutzung des Körpers;
2. der Erwerb der männlichen bzw. weiblichen Rolle;
3. der Erwerb neuer und reiferer Beziehungen zu Altersgenossen beiderlei Geschlechts;
4. die Gewinnung emotionaler Unabhängigkeit von den Eltern und anderen Erwachsenen;
5. die Vorbereitung auf eine berufliche Karriere;
6. die Vorbereitung auf Heirat und Familienleben;
7. die Gewinnung eines sozial verantwortungsvollen Verhaltens;
8. schließlich der Aufbau eines Wertsystems und eines ethischen Bewußtseins als Richtschnur für das eigene Verhalten.

Warum das Identitätskonzept so mühelos Eingang in eine Vielzahl religionspädagogischer Entwürfe gefunden hat, ist immerhin einer kurzen Überlegung wert. Ohne daß man die verschiedenen Ansätze auf einen gemeinsamen Nenner bringen könnte, gibt es doch strukturelle Ähnlichkeiten in ihrer Adaptionsmotivation.

Angesichts einer pluralen Gesellschaft mit ihren widersprüchlichen Normen und angesichts der offenbaren Diskrepanzen zwischen gesellschaftlichen Forderungen und individuellen Bedürfnissen fasziniert die identitätstheoretische Leitperspektive, die gelingende Sozialisation mit einer Integrationsleistung verbindet. Sie sieht diese als möglich an und verspricht – daraus resultierend – die Befähigung zu kommunikativem Handeln. Wichtig ist hierbei vor allem, daß sie damit nicht nur ein pädagogisches Ziel, sondern konkret auch die dafür erforderlichen, zu erwerbenden oder zu vermittelnden Qualifikationen benennt.

Besondere Sympathien des Theologen erwirbt das Identitätskonzept zweifellos dadurch, daß es gegenüber allen gesellschaftlichen Determinanten an der Möglichkeit von Selbstbestimmung in intersubjektiver Freiheit festhält. Dieses Eintreten für Freiheit als ein Grunddatum menschlicher Existenz ruft aber ein genuin theologisches Anliegen auf den Plan.

Herausforderung und Anreiz für alle religionspädagogischen Entwürfe ist schließlich der naheliegende Versuch, die Gottesbeziehung als Konstitutivum für alles Bemühen um Ich–Identität aufzuweisen.

Ich habe die Aufgabe kirchlicher Jugendarbeit in der funktionalen Zuordnung zum lebendigen religiösen Erfahrungs– und Reflexionsprozeß der

Jugendlichen zu beschreiben versucht.[2] In ihnen sah ich die Jugendlichen aus inneren und äußeren, entwicklungs- und umweltbedingten Gründen um die Gewinnung personaler und sozialer Identität bemüht. Kirchlicher Jugendarbeit habe ich in diesem Prozeß eine klärende Funktion zugewiesen, wobei sie den Jugendlichen bei der Gewinnung einer balancierten Identität und einer postkonventionellen Moral helfen sollte. Besonderes Augenmerk richtete ich dabei auf die Bedeutung, die den religiösen Symbolen in diesem Prozeß zukommt. Denn geht kirchliche Jugendarbeit von der Geltung einer universalistischen Moral aus, die im Bewußtsein der gleichen Chancen der Teilnahme an normbildenden Lernprozessen begründet ist, dann benötigt die bei den Jugendlichen intendierte Identität identitätsverbürgende Deutungssysteme, die erst die Stellung der Menschen in der Welt verständlich machen. Das, was nun in den religiösen Symbolen zur Sprache kommt, sind nicht nur einzelne und periphere Lebenserfahrungen, sondern die Lebenssymbole selbst. Hier geht es um die zentralen Problembereiche der menschlichen Existenz; es geht um die Formulierung der zentralen subjektiven Konfliktsituationen. Die religiösen Symbole „verbildlichen" diese, so daß daraus kollektiv gültige Lösungsformeln werden können. Dadurch können also Jugendliche instand gesetzt werden, sich in ihrem Verständnis des Lebens besser auszudrücken. Im religiösen Symbol finden sie die Einheit von Lebensdeutung und Lebensbewältigung.

Kirchliche Jugendarbeit kann sich die Orientierungskapazität zunutze machen, die religiöse Symbole für die interaktive Bewältigung der Wirklichkeit bieten. Sie wird vor allem mit ihrer Hilfe die Widersprüchlichkeiten, Inkonsistenzen und Kontingenzen der Welt einer plausiblen Deutung zugänglich zu machen versuchen, daß den Jugendlichen gleichwohl sinnvoll darin zu leben möglich wird. Denn nur mit religiösen Konfliktlösungsmustern und durch religiöse Symbole läßt sich in der Tiefe erklären und deuten,was die Alltagswelt dem einzelnen an Versagungen zumutet. Indem kirchliche Jugendarbeit dabei vor allem diejenige Perspektive der menschlichen Wirklichkeit wahrnimmt, die deren Erneuerungsfähigkeit und Überholbarkeit im Auge hat, schafft sie durch Selbstgewißheit und die Eröffnung des Zugangs auch zu extremen Erfahrungen und Lebenslagen die Einstellung, die den Jugendlichen eine sinnvolle Teilnahme an der Sozialität erst möglich macht. Die religiösen Symbole vermitteln dabei eine Deutungsmöglichkeit, die den Jugendlichen eine Sinndeutung der kontingenten Lebensprobleme, grundlegenden Wertorientierungen und Transzendenzerfahrungen eröffnet.

Die religiöse Identität des Jugendlichen entsteht dabei nicht so, daß dieser sich der ihm von der vorausgegangenen Generation durch Sozialisation überlieferten religiösen Kultur anpaßt, sondern vielmehr so, daß er jene Elemente dieser Kultur in selektiven Prozessen aufnimmt, die ihm zum einen bei der Lösung seiner lebensweltlichen Konflikte helfen, wie andererseits auch seiner Suche nach Transzendenz und Ganzheit einen umfassenden Sinn zu geben vermögen. Glaubenserfahrung resultiert aus der Erfahrung des Konfliktlösungspotentials der christlichen Symbole in der lebensweltlichen Problematik der Identitätssuche. Die Kontinuität mit dem Christentum wird dabei materiell hergestellt durch die tradierte religiöse Kultur, aktuell aber durch die stets neu geschehende Sinnkonstitution im Interaktionsgeschehen, durch die die christlichen Symbole zur Grundlage für die je neu zu erstellenden Lebensentwürfe der Jugendlichen werden.

Die zentrale Aufgabe kirchlicher Jugendarbeit wäre dementsprechend die Arbeit mit religiösen Symbolen bei der Begleitung Jugendlicher in ihrem lebendigen religiösen Erfahrungs– und Reflexionsprozeß, in dem sie um die Gewinnung personaler und sozialer Identität bemüht sind. Denn religiös fundierte Identität, die sie intendiert, bildet sich in einem lebenslangen Prozeß sozialer Interaktion, der sich bei seiner Wirklichkeitsbewältigung religiöser Symbole bedient. Wenn kirchliche Jugendarbeit die Genese der jugendlichen religiösen Identität fördert, indem sie durch ihre verlockenden Kommunikations– und Interaktionsangebote zur Sinnkonstitution der Jugend beiträgt, dann ist sie für die Jugendlichen auch ein Ort derFreiheit.

Es ist nicht mehr zu übersehen, daß die pubertäre Identitätskrise sich zuspitzt. Sie erhält ihre Dramatik dadurch, daß sie gleichzeitig der Ausdruck einer gesellschaftlichen Orientierungskrise ist. Dieser überindividuelle, gemeinsame Krisenfaktor findet seinen Ausdruck in einer Vielfalt gegensätzlicher Sinnentwürfe. Da die Fundamentalnormen der Gesellschaft immer mehr der Plausibilität entbehren, werden sie durch die Jugendlichen durch Grenzwerte ersetzt. Dieses Fragwürdigwerden der gesellschaftlichen Grundnormen behindert aber die Entfaltung der Ich–Identität. Der Versuch, so etwas wie eine banlancierte Ich–Identität zu erlangen, führt nur zum Offenbarwerden der Legitimationskrise des kulturellen Systems. So wird die nur schwer herzustellende Identitätsbalance gar nicht mehr erst versucht, vielmehr in der vorhergegangenen stabilisierenden Rollenidentität verharrt, die immerhin den Reiz des Einfachen und Überschaubaren vortäuscht. Damit wird aber der regressive Charakter offenbar, der vielfach die unterschiedlichen Lösungsversuche der Identitätskrise von seiten der Jugendlichen bestimmt.

Ja, man muß es noch deutlicher sagen. Der auch bisher in der Pubertät übliche kurze Rückgriff auf die narzistische Phase wird mehr und mehr zu einer Dauerlösung. So sehen wir heute, daß Jugendliche, die die reife ausbalancierte Ich–Identität nicht schaffen, sich in verschiedene Refugien wie Landkommunen oder Jugendreligionen zurückziehen. Hier füllt sich ihnen dann das Sinnvakuum der Gesellschaft sowohl mit geschlossenen Weltbildern, einer „heilen Gegenwelt", als auch mit der Verheißung emotionaler Geborgenheit und einer befriedigenden Kommunikation. Auf diesem Hintergrund haben sich Jugendliche in den letzten Jahren wieder verstärkt der religiösen Thematik zugewendet und hat diese für sie auch lebenspraktisch eine ganz neue Bedeutung gewonnen. Man muß nur deutlich dabei sehen, daß die Zuwendung eines Teiles der Jugend zur Religiosität im weitesten Sinn ein Abschied von der bürgerlichen Individualität und ein Ausbrechen aus den Fundamentalnormen der Gesellschaft bedeutet. Das verbirgt sich letztendlich hinter dem Protest der Jugend gegen die These, daß die Entzauberung der Welt als historisch notwendige Entwicklung weiter fortschreiten müsse.

Das bedrängende Syndrom der nicht mehr zur Reife kommenden Identität hat Th. Ziehe untersucht und auf seine narzistischen Wurzeln zurückgeführt. Er sieht in der heutigen Identitätskrise des Jugendalters einen Ausdruck der bereits bestehenden Identitätsschwäche der Eltern. Die gesellschaftlichen Veränderungen machen sich in der Primärsozialisation als kognitive Verunsicherung und emotionale Versagung bemerkbar. Gesellschaftliche Veränderungen meinen dabei die kleiner werdenden Familien, die berufliche Abwesenheit des Vaters und schließlich die emotionale Überlastung der Mutter. In vielfach zu engen Wohnverhältnissen erhält das Kind für die isolierte Mutter oft kompensatorische Bedeutung. Der Vater ist insofern Opfer der sozialen Verhältnisse, als seine Autorität gesellschaftlich längst erschüttert ist. Er wird weithin aus der Erziehungsfunktion entlassen. Bei dieser eindeutigen Mutterdominanz bleibt der ödipale Konflikt wegen der Schwäche des Vaters offen. Die Folge für den Jugendlichen ist – da die Auseinandersetzung mit dem Vater ausgeblieben ist – daß er Schwierigkeiten hat, strukturierende Identifikationen zu vollziehen. Die Konflikte in der Entwicklung des Jugendlichen liegen jetzt nicht mehr so sehr im ödipalen, sondern im symbiotischen Bereich der Mutterbeziehung. Diese Erschwerung führt dazu, daß die narzistische Orientierung der Pubertät nicht Durchgangsphase bleibt, sondern gewissermaßen als „neuer Sozialisationstyp" weit über die Jugendphase hinausreicht.

So ist es die vaterlose Gesellschaft, die das kulturelle Über-Ich destruiert, und die Mutterbindung, die ein narzistisches Ich fixiert; beide lassen die Aufgabe der inneren Reifung als unlösbar erscheinen. Der Jugendliche tendiert, weil er sich nicht aus der symbiotischen Bindung gelöst hat, zu narzistischen Gleichgewichtszuständen statt zu Objektbindungen. An die Stelle der Auseinandersetzung mit kulturellen Sinnangeboten tritt die ichschwache Neigung zur Sicherung im sozialen Uterus einer Gruppe, im Konsumverhalten, in der Jugendsekte.[3]

Hier hat die institutionelle Jugendarbeit, und in besonderem Maße auch die kirchliche, ihre Aufgabe. Wenn Ich–Stärke nach H. Kohut auf dem Weg der Gestaltung des Narzißmus zu suchen ist, so hat kirchliche Jugendarbeit das als ihre eigentümliche Aufgabe zu begreifen. Als Hilfe deutet ihr dabei diejenige christliche Symbolik auf eine Problemlösung hin, die im Gegensatz zu einem stärker ödipal orientierten Gottesbild auf dem frühkindlich–vorödipalen Erlebnismaterial beruht. Natürlich wird sie nicht frühkindlich orientierten Allmachtsphantasien nachzugehen versuchen und damit Gottesbilder in Geltung setzen, die reiner Ausdruck projizierter Bedürfnisse sind. Ihr muß es vielmehr darum gehen, diesen Triebimpulsen eine weiterführende Gestalt zu geben, d.h. das an subjektiver Bedürfnisbefriedigung orientierte Gottesbild zu einem Bild der Liebe auszuweiten. Soll der Narzißmus gestaltet werden, dann ist an die an der frühkindlichen Erlebnissphäre orientierten biblisch–christlichen Symbole anzuknüpfen, die Regression erlauben, aber im Dienst der Progression stehen. Das Paradies bleibt zwar dem Menschen verschlossen und der Engel mit dem Schwert verwehrt den Wiedereintritt. Aber die Wiedergeburtssymbolik (Arche Noah, Jona) trifft die Problematik wie Taufe und Buße, Umkehr und Neuanfang. Sie umfassen Rückorientierung und Weiterentwicklung in einem.[4]

Es ist nicht die Aufgabe kirchlicher Jugendarbeit, die vermeintlichen Bedürfnisse der Jugendlichen unmittelbar zu befriedigen und dabei die drohend im Hintergrund stehenden Jugendreligionen durch ein noch umfassenderes Regressionsangebot überbieten zu wollen. Der eigentlich kirchliche Beitrag ist es vielmehr, der gesellschaftlich präformierten Identitätskrise ohne Regression auf infantile Allmachtsgötter progressive Ich–Phantasien entgegenzusetzen. Da in den religiösen Symbolen sich ein phylogenetischer Besitzstand von Phantasie verdichtet hat, überlegt sich kirchliche Jugendarbeit vorrangig, „welchen Beitrag biblische Symbole zur Befreiung der Phantasie aus der verdrängten Vergangenheit anbieten können."[5]

Sie wird dem pessimistisch gefärbten Symbol des Narziß den auf gelungene Zukunft verweisenden biblischen Mythos gegenüberstellen. Es geht dabei um eine aktive Umgestaltung durch das biblische Symbol. Dabei soll das Bild des nur mit sich allein beschäftigten Narziß verwandelt werden durch das des Gottes, der durch sein Leiden zu schöpferischer Aktivität befreit. Die Symbole, die Narziß die Situation des menschlichen und gekreuzigten Gottes zeigen, ermöglichen es ihm, seinen Selbstschutz fallen zu lassen. In der Sympathie mit dem Pathos Gottes wird er offen für das andere, für Liebe und Leiden. „Indem Gott selbst in die Tiefe menschlichen Leidens gerät, indem er selbst schwach, ohnmächtig, verwundbar und sterblich wird, befreit er den Menschen von der Sucht nach mächtigen

Idolen und schützenden Zwängen und macht sie bereit, ihre Menschlichkeit ... anzunehmen."[6]

Das heißt, kirchliche Jugendarbeit wird die Geborgenheitsbedürfnisse der Jugendlichen aufnehmen, aber sie wird sie zugleich weiterführen. Sie hat die Aufgabe, regressive Bedürfnisse und progressive Impulse auf angemessene Weise auszubalancieren. Dieser Doppelanforderung vermag sie gerade durch die Ambivalenz religiöser Symbole zu entsprechen. Die Gruppen kirchlicher Jugendarbeit werden darüber hinaus Erfahrungen der Kommunikation, der Solidarität und der Selbstbestätigung zu vermitteln versuchen. Durch Anteilnahme werden sie beim Jugendlichen das Vertrauen in die Kraft seines Ichs stärken. Durch „Nachlernen" in einer quasi „zweiten Kindheit" werden sie allmählich den Bruch mit der Realität aufzuheben versuchen. Die pädagogische Praxis wird sich dabei Elementen der Therapie annähern. Ansatzpunkt wird zunächst die Thematisierung und Bearbeitung von Trennungsangst sein. Denn nur wenn die Trennungsangst als Angst vor der Erfahrung des Nicht–allmächtig–Seins und vor dem Verstoß aus der Gruppenkommunikation abgebaut wird, kommt eine Selbstveränderung in Sicht. Dies nun wird keineswegs schnell, gewissermaßen in einem Hauruck–Verfahren, durch schonungslose Desillusionierung möglich sein. Vielmehr bedarf es der Zeit und Geduld, die dem einzelnen das Gefühl geben müssen, daß er auch mit seinen Verschmelzungswünschen und Größenphantasien von den anderen akzeptiert wird und nicht dauernd einen Objektverlust zu befürchten braucht. Hauptaufgabe der Gruppe ist es dementsprechend, dem Jugendlichen die Atmosphäre des empathischen Sich–an–genommen–Fühlens zu vermitteln.

Erfährt der Jugendliche die Gruppe als solidarisch, kann er allmählich seine Angst abbauen und fortschreiten zu einer Reflexion, die ihm Einsicht in die symbiotischen Mechanismen vermittelt. Das aber ermöglicht ihm zunehmend die konstruierende Wahrnehmung der Objekte, ja, auch die Indentifikation mit ihnen. Durch die Stärkung des Ich kann nun auch das archaische Ich–Ideal bekämpft werden.

Durch eine quasi therapeutische Nacherziehung gewinnt das Ich des Jugendlichen die Kraft, Widersprüche bewußt auszuhalten und an ihrer Überwindung zu arbeiten. Denn ist erst einmal die Angst des ohnmächtigen Ich abgebaut, kann es sich auch Konflikten stellen, die es vorher abwehren mußte. Was bisher hinter einer Mauer von regressivem Narzißmus verborgen war, kann nun – und teilweise sehr überraschend – zutage treten: vor allem eine neu auftretende Objektliebe, aber auch eine neue Sicherheit über den eigenen Wert.[7] „Die infantilen Größenvorstellungen werden allmählich den ... Zielvorstellungen der Persönlichkeit eingefügt und verleihen den reifen Bestrebungen eines Menschen ... Kraft."[8] Spontan tritt oft Kreativität auf, von der Lösung alltäglicher Aufgaben bis hin zu phantasievollen künstlerischen Leistungen. Ja, der Jugendliche kann nun in vielen Fällen sogar die Begrenztheit der menschlichen, und das heißt ja auch der eigenen, Existenz akzeptieren.

[1] E.H. Erikson, Identität und Lebenszyklus, Frankfurt/M. 1973, S. 107.
[2] W. Deresch, Kirchliche Jugendarbeit. Wege zur personalen, sozialen und religiösen Identität, München 1984.
[3] H.–J. Fraas, Glaube und Identität. Grundlegung einer Didaktik religiöser Lernprozesse, Göttingen 1983, S. 138ff.
[4] Ebd., S. 144f.
[5] H.–G. Heimbrock, Phantasie und christlicher Glaube. Zum Dialog zwischen Theologie und Psychoanalyse, 1977, S. 93.
[6] Ebd., S. 122.
[7] H. Kohut, Narzißmus. Eine Theorie der psychoanalytischen Behandlung narzistischer Persönlichkeitsstörungen, Frankfurt/M. 1986, S. 334f.
[8] Ebd., S. 337.

Rolf Hanusch

Evangelische Jugendarbeit als Grenzüberschreitung

Grenzkontrolle

Tief unten im Labyrinth des Bahnhofs Friedrichstraße – mitten in Berlin – ein „Augen–Blick“: „Was heißt hier Grenzüberschreitungen?“ fragt mich eine junge Zöllnerin. Sie hat in meiner Aktentasche die wenigen Schriftstücke durchgeblättert, die ich für einen Vortrag im östlichen Berlin bei mir habe und ist auf diese Überschrift eines Aufsatzes von mir gestoßen. „Das hat nichts mit den beiden deutschen Staaten oder Politik zu tun, das meint vielmehr etwas ganz Persönliches, wie die Liebe zwischen zwei Menschen“ sage ich und bewege dabei unwillkürlich meine Hand „erklärend“ zwischen ihr und mir hin und her. Einen Augen–Blick schauen wir uns in die Augen. „So, so“ sagt sie, deutet ein Lächeln an, gibt mir die Mappe zurück und läßt mich passieren.

Nach und nach erst wurde mir bewußt, was in diesem Augenblick alles geschehen war. Eine Grenzkontrolle als Anstoß, über „Grenzüberschreitung“ nachzudenken: Grenzüberschreitung ist hier einmal präzise ein formeller, öffentlicher Akt voller Zwänge und Kontrolle. Man wird abgestempelt, codiert, bekommt eine Nummer, es gibt kein Ausweichen, nur wer sich dieser Realität stellt, kommt durch. Die Wirklichkeit von Geschichte, von politischer Realität, von gesellschaftlich bestimmten Grenzen, von Territorien, ist also unausweichlich,und ich habe insofern nicht die Wahrheit gesagt, als ich nur auf die persönliche Dimension von Grenzüberschreitungen verwies. Zugleich aber erscheint mitten in dieser Mächtigkeit des Faktischen überraschend und nicht planbar der Moment, der Augen–Blick des ganz Persönlichen, des Intersubjektiven. Hier tauchen blitzlichtartig Wünsche, Hoffnungen und Sehnsüchte auf. Die ganze Endlichkeit des Faktischen öffnet sich und eine Dimension jenseits des vorfindlichen Realitätsprinzips deutet sich an. Spürbar wird dies –

und hier wurde meine eher taktische Antwort zu ihrer Wahrheit geführt – in dem Erleben von zwischenmenschlicher Beziehung – und sei es nur für einen Augen–Blick.

Grenzüberschreitung als Qualifikation menschlichen Lebens

Diese beiden Dimensionen von Grenzüberschreitung, die Macht des Faktischen und das kontrafaktische Anbrechen eines besseren Lebens im falschen, sind nur erfahrbar innerhalb der Bewegung von menschlichem Leben insgesamt. Die Welterfahrung des Menschen beginnt von seiner Geburt an in der immer neuen Überscheitung der gesetzten Grenzen. „Alles Innen ist an sich dunkel. Um sich zu sehen und gar was um es ist, muß es aus sich heraus", schreibt Ernst Bloch am Anfang seiner Tübinger Einleitung in die Philosophie. „Der Mensch besonders ist auf diesen steten Weg nach außen angewiesen, damit er überhaupt nur wieder auf sich zurückkommen könne und so bei sich gerade die Tiefe finde, die nicht dazu ist, daß sie in sich ungeäußert bleibe."[1]

Dieses Sich-immer-wieder-neu-selbst-verlassen und dann Wieder-in-sich-selbst-zurückkehren, um sich er-innert wiederum neu zu äußern, diese spiralförmige Bewegung also eines ständigen Grenzüberschreitens ist mehr als eine bloße Addition von Erfahrungen. Der Mensch wird erst er selbst, wenn er die äußeren Erfahrungen in sich hineinnimmt und sie dort so bearbeitet, daß sein Innen erhellt wird, aufgeklärt, damit er sich – davon erfüllt – wiederum neu äußern kann in der Kommunikation mit anderen. Es geht dabei nicht um Verwischung von Grenzen. Die Grenze ist vielmehr der lebensstiftende Widerstand in dieser Bewegung. Erst die Grenze ermöglicht eigenes Leben. Eben dadurch, daß sie immer wieder neu zu überschreiten ist. Wäre sie unüberschreitbar, so würde das eigene Leben in seinem Innen verdunkeln und absterben. Wäre sie nicht da, so verkäme ein Leben in purer Rotation, in sinnlosem Kreisen.

Grenzüberschreitendes Leben stellt sich also der Aufgabe der rechten Unterscheidung, einer Aufgabe, welche schwieriger ist als ein bloßes Trennen oder ein bloßes Verbinden. Die Grenze ist der Ort, Gegensätze durchzuhalten, bis hin zum Gegensatz zwischen Leben und Tod. Durchhalten kann aber nur gelingen, wenn Gegensätze nicht gespalten werden, sondern so aufgehoben, daß sie miteinander in Beziehung treten. So verstandene Grenzüberschreitung bleibt kein formaler Handlungsablauf, sondern qualifiziert den Begriff des richtigen Lebens.

Grenzüberschreitung als Kriterium theologischen Denkens und christlichen Handelns

Martin Luther schreibt 1521: „Nahezu die gesamte Schrift und die Erkenntnis der ganzen Theologie hängt in der rechten Erkenntnis von Gesetz und Evangelium."[2] In einer Predigt von 1532 führt er genauer aus: „Denn an diesem Unterschied liegt es gar miteinander. Deshalb will Paulus, in der Christenheit solle dies beides unterschieden werden, Gesetz und Evangelium ... Und menge es nicht ineinander! Wenn das geschieht, verliert man eins von beiden oder auch beides ..."[3] Diese Aufgabe der Unterscheidung von zwei gegensätzlichen Dimensionen macht offensichtlich den Nerv theologischen Denkens bei Luther aus. Gerhard Ebeling zeigte, wie die Unterscheidung von Buchstabe und Geist, von Person und Werk, von Glaube und Liebe, vom Reich Christi und dem Reich der Welt usw., das theologische Denken und auch Handeln von Martin Luther bestimmen[4]. Diese Unterscheidung ist anstrengend und bedarf stets der Präzisierung. Konzentriert auf die Unterscheidung von Gesetz und Evangelium kommt es einmal darauf an, das was gesetzt ist, das was uns fordert, die Herausforderungen der jeweiligen Gesellschaft in aller Radikalität und Differenziertheit wahrzunehmen. Das Studium der jeweiligen Gesellschaft und die Hingabe an diese Gesellschaft in all ihre Bereiche hinein sind unaufgebbare Dimensionen einer grenzüberschreitenden Existenz. Zugleich ist aber deutlich, daß solch eine Hingabe an eine Gesellschaft ohne die Wahrnahme der hoffnungsvollen Erfahrungen und Kenntnisse des christlichen Lebensmutes scheitern bzw. in Aktionismus und/oder Resignation enden kann. Allerdings genügt wiederum die Betonung allein der Inhalte der christlichen Überlieferung, ohne die Grenze hin zu den gesellschaftlichen Herausforderungen zu überschreiten, nicht. Sie führt leicht zu einem sektiererischen, d.h. isolierten Leben. Wenn bei Luther der Ort dieses Unterscheidens im menschlichen Gewissen angesiedelt wird, so ist damit ein Anfang gesetzt, der dann unter den Bedingungen des neuzeitlichen Denkens die Subjektivität insgesamt als Ort dieses grenzenüberschreitenden Unterscheidens faßt.

Subjektivität darf nicht mit einer in sich geschlossenen Identität verwechselt werden. Schleiermacher hat in dichter Sympathie mit den Frühromantikern Subjektivität gerade als Protest gegen die Gleichförmigkeit eines allgemeinen Begriffes betont: „Alles Endliche besteht nur durch die Bestimmung seiner Grenzen, die aus dem Unendlichen gleichsam herausgeschnitten werden müssen. Nur so kann es innerhalb dieser Grenzen selbst endlich sein und eigengebildet werden, und sonst verliert Ihr alles in der Gleichförmigkeit eines allgemeinen Begriffs."[5] Die Grenzen der Subjektivität verweisen auf eine prinzipiell fragmentarische Existenz des Menschen. Eigenbildung des Menschen steht hier für einen Prozeß von Bildung, der im Sinn von Jan Amos Comenius *educatio*, Herausführung aus der Sklaverei für die ganze Menschheit ist, zugleich aber weiß, daß dies erst im Wahrnehmen der Endlichkeit, in der blitzlichtartigen Erinnerung der Begrenztheit, also der Grenzerfahrung, lebendig wird.

Paul Tillich führt diese Linie weiter, wenn er u.a. in seinem Aufsatz zum christlichen Menschenbild im 20. Jahrhundert das fortschrittsgläubige, in sich geschlossene, idealistische Erziehungskonzept des 19. Jahrhunderts kritisiert und ihm gerade die Nichtachtung der gesellschaftlichen Realität vorwirft. Dagegen setzt er den Menschen in der Mitte des 20. Jahrhunderts. Dieser „hat nicht nur eine Reihe schwerster Katastrophen hinter sich, er lebt auch weiter in einer Situation, die mit möglichen Katastrophen geladen ist ... Der christliche Mensch des 20. Jahrhunderts nimmt teil an der Erschütterung der Grundfesten, die in den vorhergehenden Jahrhunderten als unerschütterlich galten. Er hat das Nicht–sein erlebt, das wie ein drohender Ozean alles Seiende umspült." Dieses Nicht–sein, „d.h., den Tod, die Schuld, den Zweifel auf sich nehmen, heißt, sie in sich tragen als das, was immer da ist, aber immer als Überwundenes da ist. Der christliche Mensch des 20. Jahrhunderts hat den Mut, Ja zu sagen, weil er das Nein kennt und weil er das Nein auf sich genommen hat und er kann das, weil er an einem Sein teil hat, das stärker ist als Nichtsein. Er nennt es Gott, den Grund und den Sinn alles Seins. Und er sieht es gegenwärtig in Jesus, den er den Christus nennt. Er unterscheidet sich darin nicht von den Christen vergangener Jahrhunderte."[6]

Menschliches Leben als fragmentiertes wird zur Lebendigkeit der Grenzüberschreitung befähigt, wenn es sich verbindet mit der gewissen Zuversicht, daß alle Grenzen, auch die Grenze zwischen Leben und Tod, prinzipiell und stellvertretend für alle Menschen schon überschritten sind. Von diesem lebensstiftenden Faktum aus werden alle Grenzüberschreitungen im Alltag, in der Liebe zu Menschen, Gesellschaft und Natur, von ihrem Rechtfertigungsdruck entlastet. Endliche Subjektivität setzt also eine absolute Subjektivität voraus, die im trinitarischen Gottesgedanken des Christentums als sich im anderen und Fremden explizierende Subjektivität präsent ist. Diese immer die Grenzen des einzelnen überschreitende Subjektivität eröffnet einen Prozeß gegenseitiger Selbstentäußerung als Inbegriff eines christlich qualifizierten Lebens. Fragmente schrecken nicht mehr, sind nicht mehr pädagogisch zusammenzuleimen, sondern sie sind Ausdruck von ganzem Leben.

Christof Bäumler verdanke ich durch die Vermittlung von Henning Luther die Erinnerung an Passagen in zwei Briefen von Bonhoeffer aus dem Gefängnis. Hier kommt es zu einer biographischen Verdichtung eines Lebens in Hingabe an die gesellschaftlichen Herausforderungen und an die Gewißheit des Faktums der schon überschrittenen Grenze.[7] Zugleich verweisen diese Passagen, insbesondere der Brief an die Eltern, auf den Übergang des Lebens von einer Generation zur anderen und damit auf Jugend:

„Außerdem – ein Leben, das sich im Beruflichen und Persönlichen voll entfalten kann und so zu einem ausgeglichenen und erfüllten Ganzen wird, wie es in Eurer Generation noch möglich war, gehört wohl nicht mehr zu den Ansprüchen, die unsere Generation stellen darf. Darin liegt wohl der größte Verzicht, der uns Jüngeren, die wir Euer Leben noch vor Augen haben, auferlegt ist und abgenötigt wird. Das Unvollendete, Fragmentarische unseres Lebens empfinden wir darum wohl besonders stark. Aber gerade das Fragment kann ja auch wieder auf eine menschlich nicht mehr zu leistende höhere Vollendung hinweisen."[8]

Jugend und Jugendarbeit auf der Grenze zwischen Bildungsroman und Sturm und Drang

Jugend und Jugendarbeit realisieren sich im immer neuen Überschreiten dieser Grenze oder sie verlieren ihre Bestimmung. Verfolgt man die Erfindung des Jugendlichen, so stößt man unweigerlich auf die Jünglingskonzepte am Ende des 18. Jahrhunderts. Insbesondere die Jünglinge des Sturm und Drang legen es, z.B. im „Götz" von Goethe oder im „Hofmeister" von Lenz, nahe, daß Jugend ihre Bestimmung vor allem im ungestümen Äußern von Gefühlen findet. Ernst Bloch zeigte, daß dieses Sturm– und Drangkonzept gleichzeitig mit dem Konzept des Bildungsromans – idealtypisch präsent in „Wilhelm Meisters Lehr– und Wanderjahren" – verbunden war. Das kontinuierliche Abschreiten der Welt in Stufen ist dann im Faust, der Leitfigur der Grenzüberschreitung, verknüpft mit „der Wette, die in den Augenblick schlägt."[9] Insbesondere in der bürgerlichen Jugendbewegung zu Beginn des 20. Jahrhunderts hat sich der Anspruch der Erweiterung des jugendlichen Lebensgefühls in diesem Spannungsbogen vollzogen. Jugendliche wollten heraus aus dem Gefängnis der bürgerlichen Miefs. Dies geschah im Bewußtsein eines erfüllten Lebens im Augenblick, erfahrbar „auf großer Fahrt" über viele Grenzen hinweg und bei Festen auf bald „heiligen" Bergen und Burgen. Hier wollte die Jugend „aus eigener Bestimmung, von eigener Verantwortung, mit innerer Wahrhaftigkeit ihr Leben gestalten."[10] Das „Fahrtmotiv" wandelte sich in Entwürfe von einem langen gemeinsamen Leben und Lernen bis hin zur Reformpädagogik und vielfältigen Formen institutionalisierter Jugendarbeit. Sturm und Drang und Bildungsroman waren also gleichzeitig verbunden in jener Jugendkultur, die bei allen ideologischen Differnzierungen „doch Lebensstil und Selbstverständnis der gesamten Jugendarbeit in der Weimarer Zeit“[11] geprägt hat und ohne Zweifel in den Jugendorganisationen des Nationalsozialismus, wie auch in den Jugendgruppen, die sich der Gleichschaltung entziehen konnten, weiterwirkte.

Dieser Einfluß betraf auch proletarische Jugendorganisationen. Allerdings ist zuvor festzuhalten, daß sich seit dem Beginn der Industrialisierung im 19. Jahrhundert eine ganz andere „Befreiung“ von Jugendlichen aus überkommenen Strukturen gewaltsam und von außen vollzogen hatte. Die überwiegende Mehrzahl der Jugend, insbesondere aus bäuerlich oder handwerklich geprägten Familien, wurde durch den Zwang, zu den neu entstehenden Produktionsstätten ziehen zu müssen, aus den bisher bestehenden Lebenszusammenhängen herausgerissen. Für diese entwurzelten Jugendlichen, die ihre „Freisetzung“ nur als Leid und Entbehrung erfuhren, entstanden erste Ansätze von Jugendarbeit, die wir heute unter dem Begriff der Jugendsozialarbeit zusammenfassen können. Der Hunger nach Leben bedurfte hierzu nicht des Ausbruches aus dem wohlbehüteten bürgerlichen Heim, sondern zunächst der Stillung des unmittelbaren Hungers im eigenen Magen. Die Fürsorge für diese Jugendlichen, die gerade auch in kirchlichen Projekten begonnen wurde, nahm oft wenig Rücksicht auf die Gesichtspunkte von Selbstbestimmung und eigener Verantwortung der Jugendlichen. Die nach und nach sich entwickelnde staatliche Jugendpflege und Jugendfürsorge verstärkte vollends den Trend zum vorprogrammierten und von oben verwalteten „Bildungsroman“.

Für die evangelisch geprägte Jugendarbeit, die bis zu Beginn der Zeit des Nationalsozialismus weitgehend außerhalb der kirchlichen Struktur auf der Ebene von Verbänden und Vereinen organisiert war, kam es im Kirchenkampf zu einer erzwungenen Verdichtung der beiden Prinzipien von Bildungsroman und Sturm und Drang. Innerhalb von sehr festgelegten Grenzen erschloß sich in der nunmehr kirchlichen Jugendarbeit ein begrenzter Freiraum, in dem die Motive bürgerlicher Jugendbewegung und die von Jugendsozialarbeit mit Arbeiterjugendlichen zusammenfielen. Die noch möglichen Veranstaltungen der Jugendarbeit wurden zu Orten, an denen zugleich geistige Befreiung und Bewußtseinserweiterung, spirituelle Vertiefung, das Überschreiten von bisher gültigen sozialen und ideologischen Grenzlinien, wie auch die Fürsorge füreinander bis hin zum konkreten Schutz vor Verfolgung erfahrbar waren.

Diese Verdichtung von Erfahrungszusammenhängen ermöglichte eine sehr unterschiedliche Aufnahme dieses Erbes nach 1945. So war es durchaus möglich, die alten Konzepte von Jugendverbandsarbeit, z.B. des CVJM, aus der Weimarer Zeit mit einem wichtigen Teil der Erfahrungen von spiritueller Vertiefung im Kirchenkampf zu verbinden und sie dann ohne Berücksichtigung anderer Teile dieses Erfahrungszusammenhanges fortzuführen. Ebenso war aufgrund aktueller Notsituationen von Jugendlichen sehr schnell eine Wiederaufnahme des Konzeptes von Jugendsozialarbeit nötig. Dabei zeigte sich bald, daß auch hier der Erfahrungszusammenhang des Kirchenkampfes nur schwer aufrecht erhalten werden konnte und es bald zu einer großen Zahl von besonderen Arbeitsschwerpunkten, z.B. mit jugendlichen Arbeitslosen, kam, die stärker den diakonischen Aspekt betonten als die Selbstbestimmung der Jugendlichen. Der Versuch, die begonnene Institutionalisierung von Gemeindejugendarbeit in Aufnahme des Erbes des Kirchenkampfes weiterzuentwickeln, war so von vornherein begrenzt. Erst als im Laufe der 50erJahre die neuen Herausforderungen für Jugend und Jugendarbeit deutlicher wurden, insbesondere die Möglichkeiten von Partizipation und Demokratisierung, aber auch die Ausweitung einer ganz anderen Säkularisierung als im Nationalsozialismus, begann die Konzept- und Theorieentwicklung für kirchliche Jugendarbeit, die wesentlich von Christof Bäumler mitbestimmt wurde. Betrachtet man die weitere Entwicklung in Stichworten, so wird deutlich, daß die durch Pädagogisierung und Professionalisierung geprägte Jugendarbeit inzwischen ein Gewand erhielt, in dem der Bildungsroman die Tendenzen von Sturm und Drang überdeckt.

Waren diese bei den Halbstarkenkrawallen, den Punks oder der Hausbesetzerbewegung noch in einer unmittelbaren Weise spürbar, so zeigen die Entwicklungen der Studentenbewegung und vieler neuer sozialer Bewegungen, daß hier drängende Gefühle verbunden werden mit der Perspektive eines lebenslangen Lernens außerhalb der alten Institutionen von Jugendarbeit. Bedenkt man zusätzlich die Tendenzen einer ständig wachsenden kommerziellen Jugendarbeit durch privatwirtschaftliche Unternehmen der Konsum- und Freizeitindustrie, so wird deutlich, wie begrenzt die Chancen kirchlicher Jugendarbeit sind. Sie wird bedeutungslos und wird in absehbarer Zeit verschwinden, wenn es ihr nicht gelingt, durch Überschreiten ihrer Grenzen lebensnotwendige Tiefenschärfe zu gewinnen. Sie ist dabei in hohem Maße zeitgenössisch mit der gesamtgesellschaftlichen Situation.

Entgrenzungen

Die gegenwärtige Situation wird von Klaus Müller unter dem Gesichtspunkt der Entgrenzung der gesamten Welt am Ende der Moderne analysiert. Alle Grenzen fallen. Nichts erscheint mehr unmöglich. Es gibt keine Tabus mehr, keine heiligen Bezirke. Erst nach und nach wird eine neuartige Grenze sichtbar. „Sie trennt uns nicht mehr von unerfüllten Möglichkeiten, sondern sie will uns vor der Zerstörung erfüllter und unerfüllbarer Möglichkeiten bewahren."[12] Diese Situation stellt äußerste Belastungen an die Leistungsfähigkeit des einzelnen Menschen, der mit seiner eigenen Identitätsbildung versucht, eine sinnhafte Welterklärung zu finden. Ist diese Leistung überhaupt noch zu erbringen, kann sie gar wie bisher prinzipiell in der Jugendphase bewältigt werden?

Gertrud Nunner–Winkler hat im Frühjahr 1986 in Josefstal dargelegt, daß die Einmaligkeit der Adoleszenzkrise als entscheidender Bewältigung der Identitätsproblematik verlorengeht. „Identitätsbildung vollzieht sich heute meist nicht mehr als ein einmalig abschließender Akt; das Individuum kann die einmal getroffenen identitätsrelevanten inhaltlichen Festlegungen jederzeit revidieren: Es kann die Adolszenzkrise als Krisen des Erwachsenenlebens wiederholen und neue Wahlen (bezüglich Beruf, Partner oder Familienform, religiöse oder politische Orientierung) treffen. Dies ist Folge der abnehmenden gesellschaftlichen Absicherung inhaltlicher Identitätsfestlegungen und der zunehmenden Formalisierung der Kriterien, die Identitätswahlen anleiten, die Kontinuität stiften."[13] Die Identitätskrise wird zur Dauerkrise. Das Individuum ist hoffnungslos überfordert. Die menschliche Urteilskraft verfällt rapide.

Es stellt sich die Frage nach der Tragfähigkeit der Begriffe *Vernunft* und *Aufklärung*. Trotz aller Aufgeregtheiten in der gegenwärtigen philosophischen Diskussion in der Bundesrepublik handelt es sich dabei um eine ältere Diskussion: „Man muß sich heute fragen, ob sich nicht die Vernunft als Unvernunft realisiert, ob wir nicht die von Adorno und Horkheimer beschriebene Dialektik der Aufkärung ernst zu nehmen haben. Deren Kernthese war es, Subjektivität als Selbstverwirklichung und Selbstausrottung aufzuzeigen. Sie wiesen bereits auf den Zustand hin, den wir heute als postmodern erleben oder bezeichnen, den Identitätsverlust, die schwebenden Identitäten, die Aufsplitterung des sozialen Konsensus."[14]

Jugendliche erleben diese schwebenden Identitäten allerdings nicht nur als Belastungen, sondern als große Freisetzung. Viele einzwängenden Konventionen, insbesondere Moralvorstellungen von Erwachsenen, sind verschwunden. Es macht Lust, mehrmals am Tage ein anderer zu werden, und es stört wenig, wenn dieses Styling z.B. gemäß den Wünschen des Arbeitgebers aus Zwang erfolgt. Der Verfall eines allseits anerkannten Persönlichkeitsbildes mit festgelegter Karriere wird als Befreiung erfahren und Quelle von Lebensenergien.

Beschreiben diese Analysen bzw. Interpretationen auch nur annähernd die gegenwärtige gesellschaftliche Situation, in die Jugendliche hinein sozialisiert werden, so ist Jugendarbeit, die sich am Modell einer in sich geschlossenen Identitätsbildung orientiert, nicht mehr in der Lage, Jugendliche auf ihr Leben in der Gesellschaft vorzubereiten. Die aktuelle

Jugendforschung mit ihren Beobachtungen, etwa zur Postadoleszenz, bestätigt einen Auflösungsprozeß von Jugend als einer historisch bestimmten Phase, die ihre Bestimmung für das 19. und 20. Jahrhundert in Europa und Nordamerika verliert.

Evangelische Jugendarbeit als grenzüberschreitende Arbeit

Angesichts dieser Situation bekommen die grundsätzlichen Überlegungen zur Grenzüberschreitung ihre aktuelle Bedeutung für evangelische Jugendarbeit. Wenn zusammenhängende Identitätsbildung nicht mehr möglich ist, wird es um so mehr darauf ankommen, die Orte punktueller Identitätsbildung als Orte der Grenzüberschreitung mit prinzipiell fragmentarischem Charakter zu bestimmen. Ziel von Jugendarbeit – und von Arbeit mit Erwachsenen – ist dann, möglichst produktiv mit einzelnen und in Kollektiven, Lebenssituationen auf ihre Grenzüberschreitungen hin zu untersuchen und durch deren Überschreiten lebendig zu gestalten. Evangelische Jugendarbeit soll Räume für diese Gestaltungen eröffnen, in denen sich die Einheit von Gott und Mensch – von absoluter und fragmentierter Subjektivität – in der Struktur sich selbst explizierender Subjektivität verwirklichen kann.

In einer Gesellschaft, die Grenzen eher verwischt, kommt dabei einer Bestimmung der jeweiligen Grenzsituationen entscheidende Bedeutung zu. Dazu sind Erfahrungen und analytisches Vermögen notwendig und die Interpretation dieser Situation und ihrer Überschreitung als sinnhaft. Die jüdisch–christliche Tradition bietet in der Erinnerung des „wandernden Gottesvolkes" eine praktische Vorstellung dieser Zielbeschreibung: Das Gottesvolk ist immer unterwegs, schlägt nur vorübergehend seine Zelte an bestimmten Orten auf, es hat seine lebensstiftende Tradition mit dabei (Bundeslade), bricht die Zelte wieder ab und zieht weiter. Orientierung bekommt dieses Volk nicht nur durch pädagogisch festgelegte Fahrpläne oder Curricula, sondern durch das Vertrauen auf Zeichen der Verheißung, die sich gerade dadurch auszeichnen, daß sie unverfügbar sind. Dennoch helfen sie bis in alltägliche Entscheidungen hinein zur Orientierung. Gastfreundschaft für Fremde, Abbruch der Zelte, Auszug aus Heimat, Zusammenbruch von Lebensverhältnissen und gerade erst gewonnenen Identitätsmustern, ständiges Leben voller Grenzüberschreitungen, bestimmen dieses wandernde Gottesvolk. Zugleich gibt es unterwegs Ruhepunkte, Orte der heilsamen Erinnerung und des Festes und der gemeinsamen Orientierung.

Bezieht man die bisher aufgezeigten Entwicklungen und Ergebnisse aufeinander und zugleich auf die gegenwärtige Situation evangelischer Jugendarbeit mit all ihren Ressourcen vonMenschen und Räumen, so ergeben sich Stichworte als Bruchstücke einer Praxistheorie evangelischer Jugendarbeit. Sie sind insofern selbst Fragmente, als sie jeweils von einer realen Grenzsituation aus auf das unverfügbare Absolute verweisen. Theoretisch verbunden sind sie durch das Prinzip der sich selbst explizierenden Subjektivität, praktisch vernetzt sind sie durch wechselseitige Grenzüberschreitungen, in denen sich alle Dimensionen, die durch die einzelnen Stichworte charakterisiert sind, immer neu in den verschiedenen Situationen aufeinander beziehen. Konstitutiv ist, daß keine dieser Dimensionen prinzipiell vernachlässigt werden kann. Jugendliche und Erwachsene können in vielfältigen Gestaltungen von Gemeinschaft an sehr unterschiedlichen Orten auf gemeinsame Lebensstilsuche gehen. Es wird sich dabei nicht mehr um einen gesamtgesellschaftlich vermittelten Lebensstil handeln können, sondern um sehr unterschiedliche, aber doch eigenständige kulturelle Gestaltungen. In diesem Sinne sind die folgenden Stichworte Hinweise auf Suchbewegungen von Jugendlichen und evangelischer Jugendarbeit.

1. Evangelische Jugendarbeit ist Untersuchungsarbeit.
Sie untersucht an ihren Orten die Situation Jugendlicher auf mögliche Grenzüberschreitungen hin. Es geht nicht nur um eine Beschreibung der Situation Jugendlicher, sondern um das Aufspüren von Grenzlinien, die den Lebensnerv von Jugendlichen betreffen. Dabei sind das zur Verfügung stehende Wissen aus Sozialwissenschaften, Geschichte, Theologie und die Erfahrungen von Jugendlichen selbst und alle darüberhinaus verfügbaren Erkenntnisse mit einzubeziehen. Die Untersuchungsarbeit ist nicht ausschließlich Aufgabe von erwachsenen Praktikern und Denkern, sondern Aufgabe der Jugendarbeit selbst. Die in der Jugendbildungsarbeit entwickelte Vorgehensweise in Projekten wie auch Erfahrungen aus „Projekten" der neuen sozialen Bewegungen eröffnen eine Methodenvielfalt, die auch den selbstbestimmten Umgang mit neuen Technologien einschließt.

Solche verdichteten Erfahrungen, die möglicherweise nur relativ kurzzeitig gemacht werden, ergeben ein flexibles Handlungsfeld von Jugendarbeit, das sich nicht den Vorstellungen einer langfristigen und kontinuierlichen Versorgung und Betreuung von Jugendlichen unterordnen muß. Vielmehr sollte institutionell und professionell abgesicherte Jugendarbeit Räume und Experten (mit entwickelter Professionalität) für diese Untersuchungsarbeit anbieten. Solche Untersuchungsarbeit hat öffentlichen Charakter, drängt oft auf praktische Veränderung und ist somit in einem grundsätzlichen Sinn immer politisch.

2. Evangelische Jugendarbeit ist kritische Erinnerung.
Sie überschreitet bewußt die Grenze des Verschwindens von Vergangenheit, die mit fortschreitender Brutalität durch die Zerstörung aller zusammenhängenden Erinnerungsbögen, angefangen von der Architektur bis zur Zerstückelung der Erinnerung in den Medien, immer näherrückt. Projekte der Spurensuche vor Ort, der kritischen Erinnerung von Geschichte von Kirchengemeinden oder Jugendverbänden, gerade auch in ihren dunkeln Phasen, aber auch der behutsame Umgang mit der eigenen Lebensgeschichte und deren Aufzeichnung z.B. im Tagebuch usw., eröffnen ein weites Praxisfeld evangelischer Jugendarbeit. Konstitutiv ist die Vergegenwärtigung der biblischen Überlieferung durch Er–innern der Quellen des Lebensmutes daraus.

3. Evangelische Jugendarbeit ist religiöse Erfahrung.
Religiöses Bewußtsein ist unter den Bedingungen neuzeitlicher Subjektivität prinzipiell erfahrungsoffen. In einem immer banaler werdenden Alltag voller Hektik und Leistung werden schon einfache Gestaltungen von Stille und Besinnung zu widerständigen Erfahrungen. Intensivere Erfahrungen, wie Erschütterung, Faszination, Gebet, Askese, mystische Erlebnisse usw., können in evangelischer Jugendarbeit möglich sein. Sie finden ihre Orte und ihre Gestaltungen in Gemeinschaftsformen und Liturgien, die den ganzen Schatz der christlichen Frömmigkeitsgeschichte eröffnen. Für die gemeinsame Beurteilung dieser Gestaltungen ist die kritische Traditionsweitergabe der biblischen Überlieferung konstitutiv, die durch ihre prinzipielle Religionskritik Unterscheidungen möglich macht. Jugendarbeit kann gerade durch Grenzüberschreitungen zu unterschiedlichen Frömmigkeitstraditionen hin zu einer Erfahrungstiefe führen, die angstvolle Abgrenzungen von neuen religiösen Bewegungen usw. unnötig macht. Der Konflikt zwischen institutionalisierter und ereignishafter Frömmigkeit kann dabei produktiv werden.

4. Evangelische Jugendarbeit ist offener Diskurs.
Ihr geht es um die Schärfung der Gewissensentscheidung von Jugendlichen. Dazu sind Grenzüberschreitungen zwischen gegensätzlichen Positionen und den Menschen, die sie vertreten, notwendig. Es geht um Denken in fremden Köpfen. Jugendarbeit bekommt so eine grundsätzlich ökumenische Dimension. Sie darf an keiner Stelle an Ausgrenzungen teilhaben. Sie ist prinzipiell offen und die Gegenerfahrung von Apartheid. Dies gilt auch für die durch Arbeitsmethoden angelegte Ausgrenzung von Jugendlichen aus sozialen Milieus, die der kirchlichen Alltäglichkeit fremd sind, wie z.B. Arbeiterjugendliche. Das Darlegen des eigenen Standpunktes und der eigenen Geschichte und damit der eigenen Grenzen ist als

erster Schritt für einen konziliaren Streit um die Wahrheit unaufgebbar. Evangelische Jugendarbeit leistet hier zugleich einen Beitrag für die politische Kultur an ihren Orten.

5. Evangelische Jugendarbeit ist Gespräch.
Noch stärker als in diskursiven Grenzüberschreitungen wendet sich evangelische Jugendarbeit dem Menschen in seinen verschiedenen Ausdrucks– und Empfindungsweisen zu, wenn sie das Angebot des intensiven Gesprächs macht. Formen dieses Gespräches sind Gruppen– und Einzelgespräche von Jugendlichen untereinander und von Jugendlichen und Erwachsenen. Die Erwachsenen sind dem Jugendlichen dabei Gesprächspartner, die ihn begleiten, aber auch kritisch in Frage stellen. So verstandene „Jugendseelsorge" dient nicht der Kontrolle, sondern der solidarischen Unterstützung. Im Gespräch kann der Jugendliche sich fallen lassen, ohne Angst Gefühle äußern, zugleich auch Geborgenheit und Annahme spüren. Gemeinde wird hier erfahren als Gemeinschaft von Nicht–Perfekten, die mit ihren Zerbrochenheiten und Behinderungen gemeinsam nach Heilung suchen.

6. Evangelische Jugendarbeit ist Partizipation.
Die strategische Beteiligung von Jugendlichen an den Projekten evangelischer Jugendarbeit ist konstitutiv. Die Entscheidungsfindungen geschehen in Formen der demokratischen Traditionen. Dabei kommt es auf die Überschreitung der Grenze hin zu Erwachsenen an. Insofern ist evangelische Jugendarbeit immer auch generationenübergreifend. Dies bedeutet gerade keine Verwischung der Generationengrenze und auch keine Auflösung von Jugendarbeit z.B. in Gemeindepädagogik, sondern die engagierte Teilnahme an gemeinsamen Projekten, in denen der jugendspezifische Beitrag deutlich wird. Vom Verheißungshorizont der Bibel her wird dabei das Verhältnis zwischen den Generationen und den beiden Geschlechtern das einer gegenseitigen Befreiung im Zusammenleben in der Gemeinde sein, wie es Ernst Lange unter Aufnahme des alten Begriffs der Freite beschrieben hat.[15]

7. Evangelische Jugendarbeit ist Mission.
Sie hat ihren Ort in der christlichen Gemeinde, die sich sowohl in Ortsgemeinden als auch in Projekten, Kommunitäten und anderen Gemeinschaften realisiert. Für all diese Formen ist die missionarische Struktur als Lebensbewegung konstitutiv, die „in ihrer ständigen Selbstüberschreitung und Selbstveränderung auf Fremde und Andere hin"[16] besteht.

Insofern ist Jugendarbeit niemals Selbstzweck und kann sich nicht in der Rekrutierung von Mitgliedern für eine wieder in sich geschlossene Organisation erfüllen. Sie ist vielmehr als Gemeinde an deren ständigem Aufbau beteiligt. Dieser besteht im immer neuen Eröffnen von Kommunikations- und Handlungsfeldern nach innen und außen. Jugendarbeit ist als Mission immer auch prinzipiell Gemeindeaufbau in der jeweiligen gesellschaftlichen Situation. Neben vielen Erfahrungen in Ortsgemeinden erweisen sich gerade Projekte von Häusern der offenen Jugendarbeit nach mehrjähriger Praxis als Orte, an denen Gemeindeaufbau in diesem grenzenüberschreitenden Sinne geschieht. Das Modell der Basisgemeinden erweist sich hier als inspirierend und zeigt Perspektiven von Kirche in zerbrechenden volkskirchlichen Strukturen auf.

Alle genannten Stichworte zur Jugendarbeit sind zugleich auch Stichworte für Gemeindeaufbau. Jede darin angesprochene Dimension hat Anteil an der „Kommunikativen Gemeindepraxis". Durch die Begrifflichkeit der Grenzüberschreitung präzisiert sich Jugendarbeit als Gemeindeaufbau sowohl nach innen, um Verwischungen zwischen einzelnen Arbeitsbereichen oder Generationen zugunsten klarer konziliarer Zusammenarbeit zu vermeiden; ebenso nach außen, um jedwede Exklusivität von christlicher Gemeinde unmöglich zu machen. Weiter nötigt der Begriff der Grenzüberschreitung zu einer Tiefenschärfe von christlichem Engagement, das die Gemeinde braucht, um in der tödlichen Banalität des Lebensalltags in bundesrepublikanischer Wirklichkeit lebendig zu bleiben.

Mitten in diesem Labyrinth voller Menschen, die hin- und hergetrieben werden, kann evangelische Jugendarbeit als Grenzüberschreitung anfangen, wenn sich zwei oder drei dieser Menschen – junge und alte – treffen, sich einen Augen-Blick lang in die Gesichter schauen und damit beginnen, Grenzen zu spüren, um sie zu überschreiten.

[1] Ernst Bloch, Tübinger Einleitung in die Philosophie 1, Frankfurt/M. 1963, S. 11.
[2] WA 7; 502, 34 f. (1521)
[3] WA 36; 9, 6–8/10, 2–5 (1532)
[4] Gerhard Ebeling, Luther. Einführung in sein Denken, Tübingen 1964.
[5] Schleiermacher, Über die Religion, Ausgabe Hamburg 1958, S. 30.
[6] Paul Tillich, Das christliche Menschenbild im 20. Jahrhundert. Zuerst in: Universitas, Jahrgang 10, 1955, S. 917 bis 920. Zitiert nach ders., Auf der Grenze. Stuttgart 1962, S. 109 ff.
[7] Dietrich Bonhoeffer, Widerstand und Ergebung, München 1951, S. 80 und S. 154 f.
[8] Ebd., S. 80.
[9] Ernst Bloch, Das Prinzip Hoffnung, III, S. 1198, Frankfurt/M. 1959.

[10] Programmatische Formel des „Freideutschen Jugendtages" 1913 auf dem Meißner. Zitiert nach Wilnfried Mogge. Bilder aus dem Wandervogel–Leben. Köln 1986, S. 8.

[11] Ebd., S. 8 f.

[12] A.M. Klaus Müller, Erfahrung der Grenze, München 1985, insbesondere S. 44.

[13] Gertrud Nunner–Winkler, Identitätskrise ohne Lösung: Wiederholungskrise, Dauerkrise, im Manuskript S. 2 f. Der Aufsatz erscheint in H.P. Frey/K. Haußer (Hg.), Identität. Ergebnisse sozialwissenschaftlicher Forschung.

[14] Gerard Raulet, Zitat aus der taz, Ausgabe vom 28.06.1986, S. 17.

[15] Ernst Lange, Chancen des Alltags. Stuttgart/Gelnhausen, 1965, S. 240 bis 243.

[16] Definition aus: EKD–Kirchenamt, Planungsgruppe: Christsein gestalten, zitiert nach der epd–Dokumentation Nr. 28/86vom 23.06.1986, S. 43.

Falk Wagner

Subjektivität und Religion

Die Verbindung von Subjektivität und Religion drückt nicht bloß ein theologisches oder frömmigkeitspraktisches Programm aus; sie bestimmt vielmehr die neuzeitlich–moderne Religionsgeschichte des protestantischen Christentums seit Ende des 17. Jahrhunderts bis in die Gegenwart. Insbesondere im 20. Jahrhundert fehlt es zwar nicht an Versuchen, diese Verbindung aufzulösen, um sie durch vermeintlich religions– und subjektivitätskritische Formeln wie Wort und Glaube, Offenbarung und Verstehen, Gott und Existenz zu ersetzen. Aber ohne sofort den Vorwurf des Etikettenschwindels bemühen zu müssen, scheinen doch auch diese Formeln den eingespielten Leitbegriffen ‚Subjektivität' und ‚Religion' in Form einer sprachlichen Inversion Geltung zu verschaffen. Mag sich die Rede vom Wort an dem unvordenklichen Faktum ‚deus dixit' orientieren, seine Darstellung und Rezeption ist gleichwohl an Tätigkeiten gebunden, die so nur menschlicher Subjektivität eignen. Ebensowenig kann die noch so starke Betonung des objektiv Geglaubten an der Tatsache vorbeigehen, daß sich das Geglaubte ohne die wie auch immer zu beschreibende Investition der glaubenden Subjektivität in eine Ansammlung toter Buchstaben verkehrte. Insofern ist die Formel ‚Subjektivität und Religion' unbeschadet aller gegenteiligen Dementis für das protestantische Christentum der Moderne nicht hintergehbar. Wie auch immer das mit ‚Religion' Gemeinte bestimmt werden mag: Religion ist nur im Medium von Subjektivität oder gar nur als Subjektivität darstellbar. Die daran anschließende Frage aber, ob die Formel ‚Subjektivität und Religion' auch im Sinne von ‚Subjektivität als Religion' zu lesen sei, läßt sich erst dann beantworten, wenn der Zusammenhang ‚Religion als Subjektivität' expliziert ist.

Religion als Subjektivität

Trotz seiner römisch–antiken, altkirchlichen und mittelalterlichen Vorgeschichte tritt der Religionsbegriff seine Karriere erst in der Neuzeit an. Seine neuzeitliche Bestimmtheit zeigt sich daran, daß er als kritisch–unterscheidender Begriff in Dienst genommen wird. Das gilt zunächst für die im Kontext des englischen Deismus und der französischen und deutschen Aufklärung unternommenen Versuche, Religion als natürliche Relgion vom konfessionell zersplitterten, aber kichlich–dogmatisch und politisch–territorialstaatlich organisierten Christentum abzusetzen; die literarisch inszenierte natürliche Religion emanzipiert sich von der Autorität des tradierten Lehrbestandes der christlichen Religionsparteien. Ihre Selbständigkeit kommt darin zum Tragen, daß sie das, was der allgemeinen Menschenvernunft unabhängig von Schrift, Tradition und Dogma zugänglich ist, zum Inbegriff des religiös Verbindlichen erklärt. Der Glaube an Gott und seine moralisch–sittliche Gesetzgebung und ein entsprechender, durch die Erwartung von Lohn und Strafe geregelter Lebenswandel sollen ihre allgemeine Zugänglichkeit sicherstellen. Der Mensch in seiner natürlich–vernünftigen Anlage ist ihr Adressat und Subjekt. Seiner freien Entfaltung steht das Partikulare des kirchlich Tradierten, des dogmatisch Gekünstelten und des parteiisch Umstrittenen im Wege. Da aber das an die repräsentative Öffentlichkeit der absolutistischen Staatsgewalt gebundene und mit ihr verbundene kirchliche Christentum für die öffentliche Religionsausübung zuständig ist, hat die im Privatraum der selbständig räsonierenden Bürger gepflegte natürliche Religion nur dann eine Chance, ihrem Anspruch auf Belebung des allgemein Menschlichen Nachdruck zuverleihen, wenn sie sich mit dem öffentlichen Christentum nicht bloß in ein negatives Verhältnis setzt. Als Mittel stehen ihr dafür die Möglichkeiten der Reduktion und der Funktionalisierung zur Verfügung. Wenn sich die historisch entstandenen und kirchlich–dogmatisch tradierten Lehrgehalte des Christentums auf die einfachen Wahrheiten der allgemein menschlichen Lebensführungspraxis zurückführen lassen, so kann das kirchliche Christentum schließlich so umfunktioniert werden, daß es selber der allgemeinen Einführung der natürlichen Religion als Vehikel dient.

Die im Binnenraum der entstehenden bürgerlichen Öffentlichkeit propagierte natürliche Religion bleibt nicht nur eine Angelegenheit selbständig räsonierender Bürger, die professionell oder in ihrer Freizeit über die praktischen Prinzipien des menschlichen Weltumgangs nachdenken. Innerhalb des deutschsprachigen Protestantismus gewinnt sie vielmehr dadurch eine beachtliche Breitenwirkung, daß sie in den Lehr– und Forschungsbetrieb der professionellen Theologie Eingang findet, die dann ihrerseits die theoretischen Vorstellungen und praktischen Einstellungen der in der Volkskirche tätigen Lehrer der Religion auf Jahrzehnte bestimmt. Die hoch- und spätaufklärerischen Positionen der Theologie, Neologie und Rationalismus, sorgen zwischen ca. 1780 und 1850 dafür, daß Teile des protestantischen Christentums nach den Mustern einer modifizierten natürlichen Religion umgestaltet werden. Die entscheidende Voraussetzung für diese Umgestaltung besteht darin, daß die professionelle Theologie zwischen repräsentativer öffentlich-kirchlicher Theologie und privater, d.h. bürgerlich-öffentlicher Religion zu unterscheiden lernt. Diese Unterscheidung ist ein Reflex und Wegbereiter der sich anbahnenden funktionalen Differenzierung des Gesellschaftssystems, die zunächst ihren Niederschlag in der sich im 19. Jahrhundert durchsetzenden Unterscheidung zwischen politischem Staat und bürgerlicher (ökonomisch geprägter) Gesellschaft findet. Die an das kirchliche und staatliche System gebundene öffentliche Theologie wird in ihrem professionsfunktionalem Charakter festgeschrieben: sie dient den Lehrenden und Lernenden, die die Darstellung und Vermittlung der Religion zu ihrem Beruf gemacht haben. Diese professionell betriebene Theologie weiß sich aufgrund ihrer kirchlichen Zielsetzung der Positivität des Christentums in der Weise verpflichtet, daß sie sich an dessen überkommenem historischem und dogmatischem Themenbestand orientiert. Damit sorgt sie dafür, daß trotz des Willens zur Neugestaltung die Verbindung mit dem Althergebrachten nicht abreißt. Dieser Wille zur Neugestaltung betätigt sich auf dem Feld der von der kirchlich-dogmatischen Theologie unterschiedenen Privat-Religion, deren Adressaten und Akteure sich aus dem Kreis der selbständig denkenden Bürger rekrutieren. Die von ihnen gepflegte Privat-Religion bezieht sich zwar auch auf das überkommene Christentum, jedoch so, daß dessen Grundlehren auf die Erfordernisse einer natürlich-vernünftigen Religion der praktisch-moralischen Lebensführung reduziert werden.

Schon diese erste Phase der Neubegründung und Verselbständigung des Religionsbegriffs in Gestalt natürlicher bzw. vernünftig-moralischer Religion läßt den Zusammenhang von Religion und Subjektivität deutlich hervortreten. ‚Religion als Subjektivität' besagt: Subjektivität hebt dabei nicht primär auf eine allgemein-intelligible oder transzendentale Instanz des Vorstellungen verbindenden Erkenntnisvollzuges ab. Aber ebensowenig ist es angemessen, von einer der transzendentalen entgegengesetzten empirischen Subjektivität zu sprechen. Die Subjektivität, die der vernünftig-moralischen Religion als Definiens dient, tritt vielmehr als singuläre Subjektivität individueller Subjekte in Erscheinung. Mit ihr wird das Erfordernis artikuliert, daß Religion nur dort gegenwärtig sei und zur gelebten Wirklichkeit werden könne, wo die Subjekte in ihrer individuellen Denk- und Willenstätigkeit an ihr teilhaben können. Die lebensweltliche Präsenz der Religion hängt also davon ab, daß sie das Dabeisein der Individuen ermöglicht; sie muß folglich so konzipiert werden, daß sie für die lebenspraktischen Belange der Individuen aufgeschlossen ist. Das muß aber keineswegs bedeuten, daß sich die Religion den naturhaft und psycho–sozial gegebenen Bedürfnissen und Interessen der Individuen ebenso unmittelbar zu öffnen habe. Vielmehr ist die auf Allgemeinheit abhebende und den kirchlich–partikularen Religionsparteien des tradierten Christentums kritisch gegenüberstehende vernünftig–praktische Religion so geartet, daß sie an ihre Adepten bestimmte Forderungen adressiert. Der vernünftig–moralische Charakter der Religion zieht die Notwendigkeit nach sich, daß das Individuum als Subjekt der Religion seine als Selbsterhaltungs– und Reproduktionstrieb sich äußernde Natur transzendiert. So steht die vernünftig–moralische Religion zwar unter der Bedingung, für das Subjekt der Religion, sein Wissen– und Dabeiseinkönnen, aufschließbar zu sein. Aber umgekehrt macht es der vernünftig–moralische Charakter der Religion notwendig, daß das Individuum sein Dasein entsprechend der Allgemeinheit praktischer Vernunft und verallgemeinerungsfähiger Willenstätigkeit gestaltet. Der geeignete Kandidat für das Subjekt der Religion ist daher nicht die individuelle Subjektivität in ihrer natürlichen Gegebenheit, sondern allein die Subjektivität, die sich in ihrem empirischen Dasein durch die verallgemeinerbaren Grundsätze der praktischen Vernunft bestimmt weiß. Damit ist deutlich, warum das Subjekt der Religion weder zur transzendental–allgemeinen noch zur empirischen Subjektivität in Gegensatz treten kann. Denn die individuelle Subjektivität kann nur dadurch die Rolle des Subjekts der Religion übernehmen, daß sie ihr empirisches Dasein, ihre individuellen Vorstellungs– und Handlungsweisen, den verallgemeinerbaren Grundsätzen der praktischen Vernunft als intelligibel–allgemeiner Subjektivität unterstellt.

Gründet die praktisch–moralische Religon in der individuellen Subjektivität, die sich durch die Autonomie der praktischen Vernunft bestimmt weiß, so stellt sich allerdings die Frage, inwiefern sie überhaupt *als* Religion auftreten und gelten kann. Beantwortet sie diese Frage dadurch, daß sie die praktisch–moralischen Grundsätze und Pflichten als göttliche Gebote versteht[1], so kann sie zwar als Bewußtsein Gottes, des moralischen Gesetzgebers, interpretiert werden. Da aber die moralische Gesetzgebung ihre allgemeine Geltung aus der Autonomie der praktischen Vernunft gewinnt, fällt die innerhalb des Religionsbegriffs sekundär vorgenommene Überführung der moralischen Gesetzgebung in göttliche Gebote alles andere als überzeugend aus. Wird durch die Auskunft, die autonom gerechtfertigten moralischen Pflichten seien göttliche Gebote, der moralischen Gesetzgebung nichts Wesentliches hinzugefügt, so ist die im Anschluß an die Moral konzipierte Religion der Sache nach überflüssig. Soll gleichwohl an der so verstandenen Religion festgehalten werden, so steht sie im Verdacht, die

Göttlichkeit der Gebote und mit ihnen Gott selber als Gesetzgeber nach Maßgabe der Erfordernisse der praktischen Vernunft zu konstruieren. „Die Idee von Gott, als Gesetzgeber durchs Moralgesetz in uns, gründet sich also auf eine Entäußerung des unsrigen, auf Übertragung eines Subjektiven in ein Wesen außer uns, und diese Entäußerung ist das eigentliche Prinzip der Religion, insofern sie zur Willensbestimmung gebraucht werden soll."[2] Der auf dem Boden der vernünftig–moralischen Religion hergestellte Zusammenhang zwischen Religion und Subjektivität führt also zu der Konsequenz, daß der Gottesgedanke als funktionales Konstrukt der vernünftig–moralisch bestimmten Subjektivität erscheint. Die religiös–moralische Subjektivität bezieht sich auf einen Gott, den sie zur sekundären Verstärkung der Verbindlichkeit des Sittengesetzes selber produziert. Auf diese Weise verliert die vernünftig–moralisch rekonstruierte Religion ihre Eigenständigkeit: Wie die Funktion des die Verbindlichkeit des Moralgesetzes unterstützenden Gottes jederzeit durch funktionale Äquivalente ersetzt werden kann, so besteht auch für die moralisch handelnde Subjektivität keine Notwendigkeit, an die vernünftig gerechtfertigte Autonomie der Moral eine redundante Moral–Religion anzuschließen.

Es ist konsequent, daß die Religionstheorie im Interesse der Selbständigkeit der Religion das Terrain der zu moralischen Zwecken funktionalisierten Religion verläßt, um dieser ohne Anleihen an vorgegebene Konzepte theoretischer und praktischer Vernunft autonome Geltung zu verleihen. Das bedeutet freilich nicht, daß die Religionstheorie den Radius der subjektivitätstheoretisch verankerten Religion verlassen würde. Im Gegenteil, auf dem Boden der insbesondere *Schleiermacher* folgenden Bemühungen um ein eigenständiges Verstehen der Religion knüpft sie das Band zwischen Subjektivität und Religion noch enger. Das Interesse an der Selbständigkeit der Religion schlägt sich nun ganz und gar in der Dominanz des religiösen Bewußtseins nieder. Gegenüber der Theorie der Vernunft und der Praxis des Willens kann die Selbständigkeit des religiösen Bewußtseins nur dann als gesichert gelten, wenn für sie ein nicht anderweitig besetztes Bewußtseinsvermögen nachgewiesen werden kann. Der junge Schleiermacher ist sogar davon überzeugt, dem religiösen Bewußtsein zwei derartiger Vermögen zuweisen zu können: Anschauung und Gefühl. Jedoch muß die Anschauung nicht nur aus innersystematischen Gründen hinter dem Gefühl mehr und mehr zurücktreten, um schließlich aus der Religionstheorie ganz zu verschwinden; der Anschauungsbegriff ist überdies deshalb ungeeignet, der Eigenständigkeit des religiösen Bewußtseins förderlich zu sein, weil er mit den Formen der sinnlichen, intellektuellen und der Kunstanschauung konkurriert. Folglich ist es das Gefühl der individuellen Subjektivität, durch das die Religion ihr Recht auf Eigenständigkeit erwirbt und gegen andere Weisen des bewußtseinsmäßigen Weltumgangs zu behaupten trachtet.

Das als unmittelbares Selbstbewußtsein auftretende religiöse oder fromme Gefühl läßt sich zwar nicht auf die Konsequenz festlegen, daß sich die Religion an beliebige Inhalte verliere, die nur den unübertragbaren Gefühlen in sich verschlossener Individuen zugänglich seien. Denn das religiöse Gefühl soll als Einheit der sich gegebenen Selbsttätigkeit des Selbstbewußtseins zugleich den transzendenten Grund, die Einheit des Idealen und Realen, am Ort des menschlichen Bewußtseins analogieartig abbilden, so daß die Faktizität des sich gegebenen Selbstbewußtseins als das Gefühl unbedingter Abhängigkeit vom transzendenten Grund, Gott, erscheint.[3] Gleichwohl unterscheidet sich die Gefühlstheorie der Religion, grundsätzlich betrachtet, von der an die Moralität angeschlossenen Religionstheorie nicht. Gründet die Religion im Gefühl, so muß sie die religiösen Inhalte zu funktionalen Ausdrucksphänomenen der fühlenden Subjektivität erklären. Die Inhalte erscheinen so, wie sie zum Zwecke der mittels ihrer sich auslegenden Gefühls–Subjektivität konstituiert und konstruiert werden. Damit wird die Intention der auf dem Gefühl der individuellen Subjektivität aufbauenden Religionstheorie nicht ignoriert. Ihr zufolge ist Religion „Darstellung des religiösen Bewußtseins und Mitdarstellung des Grundes, der religiöses Bewußtsein ermöglicht."[4] Fraglich ist jedoch, ob die so argumentierende Relgionstheorie ihrer Intention gerecht werden kann. Besteht nicht die Gefahr, daß sich der mit dem religiösen Bewußtsein und mittels seiner dargestellte Grund in ein einseitig vom religiösen Bewußtsein abhängendes Begründetes verkehrt?

Sieht man von dieser angedeuteten Schwierigkeit zunächst einmal ab, so ist nicht zu bestreiten, daß die an die Gefühls–Subjektivität anschließende Religionstheorie der sozialen Stellung der Religion unter den Bedingungen der Moderne entgegenkommt. Sie trägt nicht nur der im Zuge der funktionalen Differenzierung des Gesellschaftssystems fortschreitenden Säkularisierung dadurch Rechnung, daß sie Religion an das religiöse Bewußtsein mit der Konsequenz bindet, in der sozialen Umwelt der so gefaßten Religion, nämlich in Wirtschaft, Politik, Recht, Bildung etc. auf keine explizit und bewußt vollzogene religiöse Kommunikation zu stoßen. Damit erkennt sie zugleich die Privatisierung des religiösen Bewußtseins und seines Entscheidens an. „Die Religion baut im Herzen des Individuums ihre Tempel und Altäre, und Seufzer und Gebete suchen den Gott, dessen Anschauung es sich versagt, weil die Gefahr des Verstandes vorhanden ist, welcher das Angeschaute als Ding, den Hain als Hölzer erkennen würde."[5] Aufgrund der im Medium der privatisierten Subjektivität des einzelnen explizierten Religion scheint es nicht möglich zu sein, einen Wahrheitserweis für die Inhalte anzutreten, auf denen die Bestimmtheit des religiösen

Bewußtseins beruht. Weil diese Inhalte dazu dienen, die privatisierte, d.h. auf sich bezogene Eigenbestimmtheit des religiösen Bewußtseins darzustellen, sperren sie sich gegen eine intersubjektiv oder gar objektiv zugängliche Explikation. Die der religiösen Privat–Subjektivität verpflichtete Religionstheorie ermöglicht einen Pluralismus divergierender Darstellungsweisen, da sie dem religiösen Bewußtsein aufgrund fehlender Kriterien nicht vorschreiben kann, mittels welcher Inhalte es seine eigene inhaltliche Bestimmtheit realisiert. Damit ist nicht bestritten, daß die in Form einer religiösen Dogmatik oder theologischen Glaubenslehre ausgearbeitete Religionstheorie eine Verknüpfung zwischen religiösem Bewußtsein und historisch gegebenen und tradierten Inhalten herstellt, die durch den momentan positiven Charakter der religiösen Subjektivität bedingt ist. Aber die positive, also geschichtlich gegebene Verfaßtheit des religiösen Bewußtseins ist nur so gegeben, wie sie zum Zwecke der Rekonstruktion der Inhalte als inhaltlich bestimmtes Konstruktionsprinzip gesetzt und gedacht wird. Das Moment der Positivität geht also als inhaltliche Bestimmtheit in die als Konstruktionsprinzip fungierende religiöse Subjektivität ein, so daß es zugunsten seiner funktionalen Indienstnahme aufgezehrt wird. Das positive, die inhaltliche Bestimmtheit des jeweiligen Konstruktionsprinzips ausmachende Moment kann also den inhaltlichen Pluralismusder am Leitfaden der individuellen Subjektivität entworfenen Religionstheorie nicht aufhalten. Im Gegenteil, da die inhaltliche Bestimmtheit einer religiösen Subjektivität mit der Art des jeweils vorausgesetzten positiven Moments wechselt, zerfällt die als Explikation des religiösen Bewußtseins durchgeführte Religionstheorie in eine Vielzahl von Positionen, die ihre relative Eigenständigkeit der wechselnden inhaltlichen Bestimmtheit des Subjektivitätsprinzips verdanken. Auf diese Weise wird die immer schon vorausgesetze Pluralität der überlieferten Inhalte ihrerseits auf plurale Weise bearbeitet; denn die Inhalte werden nach den Gesichtspunkten der variierenden inhaltlichen Bestimmtheit der religiösen Subjektivität verwertet, die einer bestimmten Religionstheorie als Konstruktionsprinzip zugrunde liegt.

Subjektivität als Religion

Es ist nicht notwendig, alle möglichen Spielarten der Religionstheorien zu vergegenwärtigen, die Religion auf der Basis des religiösen Bewußtseins begründen und explizieren. Die diese Religionstheorien bestimmende Vorgehensweise liegt offen zu Tage: Religion ist die Beziehung der wie auch immer inhaltlich bestimmten individuellen Subjektivität auf ihren als absolute Subjektivität vorgestellten Grund. Die Intention des religiösen

Bewußtseins besteht darin, mittels der Beziehung auf den göttlichen Grund sein Dasein als gegeben und damit als abhängiges und verdanktes Dasein auszusagen. Religion bietet so den Erklärungsversuch des anderweitig nur faktisch erklärbaren Faktums, daß sich das menschliche Dasein nicht selber dazu gemacht hat, da zu sein. Aber indem das menschliche Dasein zum Gegenstand von Erklärungsversuchen wird, stehen die Erklärung und das zu erklärende Dasein immer schon unter der Bedingung, gewußt werden zu können. Daher kommt auch die Beziehung des religiösen Bewußtseins auf den sein Dasein hervorbringenden und tragenden Grund nur durch das diese Beziehung und damit das sich wissende Bewußtsein zustande. Daraus folgt, daß die Beziehung des religiösen Bewußtseins auf seinen Grund einseitig ausfällt, so daß sich das, was als Grund intendiert wird, in ein abhängig Begründetes verkehrt. Schon gar nicht kann dann dieser Grund als absolute Subjektivität vorstellig gemacht werden; die absolute Subjektivität, auf die sich das religiöse Bewußtsein zu beziehen meint, ist nur in der Weise des Bezogenseins auf das religöse Bewußtsein und in Abhängigkeit von diesem aussagbar. Obwohl die auf dem Boden der individuellen Subjektivität konzipierte Religionstheorie kosmologische Argumente nicht eigens bemüht, bleibt sie doch der Vorgehensweise des kosmologischen Gottesbeweises verpflichtet. Sie nimmt ihren Ausgang bei der Faktizität des menschlichen Bewußtseins, dem sie dann die Bedeutung eines religiösen Bewußtseins zuerkennt, wenn es sich auf den es konstituierenden Grund hin überschreitet. Aber so wenig sich der kosmologische Gottesbeweis von seinem Ausgang, dem zufälligen Dasein, befreien kann, so wenig ist die auf die individuelle Subjektivität festgelegte Religionstheorie in der Lage, ihren Ausgang beim religiösen Bewußtsein zu überschreiten. Wie der grundlose Grund oder das notwendige Wesen, auf die der kosmologische Beweis aus ist, vom festgehaltenen Ausgang beim Zufälligen abhängig bleiben, so scheitert auch das religiöse Bewußtsein in seinem Bemühen, sich als abhängig von einem grundlosen, d.h. nicht durch es bedingten Grund auszusagen.

Die auf der Basis individueller Subjektivität durchgeführte Religionstheorie verfängt sich somit in den Einwänden der radikal–genetischen Religionskritik. Die verschiedenen Argumente dieser Religionskritik (Feuerbach, Marx, Nietzsche, Freud u.a.) müssen hier nicht im einzelnen vergegenwärtigt werden. Sie lassen sich auf ein entscheidendes Argument reduzieren, das im Sinne einer theo–logischen Religionskritik so formuliert werden kann: Der durch die individuelle Subjektivität geleiteten Religionstheorie kann es prinzipiell nicht gelingen, den transzendenten Grund, auf den sich das religiöse Bewußtsein zum Erweis seines abhängigen Daseins bezieht, als absoluten und grundlosen Grund zu konzipieren, da er einseitig an die Beziehung des religiösen Bewußtseins gebunden ist, womit er sich in ein von diesem abhängiges Gegründetes verkehrt. So sind Stärke und Schwäche der modernen Religionstheorie miteinander verwoben. Subjektivität als Subjektivität von Individuen ist für die Erfassung und Darstellung der Religion nicht hintergehbar. Das bringt die Formel ‚Religion als Subjektivität' zum Ausdruck. Aber die im Umkreis der Möglichkeiten individueller Subjektivität verbleibende Religionstheorie sitzt zugleich der Inversion dieser Formel auf. Mit ‚Subjektivität als Religion' ist dann gemeint, daß nicht nur das religiöse Bewußtsein, sondern auch sein primärer Gegenstand: der als absolute Subjektivität oder Gott vorstellig gemachte Grund durch die individuelle Subjektivität hervorgebrachte Vergegenständlichungen sind, in denen sich das ‚Wesen' der Religion erschöpft. Religion wird so zum Verkehr der religiösen Subjektivität mit sich selbst.[6]

Religion und absolute Subjektivität

Die Intention der am Paradigma individueller Subjektivität orientierten Religionstheorie, den Grund dieser Subjektivität zu thematisieren, ist für jede Beschäftigung mit Religion unaufgebbar. Aber es ist zu bestreiten, daß die im Interesse der individuellen Subjektivität agierende Religionstheorie in der Lage ist, auf ihre Intention eine entsprechende Durchführung folgen zu lassen. Daher besteht die Kritik, die *K. Barth, P. Tillich* u.a. an den neuprotestantischen Religionstheorien geübt haben, zu Recht. Allerdings scheint es insbesondere Barth nicht gelungen zu sein, seine Kritik des subjektivitätstheoretisch verankerten Religionsbegriffs in eine Form der Religionsbegründung zu überführen, die dem Anspruch auf Allgemeingültigkeit genügt. Barth macht die Aufhebung der kritisierten in die ‚wahre Religion' des Christentums von der gehorsamen Anerkennung der Positivität der Christusoffenbarung abhängig, so daß der behauptete Wahrheitserweis des Christentums nur innerhalb der Grenzen eines Glaubenssubjektivismus einleuchten kann. Zwar sieht Barth zu Recht, daß die Religion nur auf der Basis des sich selber tragenden Gottesgedankens begründet werden kann. Aber er ersetzt die Einseitigkeit der kritisierten Religionstheorien durch eine neue Einseitigkeit: Das religiöse wird durch das göttliche Subjekt substituiert, so daß dem auf seinen Glaubensgehorsam festgelegten christlich–religiösen Bewußtsein seine Selbständigkeit weitgehend entzogen wird. Das Programm einer Religionstheorie, die das Recht der radikal–genetischen und theo–logischen Religionskritik anerkennt, aber die Einseitigkeit des Barthschen Versuchs einer Religionsbegründung zu vermeiden sucht, läßt sich dann so formulieren: Im Interesse einer konsistenten Begründung der Religion muß die Religionstheorie in einer philosophischen Theologie, d.h. in einer Theologie des Absoluten verankert werden, die so zu denken ist, daß die freie Eigenständigkeit des Subjekts der Religion, des religiösen Bewußtseins, gerade auf Grund seines Begründetseins im Absoluten bewahrt wird.

„Eine Religionsphilosophie, die sich nicht auf eine philosophische Theologie stützen kann, ist darauf beschränkt, die Religion insgesamt als eine Manifestation des Menschen zu betrachten ... Alle Absicht, dem Göttlichen einen anderen Status als den eines Menschlichen zu verleihen, erfordert eine ... philosophische Theologie."[7] Da die religionskritische Entlarvung des Gottesgedankens als eine Hypostase menschlicher Subjektivität nur insofern gültig ist, als durch sie der einseitige Charakter der Religionstheorien aufgedeckt wird, die auf dem Verständnis individueller Subjektivität aufbauen, kann aus dieser Religionskritik nicht die allgemeine Bestreitung der möglichen Geltung des Gottesgedankens gefolgert werden. Aus der Religionskritik ist jedoch die Konsequenz zu ziehen, daß die Begründung der Religion, nämlich die Geltung des Gottesgedankens von der gelingenden Ausarbeitung einer philosophischen Theologie abhängig zu machen ist. Im Rahmen der hier möglichen Überlegungen können nur die Argumentationsschritte programmatisch skizziert werden, die eine religionsbegründende Theorie des Absoluten zu vollziehen hat.

a) Von einer Theorie des Absoluten bzw. absoluter Subjektivität als Grund der Religion ist zu erwarten, daß sie einen konsistenten Begriff absoluter Subjektivität zu konzipieren weiß, zu deren Selbstexplikation es konstitutiv gehört, für mögliches (zunächst internes) Anderssein so aufgeschlossen zu sein, daß das Anderssein an seiner Stelle selbst explikativ verfaßt ist. Die Theorie des Absoluten wird daher als Theorie trinitarischer Subjektivität durchzuführen sein; denn die Bedeutung des trinitarischen Gottesgedankens besteht genau darin, die Selbstexplikation absoluter Subjektivität so zu entfalten, daß die Selbstexplikation des Eigenen ihre Erfüllung an der Stelle des anderen findet, so daß sich dieses an seiner Stelle zugleich als Selbstexplikation des Eigenen manifestiert.

b) In einem weiteren Schritt ist das andere, für das die Selbstexplikation der absoluten Subjektivität aufgeschlossen ist, so zu verselbständigen, daß im Ausgang vom an sich selbst gedachten Anderen dieses als Manifestation sich selbstexplizierender Subjektivität entwickelt werden kann. Das andere an sich selbst, das an seiner Stelle die Struktur sich selbst explizierender Subjektivität verwirklicht, stellt sich dann als manifeste Einheit des Eigen- und Andersseins, der absoluten und endlichen Subjektivität – oder in christlich-theologischer Sprache: von Gott und Mensch dar. Das philosophisch-spekulative Erfordernis, das andere an sich selbst als Manifestation der Struktur absoluter Subjektivität zu denken, konvergiert also mit der Struktur einer ‚von unten' konzipierten Christologie.[8]

c) An die Manifestation der Einheit von göttlicher und menschlicher Subjektivität kann die im Medium des religiösen Bewußtseins formulierte Religion anschließen. Diese bringt so das im Vorstellen und Tun des religiösen Bewußtseins sich vollziehende Sich-Wissen Gottes zur Darstellung, also des Gottes, für den es konstitutiv ist, sich an der Stelle seines Andersseins als sich selbst zu wissen. Ist die Religion dann weiterhin als Beziehung des Menschen zu Gott auszulegen, so ist damit in Korrektur der einseitig auf der individuellen Subjektivität aufbauenden Religionstheorien gesagt, daß diese Beziehung in der Aufschließbarkeit Gottes für sein Anderssein gründet. Da das andere als solches aber zugleich die Einheit der absoluten und endlichen Subjektivität manifestiert, stellt sich die Religion als Betätigung und Realisierung dieser Einheit dar. Wie sich das religiöse Bewußtsein in Gott begründet weiß, so weiß sich Gott im Vorstellen und Handeln des religiösen Bewußtseins, nämlich dadurch, daß dieses die Vermittlung von allgemeiner und besonderer Subjektivität als den göttlich-absoluten Geist verwirklicht.

Auch das in einer philosophischen Theologie verankerte Verständnis der Religion hält an der Subjektivität des religiösen Bewußtseins fest. Aber um die Religion angesichts der Einwände der radikalen und theo-logischen Religionskritik einer haltbaren Begründung zuführen zu können, ist die Subjektivität des religiösen Bewußtseins genötigt, sich in Überschreitung ihres unmittelbaren, auf sich bezogenen Beisichseins an die objektive Selbstdarstellung Gottes als Grund der Religion zu entäußern. Die Entäußerung wird jedoch nur dann gelingen, wenn sich das religiöse Bewußtsein auf einen mehrdimensionalen Bildungsvorgang einläßt, der nach dem Vorbild *Hegels* als Vorgang der Erhebung gefaßt werden kann. Die Mehrdimensionalität dieses Bildungsvorganges ergibt sich daraus, daß sich das religiöse Bewußtsein auf die Erfassung des Grundes der Religion, die Selbstdarstellung des Absoluten mit der Bereitschaft einläßt, an der Revision positiver, sei's tradierter, sei's gefühlsmäßig vertrauter Vorstellungsweisen mitzuwirken, um so eine zumindest tendenziell denkende Aneignung des Grundes der Religion zu ermöglichen. Für die im Wissen um die Religionskritik durchgeführte Religionsbegründung muß also der Akzent eindeutig auf der kognitiv-denkenden Betätigung des religiösen Bewußtseins liegen.[9] Denn nur das religiöse Bewußtsein, das um die argumentativ einlösbare Geltung des Grundes der Religion weiß, ist auch in der Lage, die Religion theoretisch und praktisch als einen der Vermittlung von Gott und Mensch entsprechenden Gottesdienst zu vollziehen.

[1] Vgl. I. Kant, Kritik der praktischen Vernunft, hg. von K. Vorländer, Hamburg 1959 (Nachdruck der 9. Auflage von 1929), 148.

[2] J.G. Fichte, Versuch einer Kritik aller Offenbarung, in:Ausgewählte Werke, hg. von F. Medicus, Bd. I, Darmstadt 1962 (Nachdruck der 1. Aufl. von 1911), 24.

[3] Zur genaueren Begründung dieser Zusammenhänge vgl. Vf.: Schleiermachers Dialektik, Gütersloh 1974, bes. 137 ff.

[4] H.-W. Schütte, Religionskritik und Religionsbegründung, in: N. Schiffers/H.-W. Schütte, Zur Theorie der Religion, Freiburg 1973, 95-144, hier 107.

[5] Hegel, Glauben und Wissen, Hamburg 1962, 3.

[6] Das ließe sich, wissens- und religionssoziologisch gesehen, an der „subjektivischen Matrix" verdeutlichen, auf der nach G. Dux, Die Logik der Weltbilder, Frankfurt/M. 1982, alle Religionen seit ihren Anfängen aufbauen.

[7] W. Jaeschke, Die Vernunft in der Religion. Studien zur Grundlegung der Religionsphilosophie Hegels, Stuttgart 1986, S. 15, Hab. Schr. Bochum 1985, 13.

[8] Vgl. W. Jaeschke, a.a.O., 346.

[9] „Wenn es um die Befriedigung subjektiver Gefühle geht, so wendet man sich besser an die letzten Erzeugnisse der Welt der Positivität, nämlich Drogen." (B. Liebrucks, Sprache und Bewußtsein, Bd. 5, Frankfurt/M. 1970, 268)

Gert Otto

Jugend und Kirche

Einige Aspekte eines aufschlußreichen Verhältnisses *

Um die fünfundzwanzigjährige verdienstvolle Arbeit des Studienzentrums für evangelische Jugendarbeit in Josefstal angemessen zu würdigen, gibt es ohne Zweifel Berufenere als mich. Also liegt es nahe, daß ich meine Aufgabe, bei diesem festlichen Anlaß zu sprechen, anders lösen muß als ein eingeweihter Experte für kirchliche Jugendarbeit. Dadurch bin ich dann auch vor der Gefahr gefeit, „unwahr wie ein Festredner" (Henrik Ibsen) zu werden.

Weil weder der Begriff „Jugend" noch der Begriff „Kirche" ausreichend eindeutig sind, will ich meine Ausführungen in dreifacher Hinsicht akzentuieren:

☐ Das Bild der Kirche wird sich in den nächsten Jahrzehnten einschneidend verändern. Was folgt daraus, daß in absehbarer Zeit die Mitgliederzahlen der evangelischen Kirchen vermutlich rapide sinken werden, daß sich kirchliche Strukturen werden verändern *müssen* und daß auch der gesellschaftliche Stellenwert der Kirchen wahrscheinlich sinken wird?

Ich akzentuiere das vermutbare *Bild einer Kirche von morgen*.

☐ Das Bild der Jugend ist nicht nur diffus, sondern das Gegenüber von Jugend und Erwachsenen ist sehr viel komplizierter geworden, als es naiver Betrachtung oft erscheint. Was folgt daraus, daß Generationswechsel heute alles andere als ein „organischer" Prozeß ist?

Ich akzentuiere die *Brechungen zwischen Jugend und Erwachsenenwelt*.

☐ Diese beiden Akzente machen es mir unmöglich, die Thematik „Jugend und Kirche" in der Problematik kirchlicher Jugendarbeit aufgehen zu lassen oder sie darauf zu beschränken. Das „und", mit dem im Thema Kirche und Jugend verbunden sind, wird nicht allein durch kirchliche Jugendarbeit eingelöst. Die Frage nach kirchlicher Jugendarbeit ist vielmehr *ein* spezieller Aspekt des Themas.

Ich akzentuiere die *Problematik des Verhältnisses zwischen Kirche und Jugend insgesamt*.

In einem ersten Teil will ich einige *Ausgangspunkte* erörtern, die mir für alle Überlegungen im Zusammenhang unseres Themas wichtig erscheinen (auch für solche, die über das hinausgehen, wovon heute hier in begrenzter Zeit zu reden ist). In einem zweiten Teil versuche ich, daraus einige *Folgerungen für die Theoriebildung* in verschiedenen Arbeitsfeldern zu ziehen. Die drei genannten Akzente spielen in beiden Teilen eine Rolle.

1. Ausgangspunkte

1.1 Kirche in der Perspektive von morgen

Zu Situation, Struktur und Problematik der Kirche von morgen liegen zwei EKD-Studien vor:
- „Strukturbedingungen der Kirche auf längere Sicht" (Dezember 1985)
- „Christsein gestalten" (Februar 1986)

Die Modellrechnungen besonders der erstgenannten Studie – die keine *Prognosen* sind, sondern Versuche, mit heute ermittelbaren Daten spätere Zustände und Verhältnisse zu errechnen – lassen sich ungeachtet verschiedenartiger Berechnungsmöglichkeiten und daher leicht differierender Ergebnisse folgendermaßen zusammenfassen:

Unter der genannten Einschränkung – Modell, aber nicht Prognose! – ergibt sich, daß die Zahl der evangelischen Kirchenmitglieder in der Bundesrepublik im Jahre 2030 etwa 50 % der Zahl von 1980 ausmachen wird. Das ist eine Verminderung auf die Hälfte.[1] Ungefähr im selben Maße wird sich das Kirchensteueraufkommen reduzieren.[2]

Für beide Texte ist charakteristisch:
- als Verfasser zeichnet die „Studien- und Planungsgruppe" im Kirchenamt der EKD; Autorennamen werden nicht genannt;
- Adressaten der Texte werden nicht genannt;
- vermutlich handelt es sich um interne kirchliche Planungspapiere, vermutlich in erster Linie für kirchliche Leitungsgremien bestimmt;
- gleichwohl sind die Texte bekannt geworden; in der Presse ist über sie berichtet worden, und wer ausreichende Beziehungen hatte, konnte sie sich besorgen. Daß die zweite Studie („Christsein gestalten") viele Monate nach ihrer Verbreitung auch veröffentlicht worden ist, ändert am Gesamtbild nichts;
- das Verhältnis der beiden Texte zueinander ist unklar.

Geht man davon aus, daß die den Papieren zugrundeliegenden Modellrechnungen stichhaltig sind, und daran scheint mir kaum ein Zweifel möglich, so wird man sagen müssen: Entstehungsform und Verbreitungsart beider Papiere sind ein Musterbeispiel dafür, wie die Kirche mit ihrer durchaus problematischen Zukunft *gerade nicht* umgehen darf:

– eher intern und verdeckt als *öffentlich;*
– eher an kirchenleitende Gremien gewendet als an das Kirchenvolk, genauer: an die *Laien als die Subjekte der Kirche;*[3]
– eher auf den Sachverstand kirchlicher Funktionäre zurückgreifend als an die *Kompetenz der Laien* appellierend.

Diese Umstände sind deutlich zu benennen, ehe man das Thema weiter erörtern kann. Denn wenn die Kirche an diesem Punkt nicht umlernt, erledigt sich das Thema „Jugend und Kirche" von selbst.

Rückfragen

Ich lasse für einen Augenblick beide Studien beiseite und frage: Nehmen wir einmal an, die Modellrechnungen erweisen sich auch als zutreffende *Prognosen* – was ist dann jetzt und in nächster Zukunft zu überlegen nötig? Ohne jeden Anspruch auf Vollständigkeit scheint mir zum Beispiel vordringlich:

– Welche Veränderungen ergeben sich in kirchlichen *Arbeitsformen,* und welche Folgen wird dies für den *Inhalt* kirchlicher Arbeit haben?
– Wie wird sich die *Organisationsstruktur* der Kirche als Institution verändern müssen?
– Mit welchen Folgen wird für das Verhältnis *Staat – Kirche* und für das Verhältnis *Kirche – Gesellschaft* zu rechnen sein?

Viele andere Fragen werden Unterfragen dieser drei sein. Will man die drei konzentrieren und zu einer zusammenfassen, dann lautet die Frage:

Welches neue *Selbstverständnis* wird die Kirche agierend und reagierend herausbilden? Dies kann nur ein Prozeß sein, an dem viele beteiligt sein müssen. Bloße Schreibtischarbeit löst das Problem nicht. Vielmehr: In welchen *Handlungen, Verhaltensweisen* und *Arbeitsformen* wird sich dieses neue Selbstverständnis konkretisieren? *Ein* Feld der Konkretion wird dabei mit Sicherheit die *neue* Ausgestaltung des Verhältnisses zwischen Jugend und Kirche sein müssen, wenn anders es sich nicht um eine aussterbende Kirche handeln soll.

Schon wenn man diese Fragen stellt – ohne sie hier ausdiskutieren zu können –, zeichnet sich die Alternative ab, die sich im Für und Wider zwischen zwei Postitionen herausbilden wird:

Wird die veränderte Situation neue Formen der *Öffnung der Kirche* zur Welt provozieren – oder wird sie umgekehrt in den *Traditionalismus* führen?[4] Wird also ein neuerliches Plädoyer für die „Kerngemeinde" andere, weniger durch Herkommen und Selbstverständlichkeit abgesicherte Arbeitsfelder und besonders auch der Kirche als Institution Fernstehende desavouieren? Und das wären dann ja mit Sicherheit zahllose junge

Menschen[5] (wie das gleich zu erörternde Problem des Traditionsabbruchs zeigen wird).

Beide EKD-Studien gehen auf die Problematik ein. Die erkennbaren Tendenzen sind nicht eindeutig. Wenn man in „Christsein gestalten" die rührende Hoffnung liest, die Beziehung zur Kirche durch „Aufwertung der 40., 50. und 60. Geburtstage (= Taufgedenken)" stabilisieren zu können, scheinen die innovatorischen Tendenzen nicht sonderlich dominant; andererseits ist in dieser Studie die Laienperspektive an vielen Stellen erfreulich ausgeprägt. In der anderen Studie („Strukturbedingungen") sind die mathematischen und soziologischen Aussagen zum Teil sehr differenziert, aber die entscheidenden inhaltlichen Konsequenzen in den Schlußabschnitten „C. Missionarische Kompetenz" und „D. Lebensethik" werfen Rückfragen auf. Ich spitze diese Rückfragen hier schon auf Probleme der Beziehung zwischen Kirche und Jugend zu.

Der Abschnitt „Missionarische Kompetenz" enthält Gesichtspunkte, die weiterer Erwägung wert sind: zum Beispiel ein neues Mitgliedschaftsverständnis, wenn man nicht mehr ‚automatisch' in die Kirche hineingeboren wird, oder die Frage nach einer neuen Verhältnisbestimmung zwischen Taufe und Kirchenmitgliedschaft.[6] Aber es ist grundsätzlich zu fragen, ob nicht in derartigen Zukunftsüberlegungen, die doch wohl auch außerhalb der Kirche verstanden werden sollen, die Terminologie „Mission / missionarisch" deswegen abwegig ist, weil sie *unvermeidlich* und (hoffentlich) auch ungewollt Assoziationen auslöst, die der Absicht der Verfasser zuwiderlaufen. Daß der Begriff erklärt wird, ändert daran gar nichts, vielmehr zeigt sich daran, daß er ungeeignet ist.[7] Vermutlich hat die Kirche ihren neuen Ort in der Welt – neben anderen Religionen und Sinngebungen und im Dialog mit ihnen, in säkularisiertem Umfeld, in dem die Zahl gerade junger Menschen, die nicht mehr der Kirche angehören, rapide steigen wird – so lange noch nicht voll begriffen, wie sie meint, ihre Beziehung dazu mit dem vieldeutigen Begriff „Mission" artikulieren zu können.[8]

Noch sehr viel problematischer ist der „Lebensethik" überschriebene Abschnitt. Wenn dort implizit dem Kinderreichtum das Wort geredet wird, ohne daß auch nur ein halber Gedanke an die *Problematik* von Kinderreichtum in der Welt von morgen verschwendet wird, weil der Blick ausschließlich auf die Solidargemeinschaft in unserem eigenen Land fixiert ist, dann fragt man sich, ob gerade die Kirche Solidargemeinschaft derart egoistisch, derart provinziell verstehen darf. Möglicherweise sind die unbekannten Autoren sich weder ihrer eigenen Prämissen noch ihrer Konsequenzen bewußt? Jedenfalls möchte man hoffen, daß sich die Kirche nicht auf einem solchen Argumentationsniveau Jugendlichen andient. Das gilt nicht minder für die Schlußsätze des Textes, wo die „religiöse Dimension" als Krönung beschworen, aber gerade nicht unter den Vorzeichen einer neuen Lage interpretiert oder konkretisiert wird.

Traditionsabbruch

Diese – natürlich völlig fragmentarischen – Andeutungen zur Zukunft der Kirche sind nun noch durch eine entscheidende Komponente zu ergänzen, die sich aus der soziologischen Analyse der Kirchenaustritte ergeben hat.

Die veränderte Situation der Kirche in der Zukunft hängt auch, freilich nicht nur, mit Kirchenaustritten zusammen. Der wichtigste Aspekt dürfte dabei im Problem des Traditionsabbruchs liegen, vorzüglich untersucht und dargestellt von Armin Kuphal.[9] Das Problem bleibt bestehen, auch wenn sich gelegentliche Abflachungen der Austrittskurven zeigen.

Kuphal versteht „die traditionale Bindung als allgemeinen Faktor ..., der grundsätzlich in jeder Kirchenzugehörigkeit enthalten ist, weil die Sozialisationsbedingungen für diese Mitgliedschaft dementsprechend beschaffen sind bzw. es waren. Der Zustand der allgemeinen Selbstverständlichkeit und der subjektiven Alternativlosigkeit ist – was die Mitgliedschaft angeht – auch für die Kirchenfernen vorhanden, nicht bloß für die Mitglieder mit intensiver Teilnahme am kirchlichen Leben."[10]

Dieses Verständnis von „traditionaler Bindung" – nicht zu verwechseln mit einem anderen Sprachgebrauch von ‚traditionell' oder ‚Tradition', auf den wir noch kommen müssen[11] – hat schon Hans-Otto Wölber in seiner 1960 erschienenen Untersuchung geleitet, wenn er von einer Religion bzw. Kirche „ohne Entscheidung" sprach. Traditonale Bindungen machen subjektive Entscheidungen überflüssig. „Wenn nun ein Kirchenmitglied nur noch traditional an die Kirche gebunden ist, dann hieße das folgerichtig, daß bei einer *Störung auch noch dieser letzten Bindungskomponente* die Aufgabe der Mitgliedschaft akut wäre. Oder umgekehrt gesagt: Wenn der Befund der nur traditionalen Bindung tragfähig ist, dann ist das beobachtete Ansteigen der Kirchenaustritte womöglich die Folge davon, daß diese noch einzige Bindung von Mitgliedern an die Kirche zerstört oder gestört worden ist."[12]

Kuphal arbeitet mit dieser Hypothese und erhärtet sie dadurch, daß er für den Traditionsabbruch Gesetzmäßigkeiten aufweisen kann[13] und die „konkreten Randbedingungen seit 1967" in die Überlegung einbezieht.[14]

Sein Fazit lautet: „Seit Ende der sechziger Jahre ist mehr geschehen, als daß einige – gemessen an der Masse des Kirchenvolkes: wenige – Kirchenmitglieder ihrem Unmut über unpopuläre Maßnahmen per Austritt Luft gemacht haben. Vielmehr hat in den Strukturen, die eine äußerst wichtige Komponente kirchlicher Bindung bewirkten, eine Art Bruch stattgefunden."[15]

„Von daher ist ohne dramatische Veränderungen der Randbedingungen keine Rückkehr zu vormaliger Stabilität zu erwarten. Der Traditionsabbruch hat seine eigene Dynamik."[16]

Dies also ist die Lage, wenn wir von den Beziehungen zwischen Jugend und Kirche in der Perspektive von morgen sprechen. Dabei müßte klar geworden sein, daß wir uns nicht mehr mit so naheliegenden wie naiven Allerweltsweisheiten beruhigen können wie: ‚Es wird schon wieder besser werden, denn irgendwann kommt immer mal ein Umschwung!' Wer auf diese Wende wartet, wird vergeblich warten.

1.2 *Jugend im Horizont unseres Themas*

Neben die *soziologische* Kategorie des *Traditionsabbruchs* tritt die *hermeneutische* Kategorie des *Traditionsbruchs*, wenn wir uns der gegenwärtigen Situation der Jugend zuwenden. Beide Kategorien sind voneinander zu unterscheiden, auch wenn sie sich aufeinander beziehen lassen. *Traditionsabbruch* ist das Absterben, das Verdorren von Konventionen, ohne daß es dazu großer subjektiver Entscheidungen oder Entschlüsse bedarf. Im *Traditionsbruch* dagegen irritieren sich Subjekte gegenseitig durch bewußt vollzogenen Wechsel von Perspektiven.

Ehe von Traditonsbruch bei Jugendlichen die Rede ist, ist eins festzuhalten: „Wenn Erwachsene über Jugendliche reden,ist das immer maskierte Rede. Wie objektiv und wissenschaftlich ein solches Thema verhandelt wird, Erwachsene besprechen dabei auch immer ihre Angst, den eigenen Lebensentwurf darin gefährdet zu sehen, daß ihn andere, Jüngere, nicht übernehmen; die Angst davor, daß die eigenen Kinder die Kontinuität ihres Lebensentwurfs abbrechen und anderes wünschen,anderes planen, anderes hochschätzen, als sie selber tun. Solche Traditionsbrüche werden von der Gesellschaft – und die Gesellschaft ist die der Erwachsenen – immer mit äußerstem Mißtrauen beobachtet."[17]

Fulbert Steffensky hat den Traditionsbruch, der heute das Zusammenleben zwischen Jüngeren und Älteren in der Gesellschaft bestimmt, als den „Konflikt zwischen einer alten und einer neuen Kultur" interpretiert.[18] In diesen Konflikt ist die Beziehung zur Kirche einbezogen, und hier wirkt sich nun im *Traditionsbruch* auch der (soziologisch verstandene) *Traditionsabbruch* verstärkend aus. Was für die gesellschaftliche Problematik gilt, gilt auch mutatis mutandis für das Verhältnis zur Kirche, und am Thema Jugend kann man zugleich studieren, daß es sich um Probleme *aller*, also auch der Erwachsenen, handelt. Dies zu durchschauen scheint mir besonders wichtig, wenn man das Thema Jugend nicht von vorneherein verfehlen will. In Formulierungen von Steffensky:

„Die Lebenskonzepte vieler Älterer sind so schwach und für sie selber so wenig überzeugend, daß es ihnen schwerfällt, das, was Jüngere wollen, einzuordnen und zu beurteilen. Sie sehen sich, weil sie selber keine überzeugenden Deutungsmuster haben, dauernd verwirrenden Signalen und Phänomenen ausgesetzt. Ich vermute, daß es nie eine ältere Generation gegeben hat, die so redebereit, so verständigungsbereit, so ‚offen' war, wie es die Älteren sind, mit denen es unsere Jugendlichen zu tun haben. Offen und diskussionsbereit, aber nicht aus Stärke, sondern aus Unüberzeugtheit von sich selber."[19]

Daraus folgt:

„So wird der Hauptunterschied nicht der zwischen einer bestimmbaren Jugend und einem bestimmbaren Erwachsenenalter sein. Der Unterschied ist vielmehr der ... zwischen verschiedenen Lebensinterpretationen und Lebensweisen, die sich mehr und mehr unversöhnlich gegenüberstehen. Bei Demonstrationen, Hausbesetzungen, bei einem neuen ökologischen Bewußtsein, bei der neuen Art, mit sich selber und dem neuen Leben umzugehen, ist es längst nicht mehr der Unterschied zwischen Jung und Alt. Es ist also nur beiläufig ein Generationskonflikt. Es ist vielmehr ein Kulturkonflikt, dessen Träger auf beiden Seiten jeweils Jugendliche und Erwachsene sind. Wohl wird die neue Position im Konflikt bei Jugendlichen ‚reiner' und klassischer, ungemischter und kompromißloser vertreten. Die neue Lebensattitüde ist bei Jugendlichen studierbarer als bei ihren Anhängern aus der älteren Generation."[20]

Wenn diese Diagnose stimmt – und ich halte sie jedenfalls in der Tendenz für zutreffend –, dann ist damit zugleich etwas sehr Grundsätzliches für das Verhältnis zwischen Kirche und Jugend, genauer: für das Verhalten der Kirche gegenüber der Jugend, ausgesprochen. Es wird dann nämlich nicht möglich sein, in dem traditionellen „Erwachsenen-Denkmodell" zu verharren: Was muß die Kirche der Erwachsenen, also die Kirche, wie sie ist, tun, um besser an die Jugendlichen „heranzukommen"? Um den „jungen Leuten", wie man so gern schulterklopfend sagt, die so anders geworden sind, besser verständlich zu werden? In solchen Formulierungen, die ja Grundhaltungen spiegeln, ist stillschweigend vorausgesetzt: Hier sind die Erwachsenen, hier ist die Kirche – und dort sind die anders gewordenen Jugendlichen. Einerseits also der „Bestand" und andererseits die Irritationen durch eine bestimmte Altersstufe. Eben dieses Gegenüber ist falsch, weil dabei übersprungen oder (sicher häufiger) verdrängt wird, daß die Erwachsenen und die Kirche selbst *Teil des soziokulturellen Veränderungsprozesses* sind. Wenn dies aber ernst genommen wird, dann stehen nicht mehr neue Aktivitäten einer alten Kirche für moderne Jugendliche zur Debatte, sondern zu fragen ist: Welche *inhaltlichen* Anfragen, welche *Veränderungsprozesse* sind für Kirche und Glauben, und zwar Kirche und Glauben der

Jungen wie der Älteren, heute zu bedenken? Nur wenn die Frage so gestellt wird, besteht die Chance, das Problem Jugend und Kirche angemessen zu erreichen. Daß nicht substantiell genug in *dieser* Richtung gefragt wird, ist meine Kritik an den beiden EKD-Studien.

In ähnliche Richtung gehen Karl Ernst Nipkows Überlegungen. In seinem umfassenden Aufsatz über „Neue Religiosität, gesellschaftlicher Wandel und die Situation der Jugendlichen"[21], in dem er die amerikanische und die westdeutsche Diskussion systematisch aufarbeitet und immer wieder vor Allgemeinurteilen und monokausalen Ableitungen warnt, spielt der Zusammenhang zwischen sozialem Wandel einerseits und andererseits der Erschütterung der Plausibilitätsstrukturen, die unser Weltverständnis bisher grundlegend bestimmt haben, eine entscheidende Rolle. Dabei thematisiert Nipkow zwar die Neue Religiosität, greift aber ständig über sie hinaus. Nipkows Folgerungen aus seiner Problem-und Literaturanalyse lassen sich dreifach zusammenfassen:

– „Die Kirchen und die gesellschaftliche Öffentlichkeit nehmen die tatsächliche Herausforderung nicht ernst, wenn sie ihre Aufmerksamkeit ausschließlich auf die sog. ‚Jugendreligionen' bzw. ‚Jugendsekten' fixieren und dadurch die Thematik ‚externalisieren', anstatt sich zu vergegenwärtigen, warum die religöse Suche auch gerade in den Kirchen selbst anzutreffen und die Sinnkrise ein gesamtgesellschaftliches Phänomen ist."[22]

– Es geht „nicht um neue (religions)pädagogische Methoden, sondern um *inhaltliche Transformationen von Kirche und christlicher Existenz*, und zwar in zwei Richtungen. Wonach in der neuen Religiosität gefragt wird, kann zum Teil in der eigenen biblisch-christlichen Überlieferungs- und Frömmigkeitsgeschichte wiederentdeckt werden ... Dies fruchtbar werden zu lassen, setzt jedoch größere innere Freiheit der Kirchen im Umgang mit ihren eigenen Traditionen einschließlich der Häresien und den experimentellen christlichen Bewegungen in der Gegenwart voraus. Daneben müßten sich die verfaßten Kirchen aus ihrem konfessionellen Provinzialismus lösen und, ohne das konfessionelle Erbe zu verraten, in der Fülle der *ökumenischen Bewegung* den größeren Christus entdecken."[23]

– „Die allgemeine Pädagogik erreicht die ... geforderte Problemebene ..., wenn sie Erziehung und Unterricht als Erschließung von Sinn begreift und diese Perspektive ... konsequent in die Didaktik des schulischen Unterrichts und in die Pädagogik der Jugend- und Erwachsenenarbeit hinein konkretisiert. Wieder aber ... brauchen diese pädagogischen Bemühungen eine größere innere Freiheit der *Gesellschaft* im ganzen für die Artikulation auch grundsätzlich neuer Wege in der Gestaltung unserer zukünftigen gesellschaftlichen Lebensformen."[24]

Es zeigt sich: Die Anfragen an Kirchen und Gesellschaft sind bezüglich ihrer Reaktionen auf die soziokulturellen Veränderungen und die aus ihnen erwachsenden Aufgaben für beide *strukturell* gleichartig.

2. Folgerungen für die Theoriebildung in verschiedenen Arbeitsfeldern

Aus den bisherigen Andeutungen ziehe ich für die weiteren Überlegungen drei Schlüsse:

☐ Die Thematisierung der „Jugend" darf nicht exklusiv geschehen. Situation und Selbstverständnis der Jugend sind aussagekräftig für die Situation der Erwachsenen.

☐ In den bisherigen Hinweisen zu den beiden Stichworten „Jugend" und „Kirche" gibt es insofern gemeinsame Perspektiven, als wir in beiden Fällen mit einem veränderten Verhältnis zu Traditionen, mit einer veränderten Funktion von Traditionen zu rechnen haben.

☐ Für das Verständnis von Kirche ist mir am wichtigsten, daß die angemessene Folgerung aus einer erwartbaren Reduzierung der evangelischen Kirchen (hinsichtlich ihrer Mitgliederzahlen, ihrer Strukturen, ihres gesellschaftlichen Stellenwertes usw.) gerade nicht die „Einigelung", nicht die Konzentration auf die „Kerngemeinde" sein darf, also gerade nicht ein konservatives Verhalten, sondern umgekehrt: Suche nach neuer *Offenheit*, nach *Flexibilität*, oder dasselbe mit einem anderen Begriff: Suche nach erweiterter *Kommunikationsfähigkeit*,[25] in der sich *neue Inhalte* erschließen – ohne die vorschnelle Angst, die eigenen Konturen könnten sich verwischen. (Diese spezifisch kirchliche Angst, als Grund aller möglichen Abgrenzungsstrategien, wäre eigener Interpretation bedürftig!)

Weil die einzige Berührung zwischen Jugend und Kirche nicht allein im Feld der Jugendarbeit liegt, auch nicht dort allein gesehen werden darf, beziehe ich in die folgenden Überlegungen *schulischen Religionsunterricht* und *kirchliche Konfirmandenarbeit* neben der *Jugendarbeit* ein.

2.1 *Zum schulischen Religionsunterricht*

Im Jahre 1972 betitelte Norbert Havers seine empirische Untersuchung über den Religionsunterricht und dessen Einschätzung bei Schülern: „Der Religionsunterricht – Analyse eines unbeliebten Faches". Das Umfeld der Fragestellung und auch die zu erwartende Tendenz des Ergebnisses steht am Anfang der Arbeit: „Seitdem in Deutschland empirisch-pädagogische Forschung betrieben wird, zeigen Befragungen zur Beliebtheit von Schulfächern in bezug auf den Religionsunterricht stets das gleiche Ergebnis: Wird nach dem beliebtesten Schulfach gefragt, gehört der Religionsunterricht regelmäßig zu den drei Fächern, die am seltensten genannt werden. Fragt man aber nach dem unbeliebtesten Schulfach, so liegt der Religionsunterricht immer mit an der Spitze."[26] Diese Tendenz, vom „unbeliebten Religionsunterricht" zu reden, ist seit der Untersuchung von Havers so etwas wie „herrschende Lehre" geworden.

Genau zehn Jahre später kommt Andreas Feige in der Analyse von Einstellungen Junger Erwachsener zur Kirche zu einer völlig anderen Tendenz:

„Die hohe allgemeine Akzeptanz des Religionsunterrichts ... zeigt wohl unstrittig prägnant die weitverbreitete Ansprechbarkeit und Reflexionsbereitschaft junger Erwachsener. Vielleicht sind es gerade die auch in den Schulen gefühlten Strukturen der Leistungserbringung, die für Fragestellungen empfänglich machen, in denen die Verrechenbarkeit sozialer Beziehungen nach ihrem ‚Leistungsbeitrag im System' in kritischer Weise thematisch wird. ... Religionsunterricht bedeutet ... eine erhöhte Chance, eine bisher mehr oder minder traditional übernommene Mitgliedschaftsverpflichtung bewußt reflektieren zu können."[27]

Auch wenn man einkalkuliert, daß empirische Untersuchungen nur mit großen Vorbehalten miteinander verglichen werden können, weil die Fragestellungen, die methodischen Vorgehensweisen und die Gruppen der Befragten meist sehr stark differieren – dies alles ist auch bei den beiden genannten Untersuchungen der Fall –, wird man dennoch mit aller Vorsicht sagen dürfen: war 1972 die Tendenz des Gesamturteils *eher negativ*, so ist sie 1982 *eher positiv*. Wie ist diese Tendenzwende zu erklären?

Die Vermutung legt sich nahe, daß die unterschiedliche Realität von Religionsunterricht, auf die sich die beiden Untersuchungen 1972 und 1982 beziehen, eine Rolle spielen könnte. Sollte dies zutreffen, ergäbe sich eine interessante Beobachtung. Wenn man verallgemeinernde Aussagen über das „Profil", über dominierende Trends in der *Praxis* des Religionsunterrichts zu unterschiedlichen Zeiten machen will, wird man als erstes einkalkulieren müssen, daß sie sich nicht einfach vom Verlauf der religionspädagogischen *Theoriedebatten* ableiten lassen. Die Umsetzung neuer theoretischer Ansätze in der Praxis geschieht nicht nur mit Verzögerungen, sondern zugleich mischen sich auch (oder laufen nebeneinander her) neuere mit älteren Konzeptionen. Es gibt also nicht eindeutig datierbare Ablösungen älterer durch neue Konzepte. Dennoch kann man mit aller gebotenen Vorsicht für den Zeitraum zwischen 1970 und 1980 einige Akzentuierungen benennen. Der Religionsunterricht, auf den sich die Untersuchung von Havers (1972) bezieht, steht mit Sicherheit noch stärker im Schatten der Theorie der Evangelischen Unterweisung.[28] Es ist jene Konzeption von Religionsunterricht, deren Auswirkungen zwischen 1968 und 1970 – also genau zu der Zeit, in der Havers vermutlich seine Erhebungen gemacht hat – zu starken Abmeldewellen in vielen Schulen geführt hat. Bei allen Unterschieden im einzelnen wird es ein Unterrichtsverständnis gewesen sein, das insgesamt noch stärker kirchen- und verkündigungszentriert ist als in den nachfolgenden Jahren. Umgekehrt zeigen die Lehrpläne, daß der Religionsunterricht, der Feiges (1982) positiverem Urteil zugrunde liegt, durch eine weitaus größere Offenheit und Flexibilität gekennzeichnet ist. Die Tendenz, gerade in den Oberstufen die Kirche und ihr Handeln wie auch den Glauben im unterrichtlichen Zusammenhang zum *Gegenstand von Reflexion*[29] zu machen, statt, wie Gerhard Sauter es neuerdings wieder anstrebt[30], zum Ort des Hineinwachsens und Eingewöhnens, ist nachweisbar. Die Orientierung am Subjekt des Schülers[31] gewinnt einen neuen Stellenwert.

Noch einmal: Alle diese Hinweise darf man nicht verabsolutieren, aber es spricht manches dafür, daß man die beiden unterrichtlichen Grundsituationen, auf die sich Havers und Feige beziehen, etwa so charakterisieren kann. Dann würde sich ergeben: Gerade jener Typ des Religionsunterrichts, der weniger „kirchennahe" ist und deswegen in vielen kirchlichen (und staatlichen!) Gremien sowie in konservativen oder evangelikalen Kreisen bis heute beargwöhnt wird – gerade dieser Religionsunterricht leistet für den Aufbau eines offenen, kritikfähigen Verhältnisses zur Kirche mehr als ein tendenziell verkirchlichter Religionsunterricht. Denn bemerkenswert ist ja, daß bei Feige nicht nur allgemein nach der Einschätzung des Religionsunterrichts gefragt wird, sondern explizit danach, „welchen Beitrag der Religionsunterricht beim komplexen Prozeß der Erfahrungs- und Einstellungsbildung bezüglich ‚Kirche' leistet bzw. leisten kann."[32] Und darauf wird erstaunlich positiv geantwortet.

Was ist zu folgern?
Die Kirche kann auch in Zukunft ihr Interesse an einem *didaktisch* hochqualifizierten Religionsunterricht gar nicht deutlich genug artikulieren. Aber wohlverstanden: ihr Interesse an einem Religionsunterricht aus *Gründen der Auseinandersetzung mit Welt und Leben*. Es geht also um eine kultur- und bildungspolitische Forderung unter dem nicht auszublendenden Aspekt von Religion – und zum Anwalt *dieser* Forderung müssen sich die Kirchen machen. Nur wenn die Idee endgültig verabschiedet ist, daß schulischer Religionsunterricht eine direkte kirchliche Zubringerfunktion haben könnte, nur dann besteht die Chance, daß er im Rahmen von *fundierten Lern- und Reflexionsprozessen* auch Verständnis für Kirchen wecken kann.

Im Blick auf die künftige Situation der Kirchen und ihren gesellschaftlichen Stellenwert erhebt sich damit noch eine weitergehende Frage: Müßte es nicht im Interesse der Kirchen liegen, an einer Weiterentwicklung des Konzepts des sog. „Ethik"-Unterrichts intensiv zu arbeiten, statt ihn nur über die Schulter anzusehen als mißliebigen Stiefbruder des „eigentlichen", nämlich konfessionellen Religionsunterrichts. Mit dem Mut zu wirklich neuen Wegen, weil die Lage sie fordern wird, müßte das Ziel lauten: Ethikunterricht als Religionsunterricht für alle. Die didaktisch nie zu Ende gedachte Alternative von „Ethik“ und „Religion“ hat sich durch die Veränderungen der soziokulturellen Lage vollends als Unsinn erwiesen – und sie wird es immer mehr. Welche Aufgabe *Ethikunterricht als Religionsunterricht der säkularen Schule* dann hat, formuliert Hanna Renate Laurien 1973 so: „Ethikunterricht muß Lernziele und Inhalte umfassen, die Grundfragen menschlicher Existenz einschließlich der Religion erhellen, und solche, in denen die Angewiesenheit des Menschen und der Gesellschaft auf Sittlichkeit deutlich wird.“[33]

Hanna Renate Laurien hat dies 1973 im Blick auf einen Ethikunterricht *neben* dem konfessionellen Religionsunterricht gesagt. Sie hat aber damit etwas ausgesprochen, was in seiner Intention weiterreicht, als es ihr damals erkennbar war. Sie hat einen Religionsunterricht umschrieben, auch wenn sie ihn „Ethik“ nennt, der den Lernnotwendigkeiten in unserer gegenwärtigen und künftigen gesellschaftlichen Situation genau entspricht – vermutlich genauer als der konfessionelle Religionsunterricht bisherigen Typs.[34]

Ich möchte diesen Überlegungsgang als ein Beispiel verstanden wissen für den Versuch, für voraussehbare andere Situationen als die heutige (ich nenne nur: entscheidend geringe Zahl von Kirchenmitgliedern unter Schülern, Eltern und Lehrern!) *strukturell* andere Formen und *substantiell* veränderte Angebote zu entwickeln, die gleichwohl *begründbare* bisherige Interessen mindestens zum Teil in sich aufnehmen können. Ob solche Versuche – auch für andere Arbeitsfelder – gelingen, daran wird es sich entscheiden, ob die Kirche zum Konventikel wird oder ob sie in der Lage ist, sich *in neuer Weise* am gesellschaftlichen Diskurs zu beteiligen. Im Themenkreis Jugend und Kirche dürfte diese generelle Problematik besonderes Gewicht erhalten.

2.2 *Kirchliche Jugend- und Konfirmandenarbeit*

Ich wende mich nach dem Religionsunterricht an öffentlichen Schulen innerkirchlichen Arbeitsbereichen zu, in denen Jugend und Kirche in Kontakt miteinander kommen. Das leitende Interesse bleibt unverändert: Welche *Struktur- und Inhaltsprobleme* kommen auf Jugend- und Konfirmandenarbeit zu, wenn wir davon ausgehen, daß sich die Lage der Kirche grundlegend verändern wird?

Konfirmandenarbeit

Es scheint so, als ob der Traditionsabbruch (s.o.) gegenüber der Konfirmation vorerst noch etwas weniger wirksam ist als gegenüber anderen kirchlichen Handlungen (wie zum Beispiel der Trauung). Traditionale Orientierung legt die Teilnahme an der Konfirmation offenbar noch immer in größerem Ausmaß nahe, auch wenn dies bereits heute regional durchaus unterschiedlich ist (in Großstädten anders als in ländlichen Regionen). Daß dabei Gründe der traditionalen Bindung ausschlaggebend sind, heißt zugleich, daß für viele (noch) kein Entscheidungsdruck besteht, weil Alternativen (noch) nicht den gleichen Rang von Selbstverständlichkeit haben. Aufschlußreich ist dabei, daß es sich bei der Konfirmation um einen Akt an lebensgeschichtlich bedeutsamem Ort handelt: am Übergang ins Erwachsenenalter.[35]

Eine genaue Beobachtung der Konfirmationszahlen in den nächsten Jahren muß zeigen, ob sich die bisherige Situation verändert, das heißt ob die Teilnahmezahlen zurückgehen werden. Ich rechne damit. Dann ergeben sich u.a. folgende Fragen:

– Nimmt die Teilnahme an *Jugendweihefeiern* in entsprechendem Maße zu?

Für diese Annahme spricht wenig, da die Jugendweihe in Deutschland vor Bestehen der DDR und danach in der Bundesrepublik noch nie eine sehr bedeutsame Resonanz gehabt hat. Wenn aber die Jugendweihen nicht zunehmen, wie ist es dann zu beurteilen, daß für eine immer größere Anzahl von Jugendlichen der soziologisch und sozialpsychologisch bedeutsame Übergangsritus ins Erwachsenenalter ausfällt? Denn diese Funktion hat ja die Konfirmation immer *auch* erfüllt, wie immer man sie auch theologisch interpretiert hat. Könnte es sein, daß ein derartiger Passage-Ritus deswegen heute leichter als früher entfallen kann, weil das Gegenüber zwischen Jugendalter und Erwachsenenalter weniger eindeutig geworden ist?

Was bedeuten rückläufige Zahlen und abnehmender öffentlicher Stellenwert für die *Konfirmation* selbst? Beides bedeutet erst einmal, daß die Entscheidung, an Konfirmandenunterricht und Konfirmation teilzunehmen, ein Stück bewußter gefällt werden muß als bisher. An die Stelle traditional geleiteter Beteiligung muß häufiger die eigene Entscheidung treten, weil die Alternative, sich nicht konfirmieren zu lassen, keine Außenseiterposition mehr ist.

An dieser Stelle setzen meine Überlegungen ein. Wenn meine Annahmen zutreffen, dann ergibt sich eine Vielfalt neuer Fragestellungen. Ich nenne nur folgende:

– Unter den bisherigen Bedingungen und besonders im Zusammenhang des Verständnisses der Konfirmation als Passage-Ritus war die generelle Festlegung auf etwa das 14./15. Lebensjahr durchaus plausibel. Wenn diese Voraussetzungen aber entfallen, mindestens in den Hintergrund rücken, muß man dann nicht davon ausgehen, daß die Entscheidung, sich konfirmieren zu lassen, zu unterschiedlichen Zeitpunkten fallen wird und also festgelegte Konfirmationstermine völlig unrealistisch sind? Es finden schließlich auch nicht nur einmal jährlich Trauungen statt.

– Wenn heute ein nichtgetaufter Vierzehnjähriger konfirmiert werden soll, wird er am Sonntag zuvor (oder auch am Beginn des Konfirmationsgottesdienstes) getauft. Denn die Konfirmation setzt die Taufe voraus. Die aus diesem Grundsatz heraus entstandene Praxis war in sich immer schon höchst fragwürdig. Wird man nun unter veränderten Bedingungen diese fragwürdige Praxis fortsetzen wollen? Oder wird in dem Fall, da jemand nicht als Säugling getauft wird, sondern im Jugend- oder Erwachsenenalter, dann die Taufe die Konfirmation überflüssig machen? Evangelischem Taufverständnis entspräche dies durchaus. Bisher war es aber vor allem aufgrund der gesellschaftlichen Geltung der Konfirmation kaum möglich, so zu verfahren. Wird es nun endlich realisierbar?

– Wenn es realisierbar wird, dann haben wir es zugleich und automatisch mit einer einschneidenden Veränderung des Konfirmationsverständnisses zu tun. Das bisherige Konfirmationsverständnis ruht auf drei Säulen: absolvierter Unterricht in christlicher Lehre, Zulassung zum Abendmahl, Übertragung der kirchlichen Rechte. Wenn das Unterrichtserfordernis bei Jugendlichen oder Erwachsenen im Zusammenhang der Taufvorbereitung erfüllt worden ist, welchen Grund wollte man dann noch geltend machen, Abendmahlszulassung und kirchenrechtliche Mündigkeit wie bisher von der Taufe abzutrennen? Wer getauft ist, muß dann auch alle Rechte haben. Damit kehrt sich das bisherige Bild um: Hat bisher, streng genommen, unsere Konfirmationspraxis permanent die Taufe entwertet, so würde nunmehr die Taufpraxis die Konfirmation entwerten. Unter der Voraussetzung, daß die Bedeutung der Konfirmation als Passage-Ritus abnimmt, halte ich diese Umkehrung für begrüßenswert.

– Daß sich Unterrichtsstruktur und Unterrichtsinhalte, ob Tauf-oder Konfirmandenunterricht, der Situation gemäß und den Adressaten entsprechend werden modifizieren müssen, liegt auf der Hand. Wöchentlich ein oder zwei Unterrichtsstunden, anderthalb oder zwei Jahre lang, sind für Schüler denkbar, aber nicht für Berufstätige. Hier werden ganz andere Formen zu entwickeln sein, die Konsequenzen für die Inhalte haben – und umgekehrt! –, aber das ist hier nicht im einzelnen darzulegen. Die Tendenz kann nur in Richtung der Arbeiten von Henning Luther[36] und Bäumler/Luther[37] gehen: „Der Konfirmand als Subjekt."[38] Mit dieser Formel ist hier der entscheidende theoretische Ansatz der Konfimandenarbeit für die Zukunft umschrieben. In der Einleitung ihres Textbandes markieren Bäumler/Luther präzise den Diskussionsverlauf, der zu ihrer Neubestimmung geführt hat: „Eine einseitig objektivistische, vorrangig vom ‚Wesen der Kirche' her argumentierende Erörterung der Konfirmationsproblematik, die die Konfirmanden als Objekte der Integration behandelte, nicht aber als Subjekte ernstnahm", ist in die Krise geraten. Das Recht des einzelnen Subjekts wird nunmehr reklamiert. „Mit der Wiedergewinnung dieser Einsicht wurde es dann möglich zu fragen, ob das konfirmierende Handeln der Kirche die betroffenen Jugendlichen hinreichend ernstnimmt ... Die theologische Besinnung auf das Konfirmationsproblem hatte ... als Nebeneffekt die Erinnerung daran zu Bewußtsein gebracht, daß der evangelischen Konfirmation gerade kein theologisch prinzipiell notwendiger, sakramentsähnlicher Status eigne, sondern daß diese vielmehr eine Gestaltungsfrage kirchlichen Lebens darstellt."[39]

Diese Sätze, einschließlich ihrer weiteren Konkretisierung, lesen sich schon 1982, also lange vor den EKD-Studien, wie das Programm eines neuen Konfirmationsverständnisses unter veränderten kirchlichen Bedingungen.

Jugendarbeit

Ähnliches gilt vergleichbar auch für die Jugendarbeit, und zwar ebenfalls besonders durch die Arbeiten von Christof Bäumler. Nach seinem Verständnis müßte kirchliche Jugendarbeit „als offene Jugendarbeit ohne Vorbedingungen allen Jugendlichen die Teilnahme ermöglichen."[40] Und: „In einer offenen Jugendarbeit sind die Jugendlichen selbst der Theorie nach, ansatzweise auch in der Praxis, die bestimmenden Subjekte. Ausgehend von ihren authentischen Bedürfnissen soll ihnen die Chance eingeräumt werden, in relativer Distanz zu ihren alltäglichen Erfahrungen in Familie, Schule, Berufsausbildung und Arbeitswelt die Widersprüche zwischen Bedürfnissen und Erfahrungen in Gruppen Gleichaltriger unter Beratung von dazu fähigen Erwachsenen zu reflektieren. Die gemeinsame Suche nach tragfähigem Lebenssinn und einer ihm entsprechenden Lebenspraxis in der Gesellschaft ist als offener Lernprozeß aller daran Beteiligten zu begreifen."[41]

Dem ist nichts hinzuzufügen. Besonders hervorzuheben ist aber, daß hier der Begriff „offene Jugendarbeit" im Unterschied zu häufigem naiven Sprachgebrauch präzise bestimmt wird. Die Hauptelemente dieser Bestimmung, die für künftige Jugendarbeit richtungsweisend sein dürften, lassen sich so zusammenfassen, wobei ich zur Interpretation weitere Aussagen Christof Bäumlers einbeziehe:

– *Überwindung konfessioneller Abgrenzungen:* „Die Identität kirchlicher Jugendarbeit durch konfessionelle Abgrenzungen sichern zu wollen, dies mag kurzfristig der Bestandserhaltung dienen, fördert aber weder die Jugendarbeit noch die Praxis der Volkskirche."[42]

– *Orientierung an den Subjekten:* „Die Behauptung, Jugendliche seien das Thema kirchlicher Jugendarbeit, sollte theologisch eingeholt werden. Das scheint mir am ehesten durch eine theologische Theorie der Subjektivität

möglich zu sein. In ihr wäre die bedingungslose Anerkennung der Person durch das rechtfertigende Handeln Gottes im Kontext von Geschichte und Gesellschaft herauszuarbeiten."[43]
– Die *Erfahrung der Antagonismen,* die das Leben der Jugendlichen, und nicht nur deren Leben, täglich bestimmen, bestimmt die Inhalte.

Für Konfirmanden- wie für Jugendarbeit dürfte dabei vielleicht noch mehr als für den schulischen Religionsunterricht gelten, daß das Verhältnis zwischen theoretischen Klärungen und der landläufigen Praxis sehr schwer zu bestimmen ist. Vermutlich wird man, typisierend, alle drei denkbaren Varianten annehmen müssen: bei den einen bleibt die Praxis noch weit hinter der Theorie zurück, bei anderen sind Praxisvorhaben mitunter den erreichten theoretischen Klärungen bereits voraus und können so helfen, auch die theoretische Reflexion weiter voranzutreiben, und bei den dritten wird es Beispiele dafür geben, daß die vollzogene Praxis und die erreichten theoretischen Klärungen tendenziell miteinander übereinstimmen.

Mit einer Schlußbemerkung möchte ich das Thema „Jugend und Kirche" als Konsequenz aus den angestellten Überlegungen auf eine andere Ebene heben, indem ich es umformuliere.

In unterschiedlichen Fragehorizonten, teils grundsätzlich, teils pragmatisch, bestimmt die Überlegungen, die ich vorgetragen habe, *eine* Tendenz. Man könnte diese Tendenz nennen: *Erweiterung der Perspektiven.*

Wie und wo diese Tendenz erkennbar geworden ist, resümiere ich noch einmal in Stichworten:
– in der Auflösung des starren Gegenübers von Erwachsenen und Jugendlichen;
– in dem an den Subjekten (und nicht an einem vorgegebenen Lehrsystem) orientierten Verständnis von Konfirmandenunterricht und Konfirmation und einer neuen Akzentuierung der Taufe;
– in einem weiten Verständnis des Religionsunterrichts, damit die didaktisch unsinnige Alternative zwischen konfessionellem Religionsunterricht und Ethikunterricht überholt werden kann;
– in der Umschreibung kirchlicher Jugendarbeit als Angebot, angesichts der tiefen Widersprüchlichkeit von Welt und Gesellschaft Sinn- und Existenzfragen zu reflektieren.

Nimmt man diese Einzelaspekte zusammen und versucht, sie auf einen umfassenderen Begriff zu bringen – zu dem dann freilich noch ganz andere Perspektiven auch gehören –, so bietet sich der Begriff *Religion* an. Religion hier verstanden als Sammelbegriff für die Thematisierung von Sinn- und Existenzfragen, deren Bearbeitung in *unterschiedlichen Kontexten* erfolgt.[45]

Unser Thema lautet also nach dem, was wir verhandelt haben: *Jugend und Religion.*

Damit entsteht die Frage, wie sich auf *dieses* Thema der Begriff *Kirche* bezieht. Und diese Frage ist, entsprechend unserem Ausgangspunkt, zu beantworten für die evangelische Kirche der Bundesrepublik *von morgen.*

Mit dem Versuch einer Antwort überschreiten wir sofort das Thema „Jugend". Vielmehr zeigt sich, daß an der Jugendproblematik exemplarisch sichtbar werden kann, was für das Kirchenverständnis insgesamt gilt. Ich will es abschließend so formulieren:

Kirche ist ein institutionalisierter Ort, das Angebot eines institutionalisierten Forums, für den religiösen Dialog in der Gesellschaft. Sie ist nicht die Agentur für die Verwaltung einer christlichen Lehre, die immer schon feststeht. Evangelische Kirchen müssen die Berührungsangst vor Religion und vor Religionen überwinden. Was christlich ist, ist im religiös-gesellschaftlichen Dialog allermeist erst noch zu entdecken. Dies ist keine Verleugnung großer christlich-kirchlicher Traditionen. Dahinter steht vielmehr die Hoffnung, daß sich im neuen Dialog auch neue Inhalte und Aussagen entbergen werden. Teilnehmer dieses Dialogs sind die Subjekte mit ihren lebenspraktischen Erfahrungen. Junge und Alte.

Versteht sich die Kirche so, dann hängt ihre Funktionsfähigkeit nicht in erster Linie an ihrer Mitgliederzahl. Ja, vielleicht muß man sogar fragen, ob eine Kirche, die aufgrund ihrer Mitgliederzahl allzu selbstverständlich geworden ist, die umschriebene Funktion überhaupt ausfüllen kann, weil sie der Gefahr kaum entrinnen kann, sich von der eigenen Machtposition in der Gesellschaft faszinieren zu lassen. Umgekehrt wird eine Kirche, die sich aufgrund sinkender Mitgliederzahlen einigelt und nur an der verbliebenen Kerngemeinde orientiert, ganz gewiß ein solches Forum für Dialoge nicht sein können – und damit auch ihre öffentliche Wirkung verlieren, soviel sie auch „missionarische Kompetenz" beschwören mag.

Vorarbeiten im Sinne einer solchen dialogischen Praxis der Kirche der Zukunft liegen vor, wie sich gezeigt hat. Es wäre schön, wenn kirchliche Studien- und Planungskommissionen sie zur Kenntnis nehmen würden.

* Etwas erweiterter und mit Anmerkungen versehener Festvortrag anläßlich des 25jährigen Bestehens des Studienzentrums für evangelische Jugendarbeit in Josefstal e.V. am 28.09.1986. Der Vortragsstil ist für den Druck nicht getilgt worden.

[1] Strukturbedingungen, S. 7.

[2] Strukturbedingungen, S. 10.

[3] Da die subjekttheoretische Perspektive für meine folgende Argumentation durchgängig von Bedeutung ist, verweise ich hier schon auf: H. Luther, Religion, Subjekt, Erziehung, 1984; z.B. S. 292-296.

4 Hier ist auch die Studie der VELKD zu vergleichen, auf die ich nicht gesondert eingehe, weil sie vor dasselbe Grundproblem stellt: VELKD (Hg.), Zur Entwicklung von Kirchenmitgliedschaft – Aspekte einer missionarischen Doppelstrategie, 1982.

5 Um sich nicht durch aktuelle Einschätzungen in falscher Weise fixieren zu lassen, ist es gut, auch frühere Stimmen einzubeziehen, z.B. die sicher diskussionbedürftige Aussage von Ernst Lange aus dem Jahre 1958 (sic!): „Von der Kirche erwartet der junge Mensch gar nichts, weil sie als Kirche, als lebendige Gemeinschaft des Glaubens, der Liebe und der Hoffnung, als Leib Christi für ihn überhaupt nicht faßbar wird", E. Lange, Was erwartet die Jugend von der Kirche? In: H.J. Schultz (Hg.), Kritik an der Kirche, 1958; S. 234 ff., Zitat: S. 237.

6 A.a.O., S. 26.

7 A.a.O., S. 27.

8 Es ist hier nicht der Ort, die Reflexionen zum „Ausbildungsgang von kirchlichen Mitarbeitern und Theologen" (a.a.O., S. 27 f.) zu diskutieren. Hier mischen sich richtige Beobachtungen mit problematischen Folgerungen, wenn z.B. von „Einübung und Training" (S. 28) die Rede ist.

9 A. Kuphal, Abschied von der Kirche, 1979.

10 A. Kuphal, a.a.O., S. 213 f.

11 Vgl. A. Kuphal, a.a.O., S. 213.

12 A. Kuphal, a.a.O., S. 222 f. (Hervorhebung dort).

13 Vgl. A. Kuphal, a.a.O., S. 225 ff.

14 Vgl. A. Kuphal, a.a.O., S. 248 ff.

15 A. Kuphal, a.a.O., S. 469.

16 A. Kuphal, a.a.O., S. 470.

17 F. Steffensky, Der Konflikt zwischen einer alten und einer neuen Kultur, in: H.E. Bahr (Hg.), Wissen wofür man lebt, 1982; S. 92. Die anderen Beiträge sind durchgängig für unser Thema relevant, besonders auch der Disput zwischen H. E. Bahr und G. Bucerius, S. 206 ff. – Vgl. zu diesem Abschnitt außerdem H. Luther, Jugend / Jugendliche, in: Bäumler/Mette (Hg.), Stichworte zur Gemeindepraxis, 1987; Ders., Jugendreligionen, in ds. Bd.

18 Zur Einführung in den Begriff „Jugendkultur" s. den informativen Artikel von N. Copray, in: M. Affolderbach/H. Steinkamp (Hg.), Kirchliche Jugendarbeit in Grundbegriffen, 1985, S. 155 ff.

19 F. Steffensky, a.a.O., S. 92 f.

20 F. Steffensky, a.a.O., S. 94.

21 K.E. Nipkow, Neue Religiosität, gesellschaftlicher Wandel und die Situation der Jugendlichen, in: Zeitschrift für Pädagogik 27/1981, S. 379 ff. – Außerdem: Ders., Erziehung und Unterricht als Erschließung von Sinn, in: Ev. Erzieher 29/1977, S. 398 ff.

22 K.E. Nipkow, Neue Religiosität, S. 398.

23 K.E. Nipkow, a.a.O., S. 399.

24 K.E. Nipkow, a.a.O., S. 400; dazu der in Anm. 21 genannte weitere Aufsatz von K.E. Nipkow; außerdem: Ders., Der Beitrag der Kirchen zum Erziehungsauftrag in der gegenwärtigen bildungspolitischen Situation, in: Theologia Practica (Themen der Praktischen Theologie) 21/1986, S. 98 ff., bes. S. 113 ff.; Ders., Grundfragen der Religionspädagogik, Bd. 3, 1982; bes.Kap. 2 und 3.

25 Vgl. C. Bäumler, Kommunikative Gemeindepraxis, 1984 und die dort verarbeitete Literatur.

26 N. Havers, Der Religionsunterricht – Analyse eines unbeliebten Faches, 1972, S. 1.

27 A. Feige, Erfahrungen mit Kirche, 1982 [2], S. 46; vgl. auch a.a.O. Abschnitt 2.4: „Der Religionsunterricht in Berufsschule und Gymnasium: eine vielleicht entscheidende

Anregung zur aufgeschlossenen Beschäftigung mit dem Christentum und seiner Kirche" (S. 24 ff.).

[28] Zum religionsdidaktischen Theoriebildungsprozeß der letzten vierzig Jahre vgl. – neben vielen anderen Darstellungen – als knappsten Überblick: Dörger/Lott/Otto, Religionsunterricht 5 - 10, 1981; S. 7 ff.: „Umrisse und Zielvorstellungen des Religionsunterrichts im Spiegel seiner Konzepte nach 1945."

[29] Beispiele dafür: ideologiekritischer Religionsunterricht oder religionskritischer Unterricht (vgl. Dörger/Lott/Otto, s. Anm. 28).

[30] Vgl. G. Sauter, Zur theologischen Revision religionspädagogischer Theorien, in: Ev. Theologie 46/1986, S. 127 ff.

[31] Vgl. z.B. die Arbeiten von D. Stoodt und H. Reiser.

[32] A. Feige, a.a.O., S. 24.

[33] H. R. Laurien, Ethikunterricht. Ein Beitrag zur Frage nach dem Sinn der Schule, in: Stimmen der Zeit 191/1973, S. 246.

[34] Ausführlich zur Problematik des Ethikunterrichts vgl. jetzt: G. Otto, unter Mitwirkung von U. Baltz, „Religion" contra „Ethik"? 1986.

[35] Ausgangspunkt für die Diskussion der Bedeutung der Lebensgeschichte im Zusammenhang kirchlichen Handelns ist: J. Matthes, Volkskirchliche Amtshandlungen, Lebenszyklus und Lebensgeschichte, in: Ders. (Hg.), Erneuerung der Kirche – Stabilität als Chance? 1975; S. 83 ff.

[36] H. Luther, Kirche und Adoleszenz, in: Theologia Practica 14/1979, S. 172 ff.

[37] C. Bäumler/H. Luther (Hg.), Konfirmandenunterricht und Konfirmation. Texte zu einer Praxistheorie im 20. Jahrhundert, 1982; dort ist auch der Anm. 36 genannte Aufsatz von H. Luther wieder abgedruckt (S. 310ff.).

[38] C. Bäumler/H. Luther, a.a.O., S. 31 ff.

[39] C. Bäumler/H. Luther, a.a.O., S. 31 f.; darin sind auch meine Thesen von 1967 aufgenommen, vgl. S. 235 ff.

[40] C. Bäumler, Erfordernisse, Möglichkeiten und Grenzen für ein gemeinsames Konzept von Jugendarbeit und Konfirmandenunterricht, in: A. Feige, a.a.O., S. 219 ff., Zitat: S. 232.

[41] C. Bäumler, a.a.O., S. 235 (S. Anm. 40).

[42] C. Bäumler, Konzeption und Theorie kirchlicher Jugendarbeit, in: M. Affolderbach/H. Steinkamp (Hg.), Kirchliche Jugendarbeit in Grundbegriffen, 1985; S. 228 ff.; Zitat: S. 242.

[43] C. Bäumler, a.a.O., S. 238 (s. Anm. 42).

[44] Vgl. zu dieser Orientierung insgesamt: C. Bäumler, Unterwegs zu einer Praxistheorie. Gesammelte Aufsätze zur kirchlichen Jugendarbeit (1977) sowie neuerdings: Ders., Aspekte einer zukunftsorientierten Konzeption der Jugendarbeit, in: Theologia Practica (Themen der Praktischen Theologie) 21/1986, S. 119 ff.

[45] Zum Religionsverständnis, das hier nicht weiter ausgebreitet werden kann, vgl. den Ansatz bei H. Luther, Grenze als Thema und Problem der Praktischen Theologie, in: Theologia Practica 19/1984, S. 221 ff. (bes. Abschnitt V).

Mitarbeiterverzeichnis

Affolderbach Martin

geb. 1947, Dr. theol., 1977–79 Gemeindepfarrer in Bielefeld, 1979-87 Referent für Grundsatz– und Studienarbeit bei der aej, Stuttgart seit 1987 Leiter der Evang. Jugendakademkie Radevormwald.

Publikationen u.a.

Kirchliche Jugendarbeit im Wandel, München 1977; M.A. (Hg.), Grundsatztexte zur evangelischen Jugendarbeit, Stuttgart / Gelnhausen / Münster 2 1982; M.A. /Hermann Steinkamp (Hg.), Kirchliche Jugendarbeit in Grundbegriffen, Düsseldorf/München, 1985.

Deresch Wolfgang

geb. 1940, Dr. theol., Professor für Praktische Theologie in Hamburg, 1973 – 78 Landesschülerpastor in Nordelbien.

Publikationen u.a.:

Die Projektmethode in der evangelischen Schülerarbeit, in: M. Affolderbach (Hg.), Praxisfeld: Kirchliche Jugendarbeit, 1978; Kirchliche Jugendarbeit. Wege zu personaler, sozialer und religiöser Identität, 1984; Welche Kulturen und Traditionen bewegten die evang. Jugendarbeit? in: aej–Studientext 23. Der Drang nach eigenen Lebenformen, 1985; Religiöse Sozialisation, in: Affolderbach / Steinkamp (Hg.), Kirchliche Jugendarbeit in Grundbegriffen, 1985; Kirchliche Schülerarbeit in: Böcker / Heimbrock (Hg.), Handbuch religiöser Erziehung 1987; Konzeptionelle Aspekte einer identitätsorientierten Jugendarbeit, in: M. Pluskwa (Hg.), Jugendarbeit und Identität, 1986.

Empen Bernd

geb. 1941, Studium der Soziologie und Geschichte, Dozent beim Studienzentrum für evangelische Jugendarbeit in Josefstal.

FEIKS BRIGITTE
geb. 1956, wissenschaftliche Hilfskraft am Institut für evangelische Religionspädagogik und Didaktik des Religionsunterrichtes, München.

FOITZIK KARL
geb. 1937, Pfarrer und Diplompädagoge, 11 Jahre Gemeinde- und Studentenpfarrer, seit 1973 Professor am Fachhochschulstudiengang für Religionspädagogik und Kirchliche Bildungsarbeit an der Augustana-Hochschule Neuendettelsau/München; Schwerpunkte Religions- und Gemeindepädagogik.
Publikationen u.a.:
Spiegelbilder. Begegnungen mit Gestalten des Alten Testamentes, München 1980; Plädoyer für theol.-päd. Mitarbeiter in der Kirche, München 1981 (Hg. zusammen mit D. Aschenbrenner); Religionsunterricht vorbereiten, München 1985 (zusammen mit F. Harz); Gemeinde leben. Zusammenarbeit pädagogischer und theologischer Mitarbeiter, Gütersloh 1986 (zusammen mit E. Goßmann).

FRAAS HANS-JÜRGEN
geb. 1934, Vorstand des Lehrstuhls für evangelische Religionspädagogik und Didaktik des Religionsunterrichtes in München.
Publikationen u.a.:
Katechismustradition. Luthers kleiner Katechismus in Kirche und Schule, Göttingen 1971; Religiöse Erziehung und Sozialisation im Kindesalter, Göttingen 1978; Glaube und Identität. Grundlegung einer Didaktik religiöser Lernprozesse, Göttingen 1983.

GIESECKE HERMANN,
geb. 1928, Professor für Pädagogik in Göttingen.
Publikationen u.a.:
Die Jugendarbeit, München 1971; Was ist Jugendarbeit? (zus. mit Mollenhauer, Kentler, Müller) München 1964. Das Ende der Erziehung, Stuttgart 1985

GUNKEL LUDWIG
geb. 1953, Dipl.-Psychologe, sozialwissenschaftlicher Mitarbeiter im Arbeitsbereich München des Amtes für Industrie- und Sozialarbeit; Arbeitsschwerpunkte: Theorie und Praxis der Jugend- und Erwachsenenbildung, Arbeitnehmerbildung, Bildungsurlaub, soziales Lernen, Arbeit und Gesundheit, Fragen psychosozialer Gesundheitspolitik, Folgen technologischer Entwicklung, Zukunft der Arbeit, Situation der Arbeitnehmer bei Konkursen; Entwicklung und Organisation von Projektarbeit.

HANDKE JOE
geb. 1938, Gemeindediakon München–Nikodemus– und Samariterkirche.

HANUSCH ROLF
geb. 1943, Dr. theol., Pfarrer in München, Studentenpfarrer in Kassel, seit 1980 Leiter des Studienzentrums für evangelische Jugendarbeit in Josefstal/ Schliersee.
Publikationen u.a.:
Der Streit um die Lehrpläne, München 1983; Grenzüberschreitungen (aej–Studientext 20); Erinnerung, Geschichte und Zeitbewußtsein von Jugendlichen, in: Zeichen ohne Botschaft (Hg. von G.C. Tholen / R.M. Winheim) 1985; Wir suchen das ganze Leben. Über Alltagserfahrungen Jugendlicher und die Chancen der Jugendarbeit (Hg. zusammen M. Affolderbach) 1985.

HOLZAPFEL INGO
geb. 1951, Generalsekretär der Arbeitsgemeinschaft evang. Schülerarbeit in Wuppertal.
Publikation:
(zusammen mit Warns u. Brölsch), Evang. Schülerarbeit in 100 Jahren, Wuppertal 1983

JÜRGENSEN JOHANNES
geb. 1936, 1975 bis 1980 Generalsekretär der aej, seit 1986 Probst in Neumünster.
Publikationen u.a.:
Vom Jünglingsverein zur Aktionsgruppe – kleine Geschichte evang. Jugendarbeit, Gütersloh 1980; Die bittere Lektion – Evang. Jugend 1933, aej–Studienband Nr. 7, 1984.

KENTLER HELMUT
geb. 1928, studierte Naturwissenschaften, Psychologie, Philosophie und Pädagogik. 1960 Diplom–Prüfung für Psychologen, 1975 Dr. phil., seit 1976 Lehrstuhl für Sozialpädagogik, Universität Hannover. Mitarbeiter in den Evang. Akademien Bad Boll (Jugendarbeit mit Lehrlingen und Jungarbeitern) und Arnoldshain (Tagungen mit Oberschülern). Wissenschaftlicher Mitarbeiter im Studienzentrum für evang. Jugendarbeit Josefstal. Assistent von Prof. Mollenhauer, PH Berlin; am Pädagogischen Zentrum Leiter der Abteilung „Sozialpädagogik und Erwachsenenbildung" (Arbeit mit jugendl. Straftätern, Trebegängern, Geistigbehinderten).
Publikationen u.a.:
Jugendarbeit in der Industriewelt, München 1962; Was ist Jugendarbeit „ – Versuch 2, Reprint: Weinheim, München 1986; Taschenlexikon Sexualität,

Düsseldorf 1982; Die Menschlichkeit der Sexualität – Berichte, Analysen, Kommentare, ausgelöst durch die Frage: Wie homosexuell dürfen Pfarrer sein? München 1983; Sexualwesen Mensch – Texte zur Erforschung der Sexualität, Hamburg 1984.

KIRCHHOFF HANS-ULRICH
geb. 28.3.1930 im Oberbergischen, aufgewachsen in Barmen, ab 1951 in Neukirchen/Moers, Theologiestudium in Mainz, Tübingen und vor allem Göttingen, Assistent an der Reichsuniversität Utrecht und an der Kirchlichen Hochschule Wuppertal, Vikar in Langenberg, Gemeindepfarramt in Köln, von 1965-70 Studienreferet der Arbeitsgemeinschaft der ev. Jugend in Stuttgart, seit 1970 Oberkirchenrat und theol. Referent in der Kirchenkanzlei der EKD, zunächst für Jugend und Studenten, dann für die kirchlichen Werke, Verbände und Zielgruppendienste.
Veröffentlichungen u.a.: Übersetzung und Bearbeitung von Th. C. Vriezen: Theologie des AT in Grundzügen (1957); Übers. von H. Berkhof: Theologie des Heiligen Geistes (1968); Ü. u. Hg.: Rechenschaft über Geschichte, Geheimnis und Autorität der Bibel (1968); Hg. (mit M. Wester): Theologie und Sozialwissenschaften. Materialien zur Frage ihrer Kooperation in der Fortbildungspraxis ev. Jugendarbeit (1969); Übers.: Vom Geheimnis der Gemeinde (1976); Ü. u. Hg. von Herv. Kerk: Kirche und Kernwaffnung (1981); Übers. von J. de Graaf: Mit der Bergpredigt leben (1982).

KLIEMANN PETER
geb. 1953, Dr. theol., Studienrat am Staufer-Gymnasium in Waiblngen.
Publikation:
Ehrenamtliche Mitarbeiter, Zur Identität von Gruppenleitern in der Kirchlichen Jugendarbeit. aej-Studienband Nr. 6, Stuttgart 1983.

KURZMANN PAUL
geb. 1936, Diakon, Referent für Offene Behindertenarbeit im Dekanatsbezirk München.

LÄMMERMANN GODWIN
geb. 1947, Dr. theol., Professor an der Universität Augsburg, Pfarrer in Freising.
Publikationen u.a.:
Kirche – Arbeit – Arbeiterjugend, aej – Studienband Nr. 4, 1982; und verschiedene Veröffentlichungen zur Friedenserziehung, zur Praktischen Theologie und zur Religionspädagogik.

LESSING HELMUT
geb. 1940, Dr. phil., Professor für Erziehungswissenschaft – Sozialpädagogik an der TU Berlin, gestorben 1986.
Publikationen u.a.:
mit Manfred Liebel, Jugend in der Klassengesellschaft. Marxistische Jugendforschung und antikapitistische Jugendarbeit, München 1974; Jugendpflege oder Selbsttätigkeit. Eine historische Untersuchung zum Verhältnis von Reformismus und Jugendarbeit, Köln / Frankfurt/M. 1976; Wilde Cliquen. Szenen einer anderen Arbeiterjugendbewegung, Bensheim 1981; mit Erwin Bienewald u.a., Offene Jugendarbeit im Arbeiterviertel. Erfahrungen und Analysen, Bensheim 1978; Kriegskinder (Hg.) Frankfurt/M. 1984; U.a., Lebenszeichen der Jugend, München 1986.

LÜCK-FILSINGER MARIANNE
geb. 1950, M.A., Studium der Soziologie, Erziehungswissenschaft und Theologie nach der Tätigkeit als Chemielaborantin und dem Lehramtsstudium SI; nach Abschluß des Studiums Tätigkeit in der Aus- und Weiterbildung von haupt- und ehrenamtlichen Mitarbeitern in der Jugendarbeit; z.Zt. Leiterin des Amtes für Jugendarbeit im Kirchenkreis Berlin-Kreuzberg.

LUTHER HENNING
geb. 1947, Dr. theol., Professor für Praktische Theologie an der Universität Marburg.
Publikationen u.a.
Zusammen mit Chr. Bäumler (HG.), Konfirmandenunterricht und Konfirmation. München 1982;
Religion, Subjekt, Erziehung, München 1984; zusammen mit A. Grözinger (Hg.), Religion und Biographie, München 1987.

METTE NORBERT
geb. 1946, Dr. theol., Professor für Praktische Theologie an der Universität-Gesamthochschule Paderborn.
Publikationen u.a.:
Jugend und Kirche: Jugend ohne Sinn? Handlungstheoretische Überlegungen zu einer Religionspädagogik des Jugendalters, in: H.–U. v. Brachel / N. Mette (Hg.), Kommunikation und Solidarität, Freiburg – Münster 1985; Jugend und Kirche. Sozialisationstheoretische und religionspädagogische Überlegungen, in: RPB 14/1984; Jugend – Hoffnung der Kirche? Kirche – Hoffnung der Jugend? in: M. Albus / P.M. Zulehner (Hg.) Nur der Geist macht lebendig, Mainz 1985; Identität, in: M. Affolderbach / H. Steinkamp (Hg.), Kirchliche Jugendarbeit in Grundbegriffen, Düsseldorf–München 1985.

MOLLENHAUER KLAUS
geb. 1928, Dr. phil, Professor für Pädagogik an der Universität Göttingen. Publikationen u.a.:
Erziehung und Emanzipation, München 1968; zusammen mit H. Giesecke, H. Kentler, C.W. Müller, Was ist Jugendarbeit? München 1964; zusammen mit G. Kasakos, H. Ortmann, Evangelische Jugendarbeit in Deutschland, München 1969; Vergessene Zusammenhänge, München 1983; Umwege – über Bildung, Kunst und Interaktion, Weinheim / München 1986.

OTTO GERT
Dr. theol., Praktische Theologie m. bes. Berücksichtigung d. Rel. pädag. in Mainz. Schule Religionsunterricht Kirche 61. Hdb. des Religionsunterrichts 64. Denken um zu glauben 70, Kirche und Theologie 71, Schule und Religion 72, Predigt als Rede 76, Einführung in die Prakt. Theologie 76, Von geistlicher Rede 79, Rhetorisch predigen 81. Praktisch theol. Hdb. 70, 2. vollst. überarb. Aufl. 73.

PFLÜGER MARIANNE
geb. 1929, Pfarrerin.1966 – 1977 Dozentin im Studienzentrum für evang. Jugendarbeit Josefstal, seit 1977 Gemeindepfarrerin in München – Nikodemuskirche.

RIEDEL JOHANNES
geb. 1935, Industrie– und Sozialpfarrer. 1960 – 70 Gemeindepfarrer u.a. im Bergwerksort Peißenberg, Bezirksjugendpfarrer. Seit 1971 Sozial- und Industriepfarrer in München

RUDOLPH HANS-HEINER
geb. 1953, Pädagoge M.A. Pädagogischer Mitarbeiter im Evang. Stadtjugendpfarramt Darmstadt.

RUNSCHKE URSULA
geb. 1937, Ausbildungen zur Gemeindereferentin, Supervisorin, Psychodramaleiterin. Dozentin.

SCHANZ WERNER
geb. 1931, Pfarrer. Von 1965 – 70 Schülerpfarrer im Amt für Jugendarbeit in Bayern, 1970 – 79 Studienleiter im Studienzentrum für evang. Jugendarbeit in Josefstal, Vorsitzender der Arbeitsgemeinschaft Evang. Schülerarbeit. Seit 1979 Leiter des Amtes für Industrie– und Sozialarbeit.

SCHEFOLD WERNER
geb. 1943, Dr. rer. soz., Mitarbeiter des Deutschen Jugendinstitutes München.
Publikationen u.a.:
Die Rolle der Jugendverbände in der Gesellschaft, München 1972; zusammen mit L. Böhnisch: Lebensbewältigung, München 1985.

SCHINDLER WOLFGANG
geb. 1950, Diplom–Pädagoge, Dozent im theologisch–pädagogischen Team im Studienzentrum für evang. Jugendarbeit Josefstal.

SIEGMANN KARIN
geb. 1958, Gemeindepädagogin in der Evang. Dreifaltigkeitskirche Eberstadt.

STECK WOLFGANG
geb. 1940, Prof. Dr. theol., Vorstand des Instituts für Praktische Theologie, Lehrstuhl Homiletik.
Publikationen u.a.:
Das homiletische Verfahren, 1974; Der Pfarrer zwischen Beruf und Wissenschaft, 1974; zusammen mit Wintzer, Praktische Theologie, 1985; (Hg.), Otto Baumgarten: Studie von Leben und Werk, 1986.

TANNER KLAUS
geb. 1953, akademischer Rat z.Z. am Institut für Systematische Theologie der Universität München.

WAGNER FALK
geb. 1939, Professor für Systematische Theologie an der Universität München. Studium der evang. Theologie in Mainz (1961–1964), der Philosophie und Soziologie in Frankfurt/M. (1960/61, 1964 – 1968). Wissenschaftlicher Mitarbeiter bei der Wirtschaftsgilde und der Studienstelle der Deutschen Evang. Arbeitsgemeinschaft für Erwachsenenbildung in Karlsruhe (1968/69). Wissenschaftlicher Mitarbeiter am Deutschen Institut für Internationale Pädagogische Forschung in Frankfurt/M., Mitarbeit an einer empirischen Untersuchung zum Religionsunterricht (1969 – 1971). Habilitation für Systematische Theologie 1972.
Publikation u.a.:
Was ist Religion? Studien zu ihrem Begriff und Thema in Geschichte und Gegenwart, Gütersloh 1986.

WALTER ALFRED
geb. 1952, Mag. theol., Zweitstudium in Pädagogik und Politwissenschaft (Dr. phil.). Ausbildung in psychoanalytischer Gruppendynamik, z.Zt. Hochschulassistent am Institut für Praktische Theologie des Fachbereiches Evangelische Theologie der Universität München; langjährige Erfahrung in der friedenspolitischen Bildungsarbeit.

WEBER GOTTFRIED
geb. 1926, Lehrer auf der Schwäbischen Alb. Aufbau der Industriejugendarbeit der Evangelischen Akademie Bad Boll. Bundestutor für politische Bildung. Arbeit mit Bunkerbewohnern in Frankfurt. Dozent für päd. Anthropologie und Methodenlehrer an der Höheren Fachschule für soziale Berufsarbeit in Kassel. Studienaufenthalt zur Gemeinwesenarbeit in Holland. Dozent für Sozialwissenschaften am Studienzentrum für Evangelische Jugendarbeit in Josefstal e.V./Obb. Stadtplanungsberatungen, Sanierungsuntersuchungen, Gemeinwesenarbeit in München. Lehrer an der Fachhochschule München. Dezernent für die pädagogischen Einrichtungen, Schulen und Weiterbildung im Diakoniewerk Düsseldorf-Kaiserswerth. Lehrbeauftragter der staatlichen Kunstakademie Düsseldorf. Wissenschaftlicher Referent der Evangelischen Landesarbeitsgemeinschaft Nordrhein-Westfalen. Geschäftsführender Studienleiter der IKOL e.V.

ZERGER IMMANUEL
geb. 1959, stellvertretender Vorsitzender der Landesjugendkammer der Evang. Jugend in Bayern, Nicaragua–Brigaden.